DAS GROSSE BUCH VOM HEIMWERKEN FÜR DEN GARTEN

DAS GROSSE BUCH VOM HEIMWERKEN FÜR DEN GARTEN

Mit vielen Bauanleitungen für Beete und Terrassen, Zäune und Mauern, Teiche und Wege, Gartenmöbel und -häuser, Dekoratives und Nützliches

MOEWIG

2. Auflage

Redaktion: Peter Michael
Umschlagentwurf und -gestaltung:
Werbeagentur Zeuner, Ettlingen
Druck und Bindung:
Mohndruck Graphische Betriebe, Gütersloh
Printed in Germany 1996
ISBN 3-8118-1296-3

Inhalt

Vorwort **9**

Baumaßnahmen rund ums Grundstück **11**

DAS GARTENTOR I
Die Visitenkarte Ihres Grundstücks 13
DAS GARTENTOR II
Individuelle Lösungen durch Selbermachen 17
TORBOGEN AUS STEIN
Das I-Tüpfelchen für jedes Tor 21
HOLZGITTER-TORBOGEN
Stets ein attraktiver Blickfang 25
BEGRÜNTER TORBOGEN
Kletterhilfe für Pflanzen 29
DER HOLZZAUN
Als Gartenumgrenzung nicht wegzudenken 33
DRAHTZAUN
Preiswert und ideal für Kletterpflanzen 37
EIN ZAUN AUS LATTEN
Aus Fertigteilen schnell errichtet 41
LATTENZAUN
Einfach, billig und praktisch 45
DICHTER LATTENZAUN
Wirksame Abschirmung 49
TROCKENMAUERN
Die Feldsteinmauer als Augenweide 53
NIEDRIGE GARTENMAUERN
Backsteine sind vielseitig verwendbar 57
EINE STÜTZMAUER
Problemlösung für Hanggrundstücke 61
BULLAUGE
Auflockerung von eintönigen Mauerflächen 65
OPTISCHE TÄUSCHUNG
Gitterwerk mit perspektivischer Wirkung 69
SPALIER
Für viele Pflanzen die ideale Stütze 73
RUSTIKALE SICHTBLENDE
Abtrennung verschiedener Gartenbereiche 77
LATTENBLENDEN
Zweckbauten oder rein zur Zierde 81
EINFACHE TERRASSE
Das Wohnzimmer im Freien 85
HOLZTERRASSEN
Die Alternative zum Pflaster 89
BOHLENTERRASSEN
Zusätzliche Beete im Garten mit Gefälle 93
KLINKERBELAG
Für Wege, Auffahrten und Terrassen 97
KOPFSTEIN-LOOK
Neue Formen und Strukturen fürs Gartenpflaster 101
MOSAIKPFLASTER
Zeitaufwendig, aber preiswert 105
STUFEN AM HANG
Unentbehrlich für Terrassengrundstücke 109
TOLLE TREPPEN
Verschiedene Materialien sind möglich 113
TRITTSTEINE
Ein wichtiges Gestaltungselement 117
EIN PLATTENWEG
Verlegung im Sandbett 121
BAUMSCHEIBENWEGE
Passend zu jedem Gartenstil 125
EIN KIESWEG
Kostengünstig und leicht zu verlegen 129
ASPHALTWEG
Strapazierfähig und gut aussehend 133

Anlagen im Garten **137**

NEUER RASEN
Sorgfältige Planung notwendig 139
FRÜHBEET SELBST GEMACHT
Alternative zum Gewächshaus 145
DAS GEMÜSEBEET
Auch in kleineren Gärten möglich 149
INSELBEETE
Farb- und Formenoasen als Blickfang 153
HOCHBEET IM KASTEN
Für Blumen und Kräuter 157
SAUER MACHT LUSTIG
Saures Beet für spezielle Pflanzen 161
DER PFLANZKASTEN
Ordnung durch Modulbauweise 165
DAS GEWÄCHSHAUS
Unter Glas wachsen Pflanzen üppiger 169
STEINGÄRTEN
Die Miniatur-Alpenlandschaft daheim 173
GERÖLLBEETE
Alpinum für zierliche Pflanzen 177
STEINGARTEN IM TROG
Auch für Zwergbäume und Beetpflanzen 181
EIN PARTERRE
Knotengarten aus geometrischen Formen 185
SCHUTZ FÜR OBSTBÄUME
Begehbares Schutzgitter für Weichobst 189

LICHT IM GARTEN
Ungefährliche Niederspannung.................................193
EIN FOLIENTEICH
Gartenteich nach Ihren Vorstellungen.......................197
EIN ERHABENER TEICH
Wasser auf der Terrasse..201
EIN SCHNELL ANGELEGTER TEICH
Wie man Formteile installiert....................................205
FLIESSENDES WASSER
Künstlicher Bach im Garten.......................................209
EIN WASSERFALL
Erweiterung des Gartenteichs 213
HOLZBRÜCKE
Attraktiver Blickfang...217
EIN SPRINGBRUNNEN
Ergänzung für den Gartenteich 221
IM KÜHLEN GRUNDE
Selbstgemachter Mühlstein-Springbrunnen...............225
WUNSCHBRUNNEN
Erhabenes Pflanzgefäß..229
LÖWENKOPF-BRUNNEN
Variante bei Platzknappheit.......................................233
WASSERABLAUF
Ein Schlammbad vermeiden 237
WASSERANSCHLUSS
Kinderleichte Installation mit Bausatz......................241

Nützlich und schön:
Praktisches für Alltag und Freizeit...........................245

GERÄTEHÄUSCHEN
Im Nu aufgestellt...247
GERÄTESCHUPPEN
Abstellraum oder Gartenwerkstatt 251
GARTENWERKZEUGKISTE
Immer griffbereit zur Hand 255
ÜBERDACHTER GANG
Zusätzlicher Abstellplatz...259
SICHTBLENDE FÜR MÜLLTONNEN
Attraktive Lösung für Problemfall............................263
REGENTONNE
Aufbau und Anschluß..267
EINEN KOMPOSTBEHÄLTER BAUEN
Abfälle nutzen 271
TÜTENVERSTECK
Anzuchterde in der Tüte..275
PFLANZKASTEN AUS HOLZ
Kunststoff verschwinden lassen................................279
EIN BLUMENKASTEN
Reiz des Gartens direkt am Fenster...........................283
EIN HOLZTROG
So lockert man eine Terrasse auf 287
LAUBE AUS HOLZ
Zierliche Holzgitter für Kletterpflanzen 291
GARTENLAUBE
Sechseck mit Dachbespannung.................................295
GOLDREGENLAUBE
Laubengang mit Blütentrauben.................................299
RUSTIKALE PERGOLA I
Schlichte Konstruktion mit großer Wirkung..............303
RUSTIKALE PERGOLA II
Lebendes Dach aus Kletterpflanzen..........................307
DER GARTENGRILL
Robust und vielseitig...311
EIN PICKNICKTISCH
Tisch und Sitze in einem Stück................................315
EIN BAUMSITZ
Maßarbeit in Eigenbau 319
EINE GARTENBANK
Klassische Grundform...323
BACKSTEINBANK
Element der Gartengestaltung 327
EINE SONNENUHR
Selbstgebaute Säule als Untersatz..............................331
RUSTIKALES VOGELHÄUSCHEN
Futterstelle für die gefiederten Freunde.....................335
NISTKASTEN
Bastelobjekt für Kinder 339
KANINCHENSTALL
Doppelzimmer für Mümmelmann 343
EIN MINIGOLFPLATZ
Spaß auf Ihrem Rasen 347
GARTENSCHAUKEL
Sicherheit durch stabiles Modell...............................351
KLETTERGERÜST
Zugleich Burg und Piratenschiff 355
SAND- UND PLANSCHKISTE
Kombigerät für die Kleinen 359
KINDERHÄUSCHEN
Schneller Auf- und Abbau...363

Vorwort

Dieses Buch verknüpft die in Deutschland wohl beliebtesten Hobbys: das Heimwerken und das Gärtnern. Bei beiden geht es einerseits darum, sich das Zuhause (und dazu zählt auch der Garten) zu verschönern, und andererseits um die innere Befriedigung, durch eigenes handwerkliches Können Dinge zu gestalten, überhaupt erst zu erschaffen. Und noch etwas haben die beiden Hobbys gemeinsam: Jeder, der sie ausübt, ist ständig auf der Suche nach neuen Ideen, die er praktisch und individuell auf seine Bedürfnisse bezogen umsetzen kann.

Dafür bietet vorliegendes Buch eine Fülle von Anregungen. Es präsentiert rund 100 Bauanleitungen für praktische und schöne Dinge im Garten und auf der Terrasse. Jeder Vorschlag wird durch mehrere Varianten ergänzt, die mit Text und Bild vorgestellt werden, so daß das Buch insgesamt mehrere hundert Gestaltungsmöglichkeiten darbietet – eine wahre Fundgrube also.

Im ersten Teil des Buches geht es um BAUMASSNAHMEN RUND UMS GRUNDSTÜCK. Hier findet man Ideen für Zäune und Mauern, Tore und Torbögen, Treppen und Wege sowie für die Anlage von Terrassen – insgesamt also sehr grundlegende Dinge für den Garten und das Grundstück, die zugleich die Visitenkarte Ihres Anwesens sind.

Der zweite Teil beschäftigt sich mit ANLAGEN IM GARTEN. Hier wird eine Fülle von gestalterischen Möglichkeiten aufgezeigt: Varianten bei der Anlage von Beeten, Ideen für Themengärten, wie zum Beispiel einen Steingarten, oder optische Effekte bei der Beleuchtung. Einen wesentlichen Anteil dieses Teils bildet das Thema "Wasser im Garten" und speziell der Gartenteich und der Brunnen.

Im dritten Teil finden Sie PRAKTISCHES FÜR ALLTAG UND FREIZEIT, also Bauanleitungen für Dinge, die nützlich und schön sind. Hier werden Lösungen für die problematischen Fragen der Abstellplätze aller Art angeboten, vor allem aber für Einrichtungen, die Ihnen die Freizeit verschönern, also für Gartenlauben und Pergolen, für Gartenbänke, Picknicktisch und für den Gartengrill. Nicht vergessen wurden Plätze für die Tiere, die ihnen ein Zuhause bieten. Am Schluß stehen einige Anleitungen zum Bau von Spielgeräten für die Kinder.

Aus dieser kurzen Übersicht über den Inhalt des vorliegenden Buches geht bereits die Vielfalt der Möglichkeiten hervor, die hier präsentiert werden und die Sie ausschöpfen können. Bevor Sie sich intensiver damit beschäftigen, möchten wir gleich mögliche Befürchtungen zerstreuen, daß der Nachbau der vorgeschlagenen Ideen zu schwierig sein könnte. Nur die wenigsten Anleitungen erfordern größeres handwerkliches Geschick. Der größte Teil kann von jedem nachvollzogen werden. Äußerst hilfreich dabei ist, daß die einzelnen Schritte, Handgriffe und Maßnahmen durch viele Phasenfotos illustriert und durch präzise Texte erläutert werden. So wird selbst der Anfänger garantiert ein Erfolgserlebnis haben bei dem schönen Doppelhobby HEIMWERKEN FÜR DEN GARTEN!

Baumaßnahmen rund ums Grundstück

**Tore und Torbögen,
Zäune und Mauern,
Spaliere und Sichtblenden,
Terrassen, Treppen und Wege**

Das Gartentor I

Fertigware gibt es genug, aber vielleicht nicht in der richtigen Größe oder dem Stil, den Sie sich wirklich wünschen. Zum Glück ist Selbermachen nicht schwer.

Ein Gartentor ist unentbehrlich, wenn man auf den Schutz nicht verzichten möchte, den ein Zaun oder eine Mauer bieten. Vielleicht wollen Sie ein Gartentor von der Straße aus in den Garten hinein, oder einen Seiteneingang vom Vor- in den Hintergarten bauen oder Zugang zu einem Teil des Gartens schaffen, der aus irgendeinem Grund — vielleicht um Kinder oder Tiere abzuhalten — abzusperren ist.

Aus welchem Grund auch immer Sie ein Gartentor brauchen, es wird einiges an Fertigware angeboten. Vieles davon mag zum bestehenden Zaun passen, aber gelegentlich wird das nicht der Fall sein. Ein weiteres Problem mit Fertigtoren besteht darin, daß es sie nur in bestimmten Größen gibt und man nicht immer die Größe finden wird, die man braucht, um die existierende Lücke zu füllen. In beiden Fällen kann es nur heißen: Selbermachen.

Pläne schmieden

Schwer ist es nicht, sich ein Gartentor selberzubauen, wenn Sie sich für die Planung etwas Zeit lassen. Messen Sie die Öffnung ganz genau, und berücksichtigen Sie die Breite der evtl. noch benötigten Torpfosten (für die man am besten 7,5 x 7,5 cm-Kantholz nimmt). Alle Tore bestehen aus einem äußeren Massivholzrahmen, der Stabilität garantiert. Man kann ihn mit Latten füllen, Sperrholz vornageln oder passend zum Gartenzaun Zaunlatten anbringen. Wenn das Tor nicht größer als 1,2 m ist, kommt man mit zwei senkrechten Pfosten und zwei Querstreben zurecht. Bei höheren Toren müssen es dann schon drei Querbalken sein. Um zu verhindern, daß das Tor sich verzieht, werden zusätzliche Kanthölzer diagonal befestigt.

Guter Rat

- **Bauen Sie das Tor aus kräftigem Holz. Bei Weichholz reichlich Holzschutzmittel auftragen.**
- **Wenn Sie Kinder oder Haustiere haben, bringen Sie eine gefederte Schließanlage an, damit das Tor nach Gebrauch von selbst zuklappt.**
- **Sicherheitshalber einen kräftigen Riegel anbringen, wenn es sich um einen Seiteneingang in den Garten handelt. Den Riegel so positionieren, daß keiner ihn aufschließen kann, indem er die Hand über oder durch das Tor streckt.**

Ein Gartentor entsteht

Ein Tor muß kräftig und in seinen Fugen robust sein, wenn es das unvermeidbare Zuknallen aushalten soll. Der Rahmen muß verstärkt werden, um ein Durchsacken zu verhindern, denn die Scharniere bieten nur an einer Seite Halt.

Die Spitzen der Zaunlatten und sonstigen senkrechten Pfosten kann man in verschiedenen Mustern abschließen. Aber vergewissern Sie sich, daß von Ihrem Muster das Regenwasser abfließt.

Dieses große Tor besteht aus einem kräftigen Rahmen von zwei senkrechten Pfosten und drei Querträgern mit Zapfenverbindungen, die von zwei diagonalen Streben verstärkt werden. Die Zaunlatten sind mit den Querträgern und Streben vernagelt.

Pfosten befestigen

Torpfosten werden im Boden verankert, können aber auch in Mauern verdübelt werden.

1 In die Pfosten Löcher vorbohren. Deren Position an der Mauer markieren. In die Mauer Dübellöcher bohren.

2 Pfosten anbringen, Schrauben eindrehen. Prüfen, ob die Pfosten senkrecht stehen, notfalls mit Holzkeilen ausrichten.

Tor einhängen

Jedes Tor muß mit kräftigen Scharnieren und einem robusten Riegel versehen werden.

1 Scharniere zuerst am Tor verschrauben, dann anlehnen und prüfen, ob die Querstreben waagerecht liegen. Am Pfosten die Scharnierlöcher markieren, vorbohren und verschrauben.

2 Entscheiden Sie, wo der Schnäpper sitzen soll, und bohren Sie Löcher für den Schlitz, den Sie anschließend mit dem Stechbeitel sauber durchstechen und bearbeiten.

3 Den Hebel in den Schlitz passen, und das Schließblech am Pfosten befestigen. Sicherstellen, daß der Hebel sich im Schlitz frei und ungehindert bewegen kann.

4 Den Riegel an der Torinnenseite anbringen und verschrauben. Das Halteblech für den Riegel am Torpfosten befestigen und sicherstellen, daß der Riegel auch funktioniert.

Bauanleitung für das Tor

Werkzeug & Material

7,5 x 5 cm-Weichholz für senkrechte Pfosten, 7,5 x 3,5 cm-Weichholz für Querstreben und Diagonalen; 7,5 x 1,25 cm-Weichholz für die Zaunlatten; Scharniere; Riegel; Hammer; 40 mm-Nägel verzinkt; Holzhammer; Zapfenlehre; Stechbeitel; Fuchsschwanz; Bleistift; Rückensäge; Bohrgerät und Holzbohrer; Schraubenzieher; 7,5 cm-Holzschrauben; Anschlagwinkel; Holzschutzmittel.

3 An den Enden der Querstreben Zapfen auf die Breite der Pfosten und die halbe Dicke der Querstreben zuschneiden.

6 Für die Diagonalen den Rahmen vermessen. Zuschneiden (an beiden Enden 45-Grad-Winkel). Die Diagonalen (besonders die beiden Enden) mit Holzschutzmittel behandeln.

1 Pfosten und Querstreben zuschneiden, evtl. Formschnitt der Pfostenspitzen. An den Pfosten die Zapfenlöcher anreißen. Lehre auf halbe Dicke der Querstreben einstellen. Je ein Loch 15 cm von oben und von unten sowie eins in der Mitte des Pfostens vorsehen.

4 An Pfosten und Querstreben reichlich Holzschutzmittel auftragen. In die Zapfenlöcher gut einarbeiten. Trocknen lassen, bevor der Torrahmen zusammengebaut wird.

7 Diagonalen mit dem Rahmen verbinden (versenkte Holzschrauben). Sie laufen von unten am Scharnierpfosten nach oben am Klinkenpfosten, damit das Tor nicht durchsackt.

2 Zapfenlöcher vorbohren und mit Holzhammer und Stechbeitel fertig bearbeiten. Die Löcher sollten so sitzen, daß die Rückseiten der Querstreben mit den Rückseiten der Pfosten abschließen.

5 Zapfen in die Löcher schlagen. Mit dem Holzhammer nachhelfen, falls es zu eng wird. Dann mit drei verzinkten Nägeln befestigen, die Sie durch jede Fuge schlagen.

8 Zuletzt werden die vier Zaunlatten zugeschnitten (die Spitzen passend zur Form der Endpfosten) und mit Holzschutzmittel behandelt, bevor sie mit verzinkten Nägeln an Querstreben und Diagonalen vernagelt werden.

Der Abschluß

An Beschlägen und anderem Material brauchen Sie für den krönenden Abschluß einiges, aber das alles erhalten Sie in großer Auswahl im Heimwerkermarkt oder Baustoffhandel.

1 Zahlen und Buchstaben kommen für die Hausnummer in Frage. Wählen Sie unter den vielen Ausführungen, z.B. schwarzes Email, poliertes Messing oder verchromt.
2 Eine farbige Holzschutzglasur schützt das Holz und betont gleichzeitig die Maserung.
3 Ein Riegel mit Daumenverschluß ist bedienerfreundlich.
4 Einen Riegel mit Ringverschluß bedient man, indem man an den Ringen auf Vorder- oder Rückseite des Tors dreht.
5 Ein kräftiger Zusatzriegel sorgt für mehr Sicherheit.
6 Robuste Scharniere sind ebenfalls unerläßlich.

Das Gartentor II

Gönnen Sie sich ein schickes, neues Gartentor am Grundstückseingang, um Besucher willkommen zu heißen.

Tore kennzeichnen den Grundstückseingang, halten Menschen und Tiere dem Garten fern und bewahren kleine Kinder davor, auf die Straße zu laufen.

Die Stilfrage

Gartentore gibt es in sehr vielen Stilrichtungen, Materialien und Größen. Sie reichen vom niedrigen Fußgängerdurchgang im Zaun bis zum imponierenden Doppeltor für Fahrzeuge. Da das Tor oft passend zum Zaun angefertigt wird, sind Holz und Schmiedeeisen die beliebtesten Werkstoffe. Die wichtigsten Bestandteile des Tores sind die Pfosten, die das Gewicht des Tores halten müssen, ohne daß es durchhängt. Sie können Holzpfosten gleich mitbestellen oder an beiden Seiten der Öffnung Torpfosten mauern.

Die Materialfrage

Die meisten Holztore sind aus druckimprägniertem Weichholz, meist Lärche. Tore aus Eichen-, Kastanien- und Zedernholz sind gegen Fäulnis und Insektenbefall widerstandsfähiger, aber auch teurer. Holzpfosten sind ebenfalls entweder aus druckimprägniertem Weichholz oder aus Eiche (vorzuziehen, wenn auch kostspieliger).

Dimensionen...

• Vordere Tore für Fußgänger oder Fahrzeuge sind meist 1 m hoch und 90 cm bis 1,20 m breit. Für ein größeres Tor und/oder einen höheren Zaun zur Straße hin brauchen Sie eventuell eine Baugenehmigung.

• Für niedrige, einfache Tore reichen Pfosten aus 10 cm-Kantholz. Was die Länge betrifft: Beim einfachen, 1 m hohen Tor müssen die Pfosten ca. 60 cm tief im Boden verankert werden.

• Gemauerte Pfosten stehen entweder allein oder als Teil einer Gartenmauer. Bei 1 m hohen Toren müssen sie mindestens 1 Stein (22,5 cm) breit sein und auf festen Fundamenten stehen. Wenn Sie die Pfosten bauen, bevor Sie das Tor einhängen, mauern Sie die Scharnierstützen mit ein. Oder befestigen Sie Stützplatten am Mauerwerk, oder schrauben Sie an den Pfosten Holzlatten fest, an denen die Beschläge montiert werden. Die letztgenannte Methode erweist sich als nützlich, wenn das Fertigtor für die Öffnung etwas zu schmal ist.

Torbestandteile

Klinken, Schnäpper, Scharniere und dergleichen gibt es in Hülle und Fülle, damit Ihr Tor frei schwingt und richtig schließt. Hier sehen Sie einige der beliebtesten Beschläge:

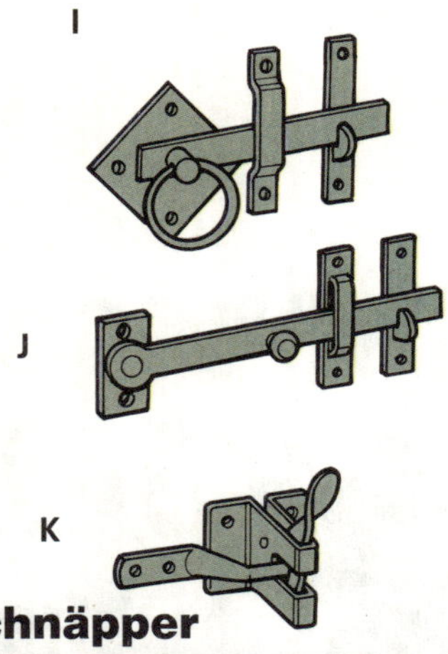

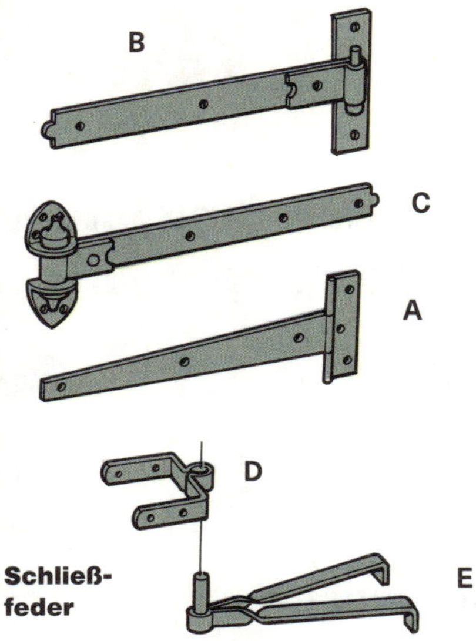

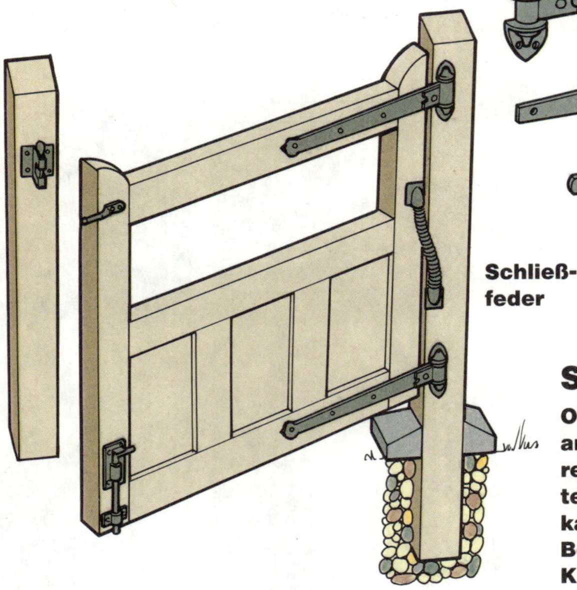

Schnäpper

Oben: Schnäpper bestehen aus einem Hebel, der in einer Schließe am Pfosten einrastet. Man macht sie entweder mit einem Ring (I) oder mit einem Hebel (J) auf. Der mit dem Daumen zu betätigende Schnäpper (K) schließt automatisch.

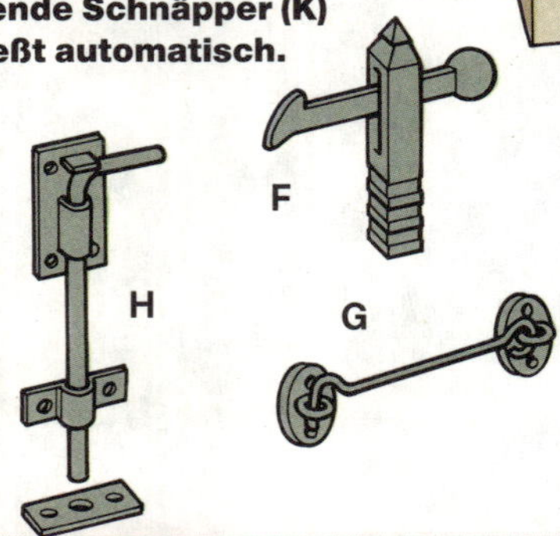

Riegel

Links: Um es aufzuhalten, wird das Tor mit Beschlägen, z. B. Torschnäpper (F), Haken und Öse (G) und Fallriegel (H) versehen.

Scharniere

Oben: Das einfachste Tor hängt an Holzpfosten dank T-Scharnieren (A). Bei Scharnieren mit Stiften wie bei einer Zimmertür (B) kann man das Tor aushängen. Bei anderen (C) geht das nicht. Krampenscharniere (D) passen vorn und hinten um das Tor und werden in Stifte (E) eingelassen, die ins Mauerwerk eingemauert werden.

Torpfosten einbauen

Feste Fundamente sind unentbehrlich, wenn die Torpfosten sicher und aufrecht stehen sollen. Jeder Pfosten sollte mit einer 15 cm tiefen Halskrause aus Beton versehen und in ein Loch mit der erforderlichen Tiefe (Durchmesser ca. 30 cm) eingelassen werden.

1 Tor und Pfosten hinlegen, Beschläge ansetzen und Abstand zwischen Tor und Pfosten festlegen, damit genügend Spielraum bleibt. Ca. 7,5 cm unterhalb des Tores die Pfosten markieren (Hilfslinien, um die erforderliche Tiefe zu ermitteln).

2 Die Pfostenlöcher exakt markieren und ca. 5 cm tiefer als die Länge, die ins Loch hinein muß, ausgraben. Etwas Kies oder zerkleinerten Bruchstein in die Löcher einrammen, damit die Pfosten nachher auf einer festen Unterlage stehen.

3 Pfosten sacht hineinschlagen, bis die Pfostenmarkierung mit dem Boden übereinstimmt. Holzlatten schräg in den Boden rammen und an die Pfosten nageln, damit diese genau senkrecht stehen. Von allen Seiten mit der Wasserwaage prüfen.

4 Bruchstein bis 15 cm unterhalb der Oberfläche einrammen und mit einer Halskrause aus trokkenem Beton abschließen. Oberfläche abschrägen, damit das Wasser abläuft. Mindestens 48 Stunden aushärten lassen, bevor die Stützlatten entfernt werden.

Das Tor einhängen

Werkzeug & Material

Tor, Pfosten, Stopper, Bruchstein und Beton, Scharniere und Beschläge, Bandmaß, Spaten, Wasserwaage, Holzreste für Stützen und Keile, Hammer und Nägel, Maurerkelle, Bohrmaschine, Bohrer und Versenker, Schraubenzieher, nichtrostende Schrauben, Malerpinsel, Holzschutzmittel, Lack zum Nachbessern.

3 Das Tor jetzt auf Holzresten zwischen den beiden Pfosten aufstellen. Falls das Tor mit einer diagonalen Stütze verstärkt ist, versichern Sie sich, daß diese vom Scharnierpfosten heraufführt (und nicht umgekehrt).

6 Den Schnäpper ausrichten und dessen Position am Pfosten exakt markieren. Mit Schrauben befestigen. Sicherstellen, daß der Schnäpper glatt und richtig funktioniert. Notfalls die Bestandteile erneut ausrichten.

1 Das Tor und die Holzlatte, die als Stopper dienen soll, ein- oder zweimal mit Holzschutzmittel behandeln. Schnittkanten (Hirnholz) sorgfältig bearbeiten.

4 Vorbohren und die Scharniere erst am Tor und dann am Pfosten befestigen. Zunächst nur zwei Schrauben je Scharnier festdrehen, damit Sie prüfen können, ob alles richtig funktioniert. Die Holzreste entfernen.

7 Die restlichen Scharnierschrauben festdrehen. Überprüfen, ob das Tor frei schwingt. Zusätzliche Beschläge anbringen. Es kann sich, wie hier, um eine Schließfeder oder um Feststellbolzen handeln, um das Tor im geöffneten Zustand festzuhalten.

2 Löcher in den Stopper bohren. Stopper an den Schnäpperpfosten so verschrauben, daß das Tor von innen aus gesehen plan abschließt.

5 Wenn Sie einen automatischen Schnäpper verwenden, wird erst der Haken am Tor befestigt. Er muß waagerecht liegen und richtig sitzen.

8 Wenn Sie den Lack der Schrauben oder Beschläge beschädigt haben, sollten Sie sie mit Hochglanzlack oder einem Autolackstift ausbessern, damit sie nicht rosten. Zum Schluß werden Scharniere und Schnäpper geölt. Jährlich wiederholen, damit sich alles leicht bewegen läßt.

Zwanglos schön

Ein schönes, neues Gartentor wird durch eine zwanglose Hecke noch schöner. Hier sehen Sie einige Beispiele.

1 Der Gemeine Schneeball *(Viburnum opulus)* ist ein laubabwerfender Strauch, der im Frühsommer große, gelblich-weiße Blütendolden trägt.
2 Die Orangenblume *(Choisya ternata)* ist ein immergrüner Strauch, der einen sonnigen Standort benötigt, wo er im späten Frühjahr massenweise kleine, sternförmige, wohlriechende Blüten zwischen glänzenden Blättern trägt.
3 Die Säckelblume *(Ceanothus)* ist ein Strauch, der winzige, dichtgedrängte, tiefblaue Blüten trägt.
4 Der Flieder (*Syringa x prestoniae* 'Coral') gehört zu einer Gattung von laubabwerfenden Sträuchern, die kleine, rohrförmige Blüten mit einer kräftigen Duftnote trägt.
5 *Syringa vulgaris* ist eine Fliederart mit eindrucksvollen, dunkelroten Blüten.

Torbogen aus Stein

Ein Backsteinbogen ist für jedes Tor das I-Tüpfelchen. Hier sehen Sie, wie man einen Torbogen baut.

Ob freistehend oder in eine Mauer integriert, der Torbogen aus Backstein bildet ein Glanzstück im Garten. Man sollte wohl bei einfacheren Projekten (siehe S. 311: „Der Gartengrill“ und S. 251: „Geräteschuppen“) die ersten Erfahrungen sammeln, aber ein Torbogen ist trotzdem ziemlich einfach zu bauen. Zwingend erforderlich ist lediglich eine provisorische Stütze für die Steine, während der Mörtel hart wird.

Wahl der Stilrichtung

Einen Backsteintorbogen baut man entweder halbkreisförmig oder in Segmenten. Beim Halbkreis liegt der Mittelpunkt des Kreises auf einer Linie mit der Oberkante der beiden Stützmauern bzw. -pfeiler. Beim Segment liegt er viel niedriger.
Als Teil einer Mauer kann der Bogen über die Mauer hinausragen. Umgekehrt kann sich die Mauer über dem Bogen fortsetzen. In diesem Fall müssen die benachbarten Steine passend zugehauen werden. Sie sollten erst dann verlegt werden, wenn beim Torbogen der Mörtel fest geworden ist.

Formsache

Um die Steine im Bogen abzustützen, während der Mörtel fest wird, braucht man eine Holzform aus zwei Sperrholzplatten mit Holzblöcken als Abstandhalter. Markieren Sie die Kurve des Bogens, indem Sie am Mittelpunkt einen Nagel eintreiben. Am Nagel ein Stück Bindfaden und am freien Ende ein Stück Bleistift festbinden. Mit diesem Zirkel zeichnen Sie dann die kurvenförmige Sägekante. Wenn Sie eine flachere Segmentkurve haben wollen, werden Nagel und Mittelpunkt an einer Stelle unterhalb der Sperrholzplatte liegen. Mit einer Stichsäge die Platten zuschneiden und an Holzblöcken so miteinander verbinden, daß die Tiefe der Holzblöcke der Tiefe eines Backsteins entspricht.
In der Maueröffnung oder zwischen den Pfeilern wird der Stützbogen mit angeschobenen Kanthölzern provisorisch befestigt.

Die Fundamente

Ein freistehender Torbogen sollte auf Pfeilern ruhen, die mindestens einen Stein (23 cm) tief sind (bzw. an Mauerenden, die gleich tief sind). Die Pfeiler werden auf festen Betonfundamenten gebaut, die 50 cm breit und 35 cm tief sind.

Die Struktur ...

• Die Struktur und eigentliche Form des Bogens wird mit keilförmigen Mörtelfugen zwischen den Backsteinen hergestellt. Die Fugenkeile sollten mindestens 6 mm dick sein.
• Schlußstein heißt der mittlere Stein oben im Torbogen. Aufgrund der Dimensionen des Torbogens kann er nicht immer aus einem ganzen Stein bestehen. In diesem Falle können dann mehrere Dachziegel als Schlußsteine dienen.

Bogengänge

Rechts: Kletterpflanzen, die einen Bogen zieren, lassen die Kanten weicher erscheinen. Hier geht das Mauerwerk in Waldrebenblüten geradezu unter.

Unten: Für diesen dramatischen, kreisförmigen Bogen braucht man eine größere Holzform.

Unten: Ein freistehender Torbogen mit lebhafter Bepflanzung und einem schmiedeeisernen Tor dient als Zugang zum Garten.

Oben: Durch ein Torbogenpaar erreicht man den schattigen Innenhof.

Mörtel anmischen

Den Mörtel kann man entweder selber anmischen (im Verhältnis 4 Teile Sand auf 1 Teil Zement) oder sackweise als Fertigmischung kaufen.

1 Um den Mörtel geschmeidiger zu machen, wird die Mischung mit einem Bindemittel angereichert, das das Risiko der Bildung von Rissen bei kaltem Wetter reduziert.

2 Wasser und Zusatzmittel werden der Trockenmischung nach und nach beigegeben und vermischt, bis die Mischung eine feste, butterartige Konsistenz erreicht.

Werkzeug & Material

Das brauchen Sie: eine Bogenform aus Sperrholz, ein Anmischbrett, Zement, Sand, Bindemittel, Backsteine, Maschendraht, Eimer, Maurerkelle, Fugenkelle, lange Wasserwaage, Bandmaß, Bleistift, Zirkel, Kantholz als Stützen.

Bogenform

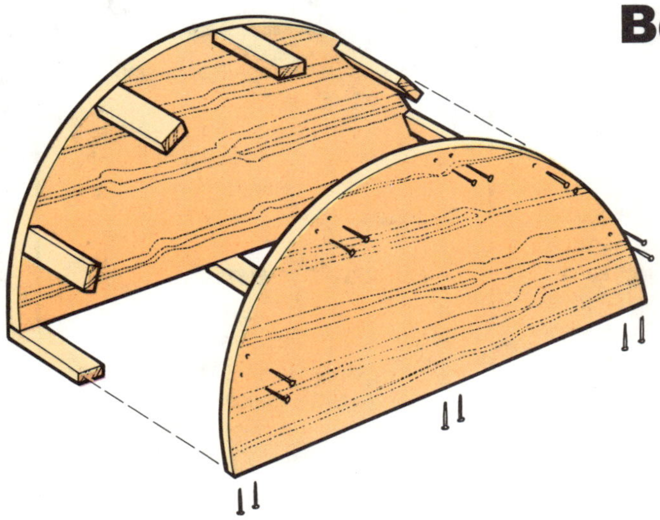

Diese einfache Bogenform dient als Stütze für die Backsteine, während der Mörtel fest wird. Sie besteht aus zwei halbkreisförmig zugeschnittenen Sperrholzplatten (19 mm) und 5 x 2,5-cm-Abstandhaltern aus Weichholz.

Bauanleitung für den Torbogen

1 Nachdem die Fundamente für die Backsteinpfeiler verlegt worden sind, wird der eine Pfeiler mit der auf Seite 57 ff.: „Niedrige Gartenmauern" beschriebenen Technik in voller Höhe errichtet. Mit der Bogenform legt man den Abstand des zweiten Pfeilers fest. Mit einem Kantholz sorgt man für die gerade Linie.

2 Beim Bau der Pfeiler prüft man ununterbrochen mit der Wasserwaage nach, daß sie in beiden Richtungen senkrecht stehen. Ebenso wird regelmäßig nachgemessen, ob der Abstand zwischen den Pfeilern konstant bleibt.

3 Wenn je 6 bis 8 Steinschichten verlegt worden sind, wird der noch weiche Mörtel mit einer Fugenkelle nachbearbeitet. Den Mörtel gleichmäßig leicht schräg abschlagen, damit das Regenwasser ablaufen kann.

4 Zu beiden Seiten der Öffnung eine Kantholzstütze aufstellen und diese mit waagerechtem Kantholz verkeilen. Die Bogenform aus Sperrholz auf diese Konstruktion legen und mit der Wasserwaage auf Geradheit prüfen.

5 Auf der Bogenform oben und genau in der Mitte einen Backstein abstellen und den freien Platz links und rechts messen. Ausrechnen, wieviele Steine benötigt werden, und deren Position mit dem Zirkel markieren (ca. 1 cm für die Fugen veranschlagen).

6 An beiden Seiten des Bogens zugleich Stein auf Stein setzen. Den Mörtel keilförmig anbringen. Steine entsprechend den Markierungen setzen und sanft festklopfen.

7 Wenn Sie oben angelangt sind, den Schlußstein beidseitig mit Mörtel bestreichen und sorgfältig einsetzen. Die Wasserwaage vorn und hinten anlegen und eventuell herausragende Steine geraderücken.

8 Zur Verstärkung wird Maschendraht so zugeschnitten, daß er in die Fuge zwischen den beiden Steinschichten hineingelegt werden kann.

9 Auf die erste Steinschicht Mörtel auftragen. Dann die zweite Schicht verlegen. Wenn der Bogen komplett ist, werden die Fugen nachbearbeitet. Die Bogenform 48 Stunden oder länger stehenlassen, bis der Mörtel richtig fest ist.

Rosenpracht

Ein Backsteintorbogen sieht auch solo eindrucksvoll aus. Harte Kanten und Winkel wirken jedoch weicher, wenn sie mit Kletterrosen bewachsen sind:

1 Rose 'New Dawn' – eine der besten Kletterrosen mit silber- bis cremefarbenen, herrlich duftenden, gut gefüllten Blüten. Diese starkwüchsige, winterharte Sorte wächst auch an einer Nordwand. Blütezeit ist Sommer und Herbst.

2 Rose 'Altissimo' – einfache, scharlachrote Blüten in kleinen Gruppen.

3 Rose 'Paul's Scarlet' – ihre reizvollen, kirschroten Blüten blühen ebenfalls gruppenweise.

4 Rose 'Etoile de Hollande' – mit stark duftenden, tiefkarmesinroten Blüten. Eine weitere, ausgezeichnete Kletterrose.

5 Rose 'Shot Silk' – eine üppig blühende Kletterrose mit gefüllten, kirschroten oder goldgelben Blüten und glänzendem Laub. Sehr kräftige Duftnote.

6 Rosa 'Händel' – eine steif aufrechtwachsende Kletterrose mit glänzend dunkelgrünem Laub und hübschen, cremefarbenen Blüten mit karmesinrotem Rand und leichtem Duft. Die gefüllten Blüten blühen gruppenweise in den Sommer- und Herbstmonaten.

1

2

6

4

3

5

Holzgitter-Torbogen

Ob als Kletterhilfe für Pflanzen oder als selbständige Dekoration, ein Holzgitter-Torbogen ist stets ein wertvoller Blickfang.

Wer Kletterpflanzen, besonders Rosen, mag, kann sie an bestehenden Mauern und Zäunen emporklettern lassen oder einen völlig neuen Blickfang im Garten schaffen, indem er an einem zentralen Punkt, z. B. über der Treppe, die von der Terrasse auf den Rasen hinunterführt, oder an einem Übergang von einem Gartenbereich in den anderen, einen Torbogen errichtet.

Eigenbau oder Bausatz?

Sie können bei Null beginnen und einen Torbogen aus rauhen Holzlatten bauen, aber die einfachste Lösung ist und bleibt ein Bausatz aus dem Gartencenter. Bausätze sind leicht zusammengebaut, weil alle Teile passend zugeschnitten sind. Sie müssen nur die Pfosten aufstellen und alles zusammennageln. Holzgitter an beiden Seiten wirken solide und sind ideal, wenn es darum geht, Pflanzen eine Kletterhilfe zu geben.
Ein weiterer Vorteil des Bausatzes: Das Holz ist meist giftfrei imprägniert, so daß Sie sicher sein können, daß der Bogen nicht aufgrund von Fäulnis und Insektenbefall einsturzgefährdet ist, wenn die Pflanzen gerade zur vollen Reife heranwachsen. Egal, wie satt Sie Holzschutzmittel mit einem Pinsel auftragen, das Ergebnis wird bei weitem nicht so gründlich sein.

Sicher und stabil

• Auf der Höhe der Wachstumsperiode können Kletterpflanzen erstaunlich viel Laub tragen. Darum muß der Bogen stabil genug sein, um sie zu stützen, und sicher genug, um starkem Wind zu widerstehen. Am einfachsten gewährleisten das Zaunpfosten-Steckhülsen. Bei weichem Untergrund benutzt man Hülsen mit Spitzen, die an Zelt-Heringe erinnern. Für Beton oder Pflaster gibt es Hülsen mit Winkeln, die mit dem Untergrund fest verschraubt werden. Wenn die Steckhülsen an der gewünschten Stelle fest verankert sind, müssen die Pfosten nur noch eingesetzt und vernagelt werden.

• Wer die Pfosten lieber einbetoniert, sollte darauf achten, daß die mitgelieferten Pfosten dafür lang genug sind. Mindestens 45 cm Pfostenlänge (beim freistehenden Bogen lieber 60 cm) müssen in die Erde betoniert werden. Beton gut aushärten lassen.

• Den Torbogen kann man natürlich auch in einen Zaun, eine Mauer oder ein Spalier einbeziehen. Er muß nicht freistehen. Man kann auch mehrere zum überdachten Laubengang miteinander verbinden.

Unter Bögen

Oben: **Dieser verwitterte Gitterbogen aus Schmiedeeisen dient einer reizvollen Kletterrose als Rankhilfe und gibt den Blick auf einen gepflegten Rasen und ein hübsches Sommerhäuschen frei.**

Holzgitter-Torbögen gibt es in vielen Baustilen, formstreng oder zwanglos, ganz im Sinne der Gartengestaltung.
Sie können sich für einen Bausatz entscheiden oder aus Holzgittern und Zaunpfosten den eigenen Entwurf realisieren. Den Bogen kann man als Blickfang unbedeckt lassen oder den Pflanzen als Kletterhilfe überlassen.

Links: Beim Bau dieses Torbogens wurden rautenförmige Fertigbau-Gitter verwendet. Sie dienen wohlriechendem Geißblatt und *Clematis montana* als Kletterhilfe. Irgendwann wird man vor Laub und Blüten das Holz nicht mehr sehen können.

Werkzeug & Material

Bausatz, Steckhülsen und Holzblock, Schnüre und Setzhölzer, Bandmaß, Vorschlaghammer, Wasserwaage, 63-mm-Nägel, Hammer, 32-mm-Flachkopfschrauben, Schraubenzieher.

Pfosten aufbauen

Steckhülsen für die Zaunpfosten erleichtern die Arbeit ganz enorm. Bei weichem Untergrund spitze Hülsen, bei Beton oder Pflaster Hülsen zum Festschrauben verwenden. Der richtige Sitz trägt entscheidend zum erfolgreichen Aufbau bei.

1 Mit Setzhölzern und einer Richtschnur die Position des ersten Pfostenpaars abstecken. Noch einmal Maß nehmen, um sicher zu sein, daß der Pfostenabstand dem Bogendurchmesser entspricht.

2 Erste Steckhülse in Position bringen, Holzblock (oder mitgeliefertes Teil) einstecken, Hülse in den Boden hämmern. Wenn sie nicht richtig sitzt, herausziehen und wiederholen.

3 Pfosten in die Hülse einstecken und mit der Wasserwaage auf senkrechten Sitz prüfen. Pfosten mit einer Strebe abstützen oder von einem Helfer in Position halten lassen.

4 Durch die Löcher in der Steckhülse Nägel hämmern, damit der Pfosten fest sitzt. Dann den zweiten Pfosten aufstellen. Beim Aufstellen des zweiten Pfostenpaars die vier Schritte wiederholen.

Bausatz-Torbogen aufstellen

1 Dachbalken zusammenbauen, indem Sie die vorgefertigten, angewinkelten Einzelteile aneinander legen und eine 32-mm-Schraube von beiden Seiten durch die Verbindung drehen.

2 Zusammengebaute Balken in die angewinkelten Schlitze an den Pfostenspitzen legen. Wenn die Pfostenabstände noch nicht richtig sein sollten, müssen Sie sie jetzt justieren, da die Montagearbeiten sonst nicht zu Ende gebracht werden können.

3 An jeder Pfostenspitze zwei 63-mm-Nägel wie abgebildet durch Pfosten und Dachbalken schlagen. Halten Sie beim Hämmern den jeweiligen Pfosten fest in der Hand.

4 Dachstreben mit vorgefertigten Zapfenlöchern auf die Dachbalken legen und mit dem Bandmaß gleichmäßige Abstände abmessen. Nachprüfen, daß sie parallel zueinander liegen.

5 Dachstreben und Balken mit 63-mm-Nägeln, die in die Balkenoberkante eingehämmert werden, verbinden, um die Konstruktion stabil zu befestigen.

6 Zwischen den Seitenpfosten das erste Gitter einpassen. Oberkante des Gitters nach oben schieben, bis sie an den beiden Ecken mit der Unterkante der Dachbalken auf einer Höhe liegt.

7 Gitter an den Pfosten befestigen, indem Sie 63-mm-Nägel durch die seitlichen Latten hämmern. Vorbohren ist sinnvoll, damit das dünne Lattenholz nicht zersplittert. Vorgang wiederholen, um das zweite Gitter anzubringen.

Schmuckstücke

Holzgitter-Torbögen bestückt man mit Kletter- und Rankpflanzen. Als schmückendes Beiwerk kommen auch viele Sträucher in Frage. Hier sind einige zum Ausprobieren.

1 Kronwicke *(Coronilla glauca)* – ein immergrüner Strauch, der im frühen Frühjahr gelbe Blüten trägt und mehrmals im Jahr nachblüht.
2 Schneeforsythie *(Abeliophyllum distichum)* – sternförmige, wohlriechende Blüten im Winter, danach wächst ovales, dunkelgrünes Laub.
3 Zierquitte (*Chaenomeles x superba* 'Crimson & Gold') – mit glänzenden, dunkelgrünen Blättern, von denen sich die tiefkarmesinroten Blüten mit goldgelben Staubfäden schön abheben.
4 Winterjasmin (*Jasminum nudiflorum* 'Mystique') – mit gelben Blüten an den bloßen Zweigen im Winter und Laub mit Silberrand im Frühjahr und Sommer.
5 Johannisbeere *(Ribes speciosum)* – mit glänzenden Blättern, von denen sich die tiefroten, fuchsienähnlichen Blüten im Frühjahr wirkungsvoll abheben.

Begrünter Torbogen

Ein mit Blumen und Blättern geschmückter Torbogen gibt einen eindrucksvollen Durchgang von einem Gartenbereich zum anderen ab.

Wenn Sie Kletterpflanzen mögen, wissen Sie, daß sie besonders gut zur Geltung kommen, wenn sie über einen Torbogen ranken.
Der Torbogen sieht nicht nur selbst gut aus. Sorgfältig plaziert wird er zum Blickfang.
Ohne passende Stützsysteme werden Kletterpflanzen schnell zu einem Wirrwarr von Stämmen und Laub. Um Gitter, Pergola oder Torbogen drapiert, werden sie zur Vollkommenheit geformt, gestützt und geschnitten, damit ihre wahre Schönheit zur Geltung kommt.

Brillanter Blickfang

Der Vorteil des Torbogens als Kletter(pflanzen)gerüst: Die Form ist für jeden Garten, ob zwanglos oder formstreng, geeignet, und der Bogen kann so plaziert werden, daß er als brillanter Blickfang von einem Teil des Gartens in den nächsten führt und dem Ausblick den passenden Rahmen gibt. Am besten sieht er als Bestandteil einer Hecke oder eines anderen natürlichen Trennelements im Garten aus, z. B. eines ebenfalls mit Kletterpflanzen geschmückten und behangenen Gitterzauns.

Stark, stabil, sicher

• Kletterpflanzen legen einiges an Gewicht zu, besonders auf dem Höhepunkt der Wachstumsperiode, und wenn das Laub sehr dicht ist, können sie auch sehr windempfindlich sein. Darum muß der Torbogen stark genug sein, um das Gewicht aus- und dem Wind standzuhalten.

• Da das Gerüst so gut wie nicht mehr zugänglich ist, wenn die Pflanzen erst einmal Fuß gefaßt haben, sollte der Torbogen aus dauerhaftem, stabilem Material sein, das keine spätere Pflege oder Unterhaltung benötigt. Gleiches gilt für Drähte oder Maschendraht, die zusätzlichen Halt geben sollen.

• Vor allem: Wenn der Torbogen Pflanzen mit Dornen, z. B. Rosen, als Klettergerüst dient, muß er breit und hoch genug sein, um Menschen, Schubkarren, Rasenmäher u. ä. sicher durchzulassen, ohne daß sie sich festhaken oder zerkratzt werden. Die absolute Mindestgröße: 90 cm breit und ca. 2,10 m lichte Höhe. Bei breiteren Bögen ist der Durchlaß leichter, ebenso der Ausblick auf das, was im Garten dahinterliegt.

Die Nebenrollen

Torbögen aus Metall können bei der Gartengestaltung eine wichtige Rolle spielen.

Rechts: Eine Reihe von Torbögen im Verlaufe eines geraden Weges suggeriert einen Tunnel aus Laub und Blüten. Hier säumt herrlich duftender Lavendel den Gartenweg.

Links: Torbögen umrahmen optimal den Durchblick in andere Teile des Gartens und liefern die senkrechte Dimension gleich mit. Dieser mit Kletterrosen behangene Bogen führt zu einem gepflegten Sommerhäuschen.

Alles paßt zusammen

Man kann sich einen Torbogen extra anfertigen lassen, aber preisgünstiger wird es auf jeden Fall mit einem Bausatz (so wie hier abgebildet und beschrieben).
Die Seitenteile sind senkrechte, mit Kunststoff überzogene Metallstangen und Abstandhalter. T-Verbinder werden aufgesteckt und Schrauben festgezogen. Stangen werden unter Verwendung von Schellen, die Rost verhindern, ineinandergesteckt. Die Rundung des Bogens wird ähnlich zusammengesetzt. Das Untergestell kann man in den Boden einschlagen, wenn er fest ist. Bei lockerem Boden oder einem windigen Standort empfiehlt es sich, es einzubetonieren.

Oben: Eine weitere, eindrucksvolle Reihe von Torbögen, ebenfalls mit Kletterrosen bewachsen. Wer zwischen den Bögen Drähte aufspannt, kann Pflanzen dazu bringen, die Lücken zu füllen und einen echten Blumentunnel zu bilden.

Pflanzenschule

Kletterpflanzen kann man mit Draht oder Kunststoffverbindern festbinden. Dichter wachsen sie jedoch, wenn eine zusätzliche Stütze angeboten wird.

1 Dieser Bogen wird mit Maschendraht aus Kunststoff ausgeliefert, mit dem man das Dach und die Seiten verkleiden kann. Den Draht oben auflegen.

2 Mit PVC-Band oder Kunststoffverbindern den Maschendraht an senkrechten Stangen und Abstandhaltern so befestigen, daß er flach und bündig liegt.

3 Wenn Sie nicht den ganzen Bogen mit Maschendraht überspannen möchten, schneiden Sie ihn parallel zu einem der Abstandhalter einfach ab.

Den Torbogen montieren

Werkzeug & Material

Torbogen-Bausatz (Stangen, T-Verbinder, Dichtungen, Stöpsel, Abstandhalter, selbstbohrende Gewindeschrauben, Bogenteile und Locher), Schraubenzieher, Stifte, Bandmaß, Hammer, Holzbrett mit gerader Kante, Wasserwaage, Pflanzenverbinder, Beton für Pfosten (falls erwünscht).

1 Auf jede Stange einen T-Verbinder schieben (darauf achten, daß die Schraube innen nicht herausragt). Verbinder rund 15 cm vom Stangenende plazieren und Abstandhalter aufstecken. Schrauben noch nicht festziehen.

2 An beiden Seiten des Bogens der ersten Stange eine zweite aufstecken und eine Dichtungsschelle darüberschieben. Am unteren Ende der senkrechten Stangen die Stöpsel aufstecken.

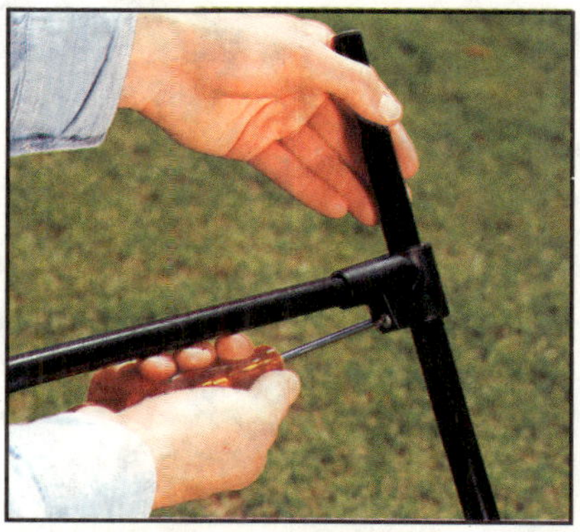

3 Am oberen Ende weitere T-Verbinder aufstecken. Darauf achten, daß die Abstände übereinstimmen und die seitlichen Rahmenteile rechtwinklig stehen. Alle Schrauben festziehen.

4 Die oberen Bogenteile genauso zusammenstellen. Die vier runden Stangen miteinander verbinden (Dichtungsschellen nicht vergessen!) und mit den restlichen T-Verbindern die drei Abstandhalter anbringen. Wenn alles paßt, Schrauben festziehen.

5 Wenn der Standort feststeht, den oberen Teil auf dem Boden abstellen, um mit Stiften die Löcher für die Seitenstangen zu markieren. Bevor Sie bohren, prüfen Sie mit einem Bandmaß, daß die Stifte rechtwinklig stehen (Diagonalen messen, sie müssen gleich lang sein).

6 Wenn der Boden fest ist, mit dem Locher aus dem Bausatz Löcher rund 30 cm tief schlagen. Das Rohr in den Boden einhämmern, mit der Wasserwaage prüfen, ob es senkrecht steht, und wieder herausziehen. Bei lockerem Boden die Stangen einbetonieren.

7 Die Seitenteile in die Löcher schieben und mit Hammer und Holzklotz (um das Stangenende zu schützen) sanft hineinklopfen. Kantholz auflegen und mit der Wasserwaage prüfen, ob die Enden in gleicher Höhe liegen. Ggf. eine Seite etwas tieferklopfen.

8 Den Beinen der Rundbögen Dichtungsschellen aufstecken. Anheben, aufsetzen (verjüngte Bogenenden in Seitenbogenenden stecken) und die Dichtungsschellen festschieben.

Auf geht's!

Es müssen nicht immer nur Rosen sein. Viele andere Kletterpflanzen können den Torbogen schmücken. Hier eine kleine Auswahl:

1 Die Fremontie (*Fremontia californica* 'California Glory') – ein schnellwachsender Strauch, der vom Frühjahr bis zum Spätsommer goldgelbe Blüten trägt.
2 Schönmalve *(Abutilon megapotamicum)* – mit ungewöhnlichen, rotgelben, laternenförmigen Blüten und immergrünem Laub.
3 Die Waldrebe mit ihren vielen Sorten ist für einen Torbogen die ideale Kletterpflanze.
4 Das beliebte Geißblatt *(Lonicera periclymenum)* trägt von Juni bis August wohlriechende Blüten.
5 Der Nachtschatten (*Solanum crispum* 'Glasnevin') ist eine halbimmergrüne Kletterpflanze, die im Spätsommer 3 cm große Blüten traubenweise trägt. Er gedeiht in kalkhaltigen Böden.

1

2

3

5

4

Der Holzzaun

Als Gartenumgrenzung ist er nicht wegzudenken. Mit in regelmäßigen Abständen angebrachten Latten sorgt ein Holzzaun selbst im unordentlichsten Garten für Ordnung.

An Zäunen gibt es eine große Auswahl, aber der Holzzaun mit seinen ordentlichen Lattenreihen stellt eine besonders hübsche Lösung des Problems der Gartenabgrenzung dar. Er wird oft mit dem Bauerngarten in Verbindung gebracht, aber ein Holzzaun ist überaus vielseitig und sieht je nach der Form der Lattenspitzen und der Behandlung von schlicht bis reich verziert aus.

Großer Spielraum

Holzzäune kann man in Fertiglängen kaufen oder aus Einzelteilen vor Ort zusammenbauen. Mit Fertigteilen geht es schneller, aber der Eigenbau wird kräftiger und läßt Ihnen einen größeren Spielraum, was die Dimensionen und das Aussehen betrifft. Latten und Einzelteile gibt es im Gartencenter und beim Zaunfachmann, der Ihnen möglicherweise eine Auswahl an Zierformen für die Lattenspitzen anbieten kann.

Mengenbedarf

Messen Sie die gesamte Zaunlänge ab, und kalkulieren Sie die Anzahl der Fertigpaneele und Pfosten, die Sie benötigen. Beim Kauf von Einzelteilen sagen Sie dem Lieferanten Bescheid. Er rechnet Ihnen die günstigen Mengen dann aus, damit Sie nicht zuviel Abfall haben. Im Bedarfsfall gibt es dazu das passende Gartentor.

Kritische Dimensionen

- **Ein Holzzaun besteht in der Regel aus 10 x 10 cm Kantholzpfosten und dreieckigen Querstreben.**
- **Der Abstand zwischen den Pfosten beträgt 1,8 bis 3 m. Sie werden 60 cm tief in die Erde bzw. mit spitzen Pfostenhülsen verlegt.**
- **Latten werden an die Querstreben genagelt. Sie sind in der Regel 5 oder 7,5 cm breit und in ebensolchen Abständen angebracht.**
- **Im allgemeinen sind Holzzäune 60 cm bis 1,2 m hoch, obwohl für bestimmte Zwecke auch höhere durchaus denk- und machbar sind.**

Stilvorlagen

Links: Ein weißer Holzzaun und Rosen an der Haustür sind für die meisten Menschen typische Merkmale der Bauernkate.

Unten: Holzzäune schmückt man, indem man einfach die Spitzen der Zaunlatten und -pfosten bearbeitet.

Links: Naturbelassenes Holz altert schnell und fügt sich in die Landschaft ein. Es macht einen anheimelnd verwitterten Eindruck.

Der Zuschnitt

Die Querstreben schneidet man passend zu den Zapfenlöchern.

1 Ca. 15 cm nach innen eine Markierung um die Querstrebe ziehen. Am Ende die Zapfenlochform markieren. Die Punkte mit diagonalen Linien verbinden, um die Zapfenform einzuzeichnen.

2 Der Zimmermann spitzt den Pfahl evtl. mit einer Axt zu. Sie können ruhig vorsägen und mit Holzhammer, Stechbeitel und Hobel die Feinarbeit leisten.

Wandmontage

Schließt der Zaun an einer Mauer ab, wird er dort verankert.

Den Pfosten befestigt man mit passenden Bolzen und Dübeln, wobei im Pfosten wie in der Mauer vorgebohrt werden muß.

Im Detail

Ein Holzzaun besteht aus Querstreben, die zwischen senkrechten Pfosten geführt und mit senkrechten Latten vernagelt werden. Der Abstand zwischen den Latten beträgt in der Regel 5 bis 8 cm.

Die Enden der Querstreben werden meist zugespitzt, um Zapfen zu bilden, die in Zapfenlöcher passen, die in den Pfosten (links) gestemmt werden. Die Streben können aber auch mit speziellen Winkelverbindungen (oben links) befestigt werden.

Bauanleitung für den Holzzaun

Werkzeug & Material

Zaunpfosten, Querstreben, Latten, verzinkte Nägel (5 und 7,5 cm), Schotter, Betonfertigmischung, Hammer, Schaufel, Wasserwaage, Richtschnüre, Lochbohrer, Bleistift.

3 **Die ersten beiden Pfosten in ihren Löchern aufstellen und die Querstreben mit einem Holz- oder Vorschlaghammer in ihre Zapfenlöcher fest eintreiben.**

6 **Am nächsten Tag die Stützen entfernen und je zwei verzinkte 7,5-cm-Nägel von hinten durch die Zapfen treiben, um die Verbindung noch fester zu machen.**

1 **Zunächst markiert man mit Richtschnüren und Setzhölzern den Verlauf des Zauns. Die Schnur sollte ca. 60 cm über dem Boden gespannt sein. Pfosten und Querstreben hinlegen. Vergessen Sie nicht, die Tiefe der Zapfenlöcher zu berücksichtigen.**

4 **Die Pfosten senkrecht aufstützen (Holzlatte oben querlegen und vernageln) und mit der Wasserwaage prüfen, daß die Querstreben waagerecht liegen. In die Pfostenlöcher etwas Schotter einstampfen und mit fester Betonmischung auffüllen.**

7 **Die Zaunlatten mit je zwei 5-cm-Nägeln (verzinkt) pro Strebe festnageln. Eine lose Latte benutzt man als Abstandhalter. Die Spitzen der Latten müssen mit den Pfostenspitzen abschließen.**

2 **Mit dem Lochbohrer oder Hohlbohrer für die Pfosten Löcher graben. Jedes Loch soll 75 cm tief sein und die doppelte Breite der Pfosten erreichen. Zwecks Drainage die unteren 15 cm mit Schotter füllen.**

5 **Die Halskrausen aus Beton so formen, daß das Wasser abläuft, und mit der Wasserwaage prüfen, daß die Pfosten vorn und seitlich gerade stehen. Die restlichen Pfosten und Querstreben aufstellen und über Nacht stehenlassen, damit der Beton fest wird.**

8 **Latten weiter nageln, gelegentlich mit der Wasserwaage auf Stand prüfen. Ein Holzstück hinter den Streben halten, damit sie beim Hämmern nicht durchbiegen.**

Der letzte Schliff

Zaunlatten sind meist oben spitz, obwohl runde oder eckige Formen durchaus üblich sind. Reich verzierte Latten wirken natürlich dekorativer. Verschiedene Stile und Formen sind im Handel erhältlich. Holzzäune werden traditionell weiß lackiert, aber es gibt keinen Grund, warum sie nicht in jeder anderen Farbe lackiert werden sollten, die zu Ihrem Heim oder Ihrem Garten paßt. Verwenden Sie einen für Außenanstriche vorgesehenen Lack in guter Qualität und lackieren Sie den Zaun an einem ruhigen Tag. Alternativ dazu könnten Sie eine Holzlasur (Klarlack oder getönt) auftragen, damit die Maserung noch zu sehen ist. Wenn Sie den Zaun anstreichen wollen, kaufen Sie gehobeltes Holz, weil es sich viel leichter streichen läßt und die Farbe glatter wird. Wenn Sie ihn nur beizen wollen, genügt rauhes Sägeholz.

Drahtzaun

Sie sehen zwar nicht hübsch aus, aber Drahtzäune sind preiswert, schnell aufgestellt und in Verbindung mit einer Hecke oder Kletterpflanzen ideal.

Das Einzäunen eines Grundstücks dient mehreren Zwecken. Es legt die Grundstücksgrenzen fest. Es hindert Kinder und Haustiere am Weglaufen sowie ungebetene Gäste am Eindringen. Außerdem können Zäune ein attraktiver Blickfang sein. Sie können aber auch teuer werden, besonders dann, wenn Sie viel Material benötigen oder sich für einen reich verzierten Holzzaun entscheiden. Wenn Ihnen Sicherheit und ein niedriger Preis wichtiger als das Äußere sind, könnte sich ein Drahtzaun als günstig erweisen.

Zaun von der Rolle

Ein Drahtzaun besteht aus rautenförmig geflochtenem Draht, wobei die Karos meist Kantenlängen zwischen 5 und 10 cm haben. Der Draht ist gegen Rostbildung verzinkt und häufig kunststoffummantelt, damit er besser aussieht. Er wird in der Regel in 25-m-Rollen angeboten (es gibt aber auch kürzere und längere Rollen). Gängige Zaunhöhen sind 90 cm, 1,20 und 1,80 m. Drahtzäune findet man im Baumarkt, im Garten-Center und im Fachhandel.

Aufgespannt

Der Zaun wird an Drähten entlanggeführt, die zwischen den Pfosten verlaufen. Die Zaunpfosten sind meist aus Holz, Stahlrohr oder Beton. T-Träger aus Eisen werden auch angeboten, aber sie rosten und geben bald nach. Die Pfosten müssen an beiden Zaunenden und an den Ecken verankert werden, damit der Spanndraht gespannt werden kann. Wenn dies nicht geschieht, hängt der Zaun durch.

Die beste Wahl

Im Garten sehen Holzpfosten am besten aus, aber Beton ist haltbarer

und Pfosten aus Metall sind für über 2 m große Zäune, z. B. um einen Tennisplatz, ideal, da sie weniger auffallen. Wenn Sie sich für Betonpfosten entscheiden, werden Sie beim Aufstellen Hilfe benötigen, da sie sehr schwer sind. Alle Pfosten müssen in Beton eingegossen werden.

Beton- wie Metallpfosten werden mit vorgebohrten Löchern für die Spannbolzen und Drähte angeboten. Holzpfosten müssen gebohrt und mit Keilen für die Diagonalstreben versehen werden.

Pluspunkte

Drahtzäune sehen zwar streng funktional aus, bieten aber ausgesprochene Vorteile:

- **Sie können verhältnismäßig schnell aufgestellt werden und sind kinder- und haustiersicher.**
- **Sie dienen als Stütze für Kletterpflanzen, die das unansehnliche Drahtgeflecht kaschieren.**
- **In Verbindung mit einer immergrünen Hecke funktionieren sie als Trennwand besonders gut.**

Wie alles zusammenpaßt

Die Pfosten an beiden Enden sowie an den Ecken werden mit Diagonalstreben verstärkt, die im Boden eingegossen werden. Die Spannbolzen für die Stützdrähte werden durch Löcher in den End- und Eckpfosten gezogen, während die Stützdrähte selbst an Zwischenpfosten aus Holz geklammert bzw. mit Betonpfosten verdrahtet werden.

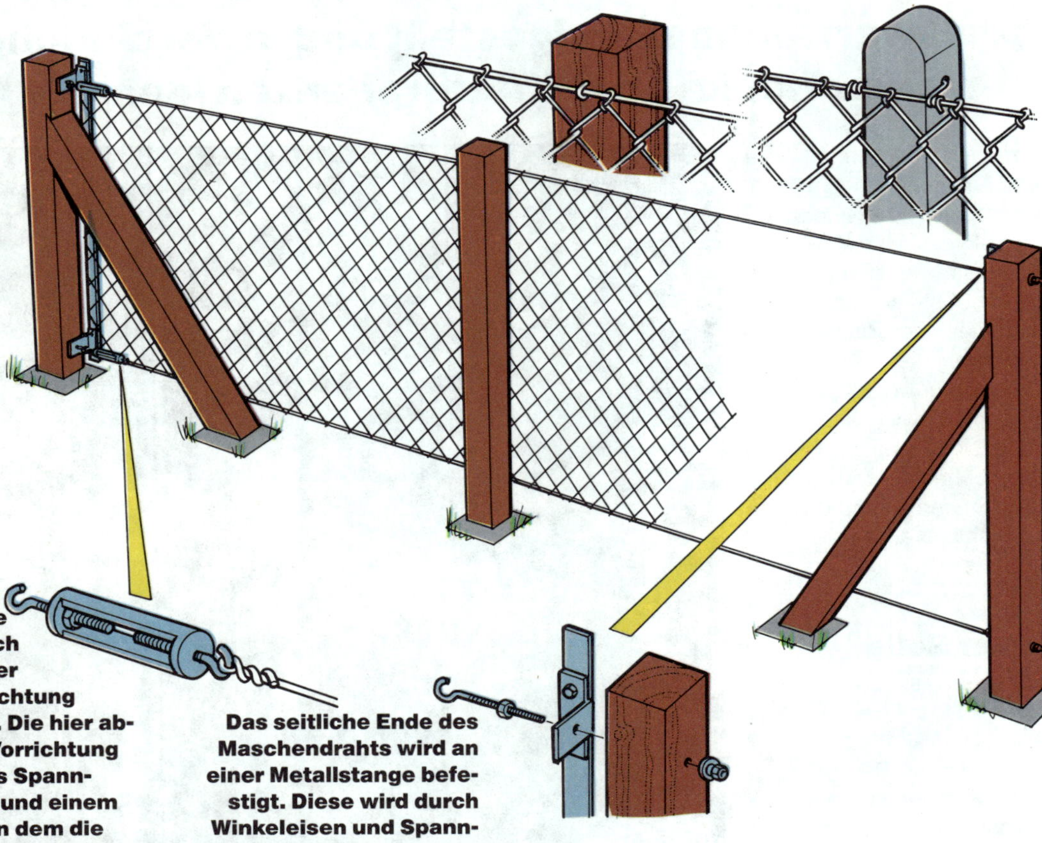

Stützdrähte werden auch mittels einer Spannvorrichtung verbunden. Die hier abgebildete Vorrichtung besteht aus Spannschrauben und einem Mittelteil, in dem die Schrauben nachgezogen werden können.

Das seitliche Ende des Maschendrahts wird an einer Metallstange befestigt. Diese wird durch Winkeleisen und Spannschrauben mit dem Endpfosten verbunden.

Pfosten setzen

Die Pfosten, besonders die Endpfosten und Diagonalstreben, müssen im Boden fest verankert werden.

1 Für jeden Pfosten ein Loch graben, das so tief ist, daß ein Viertel der Pfostenlänge unter der Erde liegt. Bruchstein um den Fuß des Pfostens einrammen und diesen mindestens 15 cm tief einbetonieren.

2 An den Endpfosten Diagonalstreben im richtigen Winkel ansetzen und die Position des Keils an der Pfosteninnenseite mit dem Bleistift kennzeichnen. Das Keilstück für die Diagonalstrebe aussägen.

3 Mit dem 10-mm-Bohrer oben und unten an den Endpfosten Löcher für die Spannbolzen bohren. Bei einem Drahtzaun, der über 1,20 m groß ist, werden zusätzliche Löcher für einen mittleren Stützdraht gebohrt.

4 Loch für die Diagonalstrebe ausgraben, diese einsetzen und an den Endpfosten nageln. Bruchstein ins Loch geben und zubetonieren. Den Beton ca. 48 Stunden lang hart werden lassen, bevor Sie den Zaun aufstellen.

Drahtzaun aufstellen

Werkzeug & Material

Das brauchen Sie:
Zaunpfosten aus Holz oder Beton, Beton, eine Rolle Drahtzaun, Stützdraht, Draht zur Befestigung oder für Befestigungsklammern, Drahtklammern für Holzpfosten, Steigbügeldrähte für Betonpfosten, Ringbolzen, Spannvorrichtung und Winkeleisen, Bohrgerät und 10-mm-Holzbohrer (nur für Holzpfosten), Flachzange, Schraubenschlüssel, Drahtzange, Hammer (nur für Holzpfosten).

3 Zaunrolle abrollen und Spannstange wie abgebildet durchziehen. Stange an den Winkeleisen an einem Endpfosten befestigen. Bei Holzpfosten kann man das seitliche Ende des Zaundrahts mit Drahtschellen festnageln.

6 Dann die zweite Stange durch die verbliebenen Schlußkaros fädeln und mit den Winkeleisen am Endpfosten verschrauben. Spannbolzen festziehen.

1 Ringbolzen und Winkeleisen an den Endpfosten befestigen. Darauf achten, daß bei jedem Bolzen mindestens 5 cm Gewinde an der Innenseite des Pfostens sichtbar bleibt. Die Winkeleisen müssen mit der Außenseite des Pfostens abschließen.

4 Stützdrähte durch Nachziehen der Ringbolzenmuttern an der Außenseite der Endpfosten spannen und anschließend an den Zwischenpfosten befestigen (Drahtklammern bei Holz-, Steigbügelklammern bei Betonpfosten).

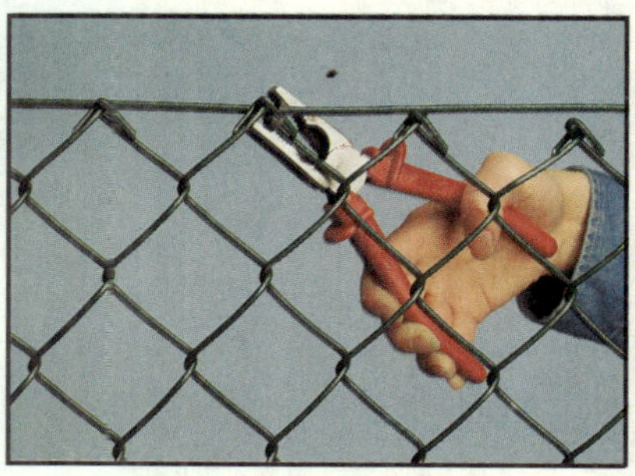

7 Drahtzaun mit den Stützdrähten verbinden. Drahtstücke oder Klammern verwenden, die mit der Zange zugedrückt werden. Oben alle 15 cm, unten alle 45 cm eine Klammer anbringen.

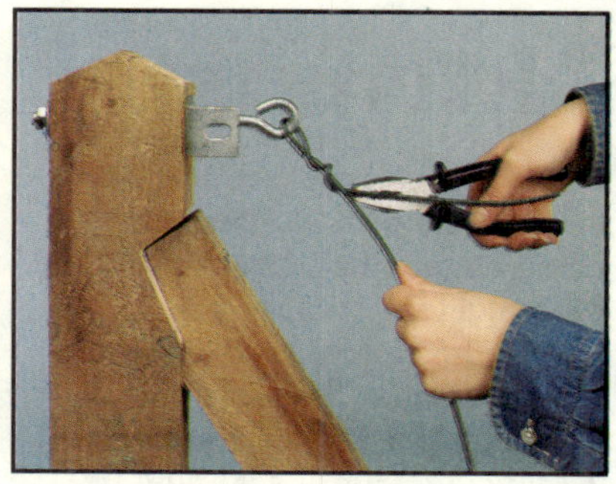

2 Stützdraht/drähte mit den Bolzen verbinden, indem das Ende durchgefädelt und mit der Zange zugedreht wird. Draht/Drähte mit der Hand so fest wie möglich ziehen und mit den Bolzen am anderen Ende des Zauns befestigen.

5 Zaun abrollen, möglichst stramm halten, mit Draht oder Bindfaden behelfsmäßig am Stützdraht befestigen. Am anderen Ende die nicht benötigte Zaunlänge abtrennen, indem Sie ein komplettes Drahtstück von oben nach unten aufribbeln.

8 Wenn Sie Holzpfosten benutzen, befestigen Sie die Zaunmaschen daran sicherheitshalber mit Drahtklammern.

Aktivposten

Das schlichte Aussehen des Drahtzauns kaschiert man, indem man Kletterpflanzen durch die Maschen wachsen läßt oder durch Sträucher den Blick auf den Zaun verdeckt.

1 *Rosa* 'Anna Ford' ist eine Miniaturrose, die sich als Bewuchs eines Zaunes hervorragend eignet. Die gefüllten, orangeroten Blüten werden im Durchmesser 4 cm groß. Sonniger Standort und durchlässiger Boden erforderlich.
2 *Mutisia decurrens* ist eine immergrüne Kletterpflanze mit Wikkelranken. Sie hat schmale Blätter und rote oder orangerote Blüten mit einem Durchmesser von 10 bis 13 cm. Auch sie benötigt einen sonnigen Standort und einen durchlässigen Boden.
3 Geißblatt *(Lonicera sempervirens)* ist eine holzige, rankende Kletterpflanze mit ovalen Blättern und rötlichen oder orangeroten Blüten. Sie zieht Halbschatten vor.
4 Japanisches Geißblatt *(Lonicera japonica)* – ein weiteres Mitglied der Gattung *Lonicera,* das den Blick auf einen Zaun verdeckt.
5 Sternjasmin *(Trachelospermum jasminoides)* – Die weißen, sternförmigen Blüten dieser rankenden Kletterpflanzen sind stark aromatisch. Sonniger Standort, durchlässiger Boden.
6 *Rosa* 'Meirov' – eine weitere Miniaturrose. Die gefüllten Blüten sind karmesinrot mit gelber Mitte.

2

3

1

4

6

5

Ein Zaun aus Latten

Um eine Grenze abzustecken oder Unansehnliches zu kaschieren: Ein Zaun ist in jedem Garten unentbehrlich. Aus Fertigteilen ist er schnell errichtet.

Wenn er nicht gerade von dichten, undurchdringlichen Hecken umgeben ist, wird auch Ihr Garten einen Zaun benötigen, und sei es nur zur Umgrenzung. Viele Sorten stehen zur Auswahl, von denen einige nur die Grenze abstekken, während andere soliden Schutz und Abgeschiedenheit gewähren, unansehnliche Stellen kaschieren und Kinder sowie Haustiere am Fortlaufen hindern. Von den solideren Typen ist der Lattenzaun bei weitem am einfachsten und am schnellsten aufgebaut.

Das Sortiment

Lattenzaun ist in vielen Fertiggrößen und -längen erhältlich. Gängig sind z.B. Größen wie: 1,2, 1,5 und 1,8 m hoch und 1,8 m breit. Auch im Stil ist die Auswahl groß: von Web- oder Flechtmuster bis waagerecht übereinanderstehend. Anzubringen sind sie an Pfosten aus Holz oder Beton. Bei Holzpfosten werden sie entweder genagelt oder geklammert. Bei Betonpfosten werden sie in eine Nut eingelassen. Endpfosten aus 7,5 x 7,5 cm Kantholz werden entweder mit „Halskrausen" aus Beton oder an Heringen aus Metall in 60 cm tiefe Löcher eingelassen. Letztere werden zuerst in den Boden getrieben, die Pfosten dann in ihre Hülsen versenkt. Heringe sind teurer, aber die Füße werden so schnell nicht im Boden verfaulen.

Die richtige Zaunlänge

Gartenzaun und Zubehör ist meist im Gartencenter erhältlich, aber auch im Holz-Fachhandel. Also sollten Sie sich nach dem günstigsten Angebot umsehen. Rechnen Sie die gesamte Zaunlänge aus, die Sie brauchen, und teilen Sie die Gesamtlänge durch die Länge der Zaunteile, um herauszubekommen, wieviele benötigt werden (die Pfostenbreite dabei nicht vergessen!). Da es den Zaun nur in Standardlängen gibt, werden Sie um eine Länge aufrunden und passend zuschneiden müssen.

Immer höflich

Wenn Sie einen hohen Zaun zwischen Ihrem und dem Nachbargrundstück errichten wollen, ist es nur höflich und sinnvoll, mit den Nachbarn alles vorher zu besprechen, um eventuellem Ärger zuvorzukommen. Bedenken Sie, daß Ihr Zaun die Aussicht aus einem Fenster Ihres Nachbarn blockieren könnte oder sonnenhungrige Pflanzen mit verheerenden Ergebnissen in tiefsten Schatten verbannt. Ein hoher Zaun kann sogar genehmigungspflichtig sein. Also lohnt sich bei einem hohen Zaun wohl eine Rückfrage bei der Behörde.

Mit dem Zaun kann man...

- **die Grundstücksgrenze abstecken, und es von den Nachbargrundstücken abgrenzen.**
- **Kinder und Haustiere daran hindern, fortzulaufen, sowie streunende Tiere daran hindern, den Garten zu betreten.**
- **für Abgeschiedenheit sorgen. Die Höhe kann jedoch baurechtlichen Bestimmungen unterworfen sein.**
- **unansehnliche Stellen, wie Mülltonnen, kaschieren.**
- **sich einen Windschutz zulegen, um zarte Pflanzen zu schützen, oder eine Wand, an der sich Kletterpflanzen hochranken können.**

Eingezäunt

Sorgfältig bepflanzt wirkt Ihr Lattenzaun weitaus weniger kahl und funktionell.

Links: Ein Lattenzaun dient als Kulisse, während Pflanzen — hier Buchsbaum und Geranien — sich etablieren.

Rechts: Der Lattenzaun liefert auch eine ruhige Ecke für schattenliebende Pflanzen wie Mahonie oder Bergenie.

Rechts: Ein massiver Zaun verhindert u. U. daß man in eine Terrasse einsehen kann. Hier trägt ein Hochbeet voll bunter Einjähriger dazu bei, eine sonst überaus triste Aussicht optisch schöner zu gestalten.

Regenschutz

Regenwasser läßt Zaunpfosten schnell faulen, wenn es einsickert und nicht einfach ablaufen kann.

Zwei Wege gibt es, die Spitze des Zaunpfostens vor Fäulnis zu schützen: entweder schräg abschneiden, damit das Wasser abläuft, oder mit einer Schutzkappe versehen. Kappen aus Holz, Metall und Kunststoff sind erhältlich.

Das Regenwasser läuft ab, wenn man eine Holzkappe auf die Pfostenspitze nagelt. Um sie mittig aufsetzen zu können, zieht man auf der Unterseite Bleistiftstriche über Kreuz und richtet sie nach den Pfostenecken. Vorbohren, damit das Holz nicht zersplittert, und zweifach vernageln.

Einen Zaun kürzen

Gartenzaun ist in Standardlängen erhältlich. Sicher haben Sie Glück, wenn es bei Ihnen mit einer bestimmten Stückzahl genau hinkommt. Kürzen ist jedoch nicht allzu schwer.

1 Nachdem Sie die erforderliche Restbreite gemessen haben, legen Sie ein Zaunelement auf den Boden und stemmen mit Greifhammer oder Meißel die Kantholzverbindung auf, ohne das Holz zu spalten.

2 Die erforderliche Breite abmessen und mit einem Bleistift anreißen. Die alten Nägel aus den Kanthölzern entfernen. Streben an der Bleistiftmarkierung ansetzen und mit neuen, verzinkten Nägeln befestigen.

3 Wenn die Kantholzstreben vorn und hinten wieder festsitzen, das überschüssige Holz mit dem Fuchsschwanz absägen. Darauf achten, daß Sie die Säge an der richtigen Seite der Kanthölzer ansetzen!

Den Gartenzaun aufstellen

Werkzeug & Material
Fertigzaunelemente, Zaunpfosten, Kappen, Heringe, Zaunelementklemmen, Vorschlaghammer, Wasserwaage, Greifhammer, Schnürband und Steckhölzer, verzinkte Nägel, Bandmaß.

1 Mit Schnürband und Steckhölzern den Zaunverlauf genau abstecken. Wenn zwei oder mehr Zaunlängen über Kreuz stehen sollen, auf den rechten Winkel achten.

2 Für die Pfosten können Sie zwar Löcher bohren und sie mit „Halskrausen" aus Beton befestigen, aber mit Heringen geht es einfacher und schneller. Spitze des ersten Herings in den Boden treiben. Standort mit Richtschnur kontrollieren.

3 Den Pflock montieren, indem Sie dem Holzpflock die Metallkappe aufsetzen. Pflock in die Hülse des Herings setzen und diesen mit dem Vorschlaghammer senkrecht in den Boden treiben.

4 Prüfen Sie regelmäßig mit der Wasserwaage, ob der Hering senkrecht steht. Wasserwaage an allen Seiten des Herings ansetzen.

5 Am ersten Pfosten die Zaunelementklemmen 15 bis 30 cm von oben und unten mit verzinkten Nägeln befestigen. Die Klemmen müssen genau mittig sitzen.

6 Den Fuß des Pfostens in die Hülse stecken. Bei einigen klemmt sich das Holz beim Einhämmern fest (Holzstück dazwischenlegen, um die Spitze zu schützen). Bei anderen werden Befestigungsbolzen ins Holz hineingedreht.

7 Zusammen mit einem Helfer das Zaunelement in die Klemmen stecken und das freie Ende auf Holz oder Steinen stützen. Verzinkte Nägel durch die Löcher in den Klemmen treiben, um den Zaun zu befestigen.

8 Für den nächsten Pfosten den Hering in den Boden treiben. Sorgfältig darauf achten, daß er nach dem freien Ende des ersten Zaunelements ausgerichtet ist. Pfosten aufstellen, Zaunelement befestigen.

Zur Schau stellen

Bereits mit wenigen Drähten ist ein Zaun die ideale Stützfläche für viele farbenfreudige Kletterpflanzen wie die hier abgebildete, großblütige Clematis.

1 *C.* 'H. F. Young' – eine frühblühende, frostharte, bis zu 2,4 m große Pflanze, deren Blüten 10 cm groß werden.
2 *C.* 'Star of India' – kräftig, spätblühend, frosthart, bis zu 3 m groß, mit 10 cm großen Blüten im Hochsommer.
3 *C.* 'Ville de Lyon' – spätblühend, frosthart, bis zu 3 m groß, mit 10 cm großen Blüten im Hochsommer.
4 *C.* 'Henryi' – kräftig, frühblühend, frosthart, mit 12 cm großen Blüten.
5 *C.* 'Ernest Markham' – eine kräftige, spätblühende, frostharte Pflanze, die bis zu 4 m groß wird, mit 10 cm großen Blüten, genießt die volle Sonne.
6 *C.* 'Hagley Hybrid' – kräftig, spätblühend, frosthart, bis zu 2,4 m groß, mit 10 cm großen Blüten, zieht Halbschatten vor.

Lattenzaun

Lattenzäune sind eine wirksame und attraktive Grundstückseinfriedung. Sie zu bauen, geht leicht und schnell.

Von allen Zaunarten, mit denen Sie Ihr Grundstück umgeben können, ist der hier beschriebene, aus Pfosten und Querlatten bestehende Typ mit am einfachsten, am haltbarsten und am preisgünstigsten. Er wurde von amerikanischen Ranchern bevorzugt. So hat man auf der Ranch das Vieh eingezäunt. Inzwischen hat sich dieser Zaun in den Gärten der ganzen Welt eingebürgert.

Die Stilfrage

Für welchen Zauntyp entscheiden Sie sich im Garten? Das hängt davon ab, was Sie mit dem Zaun bezwecken wollen. Völlige Abgeschiedenheit garantiert nur ein hoher, geschlossener Lattenzaun. Wenn es nur darum geht, die Grundstücksgrenze abzustecken, reicht auch ein niedriger Friesenzaun. Als Grundstückseinfriedung (so das Amtsdeutsch) eignet sich der hier abgebildete Zaun genauso, und er kann in jeder vernünftigen Höhe konstruiert werden. Die Vorteile gegenüber vielen anderen Zauntypen: Mit relativ wenig Holz baut man einen stabilen, ansehnlichen Zaun, und da nur die Pfosten den Boden berühren, stellt Fäulnis kein allzugroßes Problem dar.

Flexibles Muster

Diese Bauart paßt sich ohne weiteres den Konturen eines Hanggrundstücks an. Sie hält Tiere bestens fern, ist allerdings leicht zu überwinden: von Kindern, die eben mal „über den Zaun" wollen, wie von Eindringlingen mit unlauteren Motiven. Auf der Ranch kommt man mit einer oder zwei Querlatten aus, die in der Höhe passend zu der des Viehs angebracht werden. Im Garten sehen vier oder fünf Latten mit gleichen Zwischenabständen, die unterste dicht am Boden, besser aus. Die Funktion des Abschirmens erhöht man deutlich, indem man an beiden Seiten des Zauns Bretter versetzt anbringt, damit die Lücken an der jeweiligen Rückseite gefüllt werden.

Wahl der Werkstoffe

● Um einen Ranch-Zaun zu bauen, braucht man Pfosten in entsprechender Stückzahl (Abstände ca. 2 m), Querlatten und Pfostenaufsätze. Für bis zu 1 m hohe Zäune nimmt man Pfosten aus 7,5 x 7,5 cm-Kantholz, für höhere Zäune 10 x 10 cm-Pfosten.

● Die gängigste Lattengröße ist 15 x 2,5 cm. 10 x 2,5 cm erfüllen den Zweck ebenfalls, während breitere Bretter deutlich teurer sind. Bei dünneren, 19 mm-Latten verringert man die Pfostenabstände auf ca. 1,20 m.

● Den Zaun baut man am schnellsten, wenn die Latten mit den Pfosten vernagelt werden. Stabiler und vor zufälliger Beschädigung sicherer ist es, wenn die Latten mit versenkten, nichtrostenden Schrauben befestigt werden.

● Kaufen Sie nur druck- oder vakuumimprägniertes Holz und behandeln Sie die Schnittkanten fortlaufend und zusätzlich mit Holzschutzmittel. Zum Schluß können Sie den Zaun lasieren oder lackieren.

Versetzte Zaunlatten

Deutlich abgeschiedener wird das Grundstück, wenn Latten an beiden Seiten der Pfosten versetzt angebracht werden, so daß die Lücken an der jeweils anderen Seite verdeckt sind.

Dieser Zaun aus versetzten Latten schützt die Pflanzen recht gut, ohne so massiv zu sein, daß ein kräftiger Wind ihn umstoßen kann.

Oben: Versetzte Zaunlatten sorgen nicht nur für Abgeschiedenheit, sie schützen empfindliche Pflanzen vor starkem Wind.

Links: Eine Zaunseite fertigstellen. Abstände zwischen den Querlatten müssen mit der Lattenbreite übereinstimmen. Dann auf der Rückseite Latten in den gleichen Abständen und auf einer Höhe mit den vorderseitigen Lücken befestigen.

Wie alles zusammenpaßt

Der Zusammenbau eines Ranch-Zauns geht ausgesprochen einfach vor sich. Man braucht nur wenig Werkzeug und Material.

Die Pfosten werden entweder in Betonsockeln verankert oder in spitze Metallhülsen gesteckt, die in den Boden getrieben werden. Die Querlatten werden an den Vorderseiten der Pfosten, ggf. in Pfostenmitte, auf Stoß befestigt. Zwischenabstände nach Belieben, in der Regel gleich der Lattenbreite. An den Ecken außen überlappen lassen und innen auf Gehrung setzen. Den Pfosten werden Schutzkappen aufgesetzt.

Varianten

Latten werden meist an die Pfosten genagelt. Für zusätzliche Stabilität kann man sie — wie hier abgebildet — miteinander verschrauben.

1 Für die Schrauben 2,5 cm vom Ende der Latte sowie 2,5 cm von Ober- und Unterkante Schraublöcher vorbohren. Mit dem Versenkbohrer die Löcher ansenken.

2 Latte am Pfosten festhalten, mit der Wasserwaage prüfen, ob sie waagerecht liegt, in den Pfosten Löcher vorbohren und die Schrauben eindrehen und festziehen.

Den Lattenzaun aufstellen

Werkzeug & Material

7,5 x 7,5 cm- oder 10 x 10 cm-Pfosten, 10 x 2,5 cm- oder 15 x 2,5 cm-Latten, Pfostenkappen, 63 mm-Flach- oder Rundkopfnägel bzw. nichtrostende 63 mm-Holzschrauben, Bandmaß, Schnur und Setzhölzer, Spaten, Bruchstein, Beton, Holzreste für Pfostenstützen, Hammer, Wasserwaage, Hand- oder Elektrosäge, Bohrgerät, Holz- und Versenkbohrer, Schraubenzieher (wenn Schrauben benutzt werden), Holzschutzmittel, Pinsel.

1 Mit Setzhölzern und Schnur den Verlauf des Zauns abstekken und Pfostenlöcher ausgraben. In jedes Loch einen Pfosten setzen und mit Holzresten abstützen. Mit der Wasserwaage prüfen, ob der Pfosten senkrecht steht.

2 Rund um den Pfosten Bruchstein bis 15 cm unterhalb des Bodens festrammen. Mit der Wasserwaage den Sitz des Pfostens erneut überprüfen. Beton relativ trocken anmischen und ins Loch schaufeln. Kräftig festdrücken und die Oberfläche abgeschrägt glattziehen, damit das Regenwasser in den Boden abläuft.

3 Ein Helfer hält das andere Ende der ersten Latte. Sie halten sie am Pfosten, prüfen, ob sie waagerecht liegt, und reißen die Stellen am Pfosten an.

4 Die erste Latte an den Pfosten nageln. Das Lattenende schließt genau in Pfostenmitte ab. Die zweite Latte wird neben der ersten auf Stoß befestigt.

5 Wenn die Abstände zwischen den Latten so breit wie die Latten selbst sein sollen, verwenden Sie Lattenreste als Abstandhalter. An jedem Pfosten wird die Latte mit zwei Nägeln befestigt.

6 Die Lattenabstände auf gleichmäßigen und waagerechten Sitz überprüfen. Die oberste Latte soll mit den Pfostenspitzen bündig abschließen.

7 Auf der Zaunaußenseite Latten bündig an den Eckpfosten abschließen lassen. Für eine Ecke auf der Innen- oder Rückseite Latten auf Gehrung zuschneiden und verbinden.

8 Zum Schluß soll der Pfostenaufsatz verhindern, daß Wasser ins Hirnholz eindringt. Abgeschrägte Kappen oder Lattenabschnitte verwenden bzw. die Pfostenoberkante einfach abschrägen.

Rankengewächs

Die offene Struktur des Zauns dient Kletterpflanzen als Rankhilfe. Hübsche, kleinblütige Waldreben beispielsweise runden die scharfen Kanten ab.

1 *Clematis macropetala* 'Markham's Pink' – mit schönen, rosa, nach unten dunkelroten Blüten, die vom Mai an blühen.
2 *Clematis montana* 'Pink Perfection' – mit rosaroten Blüten, die sich im Frühsommer vom bronzeroten Laub abheben.
3 *Clematis alpina* 'Helsingborg' – mit reizvollen, lila Blüten im späten Frühjahr und Frühsommer, gefolgt von flauschigen Samenkapseln und manchmal einer Nachblüte.
4 *Clematis alpina* 'Willy' – Blüten mit langen, lila Blättern, die im späten Frühjahr weiße Staubgefäße umhüllen, die danach zu flauschigen Samenkapseln werden.
5 *Clematis alpina* 'Pamela Jackman' – eine anmutige Kletterpflanze mit blauen Blüten und weißen Staubgefäßen, die im späten Frühjahr blüht.

Dichter Lattenzaun

Eine stabile, ansprechende Grundstückseinfriedung ist ein dichter Lattenzaun. So stellt man ihn richtig auf.

Zur Grundstückseinfriedung gehört viel mehr als das bloße Abstecken der Grenze zu den Nachbarn und zur Straße hin. Man gewinnt Abgeschiedenheit. Kinder sind sicherer beim Spiel, und Haustiere können nicht mehr weglaufen. Unansehnliches wird verdeckt oder abgeschirmt. Man schafft vor allem eine Kulisse, in der die ganze Gartenherrlichkeit sich noch besser bewundern läßt. Grundstücke kann man auf dreierlei Art einfrieden: mit einer Hecke, einer Mauer oder einem Zaun. Hecken sind die natürlichste Art, aber sie wachsen langsam, müssen regelmäßig gepflegt werden und stellen für Haustiere keine Hürde dar. Mauern sind dauerhaft, aber teuer und können streng wirken. Zäune bieten sich als idealer Kompromiß an. Holz paßt zu jedem Garten. Ein Zaun ist schnell und relativ leicht aufgestellt und kostet nicht soviel wie eine Mauer.

Einkaufsführer

Zäune kann man im Fachbetrieb, im Gartencenter und im Baumarkt kaufen, aber Gartencenter und Baumärkte halten in der Regel nur Meterware auf Lager. Wer sich den Zaun ins Haus liefern läßt, muß mit zusätzlichen Gebühren rechnen.

Das Holz sorgfältig überprüfen. Gespaltenes Holz und Latten mit vielen Astlöchern nicht kaufen. Auf Insektenbefall achten und sich vergewissern, daß alles mit Schutzmittel behandelt worden ist. Zu guter Letzt darauf achten, daß alle Metallteile verzinkt oder gegen Rost geschützt sind.

Für und Wider

- **Ein dichter Lattenzaun schirmt wirksam ab. Ein 2 m hoher Zaun hält die meisten Nachbarn auf Abstand. Zum Nachbarn hin ist 2 m die unterste Grenze, zur Straße hin ca. 1 m. Erkundigen Sie sich vorher beim Bauamt oder bei der zuständigen Behörde nach der erlaubten Zaunhöhe. Sie können sicher sein, daß es dafür Richtlinien und Genehmigungsverfahren gibt.**
- **Schutz vor Wind kann auch wichtig sein: entweder für empfindliche Pflanzen oder zur Abschirmung eines Sitzbereichs. Ein dichter Zaun ist am günstigsten, aber denken Sie daran, daß fest verankerte Zaunpfosten an exponierten Stellen notwendig sind. Wichtig kann auch der Schutz von Kindern und Haustieren sein, und dafür ist ein dichter Lattenzaun ebenfalls recht wirksam.**
- **Langfristig möchte man vielleicht Kletterpflanzen einen Halt und eine Stütze geben und dadurch eine natürlich wirkende Grundstückseinfriedung schaffen. Ein Windschutzzaun kann jedoch Feuchtigkeit vom Boden fernhalten und Sonnenlicht, wenn er nicht nach Norden gerichtet ist. Ein Zaun als Kletterhilfe muß gepflegt werden, und wenn die Pflanzen sich eingewöhnt haben, läßt sich Holzschutzmittel nicht mehr auftragen. Grundsätzlich sollte man nur druckimprägniertes Holz verwenden.**

Wie alles zusammenpaßt

Die Pfosten dieses dichten Lattenzauns werden durch dreikantige Querstäbe miteinander verbunden, deren Enden in Zapfenlöchern in den Zaunpfosten liegen. Bei bis zu 1,20 m langen Zäunen kommt man mit zwei Querstäben aus. Bei größeren Zäunen braucht man drei.

Ein unten vernageltes, an Klötzen befestigtes Holzbrett schützt das empfindliche Hirnholz an den Schnittkanten der senkrechten Latten, die dadurch nicht mit dem Boden in Berührung kommen. Den Zaunpfosten werden Holzkappen aufgesetzt, die dem gleichen Zweck dienen: das Hirnholz vor Feuchtigkeit und Fäulnis zu schützen.
Die keilförmigen Latten werden so vernagelt, daß das dicke Ende das dünne der nächsten Latte um etwa ein Viertel der Lattenbreite überlappt.

Dreikantverbindung

Wer lieber nicht an Zapfen und Zapflöchern arbeitet, kauft fertige, verzinkte Verbindungen.

Dreikantverbindungen können vernagelt oder verschraubt werden. Schrauben sind natürlich stabiler.

Pfosten aufstellen

Ein dichter Lattenzaun steht wie ein Segel im Wind. Die Zaunpfosten müssen daher fest verankert sein.

1 Ein Loch ausheben, dessen Tiefe rund einem Viertel der Pfostenlänge entspricht. Pfosten und Bruchstein ins Loch rammen und Holzlatten als Streben vernageln.

2 Rund um den Pfosten Bruchstein ins Loch geben und fest einrammen, damit der Pfosten fest und gerade steht. Platz für eine „Halskrause" aus Beton freilassen.

3 Langes Holzstück als Maßstab verwenden, um gleichmäßige Pfostenabstände zu erreichen. Groben Beton in jedes Loch schaufeln, feststampfen und aushärten lassen.

Den Zaun aufstellen

Werkzeug & Material

Zaunpfosten, Querlatten, keilförmige Zaunlatten, Holzbrett als unterer Abschluß, Pfostenkappen, Holzklötze, Kant- oder Abfallholz für Streben und Abstandhalter, Hammer, Nägel, Spaten, Bruchstein, grober Beton, Maurerkelle, Bandmaß, Schnur, Bohrgerät und Holzbohrer, Stechbeitel, Fuchsschwanz, verzinkte Nägel, Wasserwaage, Holzschutzmittel und Malerpinsel.

1 An den Pfosten die Zapfenlöcher anreißen und mit einem großen Holzbohrer die Löcher zum größten Teil ausbohren. Mit einem breiten Stechbeitel das überschüssige Holz aushöhlen. Holzschutzmittel auftragen.

2 Die Enden der Querstäbe passend zu den Zapfenlöchern dreifach angewinkelt, wie hier abgebildet, zuschneiden. Die Enden können Sie auch mit einer Axt bearbeiten.

3 Die Querstäbe in ihre Zapfenlöcher stecken (Stäbe dabei durchbiegen, damit alles fest sitzt). Dann werden die Verbindungen mit Nägeln befestigt.

4 Unten an den Pfosten links und rechts kleine Holzklötze vernageln. Querlatten zuschneiden, Schnittkanten mit Holzschutzmittel behandeln und mit den Holzklötzen vernageln.

5 Die Pfosten mit Richtschnüren verbinden, und damit die Höhe festlegen. Latten zuschneiden, die dicke Seite der ersten Latte auf Stoß anlegen und vernageln.

6 Ein Stück Abfallholz als Abstandhalter verwenden, damit die weiteren Latten um jeweils rund ein Viertel ihrer Breite überlappen. Die Oberkanten nach der Schnur ausrichten.

7 Nach drei bis vier Latten mit der Wasserwaage prüfen, ob sie senkrecht stehen. Bei Bedarf die jeweils letzte Latte richten, damit sie kerzengerade und absolut senkrecht steht.

8 Am nächsten Pfosten die letzte Latte umdrehen und die dicke Seite anlegen. Weiter so und zum Schluß die Pfostenkappen aufnageln, um das Hirnholz vor Feuchtigkeit zu schützen.

Lebender Vorhang

Ein Lattenzaun kann attraktiv sein, aber vielleicht wollen Sie ihn lieber mit ausgesuchten Sträuchern verdecken.

1 Johanniskraut *(Hypericum x moserianum* 'Tricolor') – Blätter mit weißem und rosa Rand.
2 Lebensbaum *(Thuja occidentalis* 'Sunkist') – Konifere mit gelbgrünem Laub und rötlicher Rinde.
3 Zwergmispel *(Cotoneaster microphyllus)* – immergrüner Strauch mit weißen Blüten und roten Früchten.
4 Ölweide *(Elaeagnus x ebbingei* 'Gilt Edge') – immergrün mit goldgelbem Blattrand und silberweißen Duftblüten im Herbst.
5 *Abelia x grandiflora* 'Francis Mason' – mit weißen Duftblüten.
6 Sauerdorn *(Berberis thunbergii* 'Rose Glow') – ein stacheliger Strauch mit dunkelroten Blättern, die rosa und weiß gefleckt sind.
7 Bleiwurz *(Ceratostigma willmottianum)* – trägt hellblaue Blüten vom Spätsommer bis zum Herbst.

Trockenmauern

Eine verwitterte, mit farbenfrohen Blüten und frischem Grün überzogene Feldsteinmauer ist eine Augenweide. Und so baut man sie.

Feldstein- oder Trockenmauern zählen zu den ältesten Grundstückseinfriedungen. Besonders häufig kommen sie dort vor, wo Steine reichlich vorhanden sind. Eine solide gebaute Feldsteinmauer bleibt einem viele Jahre erhalten. Allerdings hängt es von den Fähigkeiten des Maurers ab, ob aus den richtigen Steinen eine stabile, attraktive Mauer wird.

Der Aufbau

In einer richtigen Trockenmauer wird kein Mörtel benutzt. Sie steht auf festen Fundamenten und verdankt ihre Stabilität der sorgfältigen Anordnung der Steine. Zuunterst liegt im flachen Graben eine Schicht aus großen Fundamentsteinen. Darauf kommt die erste Steinschicht der eigentlichen Mauer. Sie besteht aus zwei Steinreihen vorn und hinten, die in Längsrichtung verlegt werden. Diese Schicht ist ca. 60 cm tief. Die Lücke zwischen den beiden Reihen wird mit kleineren Steinen gefüllt. Dann kommt eine Schicht Steine, die von vorn nach hinten auf Stoß verlegt werden. Es folgt die nächste Schicht längsgerichteter Steine mit Füllung, die nächste Schicht Steine auf Stoß usw. Zum Schluß kommt eine Reihe flacher, überragender Steine, die dem Zusammenhalt dienen. Sie halten Regen vom Mauerkern ab und bilden eine feste Unterlage für die Kappensteine. Wichtigstes Merkmal einer Feldsteinmauer: Nach oben verjüngt sie sich. Diese Schräge führt z. B. dazu, daß eine Mauer unten 90 cm und oben nur 40 cm tief ist. Bei Erdumfassungsmauern steht die Außenwand noch schräger, während die Innenwand umgekehrt zur Erdmasse hin leicht schräg geneigt ist.

Werkstoffe ...

● Die Steine kaufen Sie direkt im Steinbruch oder Baustoffhandel. Fragen Sie dort ruhig, welche Steine am besten geeignet sind. In der Regel ist härteres, nichtporöses Gestein wie Granit am besten. Einige Kalk- und Sandsteinarten tun es aber auch.

● Die Menge, die Sie benötigen, läßt sich schwer schätzen. Die Steine kann man nicht, wie beim Backstein, einfach abzählen. Feldsteine werden in der Regel tonnenweise verkauft. Aus einer Tonne wird ca. ein Kubikmeter Mauer. Bestellen Sie lieber zuviel als zuwenig. Die Lieferkosten sind hoch. Eine zweite Lieferung kommt teurer als wenn Sie ein paar Steine übrig haben.

● Bei Anlieferung die Steine nach Größe sortieren: große Fundamentsteine, mittelgroße Steine mit mindestens einer geraden Kante, die sich für die Außenfläche eignen, lange Steine, die auf Stoß gelegt werden können, kleinere Füllsteine und zu guter Letzt geeignete Kappensteine.

Wie alles zusammenpaßt

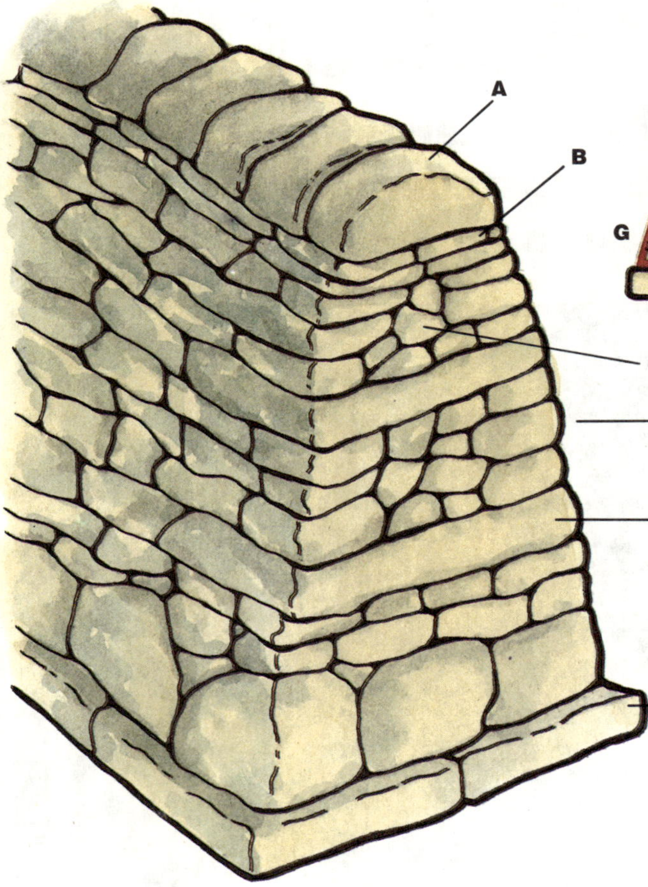

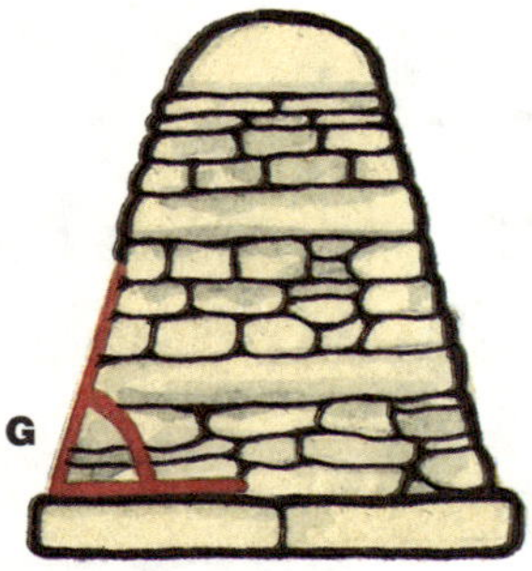

Werkzeug & Material

Feldsteine in ausreichender Stückzahl sowie in verschiedenen Formen und Größen, Holzreste und Nägel zum Bau der Formrahmen, Schnüre und Setzhölzer, Spaten, Fäustel, Meißel.

Auf dem Fundament wird die Mauer mit Schichten aus nach außen abschließenden Steinen und Füllsteinen errichtet. Alle 60 cm wird eine Schicht längerer Steine auf Stoß verlegt, dann wieder Verblendsteine und Füllung. Auf die letzte, leicht überragende Schicht Stoßsteine kommen die Kappensteine.

A – Kappensteine
B – Stoßschicht
C – Füllsteine
D – Verblendsteine
E – Stoßschicht
F – Fundament
G – Schräge

Formrahmen bauen

Aus Gründen der Stabilität muß die Trockenmauer sich nach oben verjüngen. Diese Schräge muß gleichmäßig und genau sein. Einfacher geht es, wenn Sie mit Formrahmen arbeiten, die an beiden Enden der Fundamente aufgestellt und mit Schnüren verbunden werden.

1 Aus Holzresten zwei Formrahmen bauen. Die jeweils vier Teile sind A-förmig (sich nach oben verjüngend) zu vernageln. Sie müssen gleich groß sein. Die seitlichen Winkel müssen ebenfalls übereinstimmen.

2 Die Rahmenbeine unten anspitzen, an beiden Enden der Mauer senkrecht aufstellen und die Beine in den Boden treiben. Mit Wasserwaage und Zollstock prüfen, ob sie senkrecht und in gleicher Höhe stehen.

3 Die beiden Formrahmen mit Schnüren verbinden, die vorn und hinten den Verlauf der Mauer anzeigen. Weitere Schnüre spannen, um die Höhe der jeweils nächsten Steinschicht anzuzeigen.

Trockenmauer bauen

1 Mauerfundamente abstecken. Grassoden ausstechen. Einen ca. 15 cm tiefen Graben ausheben bzw. zum festen Untergrund durchgraben. Mit den Füßen festtreten oder mit einem Stück Zaunpfosten festrammen.

2 Die Fundamente einbetten. Die Steine sollten groß und relativ flach sowie an den Außenkanten möglichst gerade sein. Steine mosaikartig zueinanderpassend verlegen. Eventuelle Lücken mit gleich dicken, kleineren Steinen füllen.

3 An Vorder- und Rückseite der Mauer je eine Schicht mittelgroßer Verblendsteine auf dem Fundament verlegen, gerade Kanten nach außen. Anhand der Richtschnüre bzw. der Formrahmen überprüfen, ob die Fundamente über die Außenkanten der Verblendsteine leicht hinausragen. Mit kleineren Steinstücken die größeren Steine festkeilen, damit sie auf den darunterliegenden Steinen nicht wackeln.

4 Je nach Dicke der verwendeten Steine eine zweite oder dritte Schicht verlegen, bis die Mauer ca. 60 cm groß wird. Dann wird die erste Schicht Steine auf Stoß verlegt. Prüfen, daß jede Schicht dem Verlauf der vorgesehenen Schräge entspricht, und Steine im Verbund verlegen, so daß jeder Stein über einer Fuge in der darunterliegenden Schicht liegt.

5 Beim Verlegen weiterer Schichten die Mitte mit kleineren Steinen füllen. Achten Sie darauf, daß Sie die Verblendsteine nicht aus dem Lot bringen.

6 An den Mauerenden Steine auf Stoß verlegen. Diese in Abständen mit der Füllung verbinden, indem Sie einen Stein so verlegen, daß er in die Mauermitte ragt und dem Mauerende Halt gibt.

7 Beide Mauerseiten und die Füllung müssen gerade verlaufen. Dann kommt die letzte Stoßschicht. Diese Steine sollten aus Stabilitätsgründen von vorn bis hinten durchgehen. Zum Schluß die Kappensteine stehend, aber in einer Richtung leicht geneigt, verlegen.

8 Die Stabilität der Mauer überprüfen, indem Sie von beiden Seiten fest zudrücken. Wenn sie wackelt oder sich bewegt, werden mehr kleine Steine in die Lücken geschoben, um etwaige lose Steine zu stabilisieren.

Bepflanzung

Eine Feldsteinmauer enthält viele Nischen, in die Steingartenpflanzen hineinpassen. Sie sorgen für Blüten- und Blattbewuchs, der das kantige Gestein weicher erscheinen läßt.

1 *Drosanthemum hispidum* – Glänzendes Laub bildet die Kulisse für gänseblümchenartige, lila Blüten in den Sommermonaten.
2 *Campanula portenschlagiana* – ein Favorit unter den Glockenblumen mit zartlila, glockenförmigen Blüten.
3 Schuppenkopf *(Cephalaria alpina)* – lila Blüten an einem schlanken Stiel, der aus einem immergrünen Laubkissen wächst.
4 Klee *(Trifolium repens)* 'Purpurascens' – dunkelrote Kleeblätter und weiße Blüten im Sommer.
5 Gauklerblume *(Mimulus cupreus)* 'Whitecroft Scarlet' – scharlachrote Blüten und mittelgrüne, gezahnte, ovale Blätter.
6 *Campanula garganica* 'Blue Diamond' – eine Glockenblume mit zahlreichen violetten Blüten und kleinen, efeuförmigen Blättern.
7 Hasenglöckchen *(Campanula rotundifolia)* – zierliche, glockenförmige Blüten an langen, schlanken Stielen.

Niedrige Gartenmauern

Für Gartenmauern können es nur wenige Werkstoffe mit der Vielseitigkeit des Backsteins aufnehmen.

Backsteinmauern erfüllen viele Funktionen im Garten: nicht nur als konkrete Abgrenzung zwischen Gartenbereichen, sondern auch um Grenzen, z. B. eine Terrassenumrandung, abzustecken. Eine dicke Backsteinmauer dient auch dazu, eine terrassenförmig angelegte Böschung zu stabilisieren. Die weichen, ausgereiften Farbtöne des Mauerwerks ergänzen die Bepflanzung oft weitaus wirksamer als viele andere Werkstoffe.

Wichtige Faktoren

Das Mauern erfordert einige handwerkliche Fertigkeit, aber mit Sorgfalt und Übung können Sie gute Ergebnisse erzielen. Die wichtigsten Faktoren: Man muß ein tragfähiges Fundament bauen; der Verbund (das Verlegemuster) muß gewährleisten, daß die fertige Mauer stark und vor allem haltbar ist; und man muß darauf achten, daß alle Fugen gleich dick sind, die Steinreihen waagerecht verlegt werden und die Mauern selbst senkrecht stehen.

Der Verbund

Um ausreichend stark zu sein, sollte eine Gartenmauer einen Stein tief sein. Die umseitig abgebildete Mauer ist im sogenannten Englischen Verbund gemauert. Andere Verlegemuster sind genauso haltbar, sie sehen nur anders aus. Schauen Sie sich einige Beispiele an.

Fundamentales

- **Eine Backsteinmauer braucht ein Betonfundament. Für eine bis zu 1 m hohe Mauer sollte die Betonschicht 15 bis 20 cm dick und (in Längsrichtung) 40 cm breit sein.**
- **Für das Fundament benutzt man eine 1:3:6-Mischung, d.h. 1 Teil Beton, 3 Teile Sand und 6 Teile Kies. Für einen schmalen Streifen kauft man am besten Fertigmischung. Bei größeren Mengen ist es günstiger, die Grundstoffe lose zu bestellen.**
- **Beton läßt sich mit der Hand mischen. Wesentlich weniger anstrengend ist es allerdings, wenn man sich einen Betonmischer leiht.**

Von Mauer zu Mauer

Links: Für Backsteinmauern kommen verschiedene Decksteinwerkstoffe in Frage, darunter Schiefertafeln.

Unten: Eine Einbuchtung für einen Stuhl oder eine Sitzbank unterbricht eine lange Mauer.

Unten: Alte, wiederverwendete Backsteine sehen zugleich dauerhaft und verwittert aus. Hier wirkt das gelbe Steinkraut *(Alyssum saxatile)* besonders attraktiv.

Rechts: Backsteine gibt es in vielen Formen und Farbtönen. Für einige sind passende Decksteine erhältlich. Schwarze schmale Fliesen wirken als I-Tüpfelchen.

Stein auf Stein

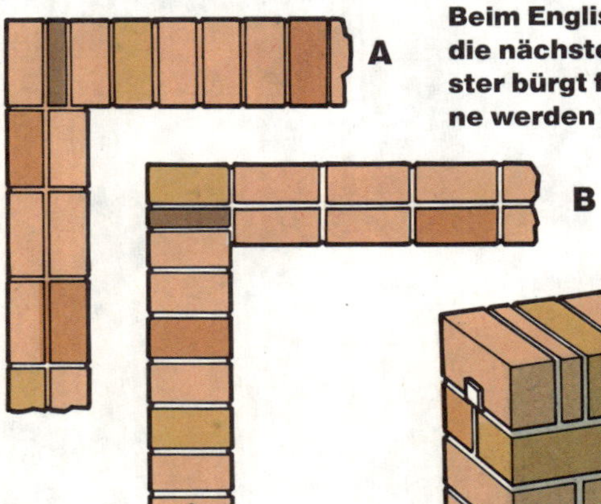

Beim Englischen Verbund wird eine Reihe quer (A) die nächste längs (B) verlegt. Das überlappende Muster bürgt für zusätzliche Stärke. Schmale Halbsteine werden in jeder 2. Reihe als Füllsel benötigt.

Diese einen Stein tiefe Mauer liegt auf einem Betonfundament. Die oberste Reihe liegt quer zum Mauerwerk.

Das feste Fundament

Ein einfaches Betonfundament reicht für diese niedrige Mauer vollkommen aus.

1 Mit Richtschnüren und Setzhölzern die Lage der Fundamente auf dem Boden abstecken. Vergewissern Sie sich, daß die Schnüre sich im rechten Winkel kreuzen. Auf die Fundamentbreite achten.

2 Einen Graben in der erforderlichen Breite und Tiefe ausheben. Die Seiten sollen möglichst senkrecht, der Boden möglichst eben sein. Weiche Stellen im Boden mit Bauschutt auffüllen und feststampfen.

3 Den Graben mit Beton füllen. Mit der Schaufel ausbreiten und mit einem Stück Kantholz feststampfen, damit die Oberfläche einigermaßen plan liegt. 3 bis 4 Tage ruhen lassen, bevor man die Mauer verlegt.

Bauanleitung für die Gartenmauer

Werkzeug & Material

Eimer, Handschuhe, Schaufel, Brett, Mörtelfertigmischung, Maurerkelle, Richtschnüre und Setzhölzer, Backsteine, Wasserwaage, Wasser.

1 **Um das Muster des Englischen Verbundes beim Mauerwerk aufrecht zu erhalten, braucht man halbe Steine als Füllsel. Steine halbiert man, indem man sie auf einer weichen Oberfläche, z. B. Gras oder Sand, senkrecht hinstellt und mit Hammer und Meißel teilt.**

2 **Mit Richtschnüren und Setzhölzern die Lage der Mauern abstecken. Sicherstellen, daß die Schnüre sich im rechten Winkel kreuzen. Auf dem Brett den Mörtel zu einem weichen Brei anmischen. Auf dem Fundament eine Mörtelschicht auftragen und die 1. Reihe quer setzen. Der 2. Stein sollte ein halber Stein sein.**

3 **Die 1. Reihe zu Ende setzen, an der Schnur ausrichten, Zwischenabstände von ca. 1 cm einhalten. Zum Einbetten die Steine mit der Kelle festklopfen und mit der Wasserwaage die Horizontalebene nachprüfen.**

4 **Die 1. Reihe der anschließenden Mauer verlegen. Die Steine werden in Längsrichtung gesetzt. Die Enden der Steine mit Mörtel einschmieren, bevor sie im Mörtel eingebettet werden.**

5 **Prüfen Sie mit einem Maurerwinkel, ob die Ecke rechtwinklig ist. Sie können den Winkel anfertigen, indem Sie Kanthölzer mit Seitenlängen von 30, 40 und 50 cm zusammennageln.**

6 **Wenn Sie in beiden Richtungen die 1. Reihe verlegt haben, fangen Sie mit der 2. an. Dort, wo in der 1. Reihe die Steine querliegen, müssen sie in der 2. längsliegen und umgekehrt. Aus den Fugen herausgedrückten Mörtel mit der Kelle entfernen.**

7 **Mit den Steinreihen abwechselnd fortfahren. Mit der Wasserwaage arbeiten, damit jede Lage waagerecht liegt und die Mauer senkrecht steht.**

8 **Zuletzt wird die oberste Reihe quer verlegt. Um sicherzustellen, daß die Endsteine fest verankert sind, wird an beiden Enden ein Winkeleisen im Mörtelbett mit eingearbeitet.**

Steinauswahl

Backsteine sind ein äußerst vielseitiger Werkstoff, und ein Besuch beim Baustoffhändler wird Sie schnell davon überzeugen, daß die Auswahl riesig groß ist. Steine unterscheiden sich in Farbe, Struktur und Stärke. Es gibt für jede Aufgabe den passenden Stein. In manchen Gegenden werden Backsteine nach dem Herkunftsort benannt. Dem örtlichen Lehm verdanken sie ihren Farbton.

Die Qualität ist nicht weniger wichtig, besonders wenn die Steine draußen dem Wetter trotzen sollen. Da kommt es schon eher auf die Kategorie an. Von diesen gibt es im allgemeinen drei: Standard, Fassade und Industrie.

- Als Standardqualität bezeichnet man preiswerte Backsteine, die man am besten innen verlegt, wo sie vergipst werden. Allzu frostresistent sind sie nicht.
- Fassadensteine sollen gesehen werden. Es gibt sie in einer Vielzahl von Oberflächen. Sie sind härter als die Standardqualität und für draußen geeignet.
- Als Industrieware bezeichnet man Steine, die sehr hart und dicht sind. Teuer sind sie allerdings auch. Im Garten dürfte diese Qualität kaum erforderlich sein.

Eine Stützmauer

Mit Stützmauern läßt sich ein Hanggrundstück verwandeln, indem man ebene Terrassen anlegt oder im Innenhof Hochbeete baut.

Wenn Ihr Garten abschüssig ist und Sie gerne ebene Rasenflächen und Blumenbeete hätten, müssen Sie das Grundstück stufen- bzw. terrassenförmig anlegen. Um die einzelnen Terrassen abzustecken und den Boden dort zu halten, wo Sie ihn haben wollen, sind Stützmauern erforderlich.

Feste Fundamente

Eine Stützmauer ist wie ein Staudamm. Sie hält eine überraschend schwere Erdmasse zurück, die nichts lieber täte, als in ihre ursprüngliche Lage zurückzurutschen — besonders dann, wenn ihr schwere Regengüsse dabei helfen. Die Mauer muß also ziemlich dick sein und auf festen Fundamenten stehen, wenn sie ihre Aufgabe richtig erfüllen soll. Das heißt, sie muß einen Stein (22,5 cm) tief sein und auf ca. 20 cm dicken Betonfundamenten stehen, die rund doppelt so breit sind, wie die Mauer dick ist.

Feuchtigkeitsschutz

Da die Mauer feuchte Erde zurückhalten soll, werden Mauerwerk und Fugenmörtel Feuchtigkeit aufsaugen, es sei denn, Sie sorgen für Feuchtigkeitsschutz.

- **Wichtig ist die Wahl der Steinsorte. Sie muß mindestens fassadengeeignet und einigermaßen frostsicher sein. Sagen Sie dem Händler bei der Bestellung, wofür Sie die Steine benötigen, damit er das Richtige liefert.**
- **Wasser, das sich im Boden hinter der Mauer staut, muß abfließen können. Sorgen Sie für Abflußlöcher in einer unteren Steinschicht. Man nimmt am besten kurze Kunststoffrohre, z. B. Überlaufrohre, die zwischen den Steinen in den Fugen eingebaut werden.**
- **Die Rückseite der Mauer mit einer flüssigen Isolierschicht bestreichen, um Durchnässen und Ausblühen zu verhindern. Wenn die Mauer stets feucht ist, wird sie für Frost anfällig sein. Das sieht dann so aus, daß die Oberflächen der Mauersteine absplittern. Durch die Feuchtigkeit aus dem Boden dringt Mineralsalzlösung ins Mauerwerk. Sichtbares Ergebnis ist ein unansehnliches Ausblühen.**
- **Die oberste Steinreihe sollte aus querverlegten Steinen bzw. Kappensteinen bestehen, die das Eindringen des Regenwassers verhindern.**

Altgedient

Stützmauern im Garten dienen nicht nur einem praktischen Zweck. Sie können auch dekorativ und interessant wirken.

Werkzeug & Material

Frostbeständige Bausteine (60 Stück je qm Mauerwerk), Beton, Sand für den Fugenmörtel, Sand und Kies für die Betonfundamente, Schaufel, Schubkarre, Betonmischer (für größere Arbeiten), Bandmaß, Schnüre und Setzhölzer, Spaten, Kantholz zum Glattziehen, Wasserwaage, Maurerkelle, Maurerschnur und Stifte, Fugenkelle, Überlaufrohr aus Kunststoff, kleine Metallsäge, kurzes Stück Gartenschlauch, flüssiges Isoliermittel, Malerpinsel, grober Kies.

Rechts: Diese moosbewachsene Trockenmauer ist für Grünpflanzen eine ideale Kulisse.

Links: Selbst ein niedriges Hochbeet benötigt eine Stützmauer. Diese Backsteinmauer umfaßt viele farbenfreudige, sommerliche Blühpflanzen.

Die Bauweise

Um ausreichend stabil zu sein, muß die Mauer mindestens einen Stein (in Längsrichtung) dick sein. Als Abfluß (A) wird ein Stück Überlaufrohr am Fuße der Mauer in eine Fuge eingemauert, während die Rückseite mit flüssigem Isolierschutz bestrichen wird. Die Mauer steht auf einem Betonfundament. Am Hang sollte das Fundament mit einem Vorsprung (unten Mitte) versehen werden, damit es nicht abkippt.

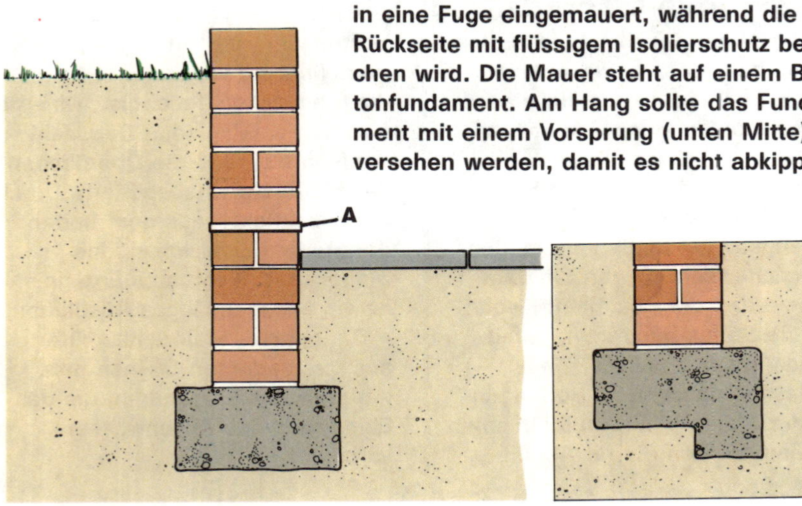

Fundamente

Das Fundament sollte ca. 20 cm tief und doppelt so breit wie die Mauerdicke gebaut werden. Mischung aus 1 Teil Zement auf 5 Teile Sand und Kies ansetzen. Kein Fundament und keine Steine verlegen, wenn kaltes Wetter erwartet wird.

1 Den Graben mit Schnüren und Setzhölzern abstecken und ca. 25 cm tief ausheben. Wenn der Untergrund bröckelt, 10 cm tiefer graben, eine Schicht Bruchstein auslegen und festrammen.

2 Den Beton relativ trocken anmischen und in den Graben schaufeln. Mit der Schaufel wird er festgedrückt und halbwegs glattgezogen, damit er mindestens eine Steinhöhe unter der Erde liegt.

3 Den Beton mit einem Stück Kantholz glattziehen. Mit der Wasserwaage prüfen und mindestens 5 Tage aushärten lassen. Das Fundament mit Plastikfolie vor Regen oder Frost schützen.

Der Mauerbau

1 Die erste Steinschicht auf Kopf, die zweite im Verbund verlegen. Mit einer Schnur arbeiten, damit die Steine schön gerade verlegt werden. In der zweiten Reihe zwischen jeden zweiten Stein ein Stück Überlaufrohr setzen, damit das Wasser ablaufen kann.

2 Zwei weitere Steinschichten im Verbund verlegen und die Innenfuge mit Mörtel auffüllen. Überschüssigen Mörtel fortlaufend abstreifen, die außen sichtbaren Fugen noch nicht ausfüllen.

3 Immer wieder prüfen, daß die Mauer waagerecht steht, indem Sie die Wasserwaage längs und quer anlegen. Überstehende Steine entsprechend einklopfen und Steine, die zu tief liegen, in zusätzlichen Mörtel einbetten.

4 Mit der Wasserwaage ebenfalls prüfen, ob die Mauer genau senkrecht verlegt wird. Wasserwaage senkrecht ansetzen und abstehende Steine vorsichtig geradeklopfen.

5 Auf die ersten drei im Verbund verlegten Steinschichten folgt eine weitere Reihe auf Kopf. Das Mörtelbett wird so wie hier abgebildet verlegt, die Innenfugen werden natürlich ausgefüllt.
So weiter verfahren, bis die Mauer ihre endgültige Höhe erreicht.

6 Bei der letzten Schicht werden die Kappsteine auf Kopf (und auf der Kante stehend) verlegt. Jeder Stein wird ins Mörtelbett geklopft. Mit der Schnur die Steine gerade ausrichten.

7 Oben sowie vorn und hinten alle Fugen ausfüllen, gegebenenfalls mit weiterem Mörtel auffüllen. Dann werden die Fugen, wenn keine Fugenkelle vorhanden ist, oben und vorne mit einem kurzen Stück Gartenschlauch oder Rundholz glattgestrichen.

8 Hinten bis zur vorgesehenen Oberkante des Bodens flüssiges Isoliermittel zweimal dick auftragen. Erst nach drei oder vier Tagen mit Erde auffüllen, damit der Mörtel voll aushärten kann. Bei Regen- oder Frostgefahr die Mauer mit Plastikfolie zudecken.

9 Um hinter der Mauer den Wasserabfluß zu verbessern, zuerst bis zur Abflußrohrhöhe mit grobem Kies anschütten und dann mit Erde auffüllen. Der Kies verhindert weitgehend, daß die Rohre mit feiner Erde zugespült werden.

Weichmacher

Eine bloße Stützmauer sieht oft karg und schroff aus. Kissenbildende Pflanzen, die über die Mauerkrone ranken, lassen sie gleich weicher aussehen.

1 *Parahebe hookeriana* ist ein Mitglied der *Veronica*-Familie mit vielen weißen, traubenförmigen Blüten.
2 Das Sonnenröschen *(Helianthemum* 'Soft, Double Yellow') ist eine immergrüne Pflanze mit blaßgelben, gefüllten Blüten.
3 Der Storchschnabel *(Geranium oxonianum* 'Winscombe') bildet dichte Gruppen. Die dunkelrosa Blüten verblassen nach und nach.
4 Steinsame *(Lithodora diffusa* 'Alba') ist ein niedriger Strauch mit rohrförmigen, weißen Blüten.
5 *Diascia* 'Blackthorn Apricot': rankende Stämme und zarte, aprikotfarbene Blüten.
6 Ehrenpreis *(Veronica austriaca teucrium* 'Kapitän'): tiefblaue Blüten und dunkelgrünes Laub.
7 Der Storchschnabel *(Geranium sanguineum striatum)* bildet dunkelgrüne Laubkissen, die mit rosa Blüten übersät sind.

Bullauge

Die praktische Gartenmauer sieht leider oft recht langweilig aus. Ein runder Durchblick stellt die perfekte dekorative Ergänzung dar.

Wer im Garten eine Mauer plant, gibt ihr durch den Einbau eines auffallenden Bullauges eine zusätzliche Dimension. Es umrahmt z. B. die attraktive Aussicht von Ihrer Gartenbank aus oder gibt vom Gartenweg aus den reizvollen Blick auf einen anderen Teil des Gartens frei. Es stellt auf jeden Fall eine optische Auflockerung in der sonst eintönigen Mauerfläche dar — besonders wenn die Öffnung mit Steinen in einer Kontrastfarbe verkleidet wird. Im oberen Teil der Mauer käme unter Umständen eine ganze Reihe Bullaugen in Frage.

Der Mauerbau

Der Bau eines Bullauges geht in zwei Stufen vor sich. Er besteht aus dem Bau von zwei halbrunden Bögen um eine hölzerne Form. Da jede über 75 cm hohe Mauer aus Gründen der Statik mindestens 22,5 cm dick sein sollte, muß das Bullauge „durchgehend" mit ganzen Steinen oder ähnlichem ausgelegt werden.
Zuerst plant man die Größe des Bullauges, damit die lichte Weite (einschließlich Innenverkleidung) möglichst genau mit einer runden Zahl Steinschichten übereinstimmt. Dadurch hält man beim Einbau der Maueröffnung den Verschnitt so gering wie möglich. Die Öffnung kann eine beliebige Größe haben. Egal welche Steine verwendet werden, baut man die Mauer bis zur Unterkante der Öffnung auf die übliche Art und Weise, Schicht für Schicht, im bevorzugten Verbund. Das Bullauge wird ebenfalls Schicht für Schicht aufgebaut (siehe Seite 67), wobei Steine zugeschnitten werden, während Sie zunächst die untere und dann die obere Hälfte verlegen. Und wenn die Öffnung fertig ist, werden die weiteren Schichten ebenfalls normal verlegt

Dekorativer Einsatz

Wenn es sich um eine Grundstücksmauer handelt und Sie sich um die Sicherheit Ihres Eigentums Sorgen machen, sollten Sie den Einbau eines dekorativen, schmiedeeisernen Gitters in Erwägung ziehen. Den Gitterbau sollten Sie dabei einer Kunstschmiede überlassen. Um so wichtiger ist es jedoch, die Dimensionen sorgfältig und genau zu planen, damit die Verankerung sicher im Mauerwerk sitzt.

Maßnehmen

Bullaugen können sehr vielseitig sein: so klein, daß sie den Blick auf das, was dahinter liegt, gerade noch freigeben, oder so groß, daß sie als Torbogen dienen.

Oben: Es müssen nicht immer nur Backsteine sein. Das Bullauge kann man mit Klinkern oder Fliesen oder – wie hier – mit flachen Steinen bauen. Rund muß es auch nicht sein. Die ovale Form kann genauso wirkungsvoll sein.

Links: Mit der gleichen Technik baut man einen eindrucksvollen, kreisrunden Torbogen. Die Form muß nur entsprechend groß sein. Dieser Durchgang betont die Vorstellung, daß man von einer Welt in eine völlig neue tritt.

Werkzeug & Material

Steine, Sand, Zement, Sperrholz und Weichholz für die Form, Bandmaß, Bleistift und Bindfaden zum Abzirkeln, Stichsäge, Hammer, Nägel, Maurer- und Fugenkelle, Wasserwaage, Meißel, Vorschlaghammer.

Die Form aus Holz

Eine Form ist beim Bau einer kreisrunden Maueröffnung unentbehrlich. Darüber hinaus stützt sie beim Bau die obere Hälfte des Bullauges ab. Die Form wird zweckmäßigerweise aus dickem Sperrholz und Weichholzteilen zusammengebaut.

1 Den Durchmesser festlegen und mit dem improvisierten Zirkel auf der Sperrholzplatte einen Kreis zeichnen. Durchmesser anreißen und mit der Stichsäge zuschneiden. Am Durchmesser entlangsägen, um zwei gleiche Hälften zu erhalten.

2 Die Halbkreise mit Weichholzteilen vernageln, um eine feste Form zu bilden, die die Mauertiefe nicht ganz erreicht. Auf den beiden Außenflächen einen senkrechten Strich ziehen, um den Schlußstein genauer einsetzen zu können.

3 Die Form seitlich hinlegen und Steine hochkant um den Bogen stellen, um die für den Halbkreis erforderliche Stückzahl festzustellen. Die Mitte des Schlußsteins muß mit dem unter Punkt 2 gezogenen Strich übereinstimmen.

Ein Bullauge in der Mauer

1 Die Mauer im bevorzugten Verbund bis zur Unterkante des Bullauges verlegen. Mit der Wasserwaage überprüfen, daß die Steinschichten waagerecht liegen. Dann ausrechnen, wie groß das Bullauge werden soll.

2 Die Steinschichten links und rechts vom Bullauge verlegen und jeweils mit einem ganzen Stein abschließen. Den unteren Stein verlegen. Er muß genau in der Mitte liegen. Nachprüfen, ob er waagerecht sitzt.

3 Steine schneiden, um die Lücken zwischen Bullauge und waagerechten Steinschichten zu schließen. Hier gilt die Devise: Versuch macht klug. Steine sorgfältig zuschneiden.

4 Beim Einsetzen der Bullaugensteine und der geschnittenen Steine, die sie in der unteren Hälfte der Öffnung umgeben, die ganzen Steine in regelmäßigen Abständen setzen, damit sie einen Halbkreis bilden.

5 Wenn die untere Hälfte des Bullauges fertig ist, wird die Form umgekehrt eingesetzt, um die obere Hälfte der Öffnung zu verlegen. Mit Abfallholz und Steinen abstützen.

6 Obere Hälfte von den Seiten her verlegen. Abstände zwischen den Steinen anpassen, um für den oberen Schlußstein Platz zu lassen. Diesen einsetzen und in die Fugen Mörtel geben.

7 Die Form in Position lassen, während Sie die restliche Mauer um das Bullauge herum verlegen. Sauber und sorgfältig ausfugen und den Mörtel 48-72 Stunden aushärten lassen.

8 Wenn der Mörtel hart geworden ist, Abstandhalter und Form vorsichtig entfernen. Die Steine am Bullaugenrand dürfen nicht gestört werden.

9 Zum Schluß die Fugen zwischen den Bullaugensteinen ausfüllen. Eventuell etwas trockenen Mörtel zwischen den Steinen vorher auskratzen. Fugen mit Fugenkelle oder mit einem Stück Gartenschlauch ausglätten.

Mauerblumen

Diascia ist eine vielseitige Staude mit einer langen Blühzeit, die für unterschiedliche Standorte geeignet ist. Sie läßt sich auch leicht vermehren.

Diese hübsche, aus Südafrika stammende Pflanze blüht vom Frühjahr bis zum Herbst ausgesprochen üppig. Trotz ihrer Herkunft übersteht sie die meisten Winter ohne Schaden. Im Schutz einer Mauer steht sie vor den schlimmsten Auswirkungen der kalten Jahreszeit relativ geschützt. Während der ganzen Blühzeit muß sie feucht gehalten werden, und da der Boden am Fuße einer Mauer in der Regel trocken bleibt, muß sie ggf. regelmäßig gegossen werden. Durchlässig muß der Boden dennoch sein. Stecklinge im Herbst schneiden.
Jedes Stammstück dürfte ohne Probleme Wurzeln schlagen.

1 *D.* 'Lilac Belle'.
2 *D.* 'Ruby Field'.
3 *D.* 'Blackthorn Apricot'.
4 *D. vigilis.*
5 *D. integerrima.*

Optische Täuschung

Mit etwas Mühe und Phantasie läßt sich ein Gitterwerk planen und aufstellen, das eine perspektivische Wirkung erzielt.

Gitter und Spalier sind beliebte und erprobte Hilfsmittel, die zahlreichen Kletterpflanzen an Wänden und Zäunen Halt geben. In der einfachsten Version fertigt man aus Holzleisten quadratische oder rechteckige Klettergerüste an. Aber was spricht dagegen, ungewöhnliche perspektivische Muster auszuprobieren, die äußerst dekorativ sind?

Der schöne Schein

Eine Gitterart, die viele Gärtner gerne verwenden, sorgt für eine optische Täuschung, indem sie vorgibt, etwas zu sein, was sie nicht ist. Designer sprechen von einem Trompe-l'œil-Effekt. Durch die vorgetäuschte Perspektive sieht das Ergebnis aus, als ob man einen langen, schmalen Korridor oder, je nach Proportionen, sogar ein bleiverglastes Kirchenfenster vor sich hat. Wer mit dem Grundprinzip im Garten experimentiert, kann sehr viele attraktive und ungewöhnliche Blickfänge schaffen.
Als Werkstoff dienen gehobelte Weichholzleisten. Sie sind preisgünstig, leicht zu bearbeiten und einigermaßen haltbar, wenn man sie mit Holzschutzmittel behandelt. Hartholz kann man natürlich auch verwenden — und es je nach Vorliebe unbehandelt verwittern lassen oder beizen. Wer Eiche oder Zedernholz vorzieht, sollte darauf achten, daß nur verzinkte oder anderweitig rostgeschützte Beschläge benutzt werden, damit sich das Holz nicht verfärbt.

Sicher befestigen

Ein Gitter fühlt sich nicht schwer an, wenn man es aufstellt, aber es muß dennoch sicher befestigt werden, besonders wenn es Kletterpflanzen als Hilfe dient. Verwenden Sie lange, rostfreie Schrauben und drehen Sie sie in Dübeln im Mauerwerk fest.

Und so sieht es aus...

Je nach der Illusion, die Sie vortäuschen möchten, kann ein Ziergitter einfach oder kompliziert sein. Das auf den Seiten 70 und 71 abgebildete Muster ist sehr einfach, aber das Prinzip läßt sich fast unbegrenzt weiterentwickeln.

- **Innen- und Außenrahmen werden an den Ecken durch schlichte Holzverbindungen, Nägel und wasserdichten Holzleim befestigt.**
- **Verbindungsleisten befestigt man mit Stiften und Holzleim an den Rückseiten der beiden Rahmen.**
- **An die Ecken des äußeren Rahmens werden Abstandhalter geklebt, um – durchgebohrt – als stabile Befestigungspunkte zu dienen.**
- **Das fertige Gitter läßt man nach der Behandlung mit Holzschutzmittel verwittern, oder man trägt Beize oder Farbe auf.**

Runde Sachen

Viele perspektivische Gitter beziehen einen Rundbogen mit ein, der wie ein Tunnel aus lauter Rundbögen aussieht. Das schafft nicht jeder in Eigenregie, aber einige Hersteller bieten zum Glück Fertigteile an.

Rechts: Die meisten perspektivischen Gitter sollen dreidimensional wirken. Das muß nicht sein. Hier vermittelt ein schlichtes Gitter die Vorstellung eines Rundbogens, der eine klassische Urne auf einem Podest einrahmt.

Oben: Mit einem perspektivischen Rundbogen kann man vielen Blickfängen, hier einem Wandbrunnen, einen würdigen Rahmen geben. Kletterpflanzen machen die perspektivische Wirkung bald zunichte, indem sie das Gitter nach und nach verdecken.

Links: Dieses wirkungsvolle perspektivische Gitter wurde einschließlich Rundbogen aus einer einzigen Sperrholzplatte zugeschnitten. Die perspektivische Wirkung wird durch eine Linienführung erzielt, die auf den Fluchtpunkt zuläuft.

Werkzeug & Material

38- x 18-mm-Weichholzleisten, Bandmaß, Fuchsschwanz, Kombiwinkel, Schraubzwingen, Bleistift, wasserdichter Holzleim, 12-mm- und 25-mm-Nägel, Hammer, Blockhobel oder Raspel, Bohrgerät und Steinbohrer für Wandbefestigung, Beize oder Farbe, Malerpinsel, 75-mm-Nirosta-Schrauben, Schraubenzieher.

Letzte Hand anlegen

Ein perspektivisches Gitter benötigt einen dekorativen Schutzanstrich und muß mit der Wand fest verbunden sein.

1 Aus dem Abfallholz vier Ecken zuschneiden. An jeder Ecke des äußeren Rahmens werden sie als Abstandhalter verklebt.

2 Abstandhalter und Leiste durchbohren. Diese Bohrlöcher sind die Befestigungspunkte des Gitters an der Wand.

3 Das Gitter mit Holzbeize oder Farbe satt bearbeiten, es sei denn, das Holz soll auf natürlichem Wege verwittern.

4 Gitter anbringen, indem Schrauben durch die Löcher in den Gitterecken und in die Dübel in der Wand eingedreht werden.

Das Gitter zusammenbauen

1 Zuerst die Maße des Gitters festlegen und die Teile für den inneren und den äußeren Rahmen grob zuschneiden. Teile für den äußeren Rahmen hinlegen und an den Ecken überlappen lassen, um die Form zu überprüfen.

4 Auf der Werkbank beide Teile an einer Arretierung festhalten und die Verbindungen mit Fuchsschwanz oder Bogensäge zusägen.

7 Die beiden Gitterrahmen auf einer glatten Fläche hinlegen und den inneren Rahmen so anbringen, daß er aus perspektivischer Sicht am besten wirkt.

2 Wenn Sie die gewünschte Form erreicht haben, klammern Sie die Enden mit Schraubzwingen fest. Mit dem Kombiwinkel nachprüfen, daß es sich entweder um 90°- oder 135°-Winkel handelt, und bei Bedarf justieren.

5 Alle Teile verkleben und vernageln, um den äußeren Rahmen zu montieren. Wer Rostflecke befürchtet und keine Nägel verwenden möchte, nimmt Schraubzwingen, während der Klebstoff trocknet.

8 Die Verbindungsleisten grob (etwas länger als erforderlich) zuschneiden. Auch hier experimentieren, bis Sie mit der Optik zufrieden sind.

3 Die Ecken werden mit einer einfachen Holzverbindung verbunden. An beiden Leisten die Schnittstellen markieren und die Schraubzwingen lösen, damit an der jeweiligen Leiste die Verbindung zugeschnitten werden kann.

6 Mit Blockhobel oder Raspel werden abstehende Ecken geglättet, falls die Holzverbindungen nach der Montage nicht perfekt sitzen. Auf die gleiche Art den inneren Rahmen zusammenbauen.

9 Die einzelnen Leisten auf Länge und Winkel zusägen und mit der Rückseite der Rahmen verkleben und vernageln. Beim Befestigen darauf achten, daß die Formen gleichmäßig sind.

Im Rahmen

Kletterhilfen sind attraktive Gestaltungselemente. Ihre räumliche Wirkung läßt sich aber auch einsetzen, um auf einen Gegenstand wie ein Pflanzgefäß aufmerksam zu machen.

Viele Pflanzen sehen gut aus, wenn sie von einem perspektivischen Gitter umrahmt werden, z. B. eine Urne, die mit immergrünen Rank- und Hängegewächsen bepflanzt wird, um ganzjährig zu wirken. Oder man wechselt den Blickfang der Jahreszeit entsprechend aus: eine Statue im Herbst und im Winter, ein Topf voller bunter Einjähriger im Frühjahr und im Sommer.
Unter den vielen Einjährigen, die hierfür in Frage kommen, hebt sich das Fleißige Lieschen *(Impatiens)* hervor. Es blüht unentwegt, und die Farbskala der einfachen oder gefüllten Blüten in schillernden Farben reicht von Weiß über Rosa bis Zinnoberrot. Einige Farbtöne sind hier zu sehen.
***Impatiens* bevorzugt Halbschatten und durchlässige Böden oder Substrate.**

Spalier

Nutzen Sie die praktischen und dekorativen Möglichkeiten eines Spaliers.

Spaliere sind nicht nur praktisch, man kann mit ihnen auch den vorhandenen Raum optimal nutzen. Viele Blumen, Gemüse, Kletterpflanzen und Mauerstauden kommen mit wenig Platz aus, wenn ein Spalier als Stütze dient.

Zarte Muster

Traditionelles Spalierwerk im Karo- oder Rautenmuster mutet zart an, wenn es von Waldreben oder Kletterrosen umrankt wird. Gleichzeitig kann ein Spalier z.B. eine unansehnliche Mauer verbergen, die in eine Kaskade von zartem Laub und duftenden Blumen verwandelt wird.

Große Auswahl

Spaliere werden schon lange nicht mehr nur in herkömmlichen Karomustern angeboten. Es gibt fertiges Spalierwerk aus allen möglichen Materialien und in zahlreichen Formen, Mustern und Größen zu kaufen. Man kann Spaliere auch relativ leicht selber bauen.

Praktische Aspekte

Wofür Sie sich auch immer entscheiden, wetterfest muß es schon sein. Holz sollte mit einem pflanzenverträglichen Schutzmittel behandelt, Nägel und Schrauben gegen Rost geschützt werden.

Lattenroste lassen sich an einer Wand festschrauben oder freistehend anbringen (dann werden sie an fest verankerten Pfosten montiert). Die Pfosten selbst lassen sich je nach Unterlage unterschiedlich befestigen. Auf einer Terrasse kann man spezielle Halterungen in den Fliesen festdübeln. In loser Erde bieten sich lange Pfostennägel oder Bolzen an, die in den Boden getrieben werden.

Mit Spalieren...

- **kann man Komposthaufen oder unansehnliche Müllkästen verblenden**
- **kann man Kletterpflanzen Halt und Stütze geben**
- **kann man einen festen Zaun oder eine Mauer höher erscheinen lassen oder verschönern**
- **kann man Gartenzäune ersetzen**
- **kann man einen Windfang bauen, um Menschen und Pflanzen zu schützen. Spalierwerk eignet sich bestens, da es Luft durchläßt und bei Wind oder Sturm nicht umgestürzt wird**
- **kann man Teile des Gartens abtrennen**
- **kann man andere Gartenbauten, wie z.B. Laubengänge, Pergolen und Bögen bilden.**

Wertvoll und vielseitig

Spaliere gibt es in vielen Formen und Mustern. Die Wahl hängt von der Funktion ab. Spalierpaneele werden in verschiedenen Holzarten und -formen, darunter Kant- und Rundholz, geliefert. Kunststoff und lackiertes sowie kunststoffummanteltes Metall sind nicht nur häufiger im Angebot, sondern auch pflegeleichter, aber Holz wird nach wie vor bevorzugt.

Oben: Mit schmalem Spalierwerk läßt sich die Höhe eines festen Zauns variieren. Der erhöhte Zaun wirkt „weicher".

Oben: Ein frei stehendes Spalier trägt Massen von bunten Blumen.

Oben: Paneele im Fischgrätenmuster geben auch ohne Pflanzen eine ideale Sichtblende ab.

Oben: Fächerspaliere kann man am Mauerwerk befestigen.

Rechts: Rautenförmige Paneele lassen sich an Mauern oder freistehend anbringen.

Rechts: Wellenförmiger Zaunaufsatz als Spalier.

Spaliertips

An eine Mauer montiert dient das Spalier als Kletterhilfe für Pflanzen. Zwei nützliche Tips:

1 Sie sollten am besten mit Holzblökken Abstand zwischen Spalier und Mauer schaffen: So können sich die Kletterpflanzen leichter um die Holzlatten winden.

2 Befestigen Sie das Spalier mit Scharnieren an einer Querlatte, damit Sie das Ganze herunterklappen können, um die Mauer bei Bedarf anmalen zu können.

Ein freistehendes Spalier aufstellen

Werkzeug und Material

Paneele, Pfosten, Bolzen, Kappen, Treibhilfe, Winkel, Vorschlaghammer, Wasserwaage, Schnur und Stifte, nichtrostende 25-mm-Schrauben, Schraubenzieher, Hammer, verzinkte 50-mm-Stahlnägel brauchen Sie für das Aufstellen einer Spalierwand.

3 Zwischendurch immer wieder mit der Wasserwaage prüfen, ob die Halterung wirklich gerade steht. Oft trügt der Augenschein.

6 Das Spalier wird mit Steinen als Unterlage in der richtigen Höhe festgehalten und mit Schrauben an den Winkeln befestigt.

1 Stecken Sie den Verlauf des Spaliers mit Schnur und Stiften ab. Messen Sie unter Berücksichtigung der Breite von Paneelen und Pfosten die genaue Länge aus. Die Schnur entsprechend anbringen.

4 Wenn die Halterung fest sitzt, den Pfosten einsetzen. Je nach Beschaffenheit der Halterung das Ganze stabilisieren, indem Sie es entweder mit Bolzen festziehen oder einige Nägel hineinschlagen.

7 Der zweite Pfosten wird wie der erste in den Boden getrieben. Dann wird das Spalier wie vorstehend an dem Pfosten befestigt.

2 Für den ersten Pfosten zunächst den Bolzen in die Erde treiben. Legen Sie die Treibhilfe obenauf, und bringen Sie mit dem Vorschlaghammer die Halterung in Position. Weitermachen, bis die Marke sich in Bodenhöhe befindet.

5 Zaunwinkel als Spalierbefestigung an den Pfosten anbringen. Je einer oben und unten reicht, um das Spalier aufzuhängen. Winkel werden entweder genagelt oder in den Pfosten geschraubt. Der abgebildete Winkel hat eine Integralschraube.

8 Auf jeden Pfosten wird als Wetterschutz eine Kappe genagelt. Sie ist breiter als der Pfosten, damit das Regenwasser abfließt.

Die Wahl der Kletterpflanze

Die Auswahl an Kletterpflanzen, die sich am Spalier emporranken, ist groß. Hier ein paar Vorschläge:

1 Fremontodendron 'Californian Glory' ist eine halbimmergrüne Pflanze, die den ganzen Sommer über gelb blüht

2 Der halbimmergrüne Nachtschatten 'Glasnevin', der von Juli bis September blaue Blüten trägt, wird bis zu 6 m hoch

3 Die schnellwachsende Jungfernrebe hat dunkelgrüne oder bronzefarbene Blätter mit silberweißen Adern und verfärbt sich im Herbst rot

4 Die Waldrebe ist eine frühblühende Kletterpflanze; die Blüten sind weiß und rosafarben

5 Efeu 'Christata' ist ein immergrüner Efeu mit blaßgrünen Blättern mit krausen Rändern

6 Die holzige Wistarie gibt es in vielen Varianten mit duftenden Blüten in Lila, dunklem Purpur, Violett oder Weiß

7 Die laubabwerfende Jungfernrebe hat Blätter, die im Herbst karmesinrot werden; sie wird bis zu 20 m hoch

Rustikale Sichtblende

Durch ihr natürliches Aussehen bieten sich rustikale Holzstäbe für Gartenbauten geradezu an. So baut man sich eine Mehrzweck-Sichtblende.

Wer sich ein stabiles Kletterpflanzengerüst wünscht, das gut aussieht, ist mit rustikalen Holzstäben bestens bedient. Es handelt sich um ungehobeltes Rundholz mit einem Durchmesser von 5 bis 10 cm. Selbst mit einfachen Verbindungen lassen sich solche Stäbe zu einem stabilen, attraktiven Gerüst vernageln, das ganz natürlich in jede Gartenanlage paßt.

Mustergültig

Im Gartencenter und im Fachhandel sind rustikale Holzstäbe in mehreren Längen und Durchmessern erhältlich. Die Baumrinde ist entweder noch dran oder bereits abgestreift. Entscheiden Sie sich für die Ausführung, die zu Ihrem Garten am besten paßt. Die Wahl des Musters ist ebenfalls zum größten Teil eine Frage des persönlichen Geschmacks. Der Rahmen — ein Quadrat oder Rechteck aus kräftigen Pfählen — wird mit einfachen Verbindungen montiert und entsprechend dem ausgesuchten Muster mit senkrechten, waagerechten oder diagonalen Stäben ausgefüllt. Alle Verbindungen werden in entgegengesetzten Winkeln schräg vernagelt, um zusätzliche Stabilität zu gewährleisten.

Die auf den Seiten 78 und 79 beschriebene Sichtblende läßt sich einzeln oder in mehreren, durch zusätzliche Pfosten verbundenen Elementen aufstellen. Zusammen mit dem rustikalen Torbogen der Pergola auf S. 303-306 trennt sie Gartenbereiche wirksam voneinander ab.

Blende aufstellen

• Die Eckpfosten werden an bestehenden Zaunpfosten befestigt oder in den Boden versenkt. Darauf achten, daß die Befestigung stabil genug ist, um Sichtblende und Kletterpflanzen zu tragen. Als relativ wirksamer Windschutz wird die mit Laub überzogene Sichtblende bei stürmischem Wetter vom Wind gepeitscht. Bei labiler Konstruktion ist das Risiko eines Einsturzes gegeben.

• Die Stäbe mit Holzschutzmittel behandeln. Nach dem Schneiden alle Schnittflächen, -fugen und -kanten sofort bestreichen. Als Alternative kann man die Schnittkanten mit einer Lötlampe versengen. Wenn die Sichtblende fertig montiert ist, wird das Ganze noch einmal mit Holzschutzmittel behandelt.

Wie alles zusammenpaßt

In der Grundform besteht die Sichtblende aus einem Quadrat oder Rechteck mit einfachen Holzverbindungen, die zusätzlich vernagelt werden. Die Eckpfosten verlängern, wenn sie in den Boden versenkt werden sollen. Stäbe mit einem kleineren Durchmesser füllen die Mitte der Sichtblende aus. Die Verbindung von Stäben, die über Kreuz liegen, sowie mit den Eckpfosten und Querträgern sind ebenfalls in der Vergrößerung hier abgebildet.

Werkzeug & Material

Rustikales Rundholz, farbiges Klebeband, Fuchsschwanz, Stechbeitel, Holzhammer, Zimmermannshammer, verzinkte 75-mm-Holznägel, Holzschutzmittel, Malerpinsel, Spaten, Bruchstein und Beton.

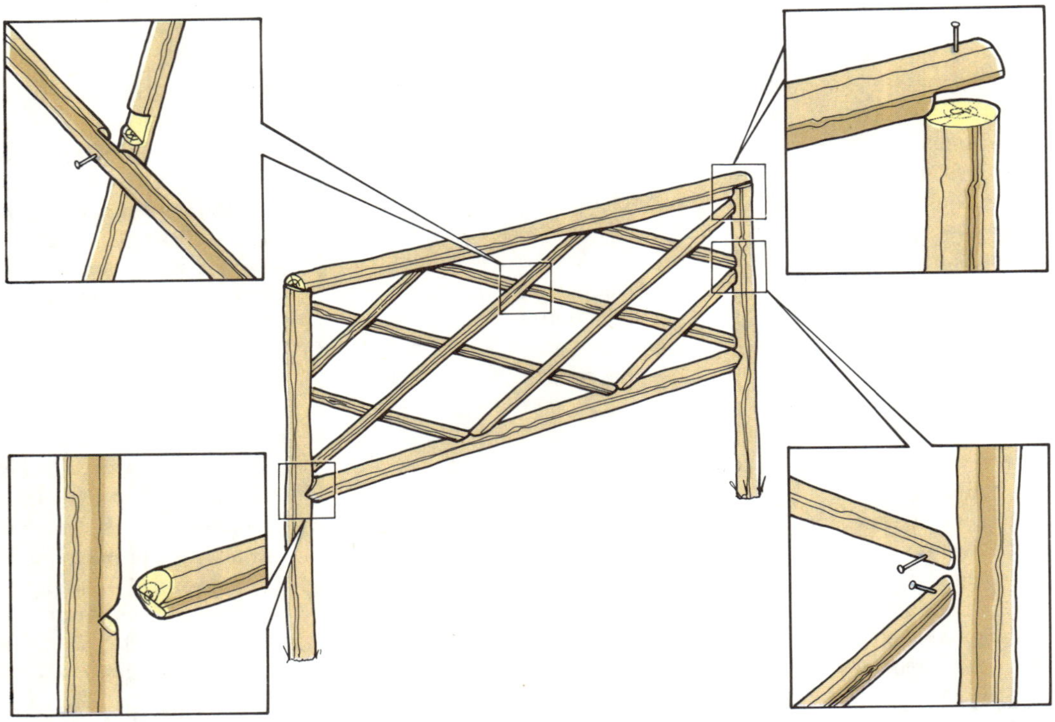

Das Holz schützen

Rustikale Holzstäbe sind in der Regel nicht vorbehandelt. Es lohnt sich, selbst Hand anzulegen.

1 Während Sie das Holz zuschneiden und die Verbindungen vorbereiten, alle Schnittflächen mit Holzschutzmittel satt bestreichen (Pflanzenunschädliche Sorte verwenden).

2 Wenn die Enden der Eckpfosten in den Boden versenkt werden, sollten sie über Nacht in einem Eimer Holzschutzmittel stehen, um sie zusätzlich gegen Fäulnis zu schützen.

3 Einfacher und weniger aufwendig: Schnittkanten und Verbindungen mit einer Lötlampe ansengen, um sie so vor Aufstellen der Sichtblende zu versiegeln.

Die Sichtblende aufbauen

1 Zuerst die beiden Eckpfosten und die Querträger auf den Boden legen, um den Rahmen zu bilden. Dann legt man kleinere Stäbe darüber, um Füllmuster auszuprobieren, bis man das Richtige findet.

2 Wenn Sie mit dem Muster zufrieden sind, kennzeichnen Sie die Stellen, wo Stäbe über Kreuz liegen und Verbindungen benötigt werden. Schnittbereiche z. B. mit Klebeband markieren.

3 An diesen Stellen die Rundstäbe zur Hälfte durchsägen und mit Holzhammer und Stechbeitel das Abfallholz herausschlagen. Damit ist die Verbindung fertig.

4 Die Füllstäbe liegen angewinkelt am Rahmen. Sie werden im entsprechenden Winkel zugeschnitten. Winkel am jeweiligen Stab markieren und zusägen.

5 Den unteren Querträger durch eine V-förmige Fuge mit den Eckpfosten verbinden. In die Eckpfosten V-förmige Kerben sägen und die Trägerenden V-förmig anspitzen. Den oberen Querträger an beiden Enden halb anschneiden und mit den Senkrechtpfosten vernageln.

6 Alle Teile auf dem Boden auslegen und prüfen, ob sie wie vorgesehen zueinanderpassen. Verbindungen oder Schnittkanten ggf. nachbessern, damit sie genau im richtigen Winkel sitzen.

7 Stellen für die Eckpfosten im Boden markieren und Löcher ausgraben. Pfosten aufstellen und darauf achten, daß sie senkrecht stehen. Bruchstein in die Löcher einfüllen und mit Beton auffüllen.

8 Wenn die Eckpfosten stehen, wird der Rest montiert. Mit den Querstäben beginnen. Im entgegengesetzten Winkel schräg vernageln, um zusätzliche Stabilität zu gewährleisten.

9 Das Füllmuster vervollständigt das Bild. Die Stäbe mit dem Rahmen vernageln. Auch die Verbindungen zweier Holzstäbe miteinander vernageln.

Auf geht's!

Für viele Pflanzen ist eine Sichtblende aus rustikalen Holzstäben als Klettergerüst ideal. Die natürliche Wirkung des Holzes ergänzt die des Laubs und der Blüten. Hier eine Auswahl:

1 Waldrebe *(Clematis* 'Mrs George Jackman') – frühblühend, mit cremigweißen, halbgefüllten Blüten.
2 Schönmalve *(Abutilon megapotamicum* 'Variegatum') – mit hellroten und gelben Blüten, die vom späten Frühjahr bis zum Herbst blühen, und ungewöhnlich panaschierten, immergrünen Blättern.
3 *Clematis* 'The President' – violette Blüten von Juni bis Oktober; Wurzelbereich muß im Schatten liegen.
4 *Clematis* 'Ville de Lyon' – karmesinrote Blüten von Juli bis Oktober; der Wurzelbereich muß unbedingt im Schatten liegen.
5 Passionsblume *(Passiflora caerulea)* – reizvolle blaue, weiße und violette Blüten vom Sommer bis zum Herbst; eine kräftige Pflanze.
6 Trompetenblume *(Campsis radicans* 'Flamenco') – orangerote, trompetenförmige Blüten vom Spätsommer bis zum Frühherbst.
7 *Passiflora allardii* – weiße Blüten mit Rosastich; immergrün.

Lattenblenden

Einfache, selbst entworfene Holzlatten-Sichtblenden geben dem Garten — als Zweckbauten oder rein zur Zierde — die persönliche Note.

Wer im Garten etwas Unansehnliches, z. B. die Mülleimer oder den Komposthaufen, verdecken will bzw. eine dekorative Sichtblende um die Terrasse oder über den Rasen ziehen möchte, hat die Wahl: Er kann Fertigware kaufen oder eigene Muster entwerfen und bauen. Selbst gebaute Sichtblenden sind immer einzigartig. Außerdem wird das Ergebnis zumeist stabiler sein und länger halten als Fertigware, die im Gartencenter oder Baumarkt angeboten wird.

Der Rahmen

Einzelne Sichtblenden können natürlich in Maßarbeit angefertigt werden — je nachdem, welche Rolle sie im Garten spielen sollen. In der Regel wird jedoch ein ca. 1,80 m großes und 1,20 m breites Element gute Dienste leisten. Um Rahmenholz zu sparen, ohne dabei Stabilität einzubüßen, fertigt man aus mit Holzschutzmittel behandeltem 75 x 38-mm-Weichholz einen rechteckigen Rahmen. In den Ecken liegen die Verbindungen über Kreuz (in der Mitte ebenfalls, siehe umseitige Zeichnung). Verleimt und verschraubt sitzt das Ganze fest und sicher.

Das Muster

• Man kann alle erdenklichen Muster entwerfen, aber das abgebildete Fischgrätenmuster hat sich bestens bewährt. Die in gleichmäßigen Abständen angebrachten Latten zeigen in Pfeilform nach oben. Elemente können zusammengestellt werden, um eine größere Wand zu errichten. Das optische Ergebnis ist ein gefälliges, gleichmäßiges Auf und Ab.

• Um den mittigen Abschluß sauber zu bearbeiten, markiert man am Ende einer Latte einen 45-Grad-Winkel. Drei oder vier Latten werden mit einer Zwinge zusammengehalten und in einem Arbeitsgang durchgesägt.

• Die Latten werden mit den Schnittkanten zur Mitte auf den Rahmen gelegt. In der Mitte der Mittelstrebe wird als Richtlinie ein Bleistiftstrich gezogen. Abstandhalter aus Abfallholz sorgen für gleichmäßige Abstände. Latten festnageln und außen bündig zuschneiden.

• Links bzw. rechts den Vorgang wiederholen. In der Mitte werden die Latten sorgfältig angepaßt.

• Zum Schluß werden die Schnittkanten abgeschliffen und die Nagelköpfe versenkt. Ein- oder zweimal Holzschutzmittel oder Beize auftragen.

Sichtblende zusammenbauen

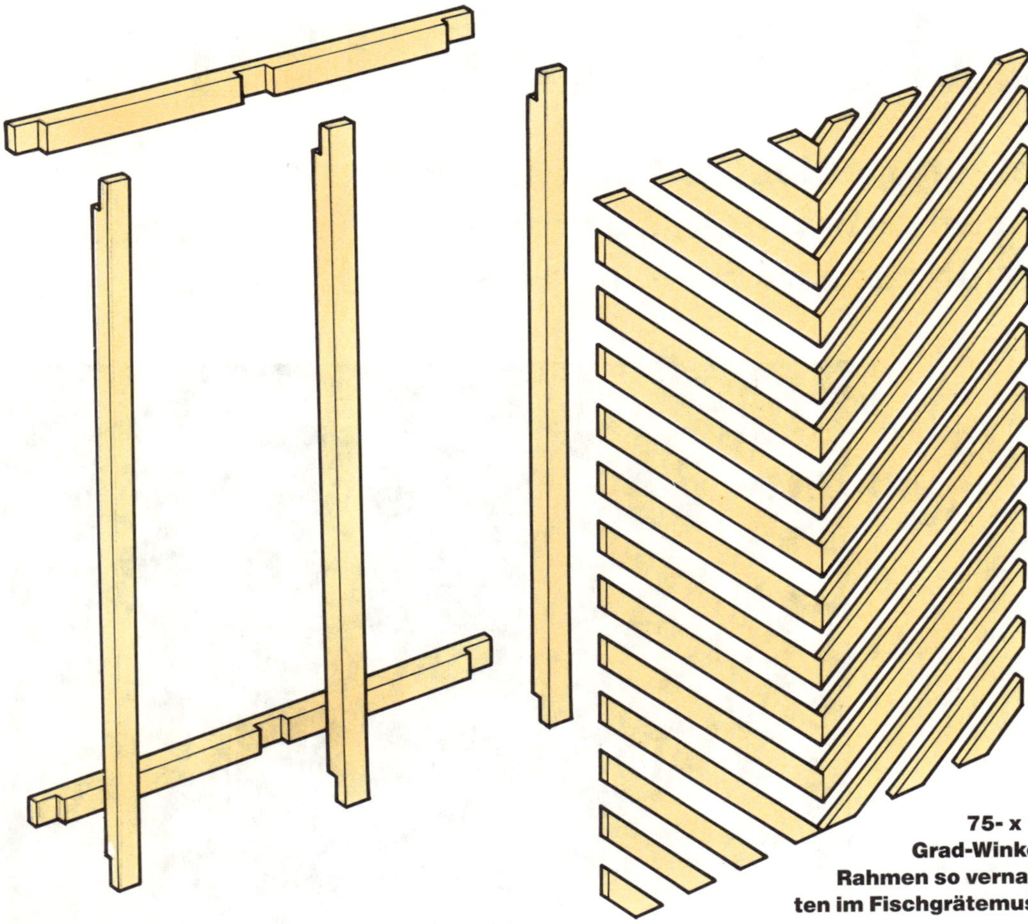

Der Rahmen besteht aus 75- x 38-mm-Kantholz (mit Holzschutzmittel behandeltem Weichholz). Die drei senkrechten und zwei waagerechten Teile werden wie abgebildet zusammengebaut: mit einfachen Verbindungen, verleimt und verschraubt. Die schrägen Latten werden aus 75- x 19-mm-Weichholz im 45-Grad-Winkel zugeschnitten und am Rahmen so vernagelt, daß die Schnittkanten im Fischgrätemuster bündig abschließen.

Blenden aufstellen

Die fertigen Elemente sind relativ schwer und müssen an einer Mauer bzw. an Pfählen befestigt werden, die im Boden verankert sind. Nur so ist gewährleistet, daß sie große Windstärken aushalten.

1 Im Rahmen Löcher für 75-mm-Holznägel vorbohren, falls dieser an einem Zaunpfahl befestigt wird. Bei einer Mauerbefestigung bohrt man für 60-mm-Schrauben vor.

2 Bei einer Holzbefestigung treibt man zwischen jedem zweiten Lattenpaar Nägel ein. Die Verbindung zwischen Blendenelement und Zaunpfahl ist absolut stabil.

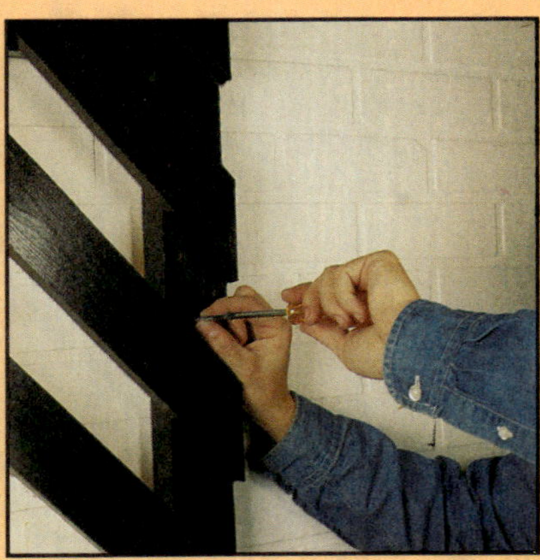

3 Bei einer Mauerbefestigung vorbohren und Dübel einsetzen. Schrauben durch den Rahmen führen und in die Mauer drehen. Abstände wie beim Zaunpfahl einhalten.

Blendenelement bauen

Werkzeug & Material

75 x 38-mm gehobeltes Weichholz für den Rahmen, 75 x 19-mm gehobeltes Weichholz für die Latten, Bandmaß, Anschlagwinkel, Bleistift, Fuchsschwanz, Ahle, Handsäge, Stechbeitel, Holzhammer, Bohrgerät und Bohrer, Holzleim, Flachkopf-Schrauben, Schraubenzieher, Schrägwinkel oder Gehrungslade, 38-mm-Rundnägel, Hammer, Holzschutzbeize, Malerpinsel.

1 Rahmenteile anreißen. Mit Anschlagwinkel Linien um die Kanten führen und zuschneiden. Zum Zuschneiden gleich lange Teile mit der Schraubzwinge befestigen.

2 Mit Ahle und Anschlagwinkel die unterschiedlichen Verbindungen anreißen. Eckverbindungen sowie Einschnitte für die Mittelverbindungen mit der Handsäge aus- bzw. anschneiden.

3 Aus den Mittelverbindungen oben und unten mit Stechbeitel und Holzhammer den Abfall herausschlagen. Verbindungen auf Paßgenauigkeit überprüfen.

4 Den Rahmen wie abgebildet zusammenbauen: Verbindungen verleimen und verschrauben. Je Verbindung zwei Schrauben verwenden und diese fest zudrehen, so daß sie versenkt liegen.

5 An der ersten Latte einen 45-Grad-Winkel anreißen. Je drei oder vier Latten in einer Schraubzwinge befestigen und in einem Arbeitsgang durchsägen.

6 Latten am Rahmen festnageln. Auf Gehrung zugeschnittene Latten müssen mit Rahmenoberkante und Mittellinie des mittleren Rahmenteils abschließen. Abfallholz als Abstandhalter einsetzen.

7 Bei fertiger Rahmenhälfte überstehende Latten an der Rahmenkante bündig absägen. Schritte 6 und 7 an der anderen Hälfte durchführen. Am mittleren Rahmenteil müssen die angewinkelten Latten zueinander passen.

8 Wenn das Element fertig zusammengebaut ist, Holzschutzbeize in beliebiger Farbe ein- oder zweimal auftragen. An den Schnittkanten besonders satt auftragen, um Fäulnis vorzubeugen.

Abgeschiedenheit

Vor oder hinter der Sichtblende sorgen ein paar Sträucher für etwas mehr Abgeschiedenheit und ansprechendes Aussehen.

1 *Spiraea japonica* 'Shirobana' ist ein Spierstrauch mit zahlreichen Blütendolden in Rosa und Weiß.
2 *Fuchsia magellanica var. gracilis* 'Aurea' ist eine robuste Fuchsie mit roten Blüten und goldgelbem Laub, das in der vollen Sonne am hellsten glänzt.

3 *Thuja occidentalis* 'Danica' ist eine formschöne Konifere, die für eine niedrige Sichtblende in Frage kommt.
4 *Hebe* 'Mrs Winder' ist eine blühfreudige, sich ausbreitende Strauchveronika mit zartlila Blüten im Sommer und Herbst.

5 *Gaultheria mucronata* 'Signal' – auch Scheinbeere – ist ein dichter, immergrüner Strauch mit kirschroten Früchten in großer Zahl.
6 *Caryopteris x clandonensis* 'Kew Blue' ist eine aufrechte Bartblume mit markantem, graugrünem Laub und tiefvioletten Blüten.

Einfache Terrasse

Eine schlichte, gepflasterte Terrasse ist der ideale Platz zum Grillen, zum Sonnen und zum Essen im Freien.

Eine Terrasse, selbst eine kleine, wirkt sehr einladend. Sie haben eine ebene, feste Standfläche für Tisch und Stühle, einen idealen Grillplatz und einen Ort, wo Sie sich bei schönem Wetter sonnen können. Sie müssen nicht länger mit einem feuchten, weichen oder unebenen Rasen vorliebnehmen.

Eine einfache Arbeit

Selbst mit geringen Fertigkeiten kann man eine Terrasse verlegen. So schwierig, wie es aussehen mag, ist es keineswegs. Hobbybastler können auch individuellere Wirkungen erzielen, wenn sie unterschiedliche Materialien auf eine interessante und originelle Art verwenden wollen.

Interessante Effekte

Die Auswahl an Pflastersteinen und Gehwegplatten ist riesig. Achten Sie darauf, daß Sie sich einen Werkstoff aussuchen, der zu anderen Gartenflächen, z. B. Mauern oder Gehwegen, paßt. Einzigartige Effekte erzielt man mit einer Kombination von zwei oder mehr Materialien, z. B. einer Mischung aus Platten und Steinen. Die eine oder andere Platte läßt man vielleicht weg. An ihre Stelle kommen Kies oder Steine, Kopfsteinpflaster oder sogar Pflanzen.

Praktische Punkte

Die Mindestfläche für eine Terrasse ist etwa 4 x 2 m, groß genug für einen Tisch und vier Stühle. Am besten ist ein sonniger Standort mit etwas Schatten für heiße Tage. Die Terrasse kann neben dem Haus liegen oder zwischen Rasenflächen und Blumenbeeten im Freien stehen.

Mustergültig

Die Plattenauswahl ist so groß, daß fast jede Wirkung erzielt werden kann. Lassen Sie sich etwas einfallen.

Links: Hier werden achteckige Platten und quadratische in einem dunkleren Farbton verwendet. Achteckige Trittsteine führen über den Rasen weiter.

Oben: Weicher wirkt es, wenn man Platten in warmen Farbtönen verwendet und kissenbildende Pflanzen in den Fugen wachsen läßt.

Oben: Interessant wirkt diese Kombination von grauen Gehwegplatten und Klinkern. Wenn mehr als ein Werkstoff eingesetzt wird, sieht es meist rustikal und faszinierend aus.

In Reihe

Wichtig beim Terrassenanlegen: Alle Ecken müssen rechtwinklig sein.

1 Bevor Sie mit der Arbeit beginnen, stecken Sie den Grundriß mit Richtschnüren ab und legen ein Winkelmaß an, um sicherzugehen, daß die Ecken rechtwinklig sind.

2 Beim Plattenverlegen ziehen Sie bei jeder zweiten Reihe eine Richtschnur die Kante entlang, damit die Platten gerade verlegt werden können.

Im Gefälle

Es empfiehlt sich, die Terrasse in eine Richtung leicht abschüssig anzulegen, damit das Wasser abfließen kann.

Um ein flaches Gefälle zu erzielen, verlegt man die Platten zunächst einmal waagerecht. Dann legt man auf eine Plattenreihe ein Stück Kantholz mit etwas Sperrholz unter einem Ende. Mit dem Griff eines Vorschlaghammers klopft man jede Platte fest, bis das Kantholz waagerecht liegt.

Die Terrasse anlegen

Eine Bruchsteinschicht bildet das feste Fundament. Dann folgt eine Sandschicht, in der die Platten verlegt werden. Feste Mörteltupfer kommen unter die Platten. Die Fugen werden mit Trockenmörtel gefüllt.

Gehwegplatten verlegen

Werkzeug & Material

Das brauchen Sie: Gehwegplatten, Fertigmörtel, Sand, Bruchstein, Maurerkelle, Richtschnur und Setzhölzer, Vorschlaghammer, Schaufel, Wasserwaage, Gartenwalze, Maßband, Spaten, Gießkanne mit Brause.

3 Wenn die Setzhölzer alle stehen, die Erde bis ca. 20 cm unterhalb der Oberkante der Hölzer abtragen. Mit dem Maßband die Tiefe messen. Der Boden soll möglichst glatt sein.

6 Die Platten verlegen. An den Ecken und in der Mitte einen Mörteltupfer in den Sand geben, der die Platte stabilisiert. Dann die Platte hinunterlassen. Schmale aber gleichmäßige Fugen zwischen den Platten lassen.

1 Als erstes entfernen Sie die Grassoden. Vergessen Sie nicht, dem Rasen eine gerade Kante zu lassen. So können Sie die Setzhölzer leichter eintreiben und prüfen, daß sie gerade stehen.

4 Wenn die Erde auf der ganzen Fläche in gleicher Tiefe abgetragen worden ist, den Bruchstein hineinkippen und mit einem Stück Kantholz und dem Vorschlaghammer festklopfen. Die Oberkante der Bruchsteinschicht soll 10 cm unterhalb der Setzholzspitzen liegen.

7 Wenn eine Platte liegt, mit dem Griff des Vorschlaghammers die Kanten festklopfen und mit der Wasserwaage sicherstellen, daß sie waagerecht liegt. Eventuell mit Sand unterfüttern.

2 Setzhölzer auf der ganzen Fläche in ca. 60-cm-Abständen in den Boden treiben. So können Sie besser prüfen, ob die Platten waagerecht liegen. Mit der Wasserwaage auf einem Stück Kantholz sicherstellen, daß die Spitzen auf einer Ebene liegen.

5 Dann gibt man eine 5-cm-Schicht Sand dazu. Jetzt ist das Loch nur noch 5 cm tief. Den Sand mit der Walze bearbeiten und Mulden mit Sand auffüllen, und solange einarbeiten, bis die Sandschicht fest ist. Die Setzhölzer herausziehen und die Löcher mit Sand auffüllen und festklopfen.

8 Wenn alle Platten liegen, die Terrasse über Nacht sich selbst überlassen, damit der Mörtel austrocknet. Trockenmörtel zwischen die Fugen geben. Hin- und herfegen, bis alle Fugen dicht sind. Gießkanne mit Brause verwenden und gießen, damit der Mörtel zwischen den Fugen gut angefeuchtet wird.

Platten und Pflanzen

Diese niedrigwachsenden, immergrünen Pflanzen machen die Terrassenkanten weich, ohne daß sie eindringlich werden.

1 Quadratische, sandfarbene Platte mit Hammerschlagmuster – wirkt natürlicher.
2 Strauchveronika (*Hebe* 'Emerald Green') – eine attraktive, kompakte Pflanze, die kissenweise kräftig-grünes Laub bildet.
3 Keilförmige Platte, mit der man eine ungewöhnliche Wirkung erzielt.
4 Nelken (*Dianthus* 'Prince Charming') – immergrünes Laub mit dem zusätzlichen Pluspunkt hübscher Sommerblüten.
5 Quadratische Platte mit Kiesbelag.
6 Günsel (*Ajuga reptans* 'Burgundy Glow') – eine herrlich gezeichnete Kriechpflanze mit rosa Laubrosetten.
7 Nelken (*Dianthus*) bilden stets Laubkissen, die ganzjährig gut aussehen.
8 Steinbrech – viele Pflanzen aus dieser Gattung bilden zierliche Kissen, die den Terrassenrand weicher wirken lassen.
9 Preßplatte mit Steinmuster.
10 Sechseckige Platte, die allerdings etwas schwieriger zu verlegen ist.
11 Graue Platte mit Hammerschlagmuster: Suchen Sie sich Farben aus, die mit anderen Materialien im Garten harmonieren.
12 Goldmajoran – viele Kräuterpflanzen eignen sich, um Ränder weicher zu gestalten. Sie duften, wenn sie betreten werden.
13 Taubnessel (*Lamium maculatum* 'White Nancy') – eine hübsche Kriechpflanze.

Holzterrassen

In jedem Garten sollte es einen Sitzbereich geben. Pflaster ist beliebt, aber eine Fläche aus Holzplanken ist eine überlegenswerte Alternative.

Im Garten sind Holzplanken aus verschiedenen Gründen ein idealer Oberflächenbelag. Sie sind leicht erhältlich und im Vergleich zu Pflaster kostengünstig. Sie sind weitaus einfacher zu bearbeiten, denn der genaue Zuschnitt von Gehwegplatten ist nicht jedermanns Sache. Holzplanken sehen zudem noch sehr gut aus, denn sie harmonieren mit jeder Gartenanlage, ob formstreng und genau oder zwanglos und naturnah. Und schließlich sind sie fußfreundlicher als Naturstein oder Beton. Holz hat allerdings zwei Nachteile. Es bedarf der gelegentlichen Instandhaltung, damit es gepflegt aussieht, und man kann darauf ganz schön ausrutschen, besonders bei Nässe und wenn sich Algen an der Oberfläche gebildet haben. Sorgfältige Instandhaltung und regelmäßige Reinigung dürften jedoch beide Probleme lösen.

Modulare Vielseitigkeit

Die Konstruktion der umseitig abgebildeten Holzterrasse basiert auf einem einfachen Modul. Die Größe des Moduls kann passend zum vorgesehenen Bereich variiert werden. Am günstigsten sind Maße von ca. 2 m Länge und 60 cm Breite. Die Teile sind so schwer genug, um einen sicheren Untergrund abzugeben, können aber gleichzeitig zu zweit bequem getragen werden und lassen sich aus gängigen Holzgrößen herstellen.

Einfaches Muster

Das abgebildete Muster besteht aus nebeneinanderliegenden Holzlatten, die im rechten Winkel mit den Trägern vernagelt sind. Zur Abwechslung könnte man sie jedoch schräg ansetzen, um ein V-förmiges Muster zu bilden. Auch am Hang sind die Module einsetzbar: mit Abstand verlegt als Terrassenstufen, überlappend verlegt als Treppenstufen. An einem leichten Hang kann man sie einfach abschüssig — mit den Trägern von oben nach unten — verlegen.

Alternativen

- **Druckimprägniertes Holz kann man natürlich verwittern lassen. Während des Zusammenbaus die Schnittkanten mit Holzschutzmittel bestreichen.**
- **Farbige Beize ist in vielen Farben erhältlich. Das Parkett kann zu anderen Holzarten sowie zum Haus oder Garten passen. Wenn Sie einen Lack benutzen, bitte nur einen porösen Lack verwenden, damit Feuchtigkeit entweichen kann. Herkömmlicher Lack wird sich schnell als Fehlschlag erweisen.**
- **Module können auf dem Rasen verlegt werden, z. B. als vorläufige Tanzfläche während einer Grillfete. Nicht zu lange liegen lassen, da das Gras schnell vergilbt.**
- **An steilen Hängen waagerechte Terrassenstufen ausgraben und die Module leicht überlappend mit vernagelten Holzklötzen als Abstandhalter verlegen.**

Terrassenstile

Holzplanken lassen sich in vielen Stilen passend zur Umgebung anfertigen.

Links: Die Holzterrasse aus einfachen Dielenbrettern harmoniert mit der Bepflanzung und schafft ein Landhaus-Ambiente. Die kräftige, ebene Oberfläche bietet für Sitzplatz und Pflanzkübel einen festen Untergrund.

Rechts: Hier paßt das Holzparkett zur japanischen Bepflanzung und der Sichtblende aus Weidengeflecht. Sanft steigende Trittstufen unterbrechen die Fläche und spiegeln die Verwendung klarer Formen bei der Bepflanzung wider.

Links: Trittsteine führen zu einer inselartig über einem Teich erhabenen Holzterrasse, die einen Sitzplatz besonderer Art bildet.

Verlegetips

Eigentlich verlegt man die Parkettmodule auf ebenen Flächen, aber mit leichtem Gefälle geht es auch.

1 Gelände von Bewuchs befreien, mit Langzeitunkrautvernichtungsmittel behandeln und gleichmäßige Kiesschicht auftragen. Holzmodule verlegen.

2 Bei Hanglage befestigt man zwecks Begradigung einen Querträger unter den Trägern. Größe und Position des Querträgers hängen vom Gefälle ab.

Werkzeug & Material

Das brauchen Sie: Druckimprägnierte, gehobelte, 10 x 2,5-cm-Weichholzlatten, druckimprägnierte, ungehobelte, 7,5 x 2,5-cm-Weichholzträger, Bleistift, Bandmaß, Anschlagwinkel, Kreissäge oder Fuchsschwanz, Hammer, 65-mm-Nägel, Hobel oder Grobfeile, Schmirgelpapier, Beize, Pinsel.

Wie alles ineinanderpaßt

Der Terrassensteg besteht aus gehobelten Holzlatten, die mit paarweise untergelegten Trägern vernagelt werden. Der Abstand zwischen den Latten beträgt ca. 5 mm. Er läßt Oberflächenwasser schnell abfließen, ist andererseits nicht so breit, daß er Fingern oder Zehen gefährlich wird. Um verschiedene Ebenen miteinander zu verbinden, kann man von der Modulbauweise abweichen, um beispielsweise eine kleine Stufe einzubauen.

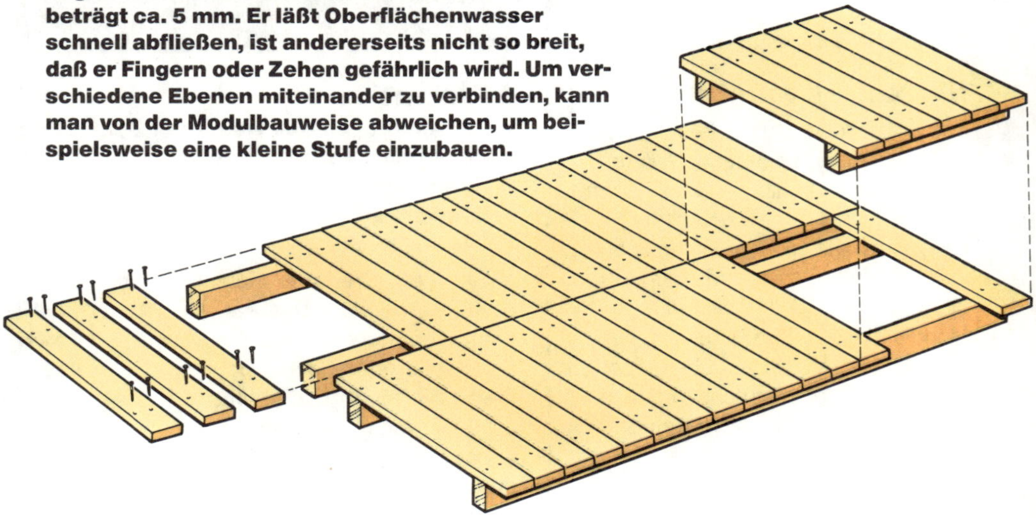

Bauanleitung für Laufplanken

1 Mit Bandmaß, Bleistift und Anschlagwinkel die Teile (Latten und Träger) abmessen und anreißen.

4 Auf einer festen, ebenen Fläche zwei Träger wie abgebildet hochkant und parallel zueinander abstellen. Zwei Stück Abfallholz verwenden, um beim Nageln sicherzustellen, daß der Abstand eingehalten wird.

7 Latten weiter befestigen, bis Sie ans andere Ende der Träger kommen. Sollten die Träger geringfügig überstehen, mit der letzten Latte bündig absägen.

2 Mit Fuchsschwanz oder Kreissäge sämtliche Teile zuschneiden. Um Zeit zu sparen (und genauer zu arbeiten), bindet man gleich drei oder vier Latten mit Klebeband zusammen und sägt sie gleichzeitig durch.

5 Die erste Latte am einen Ende der Träger bündig auflegen und mit zwei Nägeln ca. 5 cm auseinander befestigen, die in die Mitte der Träger gehämmert werden. Die Nagelköpfe dürfen nicht herausragen.

8 Beize als Holzschutzmittel auftragen. Mit dem Pinsel gleichmäßig anstreichen und trocknen lassen.

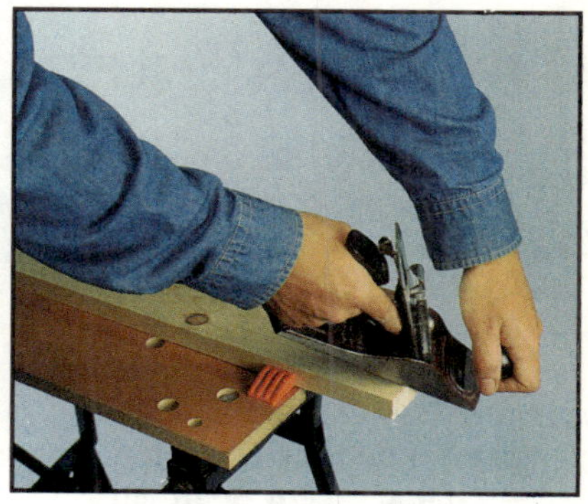

3 Mit einem Hobel oder einer Grobfeile die Schnittkanten anschrägen und mit Schmirgelpapier abrunden. Die Längskanten ebenfalls abschmirgeln, um die Splittergefahr zu reduzieren.

6 Mit einem Stück 5-mm-Sperrholz oder Pappe als Abstandhalter die nächste Latte in Position bringen und festnageln.

9 Vorgang wiederholen, um so viele Moduleinheiten, wie benötigt werden, anzufertigen. Wenn das Schutzmittel getrocknet ist, auf dem vorbereiteten Boden verlegen. Wie abgebildet Seite an Seite hinlegen. Auf der Kiesschicht so lange anpassen, bis die Module plan liegen.

Perfekte Partner

Holzplanken sind für Kübel und Pflanztröge der ideale Untergrund. Als optimale Ergänzung verleihen Azaleen und Rhododendren dem Ganzen Farbe und Form.

1 *Rhododendron* 'Bow Bells' – ein kompakter Strauch mit losen Dolden voller zartrosa Blüten.
2 *Rhododendron* 'Pink Pearl' – eine beliebte Sorte mit großen, kegelförmigen Dolden aus lila-rosa Blüten, die zum Rand hin weiß werden.
3 Azalee 'Frome' – apricotfarbene Blüten mit krausem Blattrand.

4 *Rhododendron loderi* 'King George' – sanftrosa Knospen, die sich in reinweiße Blüten verwandeln.
5 *Rhododendron falconeri* trägt große, kuppelförmige Dolden cremefarbener, glockenförmiger Blüten mit purpurroten Flecken in der Mitte.

6 Die Indische Azalee *(Rhododendron indicum simsii)* ist ein kleiner, halbimmergrüner Strauch mit dunkelrosa Blüten und weißen Blatträndern.
7 *Rhododendron* 'Cynthia' (auch *R.* 'Lord Palmerston') – ein kräftiger Strauch mit trichterförmigen, karmesinroten Blüten.

Bohlenterrassen

Verwandeln Sie ein schwieriges Gefälle in eine attraktive Ecke, indem Sie als besondere Note mit dicken Holzbohlen Terrassen aufbauen.

Ein Garten mit Gefälle bietet dem eifrigen Gartenfreund mehr Variationen für kreative Bepflanzung als ein flaches Grundstück. Diesen Vorteil verdankt er der zusätzlichen Dimension der Höhe. Aufgrund des Gefälles können Pflanzen unterschiedlicher Größe unter gleichen Bedingungen miteinander konkurrieren. Legt man zusätzlich einige einfache Terrassen an, kommen weitere Möglichkeiten attraktiver Bepflanzung dazu.

Terrassen anlegen

Schon früh erkannten die Bauern, daß durch das Anlegen von Terrassen Feldfrüchte an einem Hang am besten anzubauen waren. Es handelte sich hierbei um flache Ackerstreifen, die wie Treppenstufen am Hang lagen. Im Ackerbau trifft man diese Bauweise heute noch an. Im Garten werden Terrassen im Prinzip genauso angelegt, obwohl die Auswahl größer ist, wenn es um die Umfassungsmauern geht. Eine der attraktivsten und wirtschaftlichsten Umfassungsmauern besteht aus Holzbohlen, die hinter Pfählen waagerecht verlegt werden. Im Holzhandel sind passend zugeschnittene Bohlen erhältlich. Auch Holzstämme werden rauh oder ohne Rinde angeboten. Sie haben die Wahl.

Die passenden Bohlen

Wer nicht gerade Terrassen im Kleinformat anlegt, möchte nicht, daß diese vor lauter Bepflanzung kaum noch zu erkennen sind. Es sollten schon 15 x 15-cm-Holzbohlen sein, damit drei Lagen eine ca. 45 cm hohe Umfassungsmauer bilden – für das durchschnittliche Gartengefälle die ideale Höhe.

• Als erstes stecken Sie die ungefähre Fläche der anzulegenden Terrassen mit Schnüren und Setzhölzern ab. Wenn Sie die Terrassen nicht auf der ganzen Grundstücksbreite anlegen, werden Sie nicht nur vorne, sondern auch an den Seiten Umfassungsmauern benötigen. Beim Ausrechnen der zu bestellenden Holzmenge muß diese Tatsache berücksichtigt werden.

• Bei Berührung mit feuchtem Boden werden die meisten Weichholzbohlen relativ schnell verrotten. Für längeres Leben sorgt ein mehrtägiges Bad im Holzschutzmittel, damit das Mittel tief ins Holz einziehen kann. Eine behelfsmäßige, flache Badewanne ist aus Steinen und Kunststoffolie schnell gebaut. Holzbohlen ganz hineinlegen und die Wannenform so ausrichten, daß Sie mit möglichst wenig Holzschutzmittel auskommen. Sie sollten unbedingt ein umweltfreundliches, giftfreies Mittel verwenden, das für Pflanzen und Tiere gleichermaßen unschädlich ist.

Hoch hinaus

Links: Dieses interessante Hochbeet besteht aus Baumscheiben, die unterschiedlich angewinkelt verlegt wurden. Die Scheiben müssen gründlich mit Holzschutzmittel behandelt sein.

Links: Ein Hochbeet muß keine große Höhe haben. Hier bilden einfach verlegte Eisenbahnschwellen den Abschluß, wobei die Pflanzen sie fast verdecken. Schwellen wirken weich und natürlich, sind aber heute nicht mehr ohne weiteres aufzutreiben.

Wie man die Beete anlegt

Die waagerechten Bohlenmauern werden durch senkrechte Pfähle in Abständen von höchstens 2 m gesichert. Die Pfähle werden bis zur halben Länge in den Boden gerammt. Für eine 45 cm hohe Umfassungsmauer braucht man demnach ca. 90 cm lange, angespitzte Pfähle.

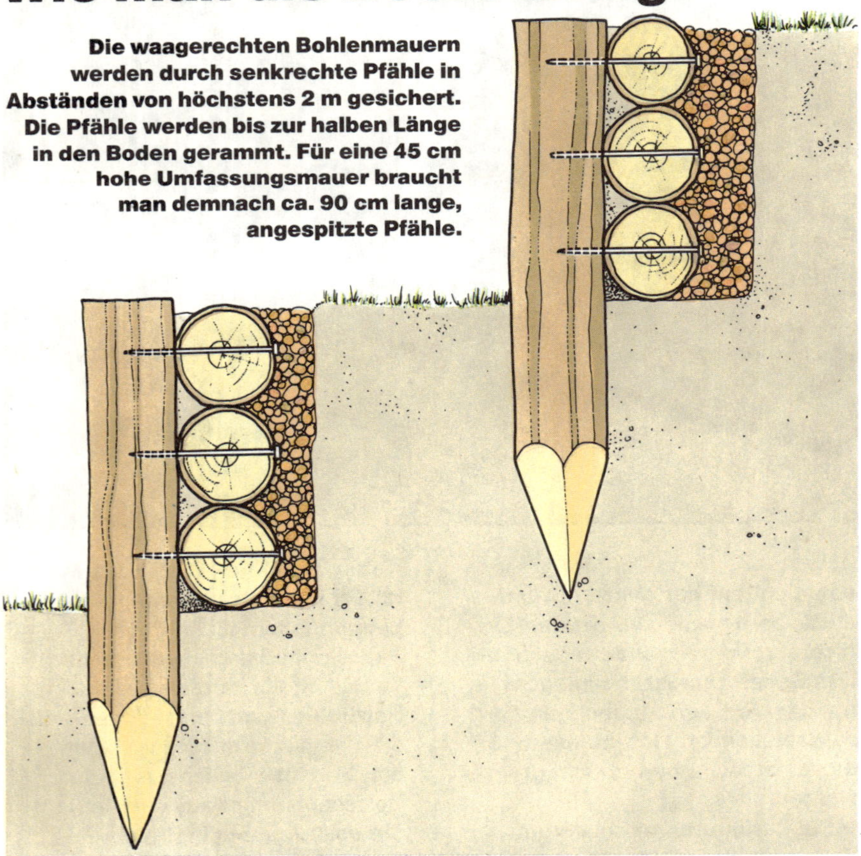

Die Mauern werden bis zur vorgesehenen Höhe errichtet, indem Bohlen hinter den Pfählen übereinander verlegt und mit diesen vernagelt werden. Einfache Stoßverbindungen an den Beetecken sorgen für zusätzliche Stabilität. Eine Kiesschicht hinter den Bohlen beugt Fäulnis vor.

Die Beete auffüllen

Füllen Sie die Beete nicht einfach mit Erde aus dem Garten. Bessere Drainage und gesünderes Wachstum erzielt man mit einer wohlgeplanten Mischung.

1 Die untere Hälfte des jeweiligen Beets mit grobem, gewaschenem Kies füllen, um Staunässe zu verhindern. Es empfiehlt sich, eine weitere Kiesschicht unmittelbar hinter den Bohlen aufzuschütten, um feuchten Boden vom empfindlichen Holz abzuhalten.

2 Beete mit einer Mischung aus Muttererde und Garten- bzw. Laubkompost oder durchgerottetem Stallmist als ergiebiges Substrat auffüllen. Wer alpine oder Steingartenpflanzen einsetzen möchte, fügt der Mischung bis zu 1 Drittel (nach Volumen) Kies hinzu.

Die Terrassen anlegen

Werkzeug & Material

Holzbohlen, Schnüre und Setzhölzer, Bandmaß, Fuchsschwanz oder Holzsäge, Vorschlaghammer, Wasserwaage und Kantholz, 15-cm-Nägel, Zimmermannshammer, Holzschutzmittel, Schaufel oder Spaten, gewaschener Kies, Mutterboden, Kompost oder Stallmist.

1 Mit Schnüren und Steckhölzern die Position der untersten Umfassungsmauer am Hang abstecken. Die Anordnung umstellen, bis Sie die gewünschte Form und Größe erreichen.

2 Pfähle auf Länge (rund das Doppelte der Mauerhöhe) zuschneiden und mit der Säge an einem Ende anspitzen. Das sollte geschehen, bevor das Holz mit Schutzmittel behandelt wird.

3 Pfähle mit Vorschlaghammer an vorgesehenen Stellen eintreiben. Rund zur Hälfte in den Boden rammen. Darauf achten, daß sie gerade stehen. Wenn Sie auf ein festes Hindernis stoßen, eine andere Stelle wählen.

4 Die Pfahlenden sollen eine möglichst waagerechte Linie bilden. Mit Wasserwaage und Kantholz überprüfen. Falls erforderlich, überragende Pfähle etwas tiefer in den Boden treiben.

5 Den vordersten Pfahl der Seitenmauer so setzen, daß die Bohlen abwechselnd auf Stoß liegen können. Mit Wasserwaage und Kantholz den Standort der nächsten Mauer bestimmen.

6 Mit dem Mauerbau beginnen, indem die unterste Bohle hinter den Pfählen plaziert wird. Mit den Pfählen vernageln (15-cm-Nägel wie abgebildet schräg eintreiben).

7 Die unterste Bohle der seitlichen Mauer so verlegen, daß sie im Gegensatz zur untersten vorderen Bohle nach vorne überlappt. Abwechselnd weiterverlegen, so daß die Stoßverbindung einen Verbund bildet.

8 Weitere Bohlen verlegen und bei Bedarf so lange drehen, bis sie fest sitzen. Die Mauern fertigbauen und das Beet wie auf S. 94 beschrieben mit Kies und Erdmischung füllen.

Lauter Farbkissen

Kissenbildende Pflanzen wie diese reizvollen Stiefmütterchen lassen mit ihrer Blütenpracht die Hochbeetkanten weicher wirken.

1 *Viola* 'Susannah' – hübsche, hellviolette Blüten mit cremiggelber Markierung.
2 *V. cornuta* 'Alba'-Gruppe – Hier handelt es sich um markante, reinweiße Stiefmütterchen mit nach hinten zurückgebogenen Blütenblättern, die lange blühen.
3 *V.* 'Lorna Moakes' – die großen, buttergelben Blütenblätter sind hellviolett umrandet.
4 *V.* 'Daena' – violette Blüten, deren Blätter zur Mitte hin gelb verziert sind.
5 *V.* 'Arabella' – pastellfarben, blau und violett marmoriert.
6 *V.* 'Huntercombe Purple' – samtene, violette Blüten mit gelben Augen. Die Blätter fallen besonders lang und schön aus.
7 *V.* 'Molly Sanderson' – mit den bekannten schwarzen Blüten und den hellgelben Augen, die zum Laub in scharfem Kontrast stehen.

Klinkerbelag

Hübsche, vielseitige Klinkersteine bilden eine harte, aber leicht zu verlegende Oberfläche für Gartenwege, Auffahrten und Terrassen.

Harte Oberflächen stellen im Garten weit mehr als Stilelemente im Gesamtkonzept dar. Bei schlechtem Wetter halten sie die Füße trocken und sorgen dafür, daß die Schubkarre im Rasen keine Rillen hinterläßt. Eine harte Oberfläche ist für viele Tätigkeiten gut zu gebrauchen. Einer der attraktivsten Beläge, der auch noch kinderleicht zu verlegen ist, besteht aus Klinkersteinen.

Zeitersparnis

Klinkersteine haben sich in den letzten Jahren zum beliebtesten Belag für Wege, Auffahrten und Terrassen gemausert. Ihr Hauptvorteil gegenüber Alternativen wie Beton, Gehwegplatten, Asphalt und Mosaikpflaster ist die Leichtigkeit und Geschwindigkeit, mit der das Verlegen geschieht. Klinker werden im Sandbett verlegt, das auf einer kräftig durchgewalzten Bruchsteinschicht liegt, und zwar ohne Mörtel oder Fugenausfüllung. Das spart enorm Zeit. Im Gegensatz zu anderen trocken verlegten Werkstoffen halten sie, wenn alles ordentlich ausgewalzt wurde, das Gewicht eines Fahrzeugs aus und kommen für alle Standflächen rund ums Haus sowie im Garten in Frage.

Die Wahl der Steine

Klinkersteine werden in Backsteingröße angeboten. Gängige Maße sind 10 x 20 x 6,5 cm. Die oberen Kanten sind leicht angeschrägt, damit nach dem Verlegen Sand in die Fugen gefegt werden kann. Das füllt nicht nur die Lücken aus, sondern trägt durch Reibung dazu bei, daß die Steine fest ineinander verkeilt werden und die fertige Oberfläche dauerhaft stabil bleibt. Passend zu Haus- oder Gartenmauern sind sehr viele Farbtöne und Oberflächenstrukturen erhältlich. Wer will, kann damit interessante Muster bilden und den Pflasterbereich in einer Kontrastfarbe umranden.

Die Kantenfrage

Der einzige Nachteil der Klinkersteine ist, daß die Kanten rundum geschützt werden müssen, damit das Sandbett nicht ausläuft und der Weg nicht stellenweise absackt. Dafür gibt es mehrere Möglichkeiten. Die Randsteine werden in Beton verlegt, oder die Kanten werden durch Kantsteine aus Beton oder durch Holzbohlen geschützt, die vorher mit Schutzmittel behandelt wurden. Dort, wo der Klinker an einer Hauswand oder Gartenmauer liegt, erübrigt sich dies. Wie viele Klinkersteine benötigen Sie für die vorgesehene Oberfläche? Bei 10 x 20 cm großen Steinen braucht man 50 pro qm. Wenn Ihr Muster verlangt, daß viele Steine angeschnitten werden, rechnen Sie fünf Prozent mehr, weil Ausschuß nun einmal nicht zu vermeiden ist.

Wie der Weg verlegt wird

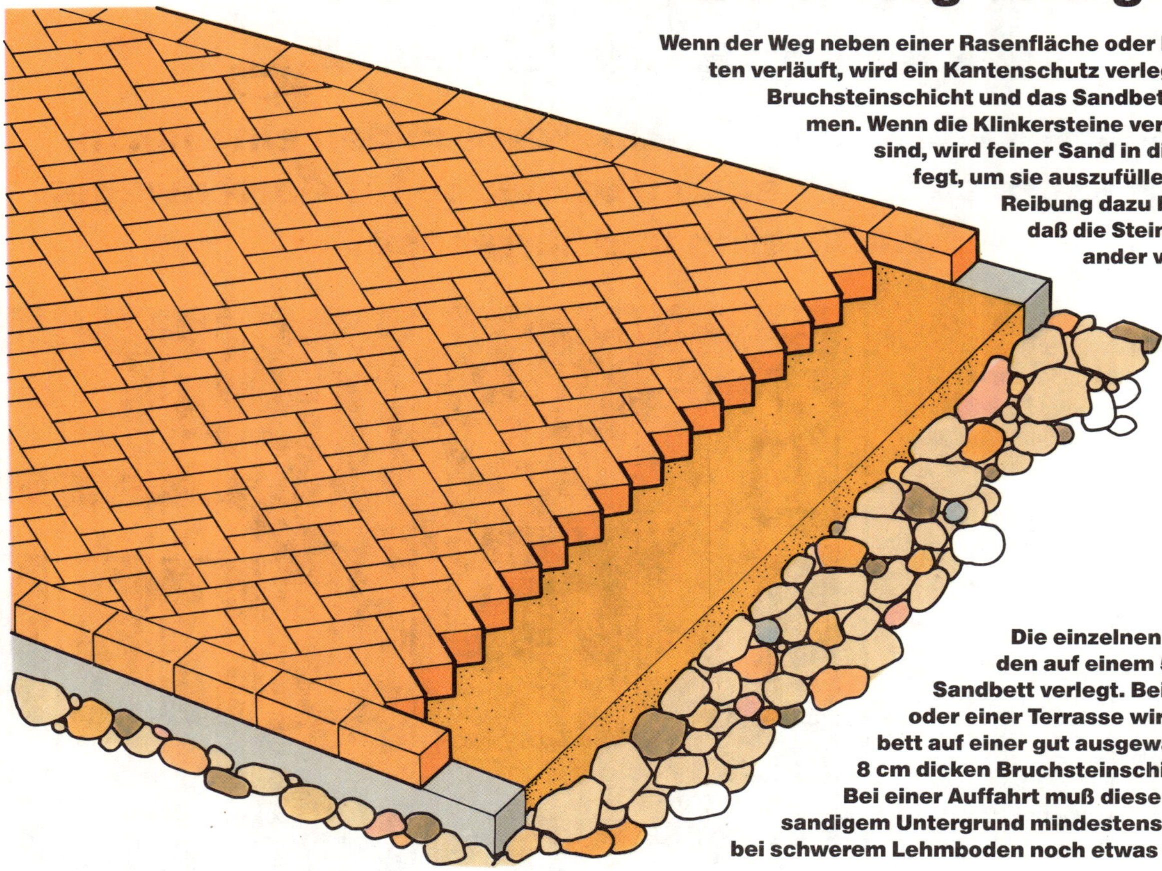

Wenn der Weg neben einer Rasenfläche oder Blumenbeeten verläuft, wird ein Kantenschutz verlegt, bevor die Bruchsteinschicht und das Sandbett hinzukommen. Wenn die Klinkersteine verlegt worden sind, wird feiner Sand in die Fugen gefegt, um sie auszufüllen und durch Reibung dazu beizutragen, daß die Steine fest ineinander verkeilt sind.

Die einzelnen Steine werden auf einem 5 cm dicken Sandbett verlegt. Bei einem Weg oder einer Terrasse wird das Sandbett auf einer gut ausgewalzten, 5 bis 8 cm dicken Bruchsteinschicht verlegt. Bei einer Auffahrt muß diese Schicht auf sandigem Untergrund mindestens 10 cm dick, bei schwerem Lehmboden noch etwas dicker sein.

Wahl des Musters

Die auf S. 99 abgebildeten Klinkersteine sind im Fischgrätenmuster verlegt und schließen am Kantenschutz ab. Andere Muster kommen genauso in Frage.

1 Ein Fischgrätenmuster in einem Winkel von 45° zum Kantenschutz sieht besonders attraktiv aus. Der Zuschnitt der dreieckigen Randsteine kann jedoch problematisch sein und überraschend viele Steine beanspruchen.

2 Ein schlichtes Flechtwerkmuster, bei dem die Steine, wie hier abgebildet, paarweise erst längs, dann quer verlegt werden, kommt ganz ohne Schnitt und Abfall aus — vorausgesetzt, der Kantenschutz verläuft gerade und parallel.

Werkzeug & Material

Benötigt werden: Klinkersteine, Bruchstein, Kantenschutz, Beton, Maurerschnüre und Setzhölzer, Spaten und Spitzhacke, Holzstäbe, Abfallholz mit gerader Kante, Wasserwaage, Maurerkelle, Fäustel, grober Sand, Rechen, Verschalung (Eigenbau), Meißel oder Schneidegerät, hydraulische Walze (geliehen), weichborstiger Besen.

Den Klinkerweg verlegen

1 Den Verlauf der Kanten festlegen und mit Schnüren und Setzhölzern abstecken. Rasen und Mutterboden ausgraben: für einen Weg oder eine Terrasse ca. 15 cm tief, für eine Auffahrt etwas tiefer.

2 In der Mitte der Fläche Holzstifte eintreiben, damit der Bruchstein in der richtigen Tiefe verlegt wird. Mit Kantholz und Wasserwaage den waagerechten Sitz der Oberkanten prüfen.

3 Den Kantenschutz verlegen. Hier werden fertige Kantsteine aus Beton in einem Betonbett verlegt. Auf der Innenseite der Kantsteine muß die Oberfläche des Betonbetts mindestens 8 cm unter der Oberkante liegen.

4 Zwischen den Kantsteinen bis zur Oberkante der Holzstifte Bruchstein auf die Fläche schaufeln. Den Bruchstein gründlich festrammen, damit er kräftig in den Untergrund getrieben wird.

5 Auf die Bruchsteinschicht kommt eine 5 cm dicke Bausandschicht. Der Sand wird durchgeharkt und mit einem passend angefertigten Stück Kantholz geglättet. Die fertige Oberkante muß ca. 6,5 cm unter der Oberkante des Kantsteins liegen.

6 Mit dem Verlegen der Steine beginnen. Von Seite zu Seite arbeiten. Halbe Steine schließen nachher die Lücken. Auf einem Holzbrett knien, um das Sandbett nicht zu zerstören.

7 Wie beim Mauern werden die Steine mit Meißel und Fäustel halbiert. Wenn Sie der Meinung sind, daß Sie viel Anschnitt haben werden, leihen Sie sich ein Schneidegerät, um den Vorgang zu beschleunigen.

8 Wenn die Fläche viel von Fahrzeugen befahren wird, leihen Sie sich einen motorisierten Rüttler, um die Steine im Sandbett fest zu verlegen.

9 Zum Schluß wird Sand über die Steine gefegt, um die Fugen auszufüllen. Überschüssigen Sand wegfegen. Ausfahrten mit dem Rüttler bearbeiten, damit der Sand durch Vibration die Fugen noch dichter ausfüllt.

Weichmacher

Pflanzen, die harte Kanten weicher machen, verschönern Gartenwege oder Auffahrten aus Klinkersteinen. Taubnessel *(Lamium)* und Günsel *(Ajuga)* bieten sich hier an.

1 *Lamium maculatum* 'Pink Pearls'– panaschiertes, silberfarbenes Laub mit massenweise rosa Blüten im Frühjahr.
2 *Ajuga reptans* 'Catlin's Giant'– mit großen, dunklen, rotgrünen Blättern.
3 *L. m.* 'Beacon Silver'– bildet einen silberfarbenen Laubteppich.
4 *L. m. roseum* – mit unverkennbarem Blattmittelstreifen und sanftrosa Blüten.
5 *A. r.* 'Burgundy Glow'– blaue Blüten und rotes, cremefarbenes und grünes Laub.
6 *L. m.* 'White Nancy'– eine hübsche Staude mit silberfarbenem Laub und weißen Blüten.
7 *A. r.* 'Atropurpurea'– rotgrünes Laub, aus dem sich violette Blüten erheben.
8 *L. m.* 'Golden Nuggets'– schönes, goldgelbes Laub mit einem markanten Mittelstreifen.

Kopfstein-Look

Kopfsteine beleben durch neue Formen und Strukturen Ihr Gartenpflaster. Hier erfahren Sie, wie man sie verlegt.

Von den meisten Gartenplanern werden Gehwegplatten bzw. -steine am liebsten verwendet, wenn es darum geht, Sitzbereiche und Wege zu gestalten. Sie sind jedoch etwas formstreng. Kopf- und Pflastersteine wirken da ganz anders. Sie bringen unterschiedliche Formen und Strukturen ins Spiel.

Der Hauptvorteil

Verglichen mit anderen Gartenbaumaterialien haben Kopfsteine (natürlich abgerundete Steine) und Pflastersteine (kleine, quadratische oder rechteckige Blöcke aus roh behauenem Naturstein, in der Regel Granit o. ä.) einen Hauptvorteil: ihre Größe. Wegen ihrer Größe lassen sie sich leichter als Platten und Steine um Kurven führen und in unregelmäßigen Ecken passend verlegen. Allerdings ist das Verlegen sehr viel zeitraubender.

Mit Flachkopf-Pflastersteinen könnte man ohne weiteres eine Terrasse oder einen Gartenweg pflastern. Häufiger dienen Kopf- und Pflastersteine jedoch als visueller Kontrapunkt zu flachen Gehwegplatten: entweder als Umrandung oder um ein Gartenmerkmal, wie eine Sonnenuhr oder einen Springbrunnen, zu umrahmen. Mit Kopfsteinpflaster kann man Fußgänger sogar abschrecken. Wenn es sich nicht gerade um große, flache Steine handelt, sind sie eher schlecht begehbar.

Rat holen

Kopf- und Pflastersteine sind im Baustoffhandel und vielfach auch im Gartencenter erhältlich. Größere Mengen werden tonnenweise, kleinere entweder fertig verpackt oder lose angeboten. Holen Sie sich beim Fachmann Rat. Die Menge hängt von der Größe der einzelnen Steine ab.

Kopfsteine verlegt man ...

- **... großzügig an einem Wasserlauf zwischen zwei Teichen unterschiedlicher Höhe. Das fließende Wasser ergänzt sie vollkommen und macht die natürlichen Farbtöne lebendig.**
- **... in einem tiefen Beet rund um einen Springbrunnen in einem kleinen, kreisrunden Terrassenteich. Besonders wirkungsvoll in Verbindung mit einem glockenförmigen Brunnenkopf.**
- **... lose, um Gartenbereiche abzudecken, die permanent im Schatten liegen, sowie um Unkraut und Bodenerosion zu verhindern.**

Kontraste

In Kombination mit formstrengeren Materialien wie Gehwegplatten sehen Kopf- und Pflastersteine am besten aus.

Rechts: Kopf- oder Pflastersteine setzt man rund um ein Gartenmerkmal, wie eine Sonnenuhr, als visuellen Kontrast zu den einfachen Gehwegplatten, die zur Uhr hinführen.

Werkzeug & Material

Kopf- oder Pflastersteine nach Bedarf, Richtschnüre und Setzhölzer, Spaten, Mörtel (für größere Flächen 1 Teil Zement auf 5 Teile Sand, für kleinere Flächen Trockenmörtelfertigmischung verwenden), Kanthölzer, Wasserwaage, Vorschlaghammer, kleine Maurerkelle.

Oben: Kopfsteine werden hier keilförmig zwischen Gehwegplatten gesetzt, um einen kurvenreichen Weg anzulegen, ohne die Platten schneiden zu müssen.

Rechts: Mit viereckigen Feldern aus Kopf- oder Pflastersteinen lockert man größere Pflaster- oder — wie hier — Rasenflächen auf, indem man ein Schachbrettmuster verlegt.

Links: Hier werden Pflastersteine benutzt, um einen Kiesweg zu umranden und mit einem interessanten Zentralmotiv zu versehen.

Oben: Pflastersteine sind für die Umrandung eines Solitärbaumes oder -strauches ideal, da sie sich leicht kreis- oder kurvenförmig verlegen lassen. Wenn sie nicht oft betreten werden, kann man sie in den festgedrückten Boden setzen und die Fugen mit Kies auffüllen.

Pflastersteine verankern

- Kopf- und Pflastersteine werden im Mörtelbett verlegt, das die einzelnen Steine fest verankert und eine stabile Verlegefläche gewährleistet. Kopfsteine werden in ihrer halben Tiefe im Mörtelbett verlegt, während Pflastersteine ins Mörtelbett gesetzt und die Zwischenräume mit Mörtel ausgefüllt werden. Für Kopfsteine braucht man eine ziemlich nasse, für Pflastersteine eine trockenere Mischung.
- Bei Kopfsteinen werden die größeren Steine zuerst gesetzt. Mit den kleineren werden die Fugen gefüllt.

Kopfsteine setzen

1 Zuerst das zu pflasternde Areal mit Schnüren und Setzhölzern abstecken. Dann alles Grüne entfernen und den Boden gründlich festtreten oder mit einer Ramme bzw. einer Holzbohle festklopfen.

2 Mörtel für eine Fläche von jeweils ca. einem Quadratmeter relativ weich anmischen. Mörtelfarbstoff dazugeben, wenn die Mischung zu Ihren Steinen besser passen bzw. sich von ihnen abheben soll.

3 Ein Mörtelbett verlegen. Es soll etwas tiefer als der halbe Durchmesser der größten Steine sein, die Sie verwenden wollen. Mit einem Stück Kantholz glattziehen.

4 Setzen Sie mit dem Hammerstiel die Kopfsteine so, daß sie etwas über die Hälfte im Mörtel eingebettet sind. Die Fugen, die entstehen, brauchen Sie nicht auszufüllen. Der weiche Mörtel wird um die Steine zurückfließen.

5 Wenn der erste Quadratmeter gesetzt ist, mit einem Kantholz auf waagerechten Sitz überprüfen. Steine, die hochstehen, etwas tiefer klopfen. Dann nach dem gleichen Muster weitere Steine setzen.

6 Wenn Sie die Kopfsteine neben Gehwegplatten verlegen, prüfen Sie mit Kantholz und Wasserwaage, ob die Höhe der Kopfsteine mit der Höhe der angrenzenden Flächen übereinstimmt.

Pflastersteine setzen

1 Ein Mörtelbett ca. 5 cm tief verlegen. Pflastersteine setzen, festklopfen und mit einem Kantholz auf geraden Sitz prüfen. Auf Abstände (Fugen) von ca. 12 mm achten.

2 Den Mörtel aushärten lassen und die Fugen mit eher festem Mörtel ausfüllen. Mit der Kellenkante den Mörtel fest in die Fugen drücken.

3 Mit der Kellenspitze den Fugenmörtel knapp unterhalb der Oberkante der Pflastersteine glattziehen. Etwas antrocknen lassen und Mörtelspritzer von den Steinen entfernen.

Thymian als Bodendecker

Thymian als Rand- und Fugenbepflanzung für Kopf- und Pflastersteine läßt Pflaster weicher aussehen.

1 *T. x citriodorus* 'Archer's Gold' – Zitronenduft und grünes Laub, das sich gelb verfärbt.
2 *T. x citriodorus* – Beim beliebten Zitronenthymian sondern die Blätter Zitronenduft ab, wenn man sie streift oder zerdrückt.
3 *T. x c.* 'Silver Posie' – attraktive Blätter mit Silberrand und hellrosa bis lila Blüten.
4 *T. serpyllum* – Der Feldthymian ist eine sehr robuste, sich ausbreitende Kräuterpflanze mit leicht aromatischen Blättern.
5 *T. x. c.* 'Doone Valley' – eine weitere Sorte mit Zitronenduft, panaschierten Blättern und purpurnen Blüten.
6 *T. serpyllum* 'Russetings' – mit kleineren, runderen Blättern als beim Feldthymian.
7 *T. x. c.* 'Golden Queen' – Zitronenduft und goldgelbe Flecken auf den dunkelgrünen Blättern.

Mosaikpflaster

Das im Verlegen zeitaufwendige Mosaikpflaster ist preiswert und ideal, wenn Sie sich etwas anderes als das übliche Einerlei wünschen.

Von allen Materialien, mit denen man eine Auffahrt oder eine Terrasse pflastern kann, ist Mosaikpflaster mit Ausnahme von Beton am preiswertesten. Es besteht aus unregelmäßigen Stücken Naturstein oder gegossenen Steinplatten, die im Sand- bzw. Mörtelbett verlegt werden. Aufgrund der Unregelmäßigkeit der Steine entstehen Lücken, die mit Mörtel verfugt werden müssen, um eine ebene Fläche zu erhalten. Mit Geduld lassen sich diese Fugen klein halten, indem man die Steine sorgfältig aneinanderpaßt.

Kostengünstige Lösung

Der Hauptvorteil des Mosaikpflasters liegt im Preis. Der Rohstoff ist relativ billig, besonders wenn man Bruchstücke gegossener Steinplatten benutzt. Bruchstücke aus Naturstein sind natürlich entsprechend teurer.

Die besten Rohstofflieferanten sind Baustoffhandlungen. In der Regel haben sie größere Mengen Gehwegplatten auf Lager. Beim Bestellen unbedingt angeben, ob Sie weitgehend gleichfarbige Stücke oder farblich gemischte vorziehen.

Arbeitsaufwand

- **Der Nachteil des Mosaikpflasters ist der Zeitaufwand. Verlegen und Verfugen dauern länger als bei anderen Pflasterarten. Es ist also eine ideale Heimwerkertätigkeit, weil Eigenarbeit keine Fremdkosten verursacht.**
- **Wenn Sie Pflaster im Mörtelbett verlegen, lohnt es sich auf jeden Fall, für diese Arbeit einen Betonmischer zu mieten, da größere Mengen Beton benötigt werden. Die meisten Läden, die Werkzeug vermieten, führen auch Betonmischer.**
- **Beim Verfugen ist ein Betonmischer weniger nützlich, da Sie den Beton nicht schnell genug verbrauchen, um die Mietgebühren zu rechtfertigen. In dieser Phase ist es weitaus wichtiger, den Beton fortlaufend ganz genau von Hand anzumischen, um eine gleichmäßige Farbe zu gewährleisten und vorzeitiges Antrocknen zu verhindern.**
- **Mosaikpflaster läßt sich auf einer bestehenden Betonfläche verlegen, aber wenn sie sich nahe am Haus befindet, vergewissern Sie sich, daß die Oberkante des Mosaikpflasters mindestens 15 cm unterhalb der Feuchtigkeitssperre abschließt. Wenn Sie auf Neuland arbeiten, den Mutterboden abtragen und die Unterschicht so bearbeiten, daß Sie für das Pflaster eine feste Unterlage haben.**
- **Beim Materialkauf fragen Sie beim Lieferanten nach, welche Menge benötigt wird. Mosaikpflasterrohstoff wird tonnenweise verkauft. Im Durchschnitt deckt 1 t ca. 9 qm, aber im Einzelfall hängt es von der Dicke des Pflasters ab.**

Der Untergrund

Ein fester Untergrund muß sein, um die Stabilität des Pflasters zu gewährleisten. Wie er aussieht, hängt vom Verwendungszweck ab.

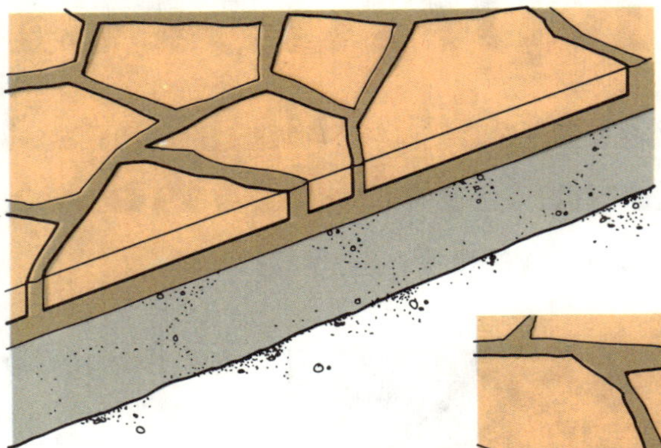

Wenn das Pflaster auf einer bestehenden Betondecke verlegt wird, kommen die Mosaikpflastersteine in ein 2,5 cm dickes Sand- oder Mörtelbett. Zwischenräume werden voll verfugt, um die Konturen der einzelnen Steine zu betonen.

Bei Neuland wird der Mutterboden abgetragen. Die Unterschicht gut festtreten. Dann kommt das Pflaster in eine dickere Schicht Sand oder Magerbeton.

Wenn das Pflaster als Pkw-Stellfläche dienen soll, wird bis zu 10 cm Unterboden abgetragen und durch festgewalzten Bruchstein ersetzt. Das Pflaster wird dann im Mörtelbett verlegt und wie sonst verfugt.

Pflaster schneiden

Ihr Pflaster wird in Bruchstücken geliefert, aber es bleibt nicht aus, daß einige Stücke zerkleinert werden müssen, um entweder aus größeren Brocken kleinere, handlichere Stücke zu machen oder um für Rand oder Mitte die fehlenden Paßstücke anzufertigen.

1 Um auf einem zu großen Pflasterstück die Schnittlinie zu markieren, legt man ein Stück Kantholz darauf und reißt sie mit der Kante des Steinmeißels wiederholt an.

2 Mit Hammer und Meißel (am besten mit Kunststoffschutzgriff, falls der Hammer abrutscht) fortlaufend die markierte Linie am Stein entlang anschneiden.

3 Wenn die ganze Linie bearbeitet worden ist, wird der Stein gebrochen, indem man ihn auf das Kantholz legt und mit dem Hammerstiel auf die freistehende Hälfte schlägt.

Pflaster verlegen

Werkzeug & Material

Gehwegplattenbruchstücke in ausreichender Zahl, Schnüre und Setzhölzer, Spaten, Ramme (Zaunpfosten o. ä.), Harke, Kantholz zum Glattziehen, Fäustel, Meißel, Wasserwaage, Fugenkelle, Betonmischer (gemietet), Schubkarre, Abziehbrett, Besen, Bausand oder Mischung aus 1 Teil Zement auf 5 Teile Sand, Magerbeton.

1 Pflanzen und Mutterboden von der abgesteckten Fläche abtragen, offenkundige Mulden und Vertiefungen mit Erde auffüllen.

2 Auf der ganzen zu pflasternden Fläche mit einem kräftigen Holzbalken, z. B. einem Zaunpfosten, den Untergrund festklopfen. Besonders weiche Stellen mit Bruchstein auslegen und festrammen.

3 Wenn der Untergrund weich ist oder Sie eine Auffahrt pflastern wollen, tiefer ausgraben und eine 10 cm dicke Schicht Bruchstein oder groben Kies auftragen. Mit dem Zaunpfosten festrammen. Sand oder Beton für das Bett auftragen und mit der Harke einebnen. Mit einem Kantholz den Sand oder Beton glattziehen, indem Sie das Brett hin- und herziehen, und feststampfen. Pflastersteine so auslegen, als ob Sie ein Mosaik ausfüllen würden. Einzelne Stücke sollen möglichst genau zueinanderpassen. An den Rand kommen Stücke mit einer geraden Kante. Auf einem Sandbett können diese mit einem Mörteltupfer stabilisiert werden.

4 Größere Stücke zuerst und möglichst zueinanderpassend verlegen. Unvermeidliche Lücken werden dann mit kleineren Pflasterstücken ausgefüllt.

5 Pflastersteine mit Fäustel und Holzrest im Sand- oder Mörtelbett festklopfen. Mit der Wasserwaage überprüfen, daß jeder Stein waagerecht und in der Höhe passend zu seinen Nachbarn liegt.

6 Wenn Sie mit dem Verlegen fertig sind, werden die Lücken zwischen den Steinen mit einem relativ trockenen Mörtel ausgefugt (trockene Mischung verhindert unnötiges Verfärben der Oberflächen). Den Mörtel mit der Kellenkante in die Fugen „hineinschneiden", um ihn dann mit der Kelle glattzuziehen. Mörteltupfer, die auf das Pflaster tropfen, trocknen lassen. Wenn die Mörtelreste hart geworden sind, werden sie mit dem Besen weggefegt.

Schön weich

Zu den unregelmäßigen Formen des Mosaikpflasters passen Pflanzen wie Funkien, die Hügel bilden, über den Wegrand hinauswachsen und Wegkanten weicher machen.

1 & 6 *Hosta fortunei aureomarginata* – Ein gelber Rand ziert die mittelgrünen Blätter dieser Funkie, deren lila Blüten im Spätsommer blühen.
2 *Hosta* 'Halcyon' – Das Laub verfärbt sich silbergrau, passend zu den lila Blüten.
3 *Hosta undulata univittata* – Die ungewöhnlichen, gedrehten Blätter sind in der Mitte – wie die Stengel – cremefarben.
4 *Hosta* 'Golden Prayers' – gelbstichiges Laub und hellviolette Blüten im Spätsommer.
5 *Hosta fortunei* – eine kräftige Pflanze mit großen, mittelgrünen Blättern und blaßlila Blüten an langen Stielen.
7 *Hosta* 'Shade Fanfare' – hellgrünes Laub mit cremefarbenem Blattrand, ein schnellwachsender Bodendecker.
8 *Hosta undulata* – Die dunkelgrünen, gedrehten Blätter haben eine cremefarbene Blattmitte und cremefarbene Stengel.

Stufen am Hang

Über Stufen besteigt man einen Hang oder eine Böschung. Stufen verbinden verschiedene Gartenbereiche.

Stufen sind für Hang- oder Terrassengrundstücke unentbehrlich. So kommt man leicht von einem Gartenbereich zum nächsten. Außerdem bilden die Treppenstufen eine optische Verbindung zwischen den einzelnen Bereichen.

Festgemauert

Treppenstufen können in einen steilen Hang oder eine verhältnismäßig flache Böschung gleichermaßen paßgerecht eingelassen werden. In der Erde wirken sie wie festgemauert.

Fluchtformat

Die Treppe besteht im wesentlichen aus Seitenteilen, die links und rechts die Treppenflucht hinauf verlegt werden. Dazwischen werden Treppenstufen aus Holz befestigt. Jede Setzstufe wird vorne von kräftigen Stäben gestützt, die in die Erde getrieben werden. Der Raum hinter den Setzstufen wird mit Erde gefüllt und festgedrückt. Der Treppenbelag — die Trittfläche — wird dann verlegt.
Dieser kann aus den unterschiedlichsten Materialien bestehen: aus Kies, aus kleingehackter Baumrinde, aus Pflastersteinen und sogar aus Grassoden.
Da sie nicht so förmlich wie z.B. eine Freitreppe aus Klinker oder Naturstein wirkt, kann der Rahmen einer eingelassenen Treppe aus vielen Materialien bestehen, um sich so Ihrem Gartenstil anzupassen.

Stilvoll

Mit Konservierungsmittel behandeltes Holz in Standardlängen ist am geeignetsten. Um eine noch natürlichere Wirkung zu erzielen, kann man aber auch gespaltene oder ganze Baumstämme als Treppenstufen verlegen. Ausgediente Eisenbahnschwellen sind eine attraktive Alternative.

Nummer Sicher

Treppenstufen müssen maßstabgerecht sein. Steigt die Treppe zu steil an, wird das Treppensteigen ermüdend sein. Ist sie zu flach, rutscht man schnell aus. Folgende Maße gewährleisten sicheres und bequemes Gehen:

- **Setzstufen sollten ca. 10 bis 12,5 cm hoch sein.**
- **Trittstufen sollten mindestens 30 cm tief sein, so daß man beim Abstieg den ganzen Fuß aufsetzen kann, ohne mit der Hacke gegen die darüberliegende Treppenkante zu stoßen.**
- **Auch die Breite sollte bedacht werden. Auf 60 cm breiten Stufen kann z. B. nur einer gehen. Wenn zwei Leute Seite an Seite die Treppe benutzen sollen, muß sie 1,5 m breit sein.**

Mit der Mode gehen

Links: Breite Natursteinplatten bilden im Steingarten eine harmonische Treppenflucht. Gebirgspflanzen links und rechts lassen die Kanten weicher erscheinen.

Oben: Flach ansteigende rustikale Stufen. Sie bestehen aus Baumstämmen, an denen die Rinde noch zu sehen ist, und Trittflächen aus Kiefernnadeln.

Oben: Moosbedeckte Baumstammstufen am Hang im Gehölz lassen eine versteckte Lichtung vermuten. Als Hauptgehweg sind sie jedoch wegen Glätte ungeeignet.

Rechts: Ausgediente Eisenbahnschwellen mit einer Kiesfüllung bilden hier eine angewinkelte Treppenflucht.

Maß-nehmen

1 Befestigen Sie oben am Hang ein Setzholz und unten eine lange Stange. Eine waagerechte Schnur dazwischenziehen und an der Stange den Höhenunterschied messen.

Wie man Stufen baut

Nachdem die senkrechte Höhe des Hanges (s. o.) vermessen worden ist, teilt man diese durch die Höhe einer Setzstufe, um die Zahl der erforderlichen Treppenstufen zu ermitteln.

- Seitenteile aus 15 x 2,5 cm-Weichholzlatten.
- Setzstufen ebenfalls aus 15 x 2,5 cm-Weichholzlatten.
- Befestigungsstäbe aus 5 x 5 cm-Kantholz (Weichholz) und ca. 45 cm (das Zweieinhalbfache der Setzstufenhöhe) lang, so daß sie tief genug in die Erde getrieben werden können, um die Setzstufen abzustützen.

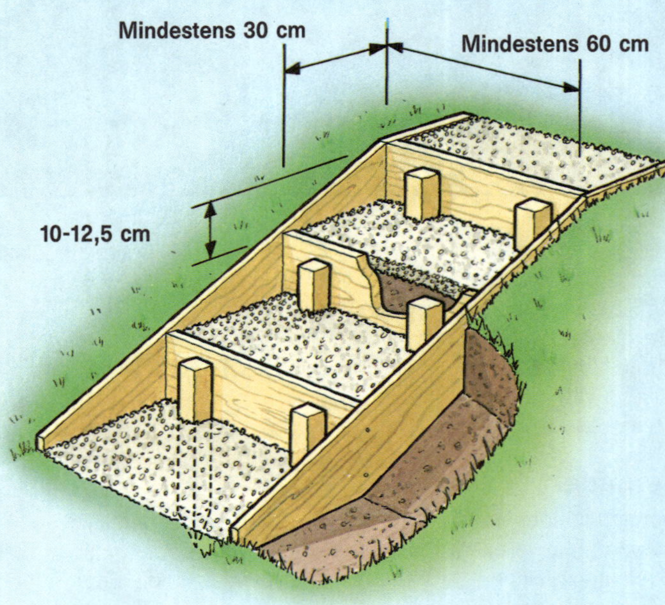

Bauanleitung für die Stufen

Werkzeug & Material

Behandeltes, rauhes Weichholz, Seitenteile und Stäbe; Spaten; Allzwecksäge; Schreinerhammer; Holzhammer; Axt; rostfreie Nägel; Wasserwaage; Setzholz und Richtschnur.

3 Die Seitenteile mit einer Holzlatte provisorisch vernageln, damit sie richtig und gerade sitzen. Man entfernt sie, wenn die Setzstufen befestigt worden sind.

6 Setzstufen auf Breite sägen und zwischen den Seitenteilen sowie hinter den Stäben in Position bringen. Steine oder Erde unterlegen, damit sie waagerecht liegen. Mit der Wasserwaage überprüfen.

1 Mit Setzhölzern und Richtschnur die Position der Setz- und Trittstufen markieren. Die Form der Stufen nach den oben empfohlenen Maßen grob ausgraben. Die Schnüre entfernen. Den Boden festdrücken.

4 Die Stäbe auf Länge sägen und mit der Axt das eine Ende anspitzen. Die Spitzen möglichst über Nacht in einem Eimer Holzschutzmittel stehen lassen, damit sie die Flüssigkeit aufsaugen. Dann erst in die Erde treiben.

7 Die Setzstufen mit den Stäben je Seite mit 2 rostfreien, 7,5 cm langen Nägeln schräg verbinden, so daß diese nicht herausgedrückt werden.

2 Die beiden Seitenteile oben und unten wie abgebildet auf die gewünschte Länge sägen und links und rechts an der Ausgrabung positionieren. Eine Setzstufe auf Länge schneiden und mit einer Wasserwaage behelfsmäßig in Position bringen, um den Sitz der Seitenteile zu justieren.

5 Stäbe links und rechts vor jeder Setzstufe hinstellen und in den Boden einhämmern, so daß ca. 12 cm herausragen. Beim Hämmern ein Holzstück als Schutz verwenden. Die Stäbe müssen senkrecht stehen.

8 Die Setzstufen mit Erde auffüllen und sorgfältig festdrücken. Als Trittfläche eine Schicht Kies oder ähnliches Material (s. S. 110) daraufgeben. Zum Glätten mit einer Holzlatte – wie hier abgebildet – abziehen.

Wie es gefällt

Trittflächen können aus vielen Materialien angefertigt werden. Pflanzen, die sich ranken, Matten formen und aromatische Blätter haben, können integriert werden. Beim Begehen wird ein herrlicher Duft freigesetzt.

1 Stellenweise Thymian *(Thymus minimus)* zwischen die Steine pflanzen. Die winzigen Blätter bilden bald einen dichten Teppich.

2 Grober Kies in Gelbtönen stellt eine ideale Trittfläche dar.

3 Korsika-Minze gibt einen frischen Duft ab, wenn die winzigen Blätter zerdrückt werden.

4 Baumrinde läßt die Trittstufen weicher erscheinen. Sie ist fein oder grob strukturiert erhältlich.

5 Kamille breitet sich rasch zum dichten Teppich federartiger, aromatischer Blätter aus.

6 Grau-grünlichfarbener Kies paßt zu den meisten Pflanzen.

7 Wucherblume pflanzt man am besten seitlich von den Stufen ein. Sie wird buschig und bildet zarte, gänseblümchenartige Blüten.

8 Französischen Majoran pflanzt man auf oder um die Trittstufen für einen ausgesprochenen Mittelmeerduft.

Tolle Treppen

Am Hang sorgen Treppenstufen nicht nur für den Zugang von einer Terrassenebene zur nächsten, sondern binden sie optisch in die Gesamtanlage ein.

Wenn Ihr Garten am Hang liegt, können Sie ihn entweder so lassen oder ebene Terrassen bauen, die durch Umfassungsmauern voneinander getrennt werden. Treppenstufen werden benötigt (es sei denn, die Höhenunterschiede sind gering und die Mauern niedrig), damit man sich problemlos von einer Ebene zur nächsten bewegen kann. An eine bereits bestehende Mauer baut man Treppenstufen am einfachsten auf Stoß.

Rechtzeitig planen

Zunächst muß man sich entscheiden, welche Baustoffe eingesetzt werden sollen. Bei den Setzstufen nimmt man meist die Werkstoffe, die für die Mauern benutzt wurden. Bei der Wahl der Trittstufen hängt die Entscheidung vom bestehenden Pflaster ab. Ein festes Fundament ist unerläßlich. Eine Terrasse oder ein Gartenweg aus Beton reichen als Fundament aus. Wenn der Untergrund aus Grassoden oder Erde ist, muß ein Betonsockel verlegt werden. Er sollte 10 cm tief und an allen Seiten ca. 8 cm breiter als die Stufen sein und auf einem Bett aus festgerammtem Bruchstein verlegt werden. Mindestens drei Tage aushärten lassen, bevor Sie darauf bauen.

Maß nehmen

• Aus Sicherheitsgründen sollte eine Treppenstufe nie höher als 17,5 cm sein. Die Höhe der Mauer, an der die Treppe stehen soll, teilt man durch diese Zahl, um festzustellen, wieviele Stufen benötigt werden.

• Jede Trittstufe sollte mindestens 30 cm tief sein (auf Wunsch gern tiefer). Wenn man weiß, wieviele Stufen benötigt werden, kann man ausrechnen, wie weit von der Mauer entfernt man mit dem Bau beginnen muß.

• Die Treppen können so breit sein, wie man sie sich nur wünscht. Die Mindestbreite sollte jedoch 60 cm betragen. Wenn zwei Leute sicher aneinander vorbeigehen sollen, erhöht sich diese Mindestbreite auf 1,50 m.

• Wer keinen Verschnitt hat, spart sich nicht nur eine Menge Arbeit, sondern baut Treppenstufen, die gut aussehen. Ein Backstein einschließlich Mörtelfuge ist z. B. 22,5 cm breit und 7,5 cm hoch. Wenn man also vier Steine verlegt und eine zweite Schicht aufmauert, erhält man Stufen, die 90 cm breit und 15 cm hoch sind.

• Beim Ausrechnen der endgültigen Maße für die Treppenstufen darf man die Dicke des Stufenbelags (Steine, Platten oder was auch immer) nicht vergessen.

Wie man die Stufen baut

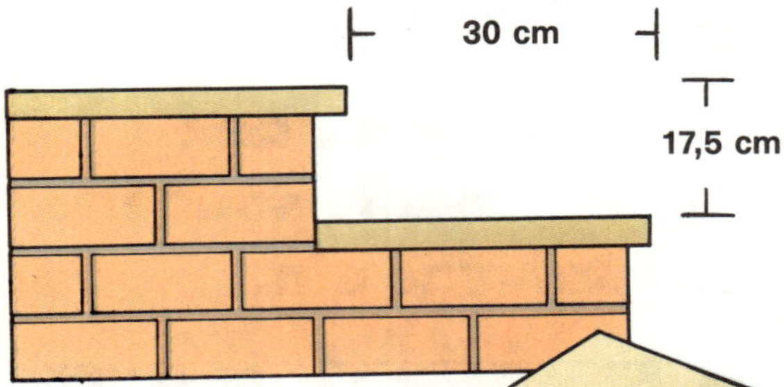

Aus Sicherheits- und Bequemlichkeitsgründen sollten alle Stufen einer Treppe gleich groß sein. Trittstufen sollten mindestens 30 cm tief und Setzstufen höchstens 17,5 cm hoch sein. Geringfügige Abweichungen sind möglich.

Das Mauerwerk wird reihenweise im Verbund verlegt. Innerhalb der Treppen muß jede Setzstufe bis zum Sokkel hinunterreichen. Die dadurch entstandenen Hohlräume füllt man mit festgerammtem Bruchstein und einer Deckschicht aus Sand oder Mörtel als Unterlage für die Trittstufen.

Um zu verhindern, daß zwischen Mauer und Treppe ein Spalt entsteht, verbindet man beide mit Drahtklammern oder stemmt Steine aus der Mauer heraus, damit jede zweite Reihe in sie hineingemauert werden kann.

Werkzeug & Material

Back- oder Bausteine für die Setzstufen, Platten oder Pflastersteine für die Trittstufen, Zement, grober Sand, Kies (2 cm Durchmesser), weicher Maurersand, Richtschnüre und Setzhölzer, Bandmaß, Schaufel, Eimer, Anmischbrett, Maurerkelle, Hammer und Meißel (um Steine aus der Mauer herauszustemmen) bzw. Drahtklammern, Bohrgerät und Steinbohrer (um Drahtverbindung herzustellen), Wasserwaage, Kantholz, Fugenkelle, weiche Kehrichtbürste.

Backstein-Trittstufen

Wer an anderer Stelle im Garten Backstein- oder Ziegelpflaster hat, sollte Trittstufen aus demselben Material verlegen. Das dauert zwar etwas länger, aber die optische Kontinuität zwischen Pflaster und Stufen bleibt dadurch erhalten.

1 Die erste Reihe Trittstufen wird im Mörtelbett so verlegt, daß sie ca. 2,5 cm über den Setzstufenrand hinausragt und eine „Nase“ bildet. Nach Belieben werden sie entweder auf Stoß oder mit Zwischenräumen verlegt, die man wie bei einer tragenden Mauer mit Mörtel verfugt.

2 Nach eventuellem Zuschneiden wird die zweite Reihe verlegt. Diese klopft man im Mörtelbett fest und sorgt unter Verwendung der Wasserwaage dafür, daß die fertige Trittstufe leicht abschüssig ist, damit keine Staunässe gebildet wird, in der man ausrutschen könnte.

3 Zum Schluß werden die Fugen verfugt. Am schnellsten geht es, wenn man Sand und Zement trocken in die Fugen kehrt. Die Mischung saugt Feuchtigkeit auf und wird dadurch hart. Oder man fugt die Steine mit einer relativ trockenen Mörtelmischung (um sie nicht zu verfärben) aus.

Treppenstufen verlegen

1 Wenn die Maße Ihrer Treppenstufen feststehen, wird bei Bedarf ein Betonsockel gegossen. Dann wird mit Richtschnüren und Setzhölzern die Lage der ersten Steinreihe genau abgesteckt.

2 Für die erste Reihe möglichst ganze Steine wie abgebildet in Längsrichtung verlegen. In der zweiten Reihe werden die Steine dann versetzt, d. h. im Verbund, verlegt, um Halt zu geben.

3 Beim Verlegen regelmäßig mit der Wasserwaage prüfen, ob die Steine sowohl seitlich als auch von vorn nach hinten gerade liegen. Hochstehende Steine mit dem Kellengriff zurechtklopfen.

4 In die Mauer Löcher bohren und Drahtklammern anbringen. Die Drähte werden im Mörtel eingebettet. Oder man stemmt aus jeder 2. Reihe einen Stein heraus. In die so entstandenen Löcher werden Treppenstufensteine eingearbeitet.

5 Bis zur Unterkante der 1. Setzstufe, einschließlich Unterbau für die 2. Setzstufe, weiterarbeiten und den Hohlraum, auf dem die 1. Trittstufe liegen wird, mit Bruchstein füllen.

6 Auf der Bruchsteinschicht entweder Sand oder, besser noch, ein Mörtelbett auslegen, das mit einem geraden Stück Kantholz glattgezogen wird.

7 Die Steine für die 2. Setzstufe verlegen. Darauf achten, daß die Seiten senkrecht stehen und daß alles flach und bündig ist. Dann wird das Mäuerchen rund herum sauber ausgefugt.

8 Den Hohlraum, auf dem die 2. Trittstufe liegen wird, auffüllen und die Trittstufenplatten so positionieren, daß sie vorne und seitlich ca. 2,5 cm überstehen. Die Ecken und die Mitte jeder Platte mit Mörtel befestigen.

9 Die Platten festklopfen und mit der Wasserwaage überprüfen, ob sie in Querrichtung planliegen. Nach vorne müssen sie leicht abschüssig sein, damit das Regenwasser abläuft.

Trittfest

Trittstufen können aus verschiedenen Materialien sein. Am wichtigsten ist dabei das Ziel, eine dauerhafte, rutschfeste Trittfläche zu schaffen.

1 Backsteine sind kostengünstig, aber verwenden Sie nur harte, wetterfeste Steine.
2 Kies kommt auch in Frage, wenn eine Einfassung oder Umrandung aus erhabenen Kantsteinen verlegt wird.
3 & 6 Mit Gehwegplatten geht es am einfachsten. Es gibt sie in vielen Farbtönen und Größen mit rutschfesten Oberflächen.
4 Fliesen sehen wie Backsteine aus, sind aber von vornherein für Gehwege gedacht und daher feuchtigkeitsbeständig und wetterfest.
5 Steingranulat läßt sich wie Kies verwenden. Es muß ebenfalls durch eine Umrandung aus Kantsteinen eingefaßt werden.

Trittsteine

Ein Pfad aus Trittsteinen kann ganz funktional als Weg zum Gewächshaus oder zum Gartenschuppen dienen oder als optische Leitlinie den Blick auf einen besonderen Punkt lenken.

Steinpfade sind ein wichtiges Gestaltungselement im Garten und ermöglichen das Betreten von Blumenbeeten, Rasenflächen oder sogar Gartenteichen. Sie können eine Gartenanlage optisch gliedern und so das Erscheinungsbild prägen.

Eine perfekte Lösung

Feste Wege können den Eindruck einer Anlage stören und Rasenflächen zerschneiden. Häufig entstehen häßliche Kanten, die schwer zu mähen sind. Trittsteine dagegen bilden weniger massive und dekorative Begrenzungen, schonen den Rasen und die Beete und bieten dennoch einen festen Halt. Wenn die Steine tief genug in die Rasenfläche eingelassen sind, kann auch problemlos und ohne Gefahr für die Messer des Rasenmähers gemäht werden.
Richtung und Verlauf eines Trittstein-Pfades können auch geschickt dazu eingesetzt werden, einen kurzen, breiten Rasen länger oder einen schmalen, langen Rasen breiter erscheinen zu lassen.

Benutzen Sie Trittsteine...

- **um auch bei ungünstigen Witterungsverhältnissen, wenn das Gras naß und rutschig ist, quer über den Rasen sicher zum Gewächshaus oder zum Gartenschuppen zu gelangen,**
- **um große Blumenbeete betreten und Unkraut jäten zu können, ohne Pflanzen zu zertreten,**
- **als dekorative Gestaltungselemente, mit deren Hilfe sich der Blick auf einen besonderen Punkt lenken läßt.**

Schritt für Schritt

Mit der Auswahl der Steine oder Platten bestimmen Sie den Charakter des Trittstein-Pfades.

Links: Trittflächen aus Holzscheiben können von einem Baumstamm mit dem gewünschten Umfang geschnitten werden. Holz wirkt besonders gut bei Wegen durch waldartige Gartenzonen oder in aufgelockerten Rasenflächen. Wenn die Holzplatten mit entsprechenden Konservierungsmitteln behandelt sind, haben sie eine hohe Lebensdauer. Bei feuchter Witterung können sie allerdings rutschig werden.

Rechts: Vorgefertigte Platten gibt es in verschiedenen Formen, Größen, Farben und Materialien. Standardisierte Stein- oder Betonplatten verwittern zu natürlichen, gedämpften Farben. Wenn Sie dem Weg ein ganz besonderes Aussehen geben wollen, bieten sich quadratisch, sechseckig oder rund geschnittene Platten in Weiß oder anderen Farben an.

Links: Natursteine bilden einen unregelmäßigen, originellen Pfad, der mit witterungsbedingter Patina schnell alt und rustikal wirkt. Natursteine sind aber sehr teuer und passen nicht in einen modernen, funktional angelegten Garten, der gepflegt aussehen soll. Auch das Verlegen der unregelmäßigen Natursteine ist sehr viel schwieriger, da die Mulden für jeden Stein „maßgeschneidert" werden müssen.

Tips zum Zeitsparen

Für das Anlegen eines Weges mit vorgefertigten Betonplatten in einheitlicher Form und Größe hier ein paar nützliche Tips, die Ihnen helfen, kostbare Zeit zu sparen.

1 Um die Zahl der benötigten Platten und ihre richtige Lage zu ermitteln, schneiden Sie Schablonen aus. Plazieren Sie die Platten so, daß ihr Mittelpunkt jeweils um eine Schrittlänge von dem der nächsten entfernt liegt.

2 Legen Sie eine der Platten auf ein Stück Sperrholz oder Hartfaserplatte, zeichnen Sie die Umrisse nach, und schneiden Sie eine Schablone aus. Damit können Sie nun exakte Löcher graben, ohne die Betonplatten jedesmal heben zu müssen.

Verlegen eines Trittstein-Pfades

Werkzeug & Material

Platten, Sand, Rechen, Wasserwaage, Gartenschlauch, schmaler Spaten, Gummihammer, Schaufel, Holzblock, Holz- oder Hartfaserschablone.

1 Legen Sie mit einem Schlauch, der sanfte Kurven bildet, den Verlauf fest. Vor allem bei der Verwendung von großen Platten zu starke Krümmungen vermeiden, damit die Abstände nicht ungleichmäßig werden.

2 Die Schablone auf den Boden legen, mit einem Ziegelstein beschweren, und die Ränder rundherum mit einem scharfen, schmalen Spaten abstechen. Den Spaten 5 cm tiefer als die Platte dick ist in die Erde stechen.

3 Wenn der Boden rund um die Schablone abgestochen ist, entfernen Sie die Sode, indem Sie sie in der Mitte teilen und von diesem Schnitt aus mit dem Spaten abheben. So vermeiden Sie eine Beschädigung der Außenkanten.

4 Nach Entfernen der Sode die Erde bis auf die abgestochene Tiefe abgraben. Dann den Boden mit einem Gummihammer und Holzblock gut festklopfen, bis die Oberfläche eben ist.

5 Verteilen Sie in der so vorbereiteten Mulde eine etwa 2,5 cm dicke Schicht Sand. Den Sand glattharken, ohne ihn zu sehr anzudrücken.

6 Die Platte vorsichtig in das Loch absenken. Achten Sie darauf, die Rasenkanten nicht zu beschädigen. Stellen Sie sich evtl. auf die Platte, um sie in die richtige Position zu bringen.

7 Wenn die Platte eingepaßt ist, überprüfen Sie mit der Wasserwaage, ob sie plan ist. Achten Sie auch darauf, daß die Platte etwa 2,5 cm unterhalb der Rasenkante liegt.

8 Wenn die Platte noch nicht plan oder zu hoch liegt, noch einmal herausnehmen und das Sandbett entsprechend ausgleichen. Prüfen Sie, ob der Sand gleichmäßig angedrückt ist, und füllen Sie Löcher auf.

Rankpflanzen zum Abrunden von harten Kanten

Wenn Platten auf Kies verlegt werden, können Kanten entstehen, die sich mit rankenden Pflanzen verdecken lassen.

1 Fingerkraut – gelbe Blütenkissen.
2 Steinbrech *(Saxifraga x apiculata)* – üppig blättrige Kissen.
3 Vancouveria – ein schnellwachsender Bodendecker.
4 Fingerstrauch 'Goldrausch' – viele kleine, orangefarbene Blüten.
5 Steinbrech 'High Ace' *(Saxifraga 'High Ace')* – blasses Blattwerk.
6 Flammenblume *(Phlox amoena variegata' – ungewöhnliches,* sternartiges Blattwerk, rosa Blüten.
7 Hauswurz 'Petzi' – hübsche, fleischige Blattrosetten.
8 Steinminze – bringt Aroma ins Beet.
9 Pratia pedunculata – Kissen blaßblauer Sternenblüten.
10 Wacholder-Grasnelke 'Caespitosa' *(Armeria 'Caespitosa')* – stacheliges Kissen mit rosa Blüten.
11 Thymian 'Doone Valley' *(Thymus 'Doone Valley')* – duftet aromatisch, wenn man drauftritt.
12 Mannsschild *(Androsace sempervivoides)* – fleischige Blätter, rosa Blüten.

Ein Plattenweg

Einen Gehweg erhält man am schnellsten, wenn man die Platten einfach auf Sand verlegt. Beton oder Mörtel sind nicht notwendig. Man muß nur die Fläche ausgraben und den Sand am Wegrand stoppen.

Wege sind im Garten nicht nur deshalb wichtig, weil sie von einem Bereich zum nächsten führen. Sie führen auch das Auge von einem Ausblick zum nächsten und bilden häufig den Rahmen bzw. das Rückgrat der Gartenanordung. Platten gibt es in vielen Materialien. Wichtig ist es, sich für eine Sorte zu entscheiden, die zum Gartenstil sowie zu evtl. angrenzenden Plattenflächen, z. B. einer Terrasse, paßt. Zu den am schnellsten zu verlegenden zählen Gehwegplatten aus Beton, die in einem Sandbett verlegt werden.

Fehler berichtigen

Das Verlegen von Gehwegplatten in einem Sandbett gehört zu den einfachsten Gartenarbeiten. Da Sie weder Mörtel noch Beton verwenden, können Sie während der Arbeit Pläne ändern oder Fehler berichtigen. Das Sandbett erfüllt zwei Funktionen. Es bildet eine fortlaufende Unterlage, damit die Platten beim Begehen nicht durchknicken, und es gleicht mögliche Unebenheiten im Boden aus.

Die Ränder befestigen

Evtl. muß eine Randbewehrung gebaut werden, um zu verhindern, daß der Sand im Laufe der Zeit unter dem Wegrand herausgespült wird, wodurch der Weg absackt. In der Regel ist das kein Problem, wenn die Platten ebenerdig im Rasen verlegt werden. Unumgänglich ist eine Randbewehrung, wenn der Weg an ein Blumenbeet grenzt oder — aus welchen Gründen auch immer — höher liegt als die Umgebung. Am Wegrand kann man z. B. imprägnierte Holzbretter an Pfähle nageln, die in den Boden getrieben werden. Oder man verlegt Kantsteine aus Beton bzw. Back- oder Betonsteine, die im Betonbett liegen. Am schnellsten, einfachsten und kostengünstigsten geht es mit Brettern, die man an Pfähle nagelt.

Die Qual der Wahl

Platten sind in vielen Sorten, Strukturen, Größen und Formen erhältlich. Nach einem Besuch im Gartencenter oder beim nächsten Fachbetrieb werden Sie das Angebot besser überblicken. Nehmen Sie am besten ein Muster mit, damit Sie die Wirkung vor Ort beurteilen können.

Bevor Sie anfangen

- **Zeichnen Sie einen Maßstabsplan des Gartens und des neuen Weges auf kariertem bzw. Millimeterpapier. So läßt sich ausrechnen, wie viele Platten Sie benötigen.**
- **Stecken Sie – auf der Grundlage der Zeichnung – den Verlauf des Weges mit Schnüren und Hölzern ab.**
- **Die Platten sind schwer. Jede wiegt rund 17 kg. Evtl. brauchen Sie beim Tragen Hilfe.**

Der Aufbau des Weges

Die Platten liegen in einem 5 cm dicken Sandbett, das unmittelbar auf dem ausgegrabenen Boden liegt, wenn dieser nicht weich ist, bzw. auf einer weiteren, 10 cm dicken, festgerammten Bruchsteinschicht.

Wenn die Platten ebenerdig, z. B. in einem Rasen, verlegt werden, muß der Wegrand nicht bewehrt werden. Verläuft der Weg jedoch über weichen oder welligen Boden, ist eine Randbewehrung erforderlich um den Platten Halt zu geben bzw. um zu verhindern, daß Regenwasser Sand ausspült. Holz oder Kantsteine sind dafür günstig.

Kanten

Aus Holz baut man den idealen Wegrand.

1 Holzbretter werden an Pfähle genagelt, die in den Boden getrieben werden.

2 An den Wegenden überlappen sich die seitliche Bewehrung und die Abschlußbretter.

Fundamente

Bevor Sie mit dem Verlegen der Platten beginnen, muß der Untergrund vorbereitet werden, damit die Fundamente stabil sind.

1 Entscheiden Sie, wie breit der Weg werden soll. Dann stecken Sie mit Schnüren und Setzhölzern seinen Verlauf ab. Alternativ dazu kann man den Verlauf aus Sand streuen.

2 Rasen und Muttererde innerhalb der abgesteckten Linien abtragen. Ca. 10 cm tief graben, es sei denn, der Boden ist sehr weich. In diesem Fall ca. 10 cm tiefer graben.

3 Unebenheiten ausgleichen, indem Sie ein Stück Bauholz als Ramme verwenden. Wenn Sie tiefer als 10 cm graben mußten, eine 10 cm dicke Schicht Bruchstein feststampfen.

Platten verlegen

1 An Stäben vernageltes 2,5-cm-Kantholz an den Seiten des Aushubs aufstellen. Die Höhe der Oberkante soll mit der Höhe der verlegten Platten übereinstimmen. Dazwischen ein ca. 5 cm tiefes Sandbeet ausharken.

2 Ein Stück Kantholz etwas breiter als die Wegbreite zuschneiden. Ecken ausschneiden, die der Plattendicke entsprechen. Mit diesem Holz das Sandbett glätten, indem Sie es zu sich heranziehen. Mulden mit Sand auffüllen und wieder glätten.

3 Die erste Platte bündig mit der Endbewehrung im Sandbett verlegen. Von der seitlichen Bewehrung sanft herunterlassen.

4 Mit der Wasserwaage prüfen, ob die Platte plan liegt. Beim zwei Platten breiten Weg ist keine Schräglage nötig, um Wasser ablaufen zu lassen.

5 Drei weitere Platten verlegen und mit der Wasserwaage prüfen, ob sie plan und bündig liegen. Letzteres überprüft man, indem man die Wasserwaage diagonal hinlegt.

6 Sollte eine Platte tiefer als die benachbarten liegen, anheben und mehr Sand drunterstreuen. Wieder hineinlegen und noch einmal prüfen. Ggf. noch mehr Sand dazugeben oder herausnehmen, bis sie bündig liegt.

7 Platten weiter verlegen, bis Sie mit dem Weg fertig sind. Darauf achten, daß jede Platte fest und bündig zu den Nachbarn liegt. Es empfiehlt sich, die letzte Platte wie abgebildet an der vorletzten anzukanten und sie sorgfältig hinzulegen.

8 Alle Platten noch einmal prüfen. Abstehende Kanten mit einem Hammer anklopfen. Um die Platten nicht zu beschädigen, klopft man auf ein Stück Holz und nicht auf die Platten selbst.

9 Abschließend fegt man Sand in die Fugen. Alternativ dazu kann man Trockenmörtel in die Fugen kehren und den Weg gießen.

Kombinationen

Die Platten mit ihrer Vielseitigkeit kombiniert man mit anderen Werkstoffen, um geometrische Muster oder gefällige Strukturen zu erhalten.

1 Die Struktur der Gehwegplatten wirkt weicher, wenn man Bodendecker und Pflanzen, die Teppiche bilden, in den Fugen wachsen läßt. Viele Pflanzen kann man sogar begehen. Einige, z. B. Thymian, verströmen dabei einen herrlichen Duft. Steingartenpflanzen kommen ebenfalls in Frage.

2 Feiner Kies unterstreicht das von den Platten gebildete geometrische Muster. Er ist kein guter Nährboden für Unkraut, das leicht zu entfernen ist, wenn es Fuß fassen sollte.

3 Holz läßt sich auch zwischen den Platten verlegen. Es kann in einem passenden Farbton gebeizt werden, muß aber vorher imprägniert werden.

4 Kieselsteine bilden einen angenehmen strukturellen Kontrast. Beim Verlegen sorgen Abstandhalter aus Holz für den gleichmäßigen Plattenabstand, bevor die Fugen mit anderen Materialien gefüllt werden.

1

2

3

4

Baumscheibenwege

Für Gartenwege kommen viele Beläge in Frage. Wenn es besonders natürlich wirken soll, sind Baumscheiben nicht zu überbieten.

Von allen Werkstoffen, die für einen Gartenweg in Frage kommen, wirkt keiner natürlicher als runde Baumstammscheiben, die, in den Boden eingelassen, zu jedem erdenklichen Gartenstil passen. Es ist auch nicht teuer, wenn man Baumstämme preiswert oder sogar umsonst bekommt. Dann braucht man nur noch eine Mischung aus Sand und Kies, in die die Baumscheiben eingebettet werden.

Es geht rund

Die runden Scheiben passen überraschend gut zueinander und bilden eine feste Oberfläche. Mit Leichtigkeit verlegt man gerade, kurvenförmige oder gewundene Gartenwege. Wer Baumscheiben mit unterschiedlichem Durchmesser verwendet, sorgt für zusätzliche visuelle Reize, indem er am Wegrand größere und in der Mitte kleinere Scheiben verlegt. Größere Scheiben sind allerdings stabiler, es sei denn, die kleineren werden sehr fest eingebettet.

Schutzbedürftig

Da ein Baumscheibenweg stets mit dem Grundwasser in Berührung kommt, müssen die Scheiben mit Holzschutzmittel behandelt werden, um sie vor Fäulnis zu schützen. Man läßt sie am besten 2 bis 3 Tage in Holzschutzmittel einweichen. Holzschutzmittel muß auf jeden Fall satt aufgetragen werden, bevor die Scheiben verlegt werden. Zugängliche Flächen einmal im Jahr mit Holzschutzmittel nachbehandeln, um Fäulnis abzuhalten.

Sicher sägen

• Wer sich passende Baumstämme besorgt hat, kann die Scheiben mit der Hand sägen. Die Arbeit wird jedoch zur Qual, wenn das Holz nicht bestens gelagert und knochentrokken ist. Grünes Holz kann man auf diese Weise so gut wie gar nicht zersägen. Die Lösung: Man besorgt sich eine Kettensäge und sägt alle Scheiben in einem Arbeitsgang. Das dauert höchstens 1 oder 2 Stunden.

• Wer noch nie mit einer Kettensäge gearbeitet hat, läßt sich von der Bezugsquelle in die Sicherheitsvorschriften einweisen. Schutzkleidung ist ebenfalls erforderlich: Schutzhelm mit integriertem Augen- und Gehörschutz, Schutzhandschuhe und Gamaschen, um die Knöchelgegend zu schützen. Kräftige Arbeitsschuhe benötigt man sowieso.

• Dafür sorgen, daß die Baumstämme fest und sicher auf einem stabilen Holzbock liegen. Zwei X-förmige Böcke, die durch waagerechte Träger verbunden sind, lassen sich ohne weiteres aus Abfallholz anfertigen. Beim Sägen dürfen Sie den Baumstamm nie mit der Hand oder dem Fuß festhalten! Feuchtes Holz möglichst nicht bearbeiten. Mit der Kettensäge nie in eine alte Kerbe schneiden. Wenn Sie beim ersten Mal keinen Erfolg haben, setzen Sie noch einmal neben der ersten Kerbe an.

Auf dem Holzweg

Oben: Für einen Weg durch ein Beet oder als Zutritt, um Unkraut zu jäten oder Pflanzen einzusetzen, sind Baumscheiben ideal. Hier läßt sich ein Frühjahrsbeet voll Laub und Blüten dank den in den Boden eingelassenen Baumscheiben spielend leicht pflegen.

Werkzeug & Material

Baumstämme (Durchmesser ca. 15 cm oder größer), Sägebock, Bandmaß und Kreide, Kettensäge und Sicherheitsausrüstung, Holzschutzmittel, Malerpinsel, Spaten, Mischung aus grobem Sand und feinem Kies, Holzbrett mit gerader Kante zum Glattziehen, Besen, Wasserwaage, Fäustel, Kaninchendraht, Heftklammern und Hammer.

Links: Um die Baumscheiben „weicher" aussehen zu lassen, empfiehlt sich eine Zwischenbepflanzung mit unterschiedlichen Kriechpflanzen. Moos ist ideal, es muß nur von den Baumscheiben ferngehalten werden, da man auf den feuchten Scheiben sonst leicht ausrutscht.

Rutschfest

Auf nassen Baumscheiben rutscht man leicht aus. Eine rutschfeste Oberfläche ist schnell hergestellt.

Für jede Baumscheibe ein Stück Kaninchendraht (Durchmesser 5-8 cm größer als die Scheibe) zuschneiden. Über die Oberfläche spannen, und mit verzinkten Heftklammern befestigen.

Trittsteine

Als Alternative zum kontinuierlichen Gartenweg (siehe gegenüberliegende Seite) kann man einzelne Baumscheiben als „Trittsteine" im Rasen oder Blumenbeet verlegen.

1 Die Baumscheiben einzeln auslegen und ihren Umfang mit Kellenspitze oder Kantenschneider im Rasen anreißen. Baumscheibe beiseitelegen, Rasen rund ausstechen und ca. 5 cm Unterboden ausgraben.

2 Eine Mischung aus Sand und Kies ins Loch geben und Baumscheibe hineinlegen. So festklopfen, daß sie knapp unterhalb des Rasens liegt, damit man mit dem Rasenmäher ungehindert darüberfahren kann.

Baumscheibenweg verlegen

1 Baumstämme in passender Größe aussuchen. Ideal ist ein Durchmesser von 15 cm. Mit Bandmaß und Kreide Baumscheiben in einer Dicke von ca. 12 cm am Stamm anzeichnen.

2 Den zu bearbeitenden Baumstamm in den V-Stützen des Holzbocks fest einklemmen. Seitlich soll nur die Dicke der ersten Scheibe herausragen. In einem Zug durchsägen, so daß die Scheibe auf den Boden fällt.

3 Wenn die erforderliche Stückzahl Baumscheiben vorhanden ist, wird jede Scheibe mit Holzschutzmittel satt gegen Fäulnis behandelt.

4 Legen Sie den Verlauf und die Breite des Weges fest. Dann wird auf der ganzen Länge ein Graben ca. 5 cm tiefer als die durchschnittliche Dicke der Baumscheiben sauber ausgehoben.

5 Eine Mischung aus körnigem Sand und Kies in den Graben schaufeln und verteilen. Mit einem geraden Stück Abfallholz wird der Boden des Grabens dann geglättet und festgeklopft.

6 Die Baumscheiben im Bett aus Sand und Kies dicht nebeneinander auslegen. Scheiben mit dem Fäustel bearbeiten, bis sie eben und gerade liegen. Unterschiedlich große Scheiben wirken interessanter.

7 Sand und Kies in die Lücken zwischen den Baumscheiben schaufeln und mit einem Stück Abfallholz die Füllmischung gut festdrücken. Auch am Wegrand die Lücken auffüllen, damit der Rasen dort eventuell wieder Fuß faßt.

8 Mit einem harten Besen die Füllmischung ordentlich auskehren. Überschüssigen Sand und Kies wegfegen.

9 Mit der Wasserwaage prüfen, ob alle Baumscheiben plan und gerade liegen. Herausragende Kanten (Stolpergefahr!) mit dem Hammerstiel begradigen.

Extra-Charme

Ein Baumscheibenweg wirkt von sich aus attraktiv und natürlich. Mit ein wenig Mühe kann man diese gefällige äußere Erscheinung weiter verbessern.

Lücken zwischen den Baumscheiben kann man einfach mit der ursprünglichen Mischung aus Sand und Kies auffüllen, oder man setzt andere Materialien ein, um in der Struktur einen Kontrast zu schaffen. Man kann auch Pflanzen zwischen den Baumscheiben ziehen, damit die Konturen weicher wirken und der Weg mit seiner Umgebung harmoniert.
Gehäckselte Baumrinde gibt ein wertvolles Füllmaterial ab. Es ist mit den Baumscheiben sozusagen verwandt und unterdrückt zudem Unkraut. Rund um die Baumscheiben sorgen Kies und Splitt für gute Drainage, während Pflanzen wie Fetthenne, Chinesischer Enzian, Primeln oder Thymian im Boden gut gedeihen.

Ein Kiesweg

Wege gehören zu den wesentlichen Merkmalen des Gartens. Der vielseitigste Belag ist Kies, der kostengünstig und leicht zu verlegen ist.

Der ganze Garten sollte leicht zugänglich sein, denn Sie wollen bequem arbeiten und alles genießen können. Mit gut angelegten Wegen gelingt das auch. Vor allem sind Wege ein vielseitiges Gestaltungselement, ein sichtbares Bindeglied zwischen den vielen Bereichen.

Die Streckenführung

Über die Streckenführung sollte man schon nachdenken, denn bei richtiger Überlegung lassen sich Gartenwege nicht nur funktional, sondern auch so gestalten, daß sie die Gartenanlage insgesamt verschönern.

Fertigen Sie sich einen maßstabgerechten Plan an, und stellen Sie anhand des Plans die optimale Streckenführung fest. Ein gerader Weg ist zwar die kürzeste Entfernung zwischen zwei Punkten, aber er könnte das Grundstück optisch teilen. Ein kurvenreicher Weg hält das Ganze vielleicht zusammen, aber man wird versucht sein, die Wege abzukürzen. Das Für und Wider will nun einmal abgewägt sein.

Vielseitiges Material

Unter den vielen Belägen ist Kies am vielseitigsten und paßt sich strengen wie auch zwanglosen Formen an. Mit seiner Farbe und seiner Struktur paßt er zu jeder Bepflanzung. Er ist rutschfest und wasserdurchlässig. Bei Frost stellt er keine Gefahr dar.

Ein Kiesweg läßt sich auf festgewalzter Erde direkt verlegen. Auf eine 5 cm tiefe Schicht mit grobem Kies kommt eine 2,5 cm tiefe Schicht feiner, ausgewalzter Kies. An den Kanten ist eine Umfassung erforderlich, sei es Backstein, Naturstein, richtiger Kantstein oder sogar Holz.

Tatsachen und Zahlen

• Bedenken Sie bei der Streckenplanung, daß gerade Wege formstreng und teilend, Kurven zwangloser und natürlicher wirken.

• Die Breite sollte gut überlegt werden. Wenn zwei Leute nebeneinander gehen, brauchen Sie mindestens 90 cm Breite. Ein schmaler Weg wird von kräftigen, sich ausbreitenden Pflanzen auch schnell „erdrückt“.

• Wenn der Weg einen Rasen durchquert, sollten der Kies und die Kanten knapp unterhalb des Rasens liegen. Dann läßt es sich leichter (und für den Rasenmäher gefahrloser) mähen.

Links: Kieswege lassen sich vielfach mit einer Umfassung versehen. Hier handelt es sich um fertige Kantsteine.

Rechts: Ein Kiesweg führt durch einen typischen Bauerngarten voller Feldblumen.

Oben: Kies paßt zum formstrengen wie zum zwanglosen Garten. In diesem Falle ist die Umfassung aus Holz.

Oben: Ein Kiesweg paßt sich dem Gelände an. An sanften Hängen sind Treppenstufen gar nicht nötig. Falls erforderlich, kann man Setzstufen aus Holz oder Stein leicht anfertigen. Hier wirkt Granit recht gut.

Die Tiefe ermitteln

Ein Kiesweg braucht keine aufwendigen Fundamente, aber die Tiefe muß schon einheitlich und gleichbleibend sein.

Die Tiefe mißt und überprüft man am einfachsten mit Holzlatten.

1 Verwenden Sie als Meßgerät 7,5 cm breite Holzlatten. Eine Latte wird auf die Breite des Weges zugeschnitten. An mehreren Stellen messen, um sicherzugehen, daß Breite und Tiefe stimmen.

2 Ein längeres Stück einer 7,5 cm breiten Holzlatte abschneiden und dieses lange Brett parallel zu den Wegkanten hin- und herbewegen. So erkennt man die Höhen und Tiefen, die es zu begradigen gilt.

Einen Kiesweg verlegen

Werkzeug & Material

Richtschnüre und Setzhölzer, Bruchsteine, Sand, Ballast (eine Mischung aus grobem Kies und Sand), feiner Kies, Rechen, Holz zur Verwendung als Meßgerät, Gartenwalze, Spaten.

1 Als erstes steckt man mit Richtschnüren und Setzhölzern die Streckenführung und Breite des Weges ab. Bei der Breitenberechnung darf man die vorgesehene Umfassung nicht vergessen.

2 Eventuelle Grassoden zwischen den Schnüren sorgfältig abtragen und anderweitig verwenden. Den Mutterboden etwas mehr als 7,5 cm tief abtragen.

3 Den Boden nach weichen Stellen untersuchen und, falls Sie welche finden, diese mit Bruchsteinen auffüllen, die man mit der Gartenwalze festrollt.

4 Mit der Walze den Boden gut festrollen. Wenn weitere Mulden zum Vorschein kommen, werden diese ebenfalls mit Bruchsteinen gefüllt und mit der Walze bearbeitet, bis alles planliegt.

5 An jeder Seite des Weges wird ein schmaler Graben ausgehoben und mit Sand gefüllt. Backsteine, Kantsteine oder sonstige Umfassung einsetzen und sorgfältig begradigen.

6 Eine Mischung aus grobem Kies und Sand über den Weg ausbreiten. Mit der Harke geradeziehen und mit der Walze plattrollen. Evtl. mehr von der Mischung mit der Walze einarbeiten, bis Sie eine ca. 5 cm dicke Schicht haben.

7 Feinen Kies über die ausgewalzte Unterschicht schaufeln und mit der Harke geradeziehen. Lieber einen kleinen Abschnitt bearbeiten als das Ganze auf einmal zu erledigen.

8 Zuletzt wird auch der feine Kies mit der Walze bearbeitet, so daß auch er komprimiert ist. Er sollte etwas tiefer als die Umfassung liegen. Falls erforderlich, Mulden mit Kies auffüllen.

Notwendige Zutaten

Das Verlegen eines Kiesweges ist ein einfacher Vorgang. Man braucht dafür nur eine Handvoll Werkzeuge und Werkstoffe.

1 Unkrautvernichtungsmittel regelmäßig verwenden, damit das Unkraut nicht überhandnimmt. Auch die Fundamente damit bearbeiten, bevor der Kies verlegt wird.
2 Zierkantsteine aus Ton oder Beton sind in vielen Formen erhältlich.

3 Grüner Kies paßt gut zu vielen Pflanzen.
4 Auch Kantholz läßt sich als Umfassung verwenden. Holzschutzmittel satt auftragen und an der Außenseite Pfähle in den Boden rammen.
5 Feiner Kies in dieser Qualität ist für Gartenwege am beliebtesten.

6 Kalter Asphalt – schwarzer oder roter – läßt sich ebenfalls als Gartenweg verlegen. Gewalzte Bruchsteinschicht als Fundament verwenden.
7 Unkrautvernichtungsmittel mit der Gießkanne verteilen. Die Kanne darf zu keinem anderen Zwecke dienen.

Asphaltweg

Für Neuanlagen oder als neuer Belag für einen bestehenden Weg: Asphalt ist leicht zu verlegen, strapazierfähig und sieht gut aus.

Am besten sieht ein Gartenweg aus, wenn der Belag zu anderen „harten" Bereichen rund ums Haus, z. B. einer Auffahrt, paßt. Wenn Ihre Auffahrt asphaltiert ist, läßt sich ein passender Gartenweg aus sogenanntem kaltem Asphalt leicht verlegen.
Es ist allerdings ratsam, daß solch ein Asphaltweg von Bäumen beschattet wird, da er sonst in der prallen Sommersonne weich wird, so daß man mit den Absätzen einsinkt.

Belag in Säcken

Kalter Asphalt ist mit der heißen Sorte, die man vom Straßenbau her kennt, eng verwandt. Er wird in 25-kg- und 50-kg-Säcken angeboten und besteht aus sortiertem, bituminiertem Kies. Das Bitumen (Asphalt als Rückstand aus der Erdöl- und Teerdestillation, dient u. a. als Isoliermittel) ist kaltwalzfähig. Der ausgewalzte Asphalt ergibt einen ansehnlichen, strapazierfähigen Belag. Das Regenwasser fließt rasch ab, und der Belag weist im Gegensatz zu Beton und Pflaster nach der Kälte des Winters keine Risse auf.
Noch attraktiver wird er, wenn man nach dem Verlegen Kies in einer Kontrastfarbe, in der Regel Weiß, hineinwalzt. Kalten Asphalt verwendet man auch als Deckschicht, um einen bestehenden Belag zu verdecken. Dieser muß nur ein festes Fundament liefern. So läßt sich ein unansehnlich gewordener Betonweg oder ein in die Jahre gekommenes Mosaikpflaster leicht „liften".

Kantenpflege

Der einzige Nachteil des kalten Asphalts ist seine Neigung, sich an den Kanten auszudehnen, wenn nicht für Kantenschutz gesorgt wird, seien es Kantsteine, Backsteine, Pflastersteine oder sogar druckimprägniertes Kantholz. Zu den besten Lösungen zählen Fertigteile aus Beton in den Standardgrößen 15 x 15 und 10 x 5 cm (Querschnitt) sowie in verschiedenen Profilen: flach, angeschrägt, rund usw. Einige Hersteller bieten bogenförmige Kantsteine mit unterschiedlichem Radius an. Die Teile werden am Wegrand in Beton eingebettet. An der „Gartenseite" kommt Erde oder Rasen hinzu.

Walzenverleih

Den Asphalt kann man mit einer Gartenwalze bearbeiten, doch sie ist selten schwer genug, und das Ergebnis dürfte unbefriedigend sein. Die besten Ergebnisse erzielt man mit einem Profigerät, das zudem vibriert und so für die nötige Dichte sorgt. Kleine motorisierte Geräte dieser Art (Benziner) gibt es meist im Verleih. Sie sind einfach anzulassen und leicht zu handhaben.

Wie man Asphalt verlegt

Beim neuanzulegenden Weg gräbt man die Fläche bis zum festen Untergrund auf. Der Graben wird zuerst mit grobem Kies ausgelegt und ausgewalzt. Darauf kommt feiner Kies, der die Löcher im groben Kies ausfüllt und für den Asphalt die Unterlage bildet. Mit einer bituminösen Emulsionsschicht wird diese Unterlage bestrichen und gebunden. Zum Schluß wird der Asphalt ausgeharkt und festgewalzt.

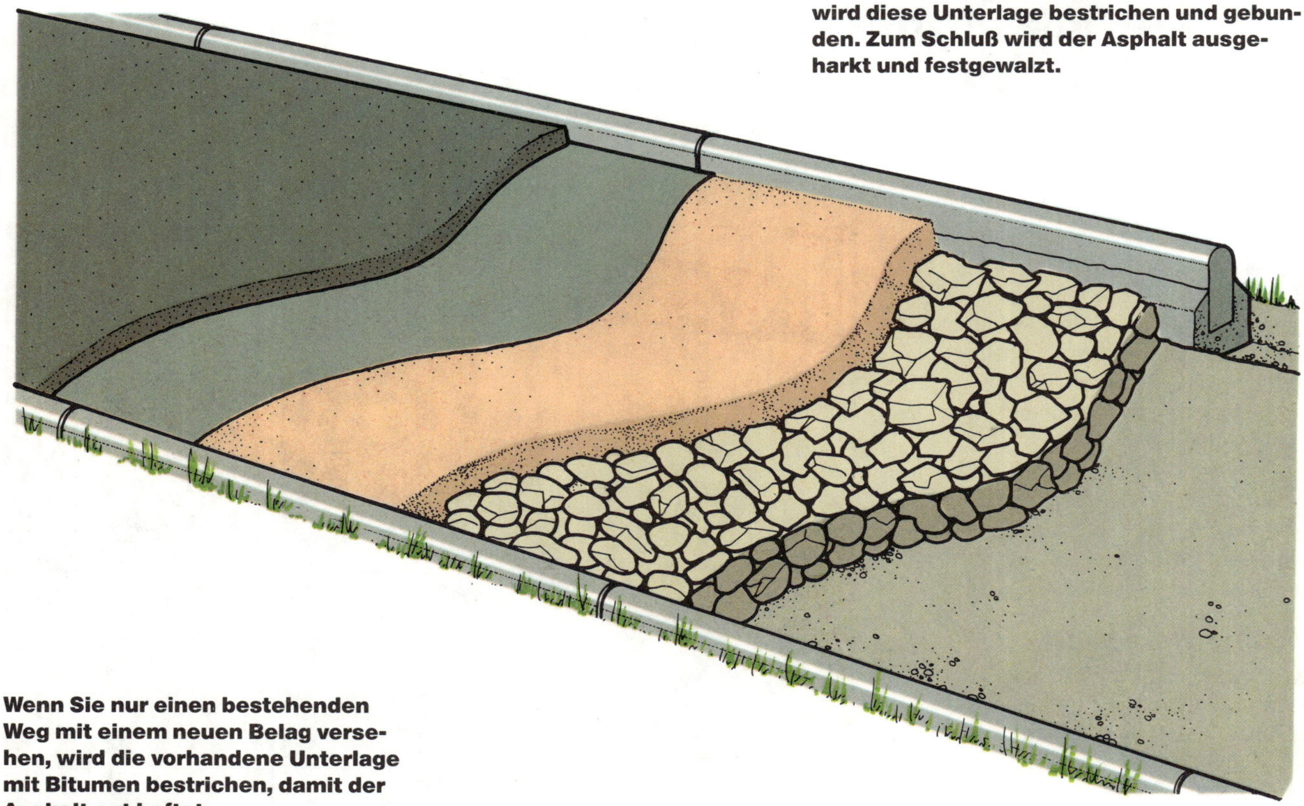

Wenn Sie nur einen bestehenden Weg mit einem neuen Belag versehen, wird die vorhandene Unterlage mit Bitumen bestrichen, damit der Asphalt gut haftet.

Kantenschutz

Ein Asphaltweg braucht Kantenschutz, damit sich das Material nicht ausdehnt. Ideal sind Kantsteine aus Beton.

1 Den vorgesehenen Verlauf des Gartenwegs mit Schnüren und Steckhölzern markieren. An jeder Schnur einen ca. 15 cm tiefen Graben für die Kantsteine ausheben.

2 Etwas groben Beton anmischen und in die beiden Gräben schaufeln. Gräben bis kurz unter der Oberkante auffüllen. Der Beton ist gleichmäßig festzustampfen.

3 Die Kantsteine im Beton einbetten. Mit einem Hammerstiel festklopfen und mit der Wasserwaage prüfen, ob jedes Stück schön gerade und waagerecht liegt.

Den Asphaltweg verlegen

Werkzeug & Material

Kaltwalzasphalt, Bitumenemulsion, Kies in Kontrastfarbe (falls erwünscht), Kantsteine, grober und feiner Kies für das Fundament, Beton für Kantsteine bzw. Holzstifte zur Verankerung von Kantenbefestigung aus Holz, Maurerschnüre, Spaten, Fäustel, Wasserwaage, Holzramme zum Festklopfen, Harke, Besen mit harten Borsten, Walze, Gießkanne.

1 Wer einen neuen Weg verlegt, steckt zuerst den Verlauf mit Richtschnüren und Hölzern ab. Wegfläche zunächst flach und anschließend bis zum festen Untergrund ausheben.

2 Jetzt ist der Kantenschutz dran. Entweder Fertigteile aus Beton im Betonbett verlegen (siehe gegenüberliegende Seite) oder druckimprägniertes Kantholz verwenden und vernageln.

3 Groben Kies in den Graben schaufeln und mit einer Holzramme (einem alten Zaunpfosten o. ä.) die Kiesschicht in den Untergrund fest einrammen.

4 Darauf kommt eine Schicht aus feinem Kies, der ausgeharkt wird, um eine ebene Unterlage zu bilden, die Löcher und Mulden im groben Kies ausfüllt.

5 Bitumenemulsion über den Kies gießen und mit einem hartborstigen Besen vorsichtig verteilen, damit die Oberfläche gleichmäßig bestrichen wird. Trocknen lassen.

6 Den Asphalt sackweise auskippen und gleichmäßig bis zum Wegrand in einer ca. 2 cm dicken Schicht ausharken. Das Werkzeug reinigen (Bitumenreste mit Spiritus entfernen).

7 Die Walze anlassen. Wenn kein Wassertank eingebaut ist, die Walze stetig mit einer Gießkanne besprengen, damit keine Asphaltstücke an der Walzenoberfläche klebenbleiben.

8 Mit der Walze hin- und herfahren und den Asphalt festwalzen. Bei Bedarf zusätzlichen Asphalt auf den Weg streuen, um Lücken aufzufüllen.

Bunter Wegrand

Das dunkle Band eines Gartenwegs aus Asphalt steht im Kontrast zu den leuchtenden Farben vieler Beetpflanzen, z. B. Petunien.

Mit ihren bunten, trompetenförmigen Blüten sorgen Petunien den ganzen Sommer lang für eine leuchtende Blumenschau in Beeten und Rabatten. Die Farben reichen von Weiß über Rosa-, Lila- und Blautöne bis Karmin- und Purpurrot. Einige sind einfarbig, andere machen mit Kontraststreifen oder dunklen Adern auf sich aufmerksam. Die Blüten sind groß oder klein, einfach oder gefüllt, schlicht oder mit Wellenrand versehen. Petunien bevorzugen einen durchlässigen, mit organischem Material angereicherten Boden. In der Sonne fühlen sie sich wohl. Nach einem Regenguß können sie zerzaust aussehen. Beim Gießen die Blüten und das pelzige Laub möglichst nicht benetzen. Verblühte Partien sollten möglichst ausgeknipst werden, um so die Blüte zu verlängern.

Anlagen im Garten

**Rasen und Beete,
Themengärten, Beleuchtung,
Teiche und Bäche,
Brücke und Brunnen**

Neuer Rasen

Der oft vernachlässigte Rasen ist genauso wichtig wie alles andere im Garten. Hier sehen Sie, wie man einen neuen Rasen anlegt.

Nur wenige Gärten kommen ganz ohne Rasenfläche aus. Rasen ist so vielseitig und selbst im kleinsten Garten wirkt eine nur angedeutete Grünfläche vorteilhaft.
Je nach Bedarf kann ein Rasen als Zier- oder Nutzfläche dienen. Er gibt dem Garten Form, verbindet die unterschiedlichen Gartenbereiche zu einem zusammenhängenden Ganzen, liefert für farbenfreudigere Bepflanzung die Kulisse und bildet eine weiche Unterlage, auf der Kinder spielen und Erwachsene entspannen können. Auf jeden Fall verdient der Rasen genausoviel Pflege wie alles andere im Garten. Er muß regelmäßig gemäht, bei Bedarf gegossen und gedüngt werden

Sorgfältige Planung

Früher oder später kann es jedoch vorkommen, daß Sie einen neuen Rasen anlegen möchten, sei es, weil Sie den Garten umbauen, eine unansehnlich gewordene Rasenfläche erneuern wollen oder im Zusammenhang mit einem neuen Haus den Garten völlig neu anlegen müssen. Das setzt einige Mühe und Planung voraus, doch wer es richtig macht, wird als Lohn eine nützliche Gartenfläche erhalten. Von vornherein sollte der neue Rasen als integraler Gartenbestandteil und nicht nur als Lückenfüller zwischen Beeten, Pflaster und anderen Elementen fungieren. Entscheiden muß man sich auf jeden Fall, welchem Zweck der Rasen dienen soll. Soll es ein perfekter, High-Tech-Zierrasen mit feinster Struktur und Farbe werden? Oder ist Strapazierfähigkeit mehr gefragt als gepflegtes Aussehen? Man kann einen Rasen aussäen oder Rollrasen verlegen. Die Aussaat ist preisgünstiger. Es kann aber bis zu einem Jahr dauern, bis der Rasenwuchs abgeschlossen ist. Roll- oder Fertigrasen ist teurer, kann aber binnen weniger Monate in Gebrauch genommen werden.

Nutz- oder Klasserasen?

Welche Art Rasen möchten Sie denn? Üppiges Grün mit feiner Struktur und einheitlicher Farbe, das so gut wie nie genutzt wird? Oder eine funktionale, strapazierfähige Rasenfläche, auf der die Kinder spielen, die Erwachsenen Parties feiern und anderen Freizeitaktivitäten nachgehen können und bei der ein gepflegtes, perfektes Aussehen nur Nebensache ist? Von dieser Entscheidung hängt die Rasenmischung bzw. die Rollrasensorte ab. Hochwertige Mischungen führen zu schönen Strukturen und Farben, doch sie halten keiner Dauerbelastung stand. Nutzrasen ist strapazierfähig, aber in der Struktur grob und in der Farbe unterschiedlich.

Oben: Ein Nutzrasen muß nicht wie Gebrauchsware aussehen, wie dieses ausgezeichnete Beispiel beweist. Gröbere, strapazierfähige Grassorten sind allerdings im Farbton etwas schekkig, doch die Rasenfläche kann von Kindern und Erwachsenen voll genutzt werden.

Links: Die feine Struktur und einheitliche Farbe dieses Klasserasens sind einfach schön, und die Schönheit wird durch Mähstreifen unterstrichen. Der Rasen dient als Zier- und nicht als Nutzrasen und muß sorgfältig gepflegt werden, damit er sein Aussehen beibehält.

Boden vorbereiten

Bevor Sie Samen aussäen oder Rollrasen verlegen, muß die Fläche gründlich vorbereitet werden. Große Steine, Unkraut und andere Pflanzen, die den neuen Rasen beeinträchtigen oder mit ihm konkurrieren könnten, entfernen. Das gilt auch für alte Grassoden, wenn Sie einen bestehenden Rasen erneuern.
Ganz besonders sollte Ihr Augenmerk mehrjährigem Unkraut wie Brennesseln, Quecke, Löwenzahn und Ampfer gelten. Das kleinste, im Boden verbliebene Wurzelstück wächst nach. Jetzt das Unkraut bekämpfen und nicht später, wenn der Rasen angelegt ist.

Zupfen Sie deshalb sehr sorgfältig Unkraut, und lassen Sie den vorbereiteten Boden einige Wochen ruhen: Noch verbliebenes Unkraut hat so Zeit zu keimen und kann erneut gezupft werden. Vermeiden Sie Unkrautvernichtungsmittel.

Werkzeug & Material

Bandmaß, Setzhölzer und Schnüre, Wasserwaage, Spaten, Rechen, wahlweise Mini-Pflug, Holzpflöcke, Eimer, gekörnter Dünger, Gießkanne oder Gartenschlauch mit Sprengvorrichtung.
Für den ausgesäten Rasen: Grasmischung, Sämaschine (optional), Plastikplane, Vogelnetz.
Für den Rollrasen: Grassoden, Kniebrett, Kantenschneider, Schlauch oder Seil für Kurven, Walze, steifer Besen.

Boden vorbereiten

1 Gesamte Fläche umgraben oder mit dem Mini-Pflug bearbeiten und Steine entfernen. Lehmböden doppelt umgraben, damit keine dichte Schicht übrigbleibt.

2 Boden aufbrechen und mit dem Rechen zur feinen Krume durchharken. So verbessert man die Bodenstruktur und macht das Glätten leichter.

Die Fläche glätten

1 Zuerst entfernt man mit dem Spaten Unebenheiten. Mit dem dadurch gewonnen Boden werden die Senken gefüllt.

2 Den Boden noch einmal durchharken, damit er glatt wird, und die Oberfläche mit der Rückseite des Rechens festklopfen oder festtreten.

3 An einer Seite der Fläche in Abständen von 1 m Holzpflöcke in den Boden treiben. Pflöcke mit Kerben versehen, an denen die Oberfläche des Rasens ansetzen soll. Mit der Wasserwaage Pflockspitzen alle auf gleiche Höhe bringen.

4 Eine zweite Reihe Pflöcke 1 m von der ersten entfernt einsetzen. Mit der Wasserwaage für gleiche Höhe sorgen. Weitere Reihen setzen, bis die gesamte Fläche abgedeckt worden ist.

5 Den Boden sorgfältig glattharken, damit er entsprechend den Kerben in den Holzpflöcken eben wird. Die Pflöcke danach vorsichtig entfernen.

Am Hang

Wenn der Rasen abschüssig liegen soll, müssen die Kerben in den Pflöcken fortlaufend tieferliegen. Bei einem 2%igen Gefälle erweitert man in jeder Pflockreihe den Abstand zwischen Pflockspitze und Kerbe um 2 % der Entfernung zwischen den Pflöcken. Die Pflockspitzen müssen sich wie immer in gleicher Höhe befinden.

Oberflächenvorbereitung

1 Nachdem die Oberfläche geglättet ist, den Boden noch einmal festtreten. Die gesamte vorgesehene Rasenfläche bearbeiten, eventuelle weiche Stellen auffüllen und nachbearbeiten.

2 Dann mit dem Rechen Fußstapfen glätten und eine feine Krume bilden. Die Oberfläche mehrere Wochen ruhen lassen, um eventuell verbliebenes Unkraut keimen zu lassen. Unkraut mit der Hand ausrupfen.

3 Einige Tage vor der Aussaat bzw. dem Verlegen des Rollrasens gekörnten stickstoff-, phosphor- und kalihaltigen Dünger verstreuen und sorgfältig in die Oberfläche einharken.

Rasen aussäen

Der richtige Zeitpunkt

Um mit dem neuen Rasen Erfolg zu haben, muß der Zeitpunkt der Aussaat richtig gewählt werden. Unter warmen, feuchten Bedingungen keimt er am besten.

Das neue Gras gewöhnt sich schnell ein. Die richtigen Bedingungen hat er am ehesten im Frühherbst, wenn die trokkenen Sommertage vorbei sind, aber der Boden noch ziemlich warm ist.

Wer im Herbst nicht aussät, soll es im Frühjahr nachholen. Der Boden ist dann kälter, und der Keimvorgang dauert länger. Im Frühjahr wird das Unkraut eher mit dem Gras um Nährstoffe wetteifern.

Im Sommer möglichst nicht säen, da die Sämlinge es mit warmen, trockenen Bedingungen schwer haben. Wer um diese Zeit säen muß, soll darauf achten, daß der Boden gründlich und regelmäßig gegossen wird.

1 Für die Handaussaat mit Schnüren die Fläche in Quadrate mit einer Kantenlänge von 1 m aufteilen. Für jedes Quadrat die richtige Samenmenge abwiegen und halbieren. Die eine Hälfte in eine Richtung, die andere im rechten Winkel dazu säen.

2 Für größere Flächen ist eine Sämaschine sinnvoll. Die halbe Menge in eine Richtung und die andere im rechten Winkel dazu säen. Eine ausgelegte Plastikplane sorgt für glatte Kanten, wenn man am Ende der jeweiligen Bahn die Maschine darüberrollt.

3 Samen einharken, gründlich gießen. Entweder Gießkanne mit Brause oder Gartenschlauch mit Sprengaufsatz verwenden.

4 Die gesamte Fläche mit Gitternetz an kurzen Pflöcken abdecken, um die Samenmischung vor Vögeln zu schützen.

Fertigrasen verlegen

Die Qual der Wahl

Fertigrasen wird in unterschiedlichen Sorten angeboten. Es lohnt sich, dem Händler zu erzählen, welchem Zweck der Rasen dienen soll. Er sagt Ihnen dann, welche Sorte am ehesten in Frage kommt.

- Rollrasen wird für verschiedene Zwecke feldmäßig angebaut. Er ist teuer, enthält jedoch die richtige Mischung aus den neuesten Grassorten. Er ist vor allem unkraut- und krankheitsfrei.
- Seewiesenrasen ist qualitativ hochwertig und enthält feine Gräser. Dieser Rasen wirkt erstklassig, ist aber nicht sehr strapazierfähig.
- Wiesenrasen ist preisgünstig und robust. Er sieht vielleicht grob aus, ist als Nutzrasen jedoch ideal. Oft enthält er landwirtschaftliche Gräser und breitblättriges Unkraut.

1 Die erste Reihe Soden verlegen. Nach dem angrenzenden Pflaster oder Setzhölzern und Schnüren richten. Jedes Stück auf Stoß mit dem vorigen verlegen.

2 Die erste Reihe mit einem Brett schützen, auf dem man sich hinkniet, und die zweite Reihe wie beim Mauerwerk versetzt verlegen. Quer über die ganze Fläche nach diesem Muster arbeiten. Am Reihenende Soden zuschneiden, falls erforderlich.

3 Nach dem Verlegen des Rasens werden die Kanten nach Bedarf zugeschnitten. In Kurven ein Stück Schlauch oder Seil auslegen und mit einem Kantenschneider arbeiten.

4 Bei geraden Kanten wird ein gerades Brett ausgelegt, das als Schneidehilfe dient. Es verteilt das Körpergewicht über eine größere Fläche und verhindert Schaden an den Grassoden.

5 Um sicherzustellen, daß das Gras im Unterboden Wurzeln schlägt, müssen eventuelle Luftlöcher weggedrückt werden. Bei einer größeren Fläche am besten mit einer leichten Walze bearbeiten, bei einer kleineren die Soden mit dem Rechen festdrücken.

6 Um eventuelle Lücken zwischen den Soden zu füllen und das Ausbreiten und Verknoten der Wurzeln zu fördern, arbeitet man mit einem steifen Besen eine durchsiebte Mischung aus Sand, Mutterboden und Torf oder Laubkompost ein. Gründlich gießen.

Die Lagerung

Neuen Rasen verlegt man möglichst gleich nach der Anlieferung. Falls das aus wetterbedingten oder sonstigen Gründen nicht geht, rollt man alles aus und hebt es am besten im Schatten auf Pflastersteinen oder einer Plastikplane auf. Da die Soden dünn sind, trocknen sie besonders bei warmem Wetter schnell aus. Daher gießen. Rollrasen auf keinen Fall gerollt aufbewahren. In der Rolle geht das Gras ein, weil es weder Licht noch Luft oder Feuchtigkeit bekommt. Lieber irgendwo im Garten ausrollen.

Hegen & pflegen

Die Rasenpflege ist aufwendiger, als man in der Regel meint. Hier sehen Sie einiges an Werkzeug, das Ihnen die Arbeit erleichtert.

1 Die Sämaschine sorgt dafür, daß Grassamen, Dünger und gekörntes Unkrautvertilgungsmittel gleichmäßig verteilt werden.
2 Der Vertikutierer bohrt Löcher in den Boden, damit Luft für die gesunde Wurzelbildung eindringt.
3 Laub- und Rasenrechen entfernen Grasschnitt, Laub, Moos usw.
4 Der Sprinkler ist ein Gartenschlauchzusatz für das Rasensprengen.
5 Beetumrandung aus Kunststoff schont die Rasenkante.
6 Mit dem Sieb bereitet man eine Deckschicht aus Sand, Mutterboden und Torf oder Laub vor.
7 Mit der Gartenschere bearbeitet man schwer zugängliche Rasenflächen um Bäume und Sträucher.
8 Mit dem Trimmer wird die Bearbeitung von Rasenkanten erledigt.
9 Die Kantenschere sorgt für ordentliche Rasenkanten.

Frühbeet selbst gemacht

Ein Frühbeet kann man in jedem Garten gut gebrauchen. Unser Vorschlag: Selber machen.

Ein Frühbeet ist im Garten recht nützlich, besonders dann, wenn Ihnen der Platz oder das Geld für ein Gewächshaus fehlt. Im Frühbeet können Pflanzen vor dem Einpflanzen abgehärtet werden oder im Winter geschützt stehen. Neue Pflanzen kann man aus Saatgut oder Stecklingen ziehen. Auch Frühgemüse wächst im Frühbeet heran.

Schlichter Kasten

Das Frühbeet ist schnell gebaut. Es besteht aus einem schlichten Kasten mit einem als Oberlicht dienendem Glas- oder Plexiglasdeckel. Er läßt sich zu Belüftungszwecken öffnen. Er kann lose aufliegen, mit einem Scharnier versehen oder in einer Gleitschiene hin- und herzuschieben sein. Der Rahmen kann aus Holz oder Metall, der Deckel aus Glas oder Kunststoff sein.

Sonniger Standort

Das Frühbeet sollte an einem hellen, sonnigen, vor kaltem Wind geschützten Standort stehen. Einige im Fachhandel erhältliche Fertigbauten sind so leicht, daß sie im Garten hin- und hergetragen bzw. Beetpflanzen übergestülpt werden können.

Kalter Komfort

Im Winter deckt man das Oberlicht abends mit Sackleinen oder einem alten Teppich ab, um Hitzeverlust zu verhindern. Das Glas stets sauberhalten, damit möglichst viel Licht die Pflanzen erreicht. Außer bei strenger Kälte sollte der Deckel tagsüber zur Belüftung geöffnet bleiben.

Mit einem Frühbeet...

- **kann man Saat züchten: in Töpfen und Schalen oder in der Erde.**
- **kann man alle möglichen Stecklinge weiterziehen (aber erst einpflanzen, wenn die Frostgefahr vorbei ist).**
- **kann man Pflanzen abhärten, die im Gewächshaus oder auf der Fensterbank gezüchtet wurden.**
- **kann man Pflanzen, die überwintern, z.B. Chrysanthemen, schützen.**
- **kann man Blumenzwiebeln in einer Mischung aus feuchtem Sand, Torf oder Kies und Asche hochziehen.**

Beetideen

Links: Das Frühbeet steht hier neben dem Gewächshaus. Pflanzen können bequem zum Abhärten untergebracht werden. Von der Heizung im Gewächshaus profitiert es auch.

Oben: Frühbeete baut man aus Holz oder Alublech. Sie können aber auch aus festem Mauerwerk sein. Die Oberlichter sollten tagsüber zwecks Belüftung geöffnet bleiben.

Eckfugen

Eckfugen sind schnell gemacht. Hier sind sie für die Ecken des Oberlichts vorgesehen.

1 Die Holzleiste zur Hälfte durchsägen und das Abfallstück abtrennen. Mit dem Gegenstück genauso verfahren.

2 Das Abfallstück muß genau so breit wie der Gegenzapfen sein. So passen die Zapfen genau zueinander.

Plastik-Tips

Wellplastik läßt sich leicht zuschneiden, und Löcher sind schnell gebohrt.

1 Ziehen Sie mit einem Filzstift die Schneidelinie, stützen Sie die Kunststoffplatte gut ab, und schneiden Sie sie mit einer Mehrzwecksäge durch.

2 Der Kunststoff ist vielleicht dünn genug, um mit einer Ahle die Schraublöcher zu bohren. Sonst mit Band abkleben, damit der Bohrer nicht abrutscht.

Oben: Diese einfache Konstruktion läßt sich leicht aus Weichholz bauen. Die Seiten sind aus Nut- und-Federbrettern. Der Deckel an seinen Scharnieren ist aus gewelltem Kunststoff. Hier wurde das Holz mit hellgrüner Beize konserviert. Klarlack oder Farbe eignen sich ebenfalls.

Bauanleitung für das Frühbeet

Werkzeuge & Materialien

6 x 2 m Nut- und-Federbrett (2 x 15 cm); 1,5 m Kiefernholz (5 x 5 cm); je 1,2, 2 und 2,4 m Kiefernleiste (2,5 x 5 cm); 2,4 m Kiefernleiste (2,5 x 7,5 cm); 1,2 x 1,2 m Wellplastik (durchsichtig); 2 Scharniere; 19-mm-Holzschrauben (Flachkopf); Maßband; Fuchsschwanz; Handsäge; Bohrer; Schraubenzieher; Konservierungsmittel; Bürste.

3 **Nach dem Zuschnitt alle Holzteile (Schnittkanten bzw. -flächen besonders sorgfältig) mit einem ungiftigen Konservierungsmittel behandeln.**

6 **Zwei Stücke 2,5-x-7,5-cm-Kiefernholz für die Seitenteile des Oberlichts und einmal 2,5 x 5 cm für hinten zuschneiden. Mit dem Rahmen verschrauben. Überprüfen, ob die Seitenteile den Rahmen um 2,5 cm nach oben und nach unten überragen.**

1 **Die Eckleisten aus 5-x-5-cm-Kiefer anreißen und zuschneiden. Sie brauchen zweimal 33 cm und zweimal 42 cm. Darauf achten, daß Sie im rechten Winkel schneiden.**

4 **Den Rahmen montieren, indem Sie die Bretter mit 38-mm-Flachkopfschrauben an den Eckleisten befestigen (die Holzschrauben versenken). Am Ende eines jeden Brettes zwei Schrauben anbringen (vorbohren!). Darauf achten, daß Nut und Feder genau zueinander passend liegen.**

7 **Das Oberlicht auf den Hauptrahmen aufsetzen. Nach hinten ausrichten. Scharniere ansetzen und mit dem Stift markieren. Oberlicht abmachen und Scharniere anbringen (19-mm-Schrauben). Wieder aufsetzen und am Hauptrahmen verschrauben.**

2 **Die Nut- und-Federbretter für vorn, hinten und die Seiten zuschneiden. Sie brauchen viermal 1,15 m und viermal 72 cm. Die oberen Brettlängen vorn und hinten auf 2,5 cm bzw. 12,5 cm x 1,15 m zuschneiden.**
An den Seiten je ein Brett schräg zuschneiden (auf 72 cm Länge von 12,5 cm auf 2,5 cm Breite verjüngen).

5 **Jetzt wird mit 2,5-x-5-mm-Kiefernholz der Rahmen für das Oberlicht gebaut. Exakt zuschneiden, so daß der obere Rahmen zum unteren paßt. Wasserdichten Holzleim über die Zapfen streichen und die Verbindung mit je zwei 19-mm-Schrauben verstärken.**

8 **Zuletzt wird das Wellplastik zugeschnitten und mit 19-mm-Schrauben am Rahmen befestigt. Kunststoffunterlegscheiben verwenden. Sie verhindern, daß der Kunststoff splittert.**

Früh übt sich

Viele Einjährige und Gemüsesorten können Sie im Frühbeet hochziehen. Sie blühen früher, und die Ernte wächst schneller heran.

Hier sehen Sie eine Auswahl robuster Einjähriger und Gemüsesorten, die im Frühjahr im Frühbeet in Schalen gezüchtet werden können. Sie wachsen schneller als im Garten ausgesäte Pflanzen. Pflanzen aus dem Frühbeet muß man abhärten, bevor sie im Garten eingepflanzt werden.

1 Sonnenblume *(Helianthus annuus)* – im Februar oder März in der Schale aussäen, im Mai umpflanzen und an den endgültigen Standort bringen.

2 Kopfsalat – Sommersalat im März im Frühbeet aussäen.

3 Saubohne 'Green Windsor'– im Februar für die Früherernte aussäen.

4 Kapuzinerkresse *(Tropaeolum* 'Alaska') – im Februar oder März aussäen und im Mai einpflanzen.

5 Ackerwinde *(Convolvulus* 'Royal Ensign') – bunte Einjährige, ebenso wie Kapuzinerkresse behandeln.

6 Möhre – eine Gemüsesorte, die man im Januar für eine frühe Ernte im Frühbeet aussät.

7 Gartenwicke *(Lathyrus odorata)* – im Februar im Frühbeet aussäen.

Das Gemüsebeet

Gartengemüse hat eine Frische, die man sonst oft vermißt. Selbst kleinere Gärten bieten Platz für ein Gemüsebeet.

Das eigene Gemüse anbauen ist nicht nur ein Hobby, das Spaß macht. Es hilft auch Geld sparen. Gemüse aus dem Garten schmeckt meist frischer und gehaltvoller als kommerziell angebautes, und Sie können das Gemüse ganz nach Ihrem Belieben ziehen.

Aus dem Stand

Das Beet legt man am besten im Herbst oder während einer trockenen, frostfreien Periode im Winter an. Die ersten Pflanzen kommen im Frühjahr hinein.

Wenn der Boden noch nie bebaut wurde bzw. überwachsen ist, müssen Sie zunächst den ganzen Abfall wegräumen, hohes Gras mähen, grobes Unkraut jäten und Eindringlinge wie z.B. Brombeersträucher entfernen. Handelt es sich um eine Gras- bzw. Rasenfläche, sollten Sie die Grassoden entfernen und während der Bebauung eingraben (s. S. 151), um die Bildung guter Muttererde zu fördern.

Den Boden vorbereiten

Der beste Boden für ein Gemüsebeet ist pH-neutral (weder zu sauer noch zu alkalisch).

Er soll in der Struktur offen und schwammig sein, aber weder so, daß er schnell zu naß wird, noch so, daß er schnell austrocknet. Prüfen Sie den pH-Wert des Bodens mit einer im Gartenhandel angebotenen Testgarnitur. Notfalls behandeln, um einen pH-Wert von rund 7,0 zu erreichen.

Die Fruchtfolge

Sie brauchen einen einfachen Fruchtfolgeplan, um rund um das Jahr möglichst viel Nutzen aus Boden und Düngemitteln zu ziehen. Die Fruchtfolge trägt auch dazu bei, Schädlinge abzuhalten und Pflanzenkrankheiten zu verhindern.

Eine Möglichkeit besteht darin, das Beet in drei Flächen aufzuteilen und auf jeder in Dreijahresfolge eine andere Gemüsesorte anzubauen. Bevor die Hauptsorten ausgesät oder eingepflanzt werden, können Sie am Anfang der Saison schnell wachsendes Gemüse ziehen bzw. zwischen der Hauptsorte in Reihen anbauen, die abgeerntet werden, wenn die Hauptsorte mehr Platz braucht. Wenn die Hauptsorte abgeerntet ist, können Sie weitere anbauen. So haben Sie durchs ganze Jahr ein breites Sortiment an schmackhaftem Gemüse aus dem eigenen Garten.

Die Standortwahl...

- **Am besten ist ein heller, gut belüfteter Standort, der viel Sonne abbekommt. Meiden Sie Flächen, die im Schatten von Bäumen oder Zäunen liegen.**
- **Wasser ist bei der Aussaat unerläßlich – sowohl um den Ertrag zu erhöhen wie auch eine Mißernte zu verhindern. Wenn der nächste Wasserhahn zu weit entfernt ist, sollten Sie eine Steigleitung in Erwägung ziehen.**
- **Wege müssen angelegt werden, damit das Beet für Sie und Ihr Gartenwerkzeug (z.B. eine Schubkarre) zugänglich ist. Ein Betonpfad ist für den allgemeinen Zugang ratsam. Trampelpfade zwischen den verschiedenen Gemüsesorten reichen nicht aus.**
- **Eine Hecke oder einen Zaun brauchen Sie möglicherweise zum Schutz vor starkem Wind.**

Die Platzfrage

Rechts: Selbst in der Ecke einer winzigen Terrasse kann man ein Gemüsebeet unterbringen.

Unten: Auch eine Gartenecke läßt sich produktiv und attraktiv einrichten.

Oben: Kohl, Stangenbohnen, Zucchini und Maiskolben sind hier mit blühenden Pflanzen vereint.

Links: Diese geometrisch angelegten, durch kurvenreiche Wege verbundenen Beete zeigen eine Mischung aus Gemüse, Kräutern und Blumen.

In Reih und Glied

Säen Sie in regelmäßigen Reihen aus, damit die Pflanzen den meisten Sonnenschein abbekommen und während des Wachstums leicht zu pflegen sind.

1 Markieren Sie die erste Saatreihe mit einer an Stäben befestigten Richtschnur, dann hacken Sie einen V-förmigen Graben frei. Die Tiefe hängt vom Saatgut ab. Richten Sie sich nach der Gebrauchsanleitung auf der Tüte.

2 Den Graben gießen und das Wasser abziehen lassen. Die Samen dünn und regelmäßig aussäen. Die Erde vorsichtig mit der Harke wieder auffüllen und mit der flachen Seite der Harke sanft zudrücken.

3 Vorgekeimtes Saatgut sät man aus, indem man es mit Tapetenkleister vermischt und aus der angeschnittenen Ecke einer Plastiktüte in einem kontinuierlichen Stück ausgießt. Der Kleister schützt die Samen.

4 Das Saatbeet mit einer Kanne gießen. Einen feinen Sprühkopf benutzen, damit die Oberfläche nicht voll Wasser steht. Zuviel Wasser bei der Aussaat kann die Oberfläche fest werden lassen und das Keimen behindern.

Den Boden vorbereiten

Im Herbst oder Frühwinter sollte man den Boden umgraben. Wenn er noch nie bebaut wurde, muß das sogar sein.

Werkzeug & Material

Gabel, Spaten, Sauzahn, Rechen (diesen kann man als Systemelement gegen den Sauzahnkopf austauschen), Ziehharke, Schnur, Stäbe, Dünger, Gartenhandschuhe.

3 Den Boden des Grabens bis zur Länge der Gabelzinken auflockern und gut durchgerotteten Kompost oder Dünger untermischen. Erde und Kompost gut durchmischen, große Erdklumpen zerkleinern.

6 Dünger gleichmäßig über die Oberfläche streuen und ca. 10-15 cm tief mit der Harke einarbeiten. Steine und Unkraut von der Oberfläche entfernen.

1 Mit Schnur und Stäben den Rand markieren und diesen mit dem Spaten anstechen. Die Beetmitte mit einer Schnur markieren und an der einen Seite einen 60 cm breiten Graben ausstechen. Grassoden 5 cm tief abtragen und mit der Rasensode nach oben stapeln.

4 Wenn der 1. Graben fertig ist, sticht man vom 2. den Rasen aus und legt die Stükke mit der Rasenseite nach unten auf den Boden des 1. Grabens. Durchhacken und den Erdaushub aus dem 2. Graben dazulegen.

7 Erdklumpen mit dem Rechen wie Kartoffeln zerstampfen. Etwaige Löcher und tiefe Stellen mit Erde auffüllen und festdrücken.

2 Die bloßgelegte Erde 1 Spaten tief ausgraben und neben den Rasenstücken anhäufen. Mit dieser Erde wird der letzte Graben am anderen Ende des Beetes nachher aufgefüllt.

5 Weiter so vorgehen, bis das komplette Beet ausgehoben ist. Mit dem Sauzahn die oberen 15-20 cm Erde aufbrechen, indem Sie ihn hin- und herziehen und dann in einem 90-Grad-Winkel den Boden noch einmal durchharken.

8 Den Rechen verwenden, um eine feine, gleichmäßige, für die Aussaat geeignete Oberfläche zu bekommen. Mit den Rechenzinken die Erde zum Schluß nur ganz leicht durchziehen.

Schutzvorkehrungen

Glasschutz, Frühbeet und Folientunnel gehören zum wertvollen Zubehör in jedem erfolgversprechenden Gemüsebeet:

1 Ein Frühbeet mit Kunststoffrahmen und gerippten PVC-Scheiben schützt Jungpflanzen, die abgehärtet werden, nachdem sie im Gewächshaus gezüchtet wurden. Ein Scharnier ermöglicht die Belüftung und hilft Krankheiten zu vermeiden.

2 Als Pflanzwerkzeug empfehlen sich dieser Miniaturlocher sowie Pflanzschnur und Setzholz.

3 Bambusstäbe sind die ideale Stütze für Stangenbohnen und andere hochwachsende Pflanzen. Hier sieht man auch das Netz, an dem Bohnen- und Erbsenpflanzen sich hochranken.

4 Mit diesem Gewebe deckt man Boden und Pflanzen ab. Das wärmt die Oberfläche und schützt vor Frost und Vögeln.

5 Schwarze Plastikfolie von der Rolle schützt vor Unkraut, hält feucht und wärmt den Boden.

6 Bei der Gemüseernte erweist sich ein Holzkorb als recht nützliche Arbeitshilfe.

7 Ein Folientunnel, der mit einfachen Drähten festgehalten wird, läßt sich leicht über zartem Gemüse aufspannen. Zum Gießen nicht aufmachen! Das Gießwasser fließt an den Rundungen ab, sickert in die Erde und erreicht dort so die Wurzeln.

Inselbeete

So schaffen Sie als Blickfang eine Farb- und Formenoase.

In vielen Fällen sieht eine weite, gepflegte Rasenfläche großartig aus. Aber hin und wieder kann eine solche Freifläche den Garten leer und öde wirken lassen. In dieser Lage schafft ein sorgfältig plaziertes Inselbeet (oder sogar mehrere) mit Pflanzen, die wegen ihrer Farben und Formen extra ausgesucht wurden, eine weitaus koordiniertere und interessantere Gartenlandschaft.

Die Formgebung

Inselbeete können groß oder klein und von jeder gewünschten Form sein. Als Teil eines formellen Gartendesigns empfiehlt sich eine geometrische Form: quadratisch, rechteckig, rund, oval, halbmondförmig usw. Dort, wo die Anlage weniger formell ist, kann das Beet durchaus unregelmäßig in der Form sein. Ein Inselbeet kann auch dazu dienen, eine Besonderheit, wie z.B. einen Baum oder ein Standbild, zu betonen bzw. eine häßliche Aussicht zu kaschieren.

Pläne schmieden

Passen Sie bei der Größenbestimmung auf. Ein zu kleines Beet wirkt komisch, ein zu großes zu dominierend. Zeichnen Sie vorher auf Millimeterpapier einen Plan, um sich Lage und Größe auszurechnen.

Mit einem Inselbeet kann man...

- **in einer sonst wenig markanten Landschaft einen Bezugspunkt schaffen**
- **mit einem Farbtupfer eine große Rasenfläche unterbrechen**
- **eine dekorative Besonderheit wie z.B. ein Standbild, einen Baum oder eine große Urne farblich abgesetzt umrahmen**
- **Teile des Gartens kaschieren, so daß man nicht gleich alles sehen kann**
- **einen Teil einer geometrisch angelegten Gesamtanlage aus Beeten und Rabatten schaffen.**

Fruchtbare Inseln

Ein Inselbeet dient als farbenfroher Bezugspunkt, mit dem man eine Landschaft beleben kann. Ob als Teil einer geometrischen Gartenanlage oder einer weniger formellen Anordnung: Die Inselbeetlösung bietet dem Gartenplaner viel Spielraum.

Oben: Sanftrote Tulpen und hübsche, blaue Vergißmeinnicht rahmen einen Japanischen Ahorn in einer grünen Landschaft farblich vollendet ein.

Oben: Als Inselbeet dient idealerweise ein mit Gebirgspflanzen und Koniferen bepflanzter Natursteinfelsen.

Oben: Steinkraut, Begonie und Salbei stellen für eine verwitterte Statue eine farbenfrohe Umrandung dar.

Oben: Inselbeete kann man in jeder Form entwerfen. Hier ist ein sternförmiges Beet um einen Rosenstock angelegt und mit bunten Einjährigen bepflanzt worden.

Unten: Dieses in einem grünen Grasmeer schwimmende Inselbeet zeigt, wie Form und Größe der Umgebung anzupassen sind.

Rasentips

Sie können die ausgestochene Rasensode kompostieren. Es gibt aber auch andere Verwendungsmöglichkeiten.

1 Die Sode dient als nützliches organisches Substrat. Mit dem Spaten zerhacken und mit der Unterseite nach oben ins Beetloch schaufeln.

2 Mit der ausgestochenen Sode kann man den restlichen Rasen ausbessern. Ausstechen und ersetzen.

Ein rundes Inselbeet anlegen

Werkzeug & Material

Gut durchgerotteten Naturdünger, handelsüblichen Dünger, Pflock und Richtschnur, Sandstreuer (Marke Eigenbau), Schaufel, Spaten, Forke.

1 Den gewählten Standort mit Pflock, Richtschnur und Sandstreuer (eine Flasche mit einem Loch in der Kappe eignet sich gut) abstecken. Bei fest angezogener Schnur einen Sandstrahl streuen, um den Kreis zu markieren.

2 Rund um den Kreis den Rasen mit einem kleinen Spaten abstechen. Den Spaten ca. 7,5 cm senkrecht in die Erde stechen.

3 Zusätzliche Spatenstiche quer durch den Kreis machen, damit der Rasen in handliche Streifen geteilt und mit der Schaufel abgetragen werden kann. Von der Mitte nach außen arbeiten, dann erst um den Kreis beginnen, damit die Außenkante nicht beschädigt wird.

4 Nach dem Abtragen der Grassoden eine Plastikfolie neben dem Beet ausbreiten, um den Rasen zu schützen. Mit der Forke den Boden aufbrechen und ca. 30 cm ausheben.

5 Beim Graben entfernt man Wurzelreste und größere Steine aus dem Aushub. Die Wurzeln nicht kompostieren, sondern verbrennen oder zur Müllkippe bringen.

6 Den Boden des Loches mit der Forke aufbrechen und eine ordentliche Schicht Dünger einarbeiten. Die ausgehobene Erde fortlaufend auflockern und ins Loch zurückschaufeln.

7 Eine ordentliche Düngerschicht oben auftragen und ca. 2 Handvoll Kunstdünger (handelsüblich) pro Quadratmeter dazugeben.

8 Zum Schluß mit der Forke die Erde wenden, bis Natur- und Kunstdünger gut durchgemischt sind. Mehrere Wochen ruhen lassen, bevor mit der Bepflanzung des Beetes begonnen wird.

Die Wahl des Mittelpunktes

Sie machen mehr aus Ihrem Inselbeet, wenn Sie z.B. eine Statue oder einen Baum einbeziehen. Wenn Sie ein Inselbeet um einen Baum oder eine Staude anlegen, darauf achten, daß die Wurzeln nicht beschädigt werden.

1 Klassische Urne – auf einem Podest montieren und mit kaskadenartigen Pflanzen füllen.

2 Keulenlilie *(Cordyline australis atropurpurea)* – eine immergrüne Staude. Sie breitet ihre Blätter kaskadenartig aus und bildet winzige, duftende, weiße Blüten.

3 Scheinzypresse 'Stardust' – eine langsam wachsende Konifere, die goldgelbe Blätter bildet und sich für eine Urne oder ein Beet eignet.

4 Eine Sonnenuhr gibt einen interessanten Mittelpunkt ab.

5 Japanischer Ahorn *(Acer palmatum atropurpureum)* – eine große, laubabwerfende Staude, die den ganzen Sommer rote Blätter trägt.

6 Lorbeerbaum *(Laurus nobilis)* – aromatisch, immergrün, hervorragend zum Schneiden und Formen.

7 Klassische Statue – künstlich verwitterte werden im Handel angeboten.

Hochbeet im Kasten

Mit einer Oase aus Blüten und Laub erleichtern Sie sich die Arbeit und kommen in den Genuß hängender Pflanzen.

Ein Hochbeetkasten bringt die herrlichen Farben, Strukturen und Düfte des Blumenbeets auf Ihre Loggia. Praktisch ist er außerdem, denn Sie können das Beet pflegen, ohne sich viel bücken zu müssen.

Erhabene Blumenkästen lassen sich aus vielen Gartenmauerbaustoffen zusammensetzen: aus Klinker, Betonblöcken, Naturstein, Holzstämmen und ausgedienten Eisenbahnschwellen. Wählen Sie das Material, das zum Stil Ihres Heims, Ihres Gartens und des Fußbodens Ihrer Terrasse paßt.

Maß nehmen

Sie können den Kasten in beliebiger Größe bauen, aber bedenken Sie die Breite bzw. Tiefe. Wenn Sie von allen Seiten Zugang haben, müssen Sie die Kastenmitte bequem erreichen, sogar bis hinten, wenn er nur von vorn zugänglich ist. Rund 1,20 m wäre die maximale Tiefe. Höher als 1 m muß der Kasten auch nicht sein.

Damit kann man...

- **einen bunten Trennstrich zwischen der Terrasse und dem restlichen Garten bzw. zwischen unterschiedlichen Teilen des Gartens ziehen**
- **als Verlängerung eines Partygrills einen Kräutergarten schaffen**
- **ein Blumenbeet in Reichweite älterer oder kranker Menschen bringen**
- **ein großes, gepflastertes Areal auf der Loggia auflockern.**

Hochbeet in Klinker

Links: Klinker sieht sehr förmlich aus. Hier wurde ein Hochbeet mit Umfassungsmauer aus Klinker neben Treppenstufen gebaut.

Unten: Beton kann kalt aussehen, aber dieser Kasten aus vorgefertigten Betonsteinen paßt gut zu den Bodenfliesen.

Links: Weniger förmlich, ja geradezu rustikal sieht diese in ihrer Art unübertreffliche Mauer aus verwittertem Naturstein aus. Der Stein paßt zu den Blumen wie zu dem Laub, das ihn nach und nach zudecken wird.

Fest verbunden

Damit der Bau fest und sicher steht, müssen die Steine so im Verbund aufeinandergelegt werden, daß sie von Schicht zu Schicht überlappen. Durchgehende Fugen sind zu vermeiden. Der Verbund schafft Stabilität. Man benutzt dazu Steine in voller und Dreiviertellänge. Kappensteine so verlegen, daß der Verbund möglichst beibehalten wird. Übrigens: sie schützen die Mörtelfugen der 2. Reihe vor Witterungseinflüssen.

Ein guter Wasserablauf ist wichtig. Die einfachste Lösung: einige senkrechte Fugen frei lassen.

Mörtel anmischen

Für die Mauer eines erhabenen Beetes ist Fertigbetonmischung am besten geeignet.

1 Die Mischung auf eine saubere, trockene Fläche schütten. Mit einer Schaufel gut durchmischen, in der Mitte ein Loch machen und sauberes Wasser hineingießen.

2 Die Trockenmischung ins Wasser geben, bis die Flüssigkeit aufgesogen ist. Umgraben und wiederholen, indem Sie wieder etwas Wasser dazugeben.

3 Weiter umgraben, gut durchmischen. Der fertige Beton sollte glatt wie Butter sein und bei rippenmusterartiger Bearbeitung mit der Schaufel fest bleiben.

Einen Kasten aus Betonsteinen bauen

Werkzeug & Material
Fertige Betonsteine, Kappensteine, Betonfertigmischung, Brett zum Mörtelmischen, Eimer, Schaufel, Maurerkelle, Wasserwaage, Hammer und Meißel.

1 Legen Sie Standort und Größe fest. Mit Kreide oder Schnur markieren. Die erste Steinreihe aus Dreiviertelsteinen trocken verlegen, damit in der 2. Reihe der Verbund stimmt.

2 Die 2. Reihe trocken verlegen, um den Verbund zu überprüfen. Diese entfernen und Mörtel anmischen. Einige Steine aus der 1. Reihe nehmen, und mit der Kelle eine Mörtelschicht auftragen.

3 Am Ende eines jeden Steines etwas Mörtel auftragen, und den Stein im Mörtelbett verlegen. Mit der Wasserwaage auf waagerechten Sitz überprüfen und notfalls mit Hammerstiel (und Holzunterlage) zurechtklopfen. Die 1. Reihe zu Ende verlegen.

4 Auf die 1. Reihe ein Mörtelbett auftragen und die 2. Reihe verlegen. Achten Sie auf den Verbund. Die Fugen müssen „getrennt" bleiben. Sonst wie bisher verfahren.

5 Im Bedarfsfall dreiviertellange Steine verwenden, um den Verbund beizubehalten. Durchgehende senkrechte Fugen vermeiden! Mit der Wasserwaage die horizontale und vertikale Lage fortlaufend überprüfen.

6 Kappensteine zunächst trocken verlegen, um sicherzugehen, daß die Fugen der 2. Reihe geschützt sind, dann wie die anderen Steine im Mörtelbett verlegen.

7 Mit den vorhandenen Blökken erzielen Sie wahrscheinlich keinen glatten Abschluß. Also müssen Sie zuschneiden. Den Stein auf einen Sandhaufen legen und mit dem Meißel spalten.

8 Mörtel auftragen und das letzte Paßstück verlegen. Rund 1 Woche austrocknen lassen, bevor Sie den Trog füllen und bepflanzen.

Mauergärten baut man aus vielen Materialien. Im Aussehen gestaltet man sie mit Pflanzen weicher, die über den Mauerrand hängen oder in Mauernischen wachsen.

1 Thymian 'Archers Gold' *(Thymus citriodorus 'Archers Gold')* – mit winzigen, goldfarbenen Blättern, die duften, wenn man sie zerdrückt.
2 Vorgefertigte Betonmauersteine.
3 Vorgefertigte Kappensteine aus Beton.
4 Enzian 'Downfiled' *(Gentiana sino-ornata 'Downfield')* – niedrig, in die Breite gehend, immergrün, mehrjährig, tiefblaue trompetenförmige Blüten im Herbst.
5 Gemusterter Efeu – rankt über die Mauerbrüstung und macht die Kanten „weicher".
6 Vorgefertigte Betonmauersteine.
7 Sempervivum 'Corsair' – mit Rosetten aus fleischigen Blättern, wächst gut in Mauernischen.
8 Einstrahlaster *(Erigeron mucronatus)* – eine weitere Nischenpflanze mit weißen bis rosa Blüten.
9 Mauerpfeffer 'Atropurpureum' – mit silbergrünen Blattrosetten.
10 Mauersteine aus Naturstein.
11 Efeu – macht Mauern „weich".
12 Bruchsteinmauerimitat.
13 Nachgemachte Bruchsteinmauerkappensteine.
14 Kappensteine aus Beton.

Sauer macht lustig

Ein mit saurem Substrat gefülltes Beet stellt eine interessante Ergänzung dar. Wenn Ihr Gartenboden alkalisch oder neutral ist, können Sie sehr viel mehr Pflanzen ziehen.

Ein saures Beet bietet ideale Wachstumsbedingungen für viele Gehölzpflanzen und Gewächse, z. B. Rhododendren und Azaleen, auf die das Sprichwort „sauer macht lustig" zutrifft — selbst dann, wenn der eigentliche Gartenboden alkalisch ist. Es wird zum attraktiven Blickfang und kann von jeder Form und Größe sein, die in den und zum Garten passen.

Vielseitiger Hit

Ein saures Beet kann alles sein: vom schlichten erhöhten Beet mit saurem Boden bis zum terrassenförmig angelegten Hanggrundstück mit Umfassungsmauern aus Torfblöcken, Baumstämmen oder Steinen. Wenn Sie sich über die Erhaltung des Moorbodens Sorgen machen, können Sie weitverbreitete Torfersatzstoffe verwenden.

Die Pflanzenwahl

In diesem Beet kann man sehr viele Pflanzen in Vollendung ziehen, von denen einige im Garten gar nicht gedeihen würden, es sei denn, der Boden wäre von Natur aus sauer. Dazu zählen Azaleen und Rhododendren, Heidekraut, Kamelien, Lavendelheide, Torfmyrte, Waldlilien, *Uvularia* und viele andere.

Die Standortfrage

- **In Gärten mit alkalischem oder neutralem Boden legt man das Beet vorher mit Folie aus, um es vom Kalk im Untergrund zu isolieren.**
- **Am besten ist eine halbschattige Lage ohne überhängende Bäume, die dem Boden Wasser und Nährstoffe entziehen.**

Material & Stil

Bei der Wahl von Form, Größe, Werkstoffen und Stilrichtung für die Mauern und Terrassen eines sauren Beets ist der umliegende Garten zu berücksichtigen. Wenn irgend möglich sollte das Beet in die gärtnerische Gesamtanlage integriert werden. Verwenden Sie möglichst Materialien, die auch sonst vorkommen.

Oben: Großflächige Beete können besonders an einem Hang, wo man alle Pflanzen gleichzeitig sieht, spektakulär wirken. In voller Blüte sehen diese reifen Rhododendren herrlich aus.

Rechts: Kleinere Beete sehen in jedem Garten interessant aus. So stellt man kleinere Rhododendren effektvoll zur Schau. Hier sieht man am Beetrand Palisadenholz statt Torf.

Alternative Lösungen

Angesichts der heutigen Sorgen um den Bestand der Moorlandschaft sollte man Alternativen zum Torf in Erwägung zu ziehen.

1 Palisadenholz wird in mehreren Größen angeboten und stellt eine attraktive, natürliche, leider auch kostspielige Alternative dar. Das Holz sollte mit Schutzmittel behandelt werden.

2 Mit Steinen jeder Größe kann man Beet- oder Terrassenränder ebenfalls bilden. Achten Sie darauf, daß der Stein zu den anderen Materialien paßt, die bei Ihnen im Garten verwendet werden.

Eine ebene Stellfläche

Am Hang wirkt ein Terrassenbeet natürlicher. Wer aus Torfblöcken eine Mauer verlegt, kann das Beet aber auch auf einer ebenen Fläche bauen. Das Hochbeet kann nach Belieben rechteckig oder unregelmäßig sein und mit weiteren Terrassen zur Mitte hin erhaben gestaltet werden.

Den Grundriß des Beets auszeichnen und die Torfblöcke vor Gebrauch in Wasser einweichen. Eine Mauer mit möglichst dichten Fugen verlegen. Wenn sie fertig ist, werden lange Stäbe als Verstärkung von oben durch die Torfreihen geschoben, um die Mauer zu sichern.

Saures Terrassenbeet anlegen

Werkzeug & Material

Torfblöcke (ersatzweise Holz oder Steine), Sand, schwere Kunststoffolie, Torfersatz (z. B. Laub- bzw. Gartenkompost oder Moostorf), saure Gartenerde, kalkfreier Sand oder Kies, Spaten, Eimer oder größeres Gefäß (zum Einweichen der Torfblöcke), Stäbe zum Markieren der Grundrisse, Gießkanne oder Gartenschlauch, Mulchmaterial (z. B. Laub- bzw. Gartenkompost oder Torfersatz).

1 Torfblöcke vor Gebrauch in Wasser einweichen und abtropfen lassen, um die Arbeit zu erleichtern. Den Torf kann man schlecht befeuchten, wenn er bereits im Beet verbaut worden ist.

2 Wenn der Untergrund nicht sauer ist, legt man die Fläche mit einer Isolierschicht aus Kunststoffolie aus und baut das Beet darauf auf. Folie auf Sand verlegen, um sie zu schützen.

3 Rund um die Folie einen ca. 15 cm breiten und 8 cm tiefen Graben ausheben und die Folienkanten hineinschieben. Die erste Reihe Torfblöcke wird im Graben verlegt. Blöcke aufrecht und dicht nebeneinander hinstellen.

4 Den Hohlraum hinter der ersten Reihe mit einer Mischung aus 2 Teilen Torfersatz, 2 Teilen saurer Gartenerde und 1 Teil kalkfreiem Sand auffüllen. Die Mischung bis hinter den Torfblöcken anbringen und festtreten.

5 Terrassen bilden, indem Sie weitere Torfblockreihen aufstellen und den dahinterliegenden Hohlraum mit Substrat auffüllen. Es empfiehlt sich, mit Stäben die Reihen abzustecken, um keine Fehler zu begehen.

6 Die Torfblöcke unten jeweils ca. 8 cm tief im Substrat vergraben, damit sie als Umfassung fest und gerade stehen.

7 Wenn das Beet fertig ist, alles gründlich gießen. Gesundes Pflanzenwachstum fördert man, indem man den Torf und das Substrat jederzeit feucht hält.

8 Das Beet bepflanzen. Beim Positionieren Formen und Farben berücksichtigen. Auf der ganzen Oberfläche eine 5 cm dicke Mulchschicht aus Laub- bzw. Gartenkompost oder Torfersatz auftragen, um Feuchtigkeit und Säure zu speichern.

Schön sauer

Viele Pflanzen fühlen sich im sauren Beet recht wohl. Eine gute Auswahl sorgt ganzjährig für Farben- und Formenreichtum an Blüten und Blättern.

1 Prachtspiere *(Astilbe)* 'William Buchanan' – gespaltene Blätter und cremefarbene Blütenkolben.
2 Scheinbeere *(Gaultheria mucronata)* 'Lilian' – ein immergrüner Strauch, der rosa Beeren trägt, wenn er von einer männlichen Pflanze bestäubt wird. In alkalischem Boden überlebt er nicht.
3 *Hosta ventricosa* – eine robuste Funkie mit rundlichem Laub, die im Spätsommer farblich interessant wirkt.
4 Lavendelheide *(Andromeda polifolia)* 'Red Winter' – ein Zwergstrauch, der im Frühjahr und Sommer hellrosa Blüten trägt. Er wächst nur in sauren Böden.
5 *Hosta* 'August Moon' – eine große Funkie mit goldgelbem Laub und – im August – zartlila Blüten.

Der Pflanzkasten

Im Garten und auf der Terrasse sorgt dieser vielseitige, hölzerne Pflanzkasten in Modulbauweise für Ordnung.

Erhabene Pflanzkästen sind ideal, wenn es darum geht, auf einer Terrasse oder auf Stufen für Pflanzen Platz zu schaffen. Für die Umfassungsmauern solcher Bauten werden Backstein oder Klinker oft bevorzugt. Dieser Holzkasten ist genauso stabil, jedoch weitaus einfacher und schneller gebaut.

Vielseitiger Werkstoff

Holz ist für viele Gartenbauten der ideale Werkstoff, weil seine Struktur und Farbe zu jedem Gartentyp und -stil gut passen. Das gilt ganz besonders, wenn es verwittert und von Moos und Flechten überzogen ist. Der hier beschriebene Kasten besteht aus 10 x 10 cm-Kantholz vom Baumarkt oder Zaunpfosten aus dem Gartencenter oder Fachhandel. Zaunpfosten sind wohl die bessere, wenn auch etwas teurere Wahl, weil sie mit Schutzmittel behandelt worden sind. Behandeltes Holz kostet auch im Holzhandel etwas mehr.

Verschränkte Balken

Die Bauweise ist äußerst einfach und das Ergebnis wirklich stabil.

• Jede zugeschnittene Holzlänge wird an beiden Enden mit einer einfachen Verbindung versehen, so daß vier Teile zu einem 10 cm hohen Modul zusammengefügt werden. Durch jede Verbindung wird ein Loch gebohrt und eine Stahlstange getrieben, um Festigkeit zu garantieren. Bei einem weichen Untergrund kann man die Bewehrung in den Boden treiben, um den Kasten am Standort festzuhalten.

• Weitere Module legt man dazu (auch sie werden „aufgespießt“), bis der Kasten die erwünschte Höhe erreicht.

• Innerhalb vernünftiger Grenzen kann man auf diese Art und Weise Module in jeder Form und Größe bauen. Eine sinnvolle Höchstlänge wäre z. B. ca. 2,40 m, eine sichere Gesamthöhe etwa 1 m. Außerdem ist es relativ einfach, den Kasten umzustellen und um- oder abzubauen. Man muß nur die Balken einzeln ausstemmen.

• Um Fäulnis entgegenzuwirken, darf man für den Kasten nur Holz verwenden, das mit Schutzmittel behandelt worden ist. Es empfiehlt sich außerdem, den Kasten innen mit reißfester PE-Folie auszulegen, um zu verhindern, daß Wasser und Erde durch die Fugen seitlich ausgespült werden. Wenn die Folie mit Stiften befestigt ist, sind unten in der Folie und, falls der Kasten auf Pflaster steht, in den untersten Holzbalken Abflußlöcher zu bohren bzw. auszustechen.

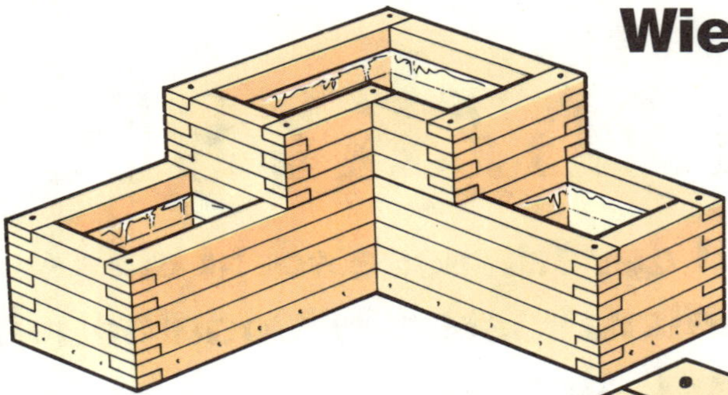

Wie alles zusammenpaßt

Der Pflanzkasten besteht aus übereinandergestapelten Kanthölzern. Wie vom Maurer verlegte Steinreihen liegen die Holzschichten übereinander. Statt Bausteine verwendet man Zaunpfosten oder passende Holzbalken. Die Enden bzw. Ecken werden zu einfachen Holzverbindungen halbiert und angebohrt, damit 12-mm-Stahlstangen zur Befestigung durch die Löcher getrieben werden können.

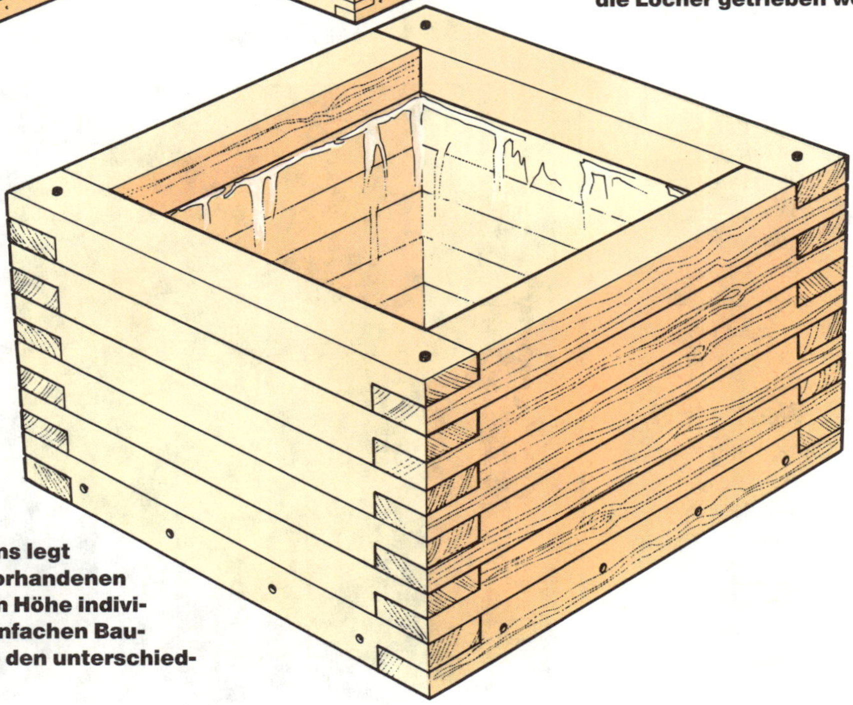

Die Maße des Pflanzkastens legt man entsprechend dem vorhandenen Platz und der erwünschten Höhe individuell fest. Aufgrund der einfachen Bauweise kann man Kästen in den unterschiedlichsten Formen bauen.

Werkzeug & Material

Bandmaß, Bleistift, Fuchsschwanz, Stechbeitel und Holzhammer, Bohrgerät und 12-mm-Holzbohrer, Malerpinsel, Wasserwaage, Hammer, scharfes Messer, 10 x 10 cm-Kantholz (mit Schutzmittel behandeltes Sägeholz), Stahlstangen (12 mm Durchmesser, auf Kastenhöhe zugeschnitten), Holzschutzmittel zur Behandlung der Schnittkanten und Löcher vor dem Zusammenbau, reißfeste PE-Folie, verzinkte Stifte oder Nägel.

Mit Folie auslegen

Wenn der Kasten steht, lohnt es sich, ihn mit reißfester PE-Folie auszulegen, damit weder Erde noch Wasser unten oder durch die Seitenwände ausgespült werden.

1 Reißfeste PE-Folie vom Blatt oder von der Rolle so zuschneiden, daß man damit den Boden und die Innenwände des Kastens voll auslegen kann. Folie einlegen, in den Ecken sauber falten und mit verzinkten Stiften oder Nägeln befestigen.

2 Überschüssige Folie an der Unterkante der obersten Holzschicht abschneiden. Unten Abflußlöcher ausstechen und, falls der Kasten auf Pflaster steht, auch die unterste Holzschicht durchbohren, um für Wasserabfluß zu sorgen.

Pflanzkasten bauen

1 Zunächst werden die Maße des Kastens entsprechend dem Standort festgelegt. Dann werden alle Teile ausgezeichnet. Um jede Schnittkante wird mit Schreinerwinkel und Bleistift eine Linie gezogen.

4 Genau in der Mitte einer Eckverbindung ein 12-mm-Loch bohren. Dieses Loch dient als Anlagepunkt für alle folgenden Löcher. So können Sie beim Aufbau des Kastens sicher sein, daß alle Teile genau und bündig übereinanderliegen.

7 Beim Zusammenbau jede Balkenschicht mit Holzschutzmittel bestreichen, damit die Farbe des Ganzen mit den zuvor behandelten Schnittkanten übereinstimmt.

2 Holzbalken einzeln auf Werkbank oder sonstige stabile Arbeitsfläche legen und an der markierten Schnittlinie durchsägen. Darauf achten, daß die Schnittkanten sauber und rechtwinklig sind.

5 Bevor Sie mit dem Aufbau beginnen, muß auf allen Schnittkanten Holzschutzmittel aufgetragen werden. Man sollte es auch in die Löcher träufeln, um zusätzlichen Schutz zu garantieren.

8 In einer Ecke eine Stahlstange durch die Löcher treiben (darauf achten, daß die Stange senkrecht steht). In den anderen Ecken den Vorgang wiederholen, um dem Kasten Halt zu geben.

3 An den Enden der Holzteile die Blattverbindungen kennzeichnen. Richtige Breite mit einem passenden Stück Abfallholz prüfen. Entweder mit der Säge oder mit Hammer und Stechbeitel den jeweiligen Abfall herausarbeiten.

6 Die vier Teile der ersten Schicht übereinanderlegen und prüfen, ob sie rechtwinklig und plan liegen. Im Bedarfsfall Steine unterlegen, damit diese erste Schicht wirklich waagerecht ist.

9 Holzteile werden der Reihe nach „aufgespießt“ und bis zur vorherigen Schicht die Stangen hinuntergeschoben. Beim Zusammenbau wird jede Schicht mit Holzschutzmittel behandelt.

So zart!

Viele Pflanzen, auch farbenfrohe, empfindliche Mehrjährige, sind für den Pflanzkasten ideal. Aber nicht vergessen: Ausgraben und geschützt überwintern lassen!

1 Das Bärenohr *(Arctotis x hybrida* 'Flame') mit rosaroten Blüten steht in der vollen Sonne.
2 *Felicia amoena* 'Variegata' – kleine, blaue Blüten mit gelber Mitte, attraktives, panaschiertes Laub, mag die volle Sonne.
3 Die kleinen, gelben Blüten des Wandelröschens *(Lantana camara)* werden mit der Zeit rot. Sie und die dunkelgrünen, ovalen Blätter benötigen einen hellen Standort.
4 Die Strauchmargerite *(Argyranthemum frutescens* 'Jamaica Primrose') trägt hellgelbe Blüten und federartiges, immergrünes Laub. Sie muß in der Sonne stehen.
5 *Argyranthemum* 'Flamingo' – rosa Blüten mit karmesinroter Mitte und stacheligem Laub. Ein weiterer Sonnenliebhaber.

Das Gewächshaus

Ein Gewächshaus macht sich schnell bezahlt. Unter Glas wachsen Pflanzen üppiger. Zarte Gewächse stehen vor dem Wetter geschützt. Und Gewächshäuser mit Alu-Rahmen sind leicht und schnell montiert.

Bei der Wahl eines Gewächshauses sind viele Faktoren zu berücksichtigen. Um daraus den optimalen Nutzen zu ziehen, muß man u. a. Standort, Typ, Heizart, Belüftung und Schatten bedenken.

Der Standort

Das Gewächshaus muß einen Bestandteil der gesamten Gartenanlage bilden und sich in die Umgebung einfügen. Versuchen Sie, einen Standort ausfindig zu machen, der etwas Schutz bietet, ohne das unentbehrliche Licht zu versperren. Das heißt, gebührender Abstand von Bäumen und Gebäuden. Ein Standort an allzu exponierter Stelle ist ebenfalls unerwünscht, da der Wind das Heizen erschwert und verteuert.
Am besten stellt man das Gewächshaus ca. 3 m von einer Hecke auf, da es dort geschützt, aber nicht im Dunkeln steht. Es muß rund herum zugänglich bleiben, damit Sie die Glasscheiben sauberhalten können. Ein breiter Weg muß zum Gewächshaus hinführen, damit Sie es mit der Schubkarre erreichen können.

Die Heizungsfrage

Im unbeheizten Gewächshaus können Sie winterfeste und halbfeste Pflanzen halten. Mit einer Heizung wird die Auswahl ungleich vielseitiger. Man kann viel mehr Pflanzen züchten und die Vermehrung fördern. Einigen reicht ein kostengünstiges, tragbares Heizgerät voll aus, während andere eine gute Fußbodenheizung benötigen. Wenn Pflanzen auf Gerüsten heranwachsen, kann man im unteren Bereich ein Streifenfundament ziehen und damit auch den Heizbedarf reduzieren.

Die Formfrage

Wichtig ist bei der Wahl des Gewächshauses die Form. An exponierter Stelle ist eine attraktive Kuppelform erwägenswert, da sie weniger windempfindlich ist, während im kleinen Garten wahrscheinlich ein Anbau ausreicht, weil er nicht allzuviel Platz beansprucht.

Belüftung und Schatten

Die meisten Modelle werden — entweder in der Grundausrüstung oder zusätzlich — mit Belüftungsschlitzen am Dach oder an der Seite geliefert. Im Sommer wird ein Gewächshaus schnell zu warm. Schatten spenden Jalousien, Rollos oder eine Schutzlackierung.

Die Wahl des Werkstoffs

- **Holz ist ein beliebtes Material. Hartholz braucht kaum Pflege außer dem jährlichen Anstrich mit Holzschutzmittel.**
- **Alu-Rahmen sind weitgehend wartungsfrei. Sie sind zudem leicht, aber stabil.**
- **Stahlrahmen mit Kunststoffüberzug sind stabil und trotzen dem Wind. Früher oder später wird jedoch eine Rostbehandlung fällig.**
- **Bis zur halben Höhe kann man eine Steinmauer ziehen. Ein gemauertes Fundament ist auf jeden Fall stabiler.**

Stilfragen

Oben: In den Garten integriert wurde dieses Gewächshaus durch Beetpflanzen, die an einer Seite entlanggeführt werden.

Rechts: Ein Gewächshaus mit Holzrahmen paßt gut zur Gartenbepflanzung. Halbhohe Holzwände senken die Heizkosten.

Rechts: Ein zwölfeckiges Gewächshaus bildet einen attraktiven Blickpunkt.

Sockel

Gießen Sie ein Betonfundament oder verwenden Sie einen vorgefertigten Sockel.

1 Der vorgefertigte Sockel wird vor Ort montiert und fest verschraubt. Mit der Wasserwaage überprüfen, ob er waagerecht ist.

2 Mit dem Holzhammer Heringe in den Boden treiben, um den Sockel zu befestigen. Gewächshausrahmen mit dem Sockel verbinden.

Stabiler Rahmen

Das Gewächshaus basiert auf einem Rahmen aus Aluprofilen: Dachfirst (A), Dachkante (B), Dachtraufe (C), Eckpfahl (D), senkrechte Strebe (E), diagonale Strebe (F), Schwelle (G), Eckstrebe (H), Türschiene (I), Tür (J).

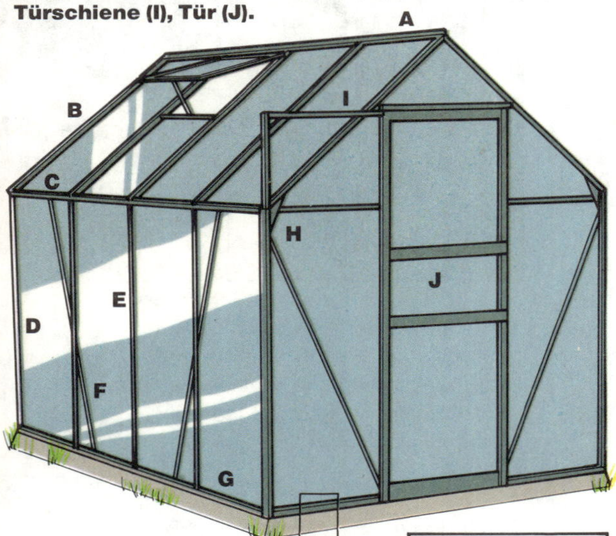

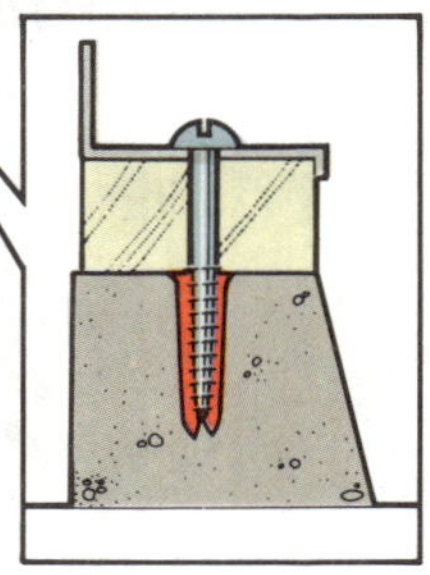

Wer keinen vorgefertigten Sockel verwendet, sollte den Rahmen im Betonfundament verschrauben. Zwischen Rahmen und Beton liegt dann Kantholz als Dichtung.

Scheiben

Im Umgang mit Glas stets vorsichtig sein. Schutzhandschuhe tragen.

1 Gummidichtungen in die für sie vorgesehene Nut einsetzen und gut festdrücken.

2 Unten anfangen. Die erste Scheibe einsetzen und mit Klammern befestigen.

3 Oberkante der ersten Scheibe mit Klammern versehen und zweite Scheibe einsetzen.

Montage eines Alu-Gewächshauses

Werkzeug & Material

Bausatz mit Rahmenteilen, Glasscheiben, Gummidichtungen, Klammern, Türelement, Schrauben, Muttern, Bolzen, selbstschneidenden Gewindeschrauben; Holzhammer, Schraubenschlüssel, Messer, Schraubenzieher, Kneifzange, Löffel, Handschuhe.

1 Seiten montieren, indem Sie Schwelle und Dachtraufenprofil mit senkrechten und diagonalen Streben verbinden. Die Schrauben haben Vierkantköpfe, die in die Schlitze der Alu-Profile hineinpassen. Locker anziehen, noch nicht festschrauben.

2 Teile für die Giebelwand ohne Tür hinlegen. Dachkantenprofile mit Eckpfählen und Eckstreben verbinden. Schwelle mit Eckpfählen verschrauben. Senkrechte und diagonale Streben wie unter 1 befestigen.

3 Dann wird die Giebelwand mit Tür montiert, zunächst wie unter 2 beschrieben. Türschiene mit den Dachkanten verbinden, Türaufhängung auf die Schiene gleiten lassen und Festhalteschraube anbringen.

4 Seiten und Giebelwände abseits vom Sockel miteinander verschrauben. Notfalls Eckstreben lockern, damit die Rahmenteile ineinanderpassen. Mit der Kneifzange die Schraubenköpfe festhalten und mit dem Schraubenschlüssel die Muttern festziehen.

5 Giebelspitzen mit dem Dachfirst verbinden. Schrauben sitzen unter der Spitze der beiden Dachkantenprofile.

6 Dachstreben mit Dachfirst und Dachtraufenprofilen verschrauben. Rahmen auf den Sockel stellen und locker befestigen. Mit Lot oder Wasserwaage prüfen, ob die Seitenteile senkrecht stehen. Befestigungen festziehen. Schrauben und Muttern festziehen, aber nicht überdrehen, da das Gewinde sonst kaputtgeht.

7 Türrahmen montieren und Dichtungen in der senkrechten Nut festdrücken. Untere Türschiene anbringen und mit einem Löffel zudrücken, bis die Verbindungen einrasten.

8 Radgehäuse an der Tür anbringen und die Tür auf die Schiene gleiten lassen. Sicherstellen, daß sie unten über die Schwelle hängt. Schiene parallel zur Schwelle nachstellen. Radgehäuse nachstellen, so daß die Räder das Gewicht der Tür aufnehmen. Zum Schluß alle Schrauben und Muttern festziehen.

Unter Glas

Viele empfindliche Blühpflanzen wachsen und gedeihen im Gewächshaus. Es ist sinnvoll, sie zu kombinieren und so ein Arrangement zu gestalten.

1 Die Fuchsie 'Sarah Jane' ist frostempfindlich und daher für eine Gewächshausschau prädestiniert. Die gefüllten, zartrosa oder lila Blüten sind sehr attraktiv.
2 Die zarte Drehfrucht *(Streptocarpus x hybridus)* ist mit dem Usambaraveilchen eng verwandt. Am besten steht sie in einer Kiesschale, damit die unmittelbare Umgebung feucht bleibt.
3 Bei der Lanzenrosette *(Aechmea fasciata)* bilden dicke, lederartige Blätter eine Art „Vase". Im direkten Sonnenlicht können die Blätter versengt werden. Etwas Schatten kann daher erforderlich sein.
4 Die Edelpelargonie *(Pelargonium x domesticum)* ist für die Blütenschau ein „Muß".
5 Die Blüten des aufrechten Oleanders *(Nerium oleander)* erinnern an Rosen.
6 Mit ihren scharlachroten Blüten ist die Salvie *(Salvia splendens)* nicht zu übersehen.

Steingärten

Gestalten Sie eine Miniatur-Alpenlandschaft.

Ein Steingarten besteht nicht nur aus einem Haufen zufällig zusammengetragener Steine. Er muß sorgfältig geplant und gestaltet werden, damit er zur Wirkung kommt. Steingärten sehen am schönsten und natürlichsten aus, wenn sie der unverfälschten Bergwelt am nächsten kommen. Mit kleinen Alpen- und Steingartenpflanzen bestückt, wird ein Steingarten zum Blickfang in jedem Stadtgarten. Er braucht gar nicht sehr groß zu sein, auch ein kleinerer Steingarten kann hübsche und interessante Pflanzen beherbergen und damit die faszinierende Bergwelt zeigen.

Einen Platz wählen

Wählen Sie für den Steingarten einen windgeschützten, sonnigen Platz. Wie jeder andere Garten auch muß der Steingarten auf sorgfältig vorbereitetem Boden angelegt werden.
So ist der Wasserablauf sehr wichtig für den Steingarten. Ein schräg abfallender Platz eignet sich am besten; allerdings dürfen die Steine nicht wegrutschen und die Erde nicht weggespült werden.

Erd-Sorten

Für einen Steingarten und die Lebensdauer der Pflanzen dort ist wasserdurchlässiger Boden unerläßlich. Das gilt besonders für einen flachen Platz, wo allerdings die Struktur des Erdbodens ebenfalls eine Rolle spielt. Eine leichte, sandige Erde eignet sich vorzüglich, da so das überschüssige Wasser am besten ablaufen kann. Wenn die Erde fest und lehmig ist, müssen Sie evtl. für einen Wasserablauf sorgen.

Steinformen

Eine geeignete Form für einen Steingarten erhalten Sie, wenn Sie einige V-förmige Lagen bilden, die unten breiter sind und nach oben hin schmaler zulaufen. Ein „Schlußstein" an der Spitze des Vs verhindert, daß die kleineren Steine verrutschen.

Wie viel...

• natürliche Steine können Sie in großen Gartencentern kaufen. Meistens werden ganze Paletten mit Steinen in verschiedenen Größen und Formen verkauft.
Es ist allerdings schwierig, die großen, attraktiven Exemplare ohne maschinelle Hilfe richtig zu plazieren. Ist das nicht möglich, lassen sie sich von Nachbarn helfen und verwenden zum Anheben Möbeltragegurte.

• als Mengenangabe gilt: etwa 1500 kg (1½ Tonnen) Steine genügen für einen Steingarten mit einem Durchmesser von 3 m und einer Höhe von 1 m.

• besorgen Sie sich große, flache Steine anstelle von rundlichen, die sich nicht so gut natürlich schichten lassen. Nehmen Sie grundsätzlich keine gleich großen Steine.

• Sie benötigen auch 6-mm-Kies, den Sie in die Muttererde mischen, um den Wasserablauf zu verbessern. Eine Schicht Kies auf der Erde verhindert zudem Unkrautbildung.

Verschiedene Felsenpflanzen

Obwohl es Hunderte von Arten gibt, unter denen Sie wählen können, lassen sich alle auf vier Grundtypen reduzieren: aufrecht, flach, rosettenbildend und buschig. Der jeweilige Pflanzentyp braucht natürlich auch einen bestimmten Standort innerhalb eines Steingartens — sonst wirkt das Arrangement unausgewogen.

Oben: Große, flache Pflanzen, wie z.B. das Blaukissen, sehen am besten aus, wenn sie direkt hinter einen Stein gepflanzt werden, so daß sie über ihn hinausranken.

Einen Ablauf bauen

Bauen Sie einen Ablauf, um die Wasserdurchlässigkeit zu verbessern. Eigentlich handelt es sich dabei nur um ein mit Schutt aufgefülltes Loch.

1 Graben Sie ein 30 cm tiefes und breites Loch im geplanten Mittelpunkt des Steingartens.

2 Füllen Sie das Loch mit Geröll (Bruchsteinen o.ä.) und drücken Sie es fest, so daß das Wasser leicht ablaufen kann. Bedekken Sie anschließend das Loch mit Grasnarben (das Gras zeigt nach unten), damit die Erde nicht in das Loch rutscht.

Oben: Aufrechte Stauden und Koniferen am besten unten an einen Stein oder Steinhaufen pflanzen, um dem Arrangement Höhe zu verleihen.

Rechts: Rosettenbildende Pflanzen, wie z.B. die Hauswurz, in eine vertikale Spalte zwischen den Steinen pflanzen.

Oben: Gruppen einzelner Pflanzen können im Winkel zwischen den Steinen gepflanzt werden, damit die Ritzen zwischen den einzelnen Lagen gefüllt sind.

Ausmessen

Benutzen Sie Band und Pflöcke, um die Größe und Form des Steingartens auf dem Boden festzulegen und zu markieren.

Einen Steingarten anlegen

Werkzeug und Material

Eine Ladung Steine, 6-mm-Kies, Säkke mit losem Mutterboden, Band und Pflöcke zum Ausmessen, Spaten, Harke, Schaufel, Steingartenpflanzen mit unterschiedlichen Eigenschaften.

3 Den größten Stein auf seinen Platz an der unteren Spitze des V-förmigen Keils rollen — eine Spitzhacke ist dafür das geeignete Handwerkszeug. Wenn Sie Steine anheben, beugen Sie dabei die Knie.

6 Für jeden großen Stein ein Loch graben, so daß er fest in der Erde sitzt. Geben Sie Erde um ihn herum, um ihm noch mehr Festigkeit zu verleihen.

1 Tragen Sie den Mutterboden innerhalb der mit Band und Pflökken markierten Fläche ab. Guten Mutterboden aufheben, da man ihn später für den Steingarten verwenden kann.

4 Legen Sie weitere Steine, um die Seiten der V-Form zu bilden. Einförmiges, zu regelmäßiges Aussehen läßt sich vermeiden, indem man die Größe der Steine variiert und sie ungleichmäßig, aber doch im richtigen Winkel zum Mittelpunkt plaziert.

7 Bilden Sie weitere Lagen, die Sie mit Erde und Sand ausfüllen. Setzen Sie einen großen Schlußstein auf die oberste Lage.

2 Mischen Sie drei Teile Lehm und einen Teil Torf oder Gartenkompost mit einem Teil Kies. Wenn der Mutterboden gut geeignet ist, mischen Sie groben Sand unter. Die Mischung etwa 5 cm dick über die Grundfläche verteilen.

5 Wenn die erste Lage des Vs fertig ist, mehr von der Sand-Kompost-Mischung dazugeben und harken. Glätten Sie die Oberfläche mit der Rückseite des Spatens.

8 Stellen Sie die Pflanzen noch in ihren Töpfen auf den Steingarten, damit Sie entscheiden können, wo sie am besten zur Geltung kommen. Nach dem Pflanzen bedekken Sie die Oberfläche des Steingartens mit einer Lage Kies, um die Unkrautbildung zu erschweren.

Steingartenpflanzen auswählen und pflanzen

Hier einige der beliebtesten Steingartenpflanzen:

1 Fetthenne *(Sedum capa blanca atropurpureum)*, eine dichte, rosettenbildende Pflanze.

2 Reiherschnabel *(Erodium chrysanthum)* bildet von Juni bis August Blüten.

3 Fetthenne *(Sedum kamtschaticum 'Variegatum')* hat fleischige Blätter mit cremefarbenen Rändern

4 Wolfsmilch *(Euphorbia myrsinites)*, eine immergrüne, mehrjährige Pflanze.

5 Igelpolster *(Acantolinon glumaceum)*, eine immergrüne, kissenbildende Staude.

6 Steinbrech 'Knapton White' *(Saxifraga 'Knapton White')*, eine immergrüne Pflanze.

7 Phlox *(Phlox Douglasii 'Starglow')*, eine buschige, 10 cm große Pflanze.

8 Scheinzypresse *(Chamaecyparis 'Boulevard')*, im Sommer silberblau mit einer konischen Form.

9 Wucherblume *(Chrysanthemum Hosmariense)* hat von April bis Oktober weiße Blüten auf grauem Blattwerk.

10 Frauenmantel *(Alchemilla conjuncta), niedrigwachsend.*

11 Staudengeranie *(Geranium andressii)* mit schalenförmigen, lachsrosafarbenen Blüten.

12 Edelweiß *(Leontopodium 'Mignon')* hat weiße, wollige Blätter und im Frühjahr oder Frühsommer Trauben von silbrigweißen Blüten.

13 Storchschnabel *(Geranium traversii var. elegans)*, eine halbimmergrüne, rosettenbildende Staude.

14 Phlox *(Phlox 'Millstream')*, ein sich ausbreitende, mehrjährige Pflanze mit dunkelrosafarbenen Blüten im Frühsommer.

Geröllbeete

Beim Geröllbeet sind Standort und Bauweise unproblematisch. Das Ergebnis: ein Alpinum für zierliche Pflanzen, die sonst nicht in Frage kämen.

Natürliche Klimavorgänge führen in den Bergen dazu, daß große Felsbrocken in winzige Stücke zersplittert werden. Feuchter Boden liegt unter dieser tiefen Geröllschicht. Viele hübsche, zierliche Pflanzen gedeihen unter solchen Bedingungen. Wer sie bei sich im Garten sehen möchte, muß dieses ungewöhnliche Ambiente nachbilden.

Rauhe Schönheit

Geröllpflanzen zählen zu den zierlichsten und zerbrechlichsten der alpinen Gewächse, aber der Versuch, sie zu ziehen, lohnt sich auf alle Fälle. Ein Geröllbeet ist leicht zu bauen. Es kann in jeder Form oder Größe angelegt werden: vom kleinen, abgetrennten Blickfang bis zum großen Gartenbereich. Wichtigster Aspekt ist die Bodenmischung.

Perfekter Standort

Ein sonniger Hang ist der ideale Standort für das Geröllbeet. In den meisten Fällen muß man jedoch mit flachem, ebenerdigem Gelände vorliebnehmen. Da macht es Sinn, das Beet leicht ansteigen zu lassen, damit der Boden schön durchlässig wird. Der Standort muß unbedingt offen und sonnig sein. Viele Spezialpflanzen fühlen sich im Geröllbeet wohl. Es wachsen aber auch andere Steingartenpflanzen, die leichter zu ziehen sind, unter diesen Bedingungen sehr gut.

Geröllpflanzen

Hier eine kleine Pflanzenauswahl für Ihr Geröllbeet:

- **Zierliche Alpenmohnsorten wie *Papaver burseri* und *P. miyabeanum* säen sich im Nu aus.**
- **Hauswurz *(Sempervivum)* sorgt für Struktur und Form.**
- **Ochsenzunge *(Anchusa caespitosa)* trägt hellblaue Blüten über quirlständigen Blättern.**
- **Schafgarbe *(Achillea clavennae)* ist eine pelzige, teppichbildende Pflanze mit weißen Blüten.**
- **Die Glockenblume *(Campanula cochleariifolia)* ist eine kräftige Staude mit winzigen, blauen Blüten.**
- **Alpennelken *(Dianthus alpinus)* bilden stachelige Laubkissen.**
- **Steinkraut *(Alyssum montanum)* trägt wohlriechende, gelbe Blüten über pelzigen, grauen Blättern.**
- **Alpenbalsam *(Erinus alpinus)* ist eine hübsche, pflegeleichte Pflanze, die im Frühjahr mit Blüten förmlich übersät ist.**
- **Alpenleinkraut *(Linaria alpina)* blüht gelb und violett über dickem, fleischigem Laub.**
- **Alpenvergißmeinnicht *(Myosotis alpestris)* ist eine winzige Art dieser bekannten Staudenpflanze.**

Alpines Refugium

Links: Im Frühsommer bringen Sonnenröschen *(Helianthemum)*, *Euryops*, Feinstrahlaster *(Erigeron)* viel Farbe in dieses Geröllbeet. Das Beet paßt sich dem Garten insgesamt gut an.

Werkzeug & Material

Beetumrandung aus Quader- oder Backsteinen; Maurerschnüre und Setzhölzer zum Abstecken; Beetspaten; Schotter oder Bruchstein; Geröllmischung (Gartenerde, Torfersatz und grober Kies im Verhältnis 1 : 1 : 3); große Ziersteine; Gießkanne; Handgabel und Kelle; Alpenpflanzenauswahl; Kies als Deckschicht.

Rechts: Dieses hübsche, mit Thymian, Storchschnabel und Grasnelken bepflanzte Geröllbeet liegt knapp unter der Oberkante des Rasens, der dadurch leichter zu mähen ist. Das ist nur dann sinnvoll, wenn der darunterliegende Boden sehr durchlässig ist.

Oben: Je nach Garten kann man Geröllbeete in allen Größen anlegen. Selbst im winzigen Beet lassen sich interessante Pflanzen ziehen, aber nehmen Sie keine Pflanzen, die zum Wuchern neigen.

Pflanzhilfen

Das Substrat ist so durchlässig, daß Pflanzen sich im Geröllbeet u. U. schwer eingewöhnen. Beim Einsetzen kommt es daher verstärkt auf Mühe und Sorgfalt an. Gründliches Gießen beim Pflanzen und regelmäßiges Gießen danach können als Schlüssel zum Erfolg gelten.

1 Vor dem Einsetzen wird das Substrat sanft aus den Wurzeln herausgedrückt. So finden die Pflänzchen im kieshaltigen Geröllboden besseren Halt und gewöhnen sich schnell ein.

2 Die lockeren Wurzeln werden im Pflanzloch gleichmäßig ausgebreitet. Sie dürfen dabei nicht austrocknen. Wurzeln mit Geröllmischung verdecken und die Pflanze festdrücken.

3 Eine mindestens 2,5 cm dicke Deckschicht aus Kies auftragen. Nach dem Einsetzen sofort gießen und das Substrat feucht halten, bis die Jungpflanzen zu wachsen beginnen.

Das Geröllbeet anlegen

1 Beetfläche mit Schnur und Setzhölzern bzw. bei einem bogenförmigen Beet mit einem Stück Gartenschlauch abstecken. Soll ein kleines Beet mit großen Quadern umrandet werden, die Beetausmaße nach der Größe der Steine richten. Mit dem Spaten den Rasen abstechen und abtragen.

2 Die Beetfläche 30 bis 40 cm tief ausheben und die Beetfläche mit einer 15 bis 20 cm dicken Schicht Bauschutt, Schotter oder Bruchstein auslegen. Diese Steinschicht kräftig festklopfen.

3 Die gesamte Beetfläche mit abgetragenen Soden (Grasseite nach unten, eine Schicht tief) auslegen. Dadurch wird die Schotterschicht nicht durch nach unten durchgespülte Geröllmischung verstopft.

4 Randsteine dicht nebeneinander auf Stoß setzen. Die Unterkante der Umfassung muß tiefer als der Rasen liegen, damit die Steine fest zusammengehalten werden. Die Oberkante muß leicht herausragen, um den Abfluß zu gewährleisten.

5 Jeweils nach Volumen 1 Teil Gartenerde, 1 Teil Torfersatz und 3 Teile groben Kies gründlich mischen. Damit wäre die Geröllmischung fertig.

6 Ein Teil der Mischung in das Beetloch geben. Ziersteine darauflegen und unter Berücksichtigung unterschiedlicher Höhen dekorativ positionieren.

7 Rund um die Ziersteine mehr Geröllmischung geben und die restliche Beetfläche randvoll mit Geröllmischung auffüllen. Den gesamten Beetboden mit kleinen Tritten ganzflächig festtreten.

8 Das Beet reichlich gießen und die Mischung setzen lassen. Wenn sich Mulden bilden, werden sie mit Geröllmischung aufgefüllt. Erneut gießen.

9 Mit der Gabel das Beet bearbeiten, damit die Oberfläche nicht hart wird. Das Geröllbeet bepflanzen und eine Deckschicht aus Kies oder Splitt auftragen.

Alpennelken

Die reizvolle Alpennelke *(Dianthus alpinus)* ist eine bezaubernde Steingartenpflanze, die sich im durchlässigen Geröllbeet besonders wohlfühlt.

Diese hübschen Stauden bilden zierliche Kissen aus stacheligem Laub. Im Sommer sind sie mit weißen oder rosa Blüten übersät. Manchmal sieht man das Laub vor lauter Blüten nicht. Alpennelken müssen offen und sonnig stehen. Die meisten brauchen einen leicht kalkhaltigen Boden. Ausgeblühtes ausknipsen.

1 *Dianthus* 'Whatfield Wisp' trägt winzige, zartrosa bis weiße Blüten über dem für Nelken typischen Laub.

2 Bei *Dianthus* 'Prince Charming' fällt das Rosa der Blüten etwas dunkler aus. Sie blühen zahlreich in den Monaten Juni und Juli.

3 *Dianthus* 'Nyewood's Cream' trägt winzige, wohlriechende, cremefarbene Blüten.

4 *Dianthus* 'Bourboule' ist eine Alpennelke mit hellrosa Blüten und silbergrauem Laub.

5 *Dianthus* 'Pink Jewel' ist eine gepflegt wirkende, gefüllte Sorte mit kräftigrosa Blüten.

Steingarten im Trog

Alte Steintröge und Spülen sind ideale Pflanzbehälter für Gebirgs- und Steingartenpflanzen, Einjährige und Kräuterpflanzen. Man kann sie auch selber herstellen.

Tröge aus Naturstein, die früher für Pferde und andere Tiere als Tränke aufgestellt wurden, bieten Berg- und Steingartenpflanzen, Zwergbäumen und Beetpflanzen ein ideales Zuhause. Echte, alte Tröge findet man nur noch selten. Doch im Gartencenter finden Sie kostengünstige Nachbildungen aus Stein oder Terrakotta. Ein ausgedientes Ausgußbecken oder eine alte Küchenspüle kann man leicht verkleiden — oder man baut aus Tuffstein (siehe nächste Seite) einen eigenen Trog.

Der Standort

Ihr Steintrog soll im Freien und in der Sonne stehen, doch Wind oder eine Hanglage sind zu meiden. Der Trog sollte auf robusten, höchstens 45 cm großen Füßen aus Natur- oder Backstein stehen. So sieht man ihn am besten, pflegt man ihn am bequemsten — und die Abflußlöcher werden nicht verstopft. Ihr Trog wird ein schwerer Brocken. Bauen, befüllen und bepflanzen Sie ihn dort, wo er später stehen soll.

Wasserabfluß

Ein selbstgemachter Pflanzentrog muß mehrere Abflußlöcher haben. Umgebaute Küchenspülen haben sowieso einen Abfluß. Fertige Nachbildungen sind in der Regel „vorgelocht“. Die Löcher deckt man mit Scherben oder verzinktem Maschendraht zu, damit kein Kompost ausgespült wird. Der Boden wird mit Kies oder Blähtonkugeln ausgelegt. Darauf kommt das übliche Substrat, dem man für Steingartenpflanzen Kies (ein Drittel des Volumens) bzw. für Pflanzen, die einen sauren Boden vorziehen, Torf hinzugibt. Im Trog baut man sich einen Miniatursteingarten, indem man Fels- oder Tuffsteinbrocken im Substrat teilweise vergräbt.

Der Pflanzplan...

• Für den Miniaturgarten aus Trögen sind langsamwachsende, kompakte oder zwergwüchsige Pflanzen am besten geeignet. Sie wachsen nicht zu schnell und erschöpfen den Nährstoffvorrat auch nicht allzu rasch.

• Versuchen Sie, hinten größere und vorne kleinere Pflanzen einzusetzen, während Kriechpflanzen über den Rand des Steintrogs ranken, um eine weichere Wirkung zu erzielen.

• Pflanzen der Saison kann man förmlich hineinstopfen, wenn eine sofortige Wirkung gewünscht wird, aber nicht vergessen: Gut gießen und gut düngen!

Stilvolle Spülen

Links: Die Bepflanzung mit goldgelben Stiefmütterchen kontrastiert mit dem neutralen Farbton der tiefen, steinernen Spüle, die auf einem Gestell aus alten, verwitterten Backsteinen steht.

Rechts: Eine niedrige, glasierte Keramikspüle mit Rillen wurde nicht verkleidet, sondern mit einer wohlriechenden Mischung aus Bartnelken und Tabakpflanzen bepflanzt.

Links: Die beiden, mit Steingartenpflanzen verzierten, versetzt aufgestellten Natursteintröge bilden in dem mit Kies ausgelegten Terrassengarten einen interessanten Blickpunkt.

Die Gußform

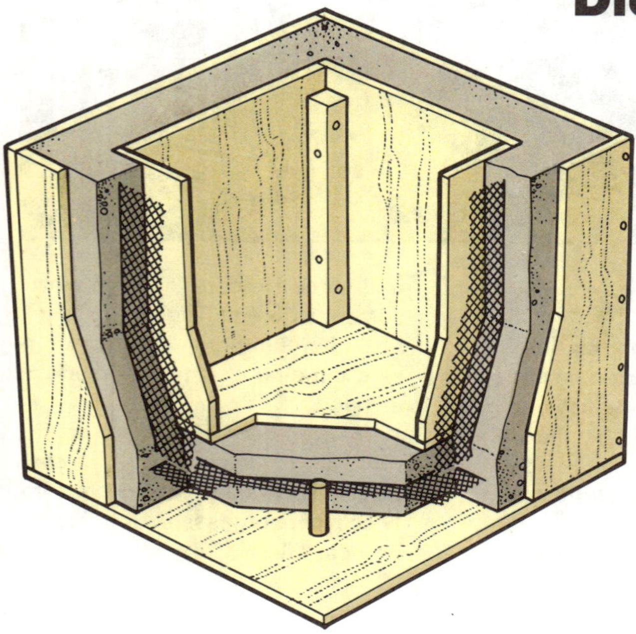

Links: Die Gußform wird aus 9-mm-Sperrholzpaneelen zusammengebaut, die zu offenen Kisten vernagelt werden. Die größere Kiste außen, die kleinere innen, und dazwischen eine 8 cm breite Lücke. Innen werden die Ecken der kleinen Kiste mit Holzstäben befestigt. So läßt sie sich leichter zerlegen. Die Tuffsteinmischung wird mit Maschendraht verstärkt.

Küchenspüle verkleiden

1 Eine glasierte Keramikspüle läßt sich verkleiden. Die Glasur wird mit einem Fliesenschneider eingeritzt, damit die Tuffsteinschicht hält.

2 Auf der Spüle außen eine Schicht Bindemittel auftragen und trocknen lassen. Auf dem Bindemittel haftet die Tuffsteinschicht besser.

3 Zwei Teile Torf (Moostorf gesiebt bzw. Torfersatz), 1 Teil groben Sand und 1 Teil Zement mit Wasser zu einer dikken Paste anmischen.

4 In Handschuhen die Mischung außen sowie über den Beckenrand nach innen bis unterhalb der Oberkante des Substrats ca. 2 cm dick auftragen.

Aus Tuffstein einen Trog gießen

Werkzeug & Material

Um aus Tuffstein einen Trog zu gießen, benötigen Sie groben Sand, Zement und Torfersatz, verzinkten Maschendraht zur Verstärkung, Holzstäbe und -dübel, Nägel, Öl, Sperrholz für die Kiste, Hammer, Säge, Kelle, Pinsel.

1 Sperrholz für die Seiten und Böden von zwei offenen Kisten (siehe Skizze S. 182) zuschneiden und vernageln. Es ist wichtig, daß das Holz so montiert ist, daß es nachher leicht auseinanderzunehmen ist.

2 Die größere Kiste innen und die kleinere Kiste außen mit Öl bestreichen, damit die Tuffsteinschicht nicht festklebt.

3 Die Tuffsteinmischung anrühren und damit den Boden der größeren Kiste 2,5 cm dick auslegen. Maschendraht zuschneiden, auflegen und eine weitere Schicht auftragen.

4 Mehrere kurze Holzdübel durch den Maschendraht schieben, um im Boden des fertigen Steintrogs Abflußlöcher zu erhalten.

5 Die kleinere Sperrholzkiste in die größere legen und Maschendraht so zuschneiden bzw. -biegen, daß er als Verstärkung genau mittig in den Freiräumen für die Außenwände steht. Auf geraden Sitz achten.

6 Mit der Kelle die Mischung auf beiden Seiten des Maschendrahts zugeben und mit einem Stück Kantholz festklopfen, damit keine Löcher oder Lücken entstehen. Randvoll auffüllen.

7 Mit Plastikfolie zudecken und ca. 1 Woche festwerden lassen. Mit Hammer und Meißel die Außenverschalung vorsichtig entfernen, dann die Innenverkleidung herausnehmen. Die Gußform vom Sperrholzboden trennen.

8 Die Oberfläche mit Hammer und Meißel bzw. Drahtbürste anrauhen und mit Flüssigdünger bestreichen, damit der Trog schneller verwittert aussieht und mit Moos und Algen bewachsen wird.

Zierlich und reizvoll

Hier sehen Sie eine kleine Auswahl aus den zahlreichen Gebirgs- und Steingartenpflanzen, die im Trog-Steingarten gedeihen.

1 Alpenglöckchen *(Soldanella alpina)* – mit gefransten lila Blüten über immergrünem Laub.
2 Alpennelke *(Dianthus alpinus)* – Im Laubteppich blühen massenweise rosarote Blüten.
3 *Vitaliana primuliflora* – eine Gebirgsprimel mit zierlichen Laubrosetten und gelben Blüten.
4 Enzian *(Gentiana verna)* – Die ungewöhnlich klaren, blauen Blüten stehen senkrecht gegen den Himmel.
5 *Primula farinosa* – eine Primelart mit winzigen, runden Blüten am langen Stiel.
6 Silberwurz *(Dryas octopetala)* – Auf die cremefarbenen Blüten folgen federartige Samenhülsen.
7 Gedenkemein *(Omphalodes luciliae)* – Aus dem grauen Laub wachsen rosa Knospen heraus, die zu himmelblauen Blüten werden.
8 *Gentiana verna angulosa* – eine Enziansorte, die hervorragend im Steintrog gedeiht.
9 Sauerklee *(Oxalis enneaphylla)* – grüngraues Laub mit rosa oder weißen Blüten.
10 *Primula marginata* 'Linda Pope' – Das gräuliche Laub kontrastiert gut mit den lila Blüten.
11 Steinbrech *(Saxifraga oppositifolia)* – mit rosaroten Blüten.

Ein Parterre

Ein Parterre ist nicht nur faszinierend, sondern erinnert auch an die großen Gärten der Vergangenheit.

Knotenmuster und geometrische Formen aus verflochtenen Strängen sind für ein Parterre typisch. Nicht nur im England des 16. und 17. Jh. waren sie bei Textilien, Möbeln und als Innendekor beliebt. Auch im Garten fanden solche Formen bald Freunde, wobei die Formen durch niedrige, immergrüne Hecken aus Buchsbaum, Thymian, Rosmarin und Lavendel gebildet wurden. Heute ist der elisabethanische Knotengarten eine Möglichkeit, selbst im kleinsten Garten durch Formstrenge Interesse zu wecken. Darüber hinaus gibt er Ihnen die Gelegenheit, eigene Gestaltungsideen in die Tat umzusetzen.

Klar definiert

Da ein Knotengarten aus klar definierten geometrischen Formen besteht, ist sorgfältige Planung unerläßlich. Das Ziel: kontinuierliche Pflanzen-Stränge zu bilden, die wie Knoten miteinander verflochten sind. Diesen Effekt erzielt man, indem man an Kreuzungspunkten jeweils den einen Hecken-Querstrang kürzer schneidet als den anderen. Dadurch sieht es so aus, als ob die höhere Hecke über die niedrigere Hecke wächst. Man muß also fleißig schneiden, und das will bedacht werden, wenn man mit dem Gedanken spielt, ein Parterre anzulegen. Wenn die Hekken nicht regelmäßig geschnitten werden, sehen sie bald ungepflegt aus.

Planen & pflanzen

- **Im Planungsstadium muß man beachten, daß die einfachsten Muster meistens auch die besten sind. Jeder, der den Knoten sieht, muß ihn im geistigen Auge leicht „auflösen“ können.**
- **Das Muster zuerst auf Papier festhalten und festlegen, welche Stränge unter- und übereinandergeführt werden. Sie können Muster aus Büchern und öffentlichen Gärten übernehmen oder sich von Textilien und Dekostoffen inspirieren lassen.**
- **Suchen Sie sich Pflanzen aus, die von Natur aus klein sind und dichtes, immergrünes Laub tragen. Farb- und Formvariationen sind beim Laub unerläßlich, um die Unterschiede zwischen den sich kreuzenden Strängen zu unterstreichen.**
- **Traditionell wird das Areal innerhalb der Fadenmuster mit Kies oder farbigem Sand bestreut. Man kann es aber auch mit Blühpflanzen versehen, wenn diese klein sind und das Muster nicht beeinträchtigen.**
- **Wenn die Innenflächen mit Kies oder Sand bestreut werden, empfiehlt es sich, sie vorher mit schwarzer Kunststoffolie auszulegen, um Unkraut zu unterdrücken.**
- **Echte Knotengärten bestehen ausschließlich aus verflochtenen Strängen. Es gibt jedoch auch offene Knoten, bei denen das geometrische Muster aus mehreren getrennten Beeten mit durchgehenden Hecken besteht.**

Die Knoten auflösen

Werkzeug & Material

Bleistift, Lineal, Zirkel, Millimeterpapier, Bandmaß, Schnüre und Steckhölzer, Stock, Holzlatte, leere Flasche, Sand, Kelle, Knochenmehl, Laubkompost, Kies, Schaufel und kleine Heckenpflanzen wie Buchsbaum, Lavendel, Heiligenkraut, Thymian, Majoran und Rosmarin.

Oben: Um wirkungsvoll zu sein, müssen die Pflanzen nicht unbedingt so formstreng zugeschnitten werden, wie man es hier sieht. Die Zwischenräume wurden hier mit gehäckselter Baumrinde gefüllt.

Rechts: Kontraste bei den Laubfarben und der Struktur betonen die Kreuzungspunkte der Stränge. Hier sieht man, wie Höhenunterschiede den Eindruck erwekken, daß Hecken sich unter- bzw. übereinander kreuzen. Die Rautenform in der Mitte verbindet die einzelnen Bestandteile des Musters.

Lücken füllen

Wer die Stränge des Knotengartens entworfen und eingesetzt hat, muß entscheiden, was aus den Innenflächen werden soll. Eine Kiesschicht sorgt dafür, daß das Knotenmuster deutlich hervortritt. Deshalb hält man auch alle anderen Lösungen möglichst einfach.

1 Die Lücken füllt man mit niedrigwüchsigen oder aufrechten Pflanzen. Jeweils nur eine Pflanzenart oder -farbe verwenden. Hier handelt es sich um Zwergschwertlilien.

2 Als Alternative kommen Kiessorten in unterschiedlichen Farbtönen in Frage, aber lieber nicht zu kontrastreich. Gedämpfte Farbtöne sind hier am besten geeignet.

3 Früher wurden farbige Erde, Kreide, Kohlenstaub, Sand usw. benutzt. Diese ggf. untermischen, um im Boden den Farbton eher anzudeuten als ihn ganz zu färben.

Den Knotengarten pflanzen

1 Bevor Sie die Pflanzen einsetzen, zeichnen Sie das Muster auf Millimeterpapier. Der Knoten muß gleichmäßig und geometrisch sein. Merken Sie sich, welche Stränge unter und welche über die Querstränge geführt werden.

2 Die gesamte Fläche durchgraben und mit der Harke zur feinen Krume verarbeiten. Wenn die Größe feststeht, Planquadrate abstecken, um die Übertragung vom Papier auf den Boden zu vereinfachen.

3 Wenn das Gitternetz fertig ist, wird das Muster planquadratweise mit einem Stock auf den Boden gezeichnet. Mit einer Holzlatte als Führungsschiene die geraden Linien zeichnen.

4 Wer mit dem Muster zufrieden ist, zeichnet die Linien mit Sand nach. Aus der Flasche läßt sich Sand leichter streuen. Bogenlinien zeichnet man, indem man die Flasche mit einem Stück Bindfaden an einem Stock befestigt, der im Boden steckt.

5 Wenn das Muster gekennzeichnet ist, entfernt man Schnüre und Steckhölzer und legt die Heckenpflanzen in ihren Töpfen aus. Pflanzabstände sollen von Stamm zu Stamm ca. 30 cm betragen (Lineal als Abstandhalter verwenden).

6 Dort, wo sich zwei Stränge kreuzen, darauf achten, daß die richtige Pflanzenlinie (diejenige, die über den Querstrang geführt wird) fortgeführt wird.

7 Für jede Pflanze ein Loch graben, und eine Handvoll Knochenmehl und Laubkompost untermischen. Pflanzen in der gleichen Tiefe wie im Topf einsetzen.

8 Rund um die Pflanzen den Boden festdrücken. Mit der Gartenschere beschädigte, kranke oder schwach ausgebildete Äste entfernen.

9 Kies ca. 5 cm tief auftragen und ausharken. Pflanzen fortlaufend schneiden, damit sie die Form beibehalten und kontinuierliche Bänder bilden, die später mit der Heckenschere bearbeitet werden.

Im Mittelpunkt

Wer die Zwischenräume innerhalb der Hecken bepflanzen möchte, sollte Schwertlilien verwenden, weil sie ordentlich wirken und aufrecht stehen.

Schwertlilien gibt es in Hülle und Fülle. Alle tragen einmalige, farbenprächtige Blüten. Jede Blüte besteht aus drei herabgeneigten und drei aufrechten Blättern. Von der Bart-Iris mit buntem, behaartem Hahnenkamm in der Mitte der nach unten geneigten Blätter gibt es die meisten Sorten. Das Laub ist meist schwertförmig ausgebildet, manchmal auch immergrün. Schwertlilien haben in der Mehrzahl Rhizome. Zwiebel- und Knollen-Iris gibt es jedoch auch. Die Vermehrung erfolgt durch Teilen im Spätsommer oder durch Aussaat im Herbst.

1 *I.* 'Empress of India'.
2 *I.* 'Chantilly'.
3 *I.* 'Harriet Halloway'.
4 *I. siberica*.
5 *I.* 'Braithwaite'.

Schutz für Obstbäume

Alle Weichobstarten schmecken auch den Vögeln. Deshalb sollte man die Pflaumen schützen.

Gartenerzeugnisse Marke Eigenbau sind stets besser als das, was man im Laden kaufen kann, und sei es nur wegen des Glücksgefühls, das man empfindet, wenn man selbst erntet. Überaus reizvoll ist auch die Vorstellung, daß man nur in den Garten geht, um genau das zu pflücken, was man braucht. Das gilt ganz besonders für Weichobst, das im Sommer eine reichliche Ernte verspricht, wenn Sie — und nicht die Vögel — zuerst da sind!

Riesenschaden

Liebend gerne fressen Vögel die Knospen und das Obst von Obststräuchern und -bäumen. Sie können Schaden anrichten, wenn Sie Ihre Ernte nicht schützen. Einzelne Sträucher und Bäume kann man mit Netz von der Rolle und sogar mit alten Spitzengardinen schützen, aber das Netz muß jedes Mal entfernt werden, wenn man ernten will. Weitaus bequemer, wenn Sie viel Obst anbauen, ist es, ein begehbares Schutzgitter zu bauen. Sie können es aus mit Nylon oder Draht bespannten Holzpfosten und -streben bauen, oder Sie kaufen einen Bausatz.

Leicht gemacht

Der Umgang mit einem Bausatz ist einfacher, weil alle Teile zugeschnitten sind und Sie sie nur noch zusammenfügen müssen. Die Modulbauweise bedeutet, daß die Größe jeweils angepaßt werden kann. In der Regel kann man die Teile allein zusammenfügen. Ein Helfer ist jedoch immer nützlich.

Wichtige Hinweise

• Das Schutzgitter nie dort bauen, wo Feuer gemacht wird, da die heiße Asche das Netz beschädigt.
• Die Pfosten nie in die Erde hämmern, da das Hohlrohr beschädigt wird und die Eckverbindungen nicht mehr passen.
• 2 bis 3 Wochen nach dem Aufbau die Spannung des Deckennetzes überprüfen. Es hängt vielleicht durch.
• Wenn Sie für die „Decke" feinmaschiges Netz verwendet haben, sollten Sie es im Winter abmachen, da das Gewicht des Schnees den Rahmen beschädigen könnte.
• Informieren Sie unbedingt Ihre Hausratversicherung, damit das Schutzgitter gegen Sturmschaden versichert ist.

Alles im Rahmen

Unten: Dieses Schutzgitter ist Teil eines gepflegten Gemüsegartens.

Oben: Nylonnetz wird oben und seitlich über den Rahmen gespannt.

Unten: Ein Rahmen mit Maschendraht.

Links: Die Modulbauweise der Bausätze macht's möglich: Mit Zwischenpfosten kann das Schutzgitter ein sehr weitreichendes Areal einbeziehen.

Bausatzkunde

Die Bausätze bestehen in der Regel aus einem Hohlrohrrahmen (Steckrohre), wobei die Pfosten einfach in den Boden gedrückt werden. Das Nylonnetz wird mit Riemen und S-Haken an den Rahmen und mit Heringen in der Erde befestigt.

So geht es

Bevor Sie mit dem Aufbau beginnen, räumen Sie die Stellfläche auf, damit Sie Platz zum Arbeiten haben.

Sie müssen als erstes den Oberrahmen zusammenstellen, um den Standort der Pfosten abstecken zu können.

1 Legen Sie Teile des Oberrahmens in der richtigen Reihenfolge auf den Boden.

2 Entscheiden Sie, wo die Tür hinkommen soll, und befestigen Sie die Türsteckhülse.

3 Die Oberrohre in die Steckhülsen der Eckbefestigungen stecken und festdrücken.

4 Mit einem Hammer und dem Lochstecher aus dem Bausatz Löcher für die Eckpfosten machen.

Bauanleitung für das Schutzgitter

Werkzeug & Material

Der Bausatz für das Schutzgitter bestehend aus: Hohlrohrpfosten und -oberrohren, Eckbefestigungen, Türrahmen, Scharnieren, Klinke, Schnäpper, Ober- und Seitennetzen, Riemen, Heringen, Locheisen, Hammer, Schraubenzieher, Wasserwaage, Maßband.

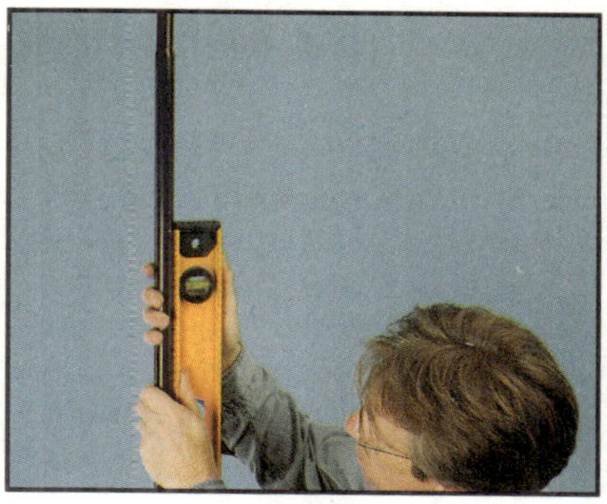

1 **Nachdem Sie den Rahmen zusammengesteckt und Löcher für die Pfosten gegraben haben, die Pfosten aufstellen. Mit einer Wasserwaage prüfen, ob sie senkrecht stehen. Fest in die Erde drücken. Die Türsteckhülse wird evtl. etwas anders befestigt.**

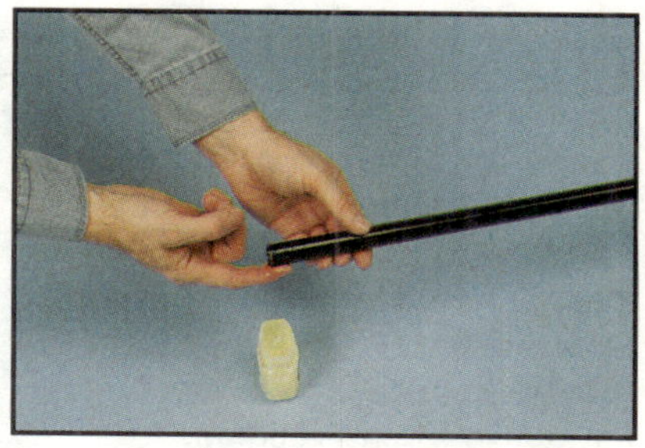

2 **Um zu verhindern, daß die Enden der Pfosten und Oberrohre verrosten, und um sie leichter in die Eckbefestigung hineinzubekommen, werden sie mit Schmierfett eingerieben.**

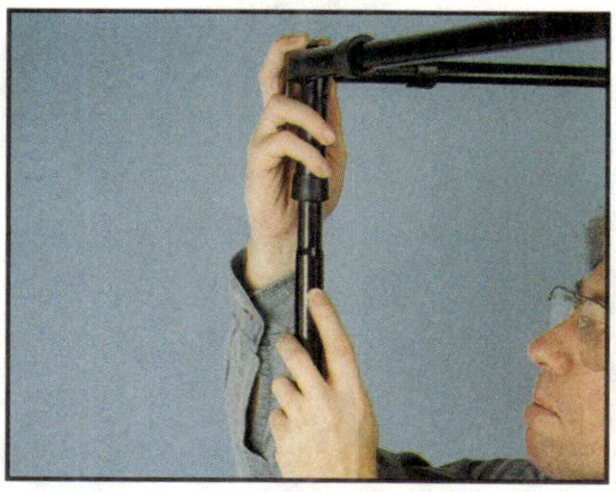

3 **Wenn die Pfosten stehen, wird der Rahmen angehoben und aufgesteckt. Sicherstellen, daß die Pfosten in den Eckbefestigungen festsitzen. Das können Sie zwar alleine machen, aber mit Hilfe eines Freundes ist es noch etwas einfacher.**

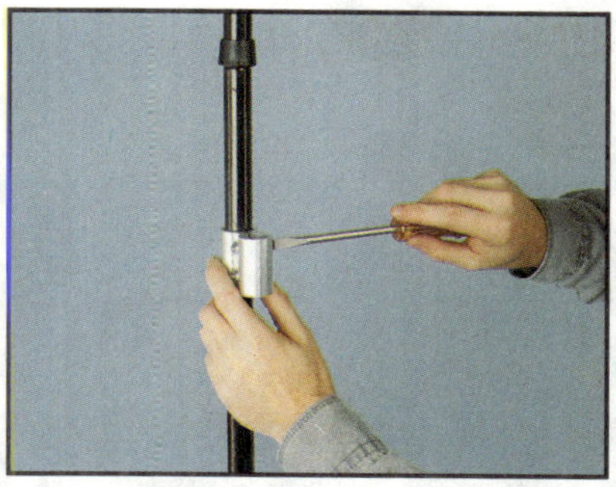

4 **Türscharniere an den richtigen Pfosten festschrauben. Das untere Scharnier muß einen vernünftigen Bodenabstand haben. Schnäpper am gegenüberliegenden Pfosten befestigen.**

5 **Bringen Sie den Türrahmen an den Scharnieren an, indem Sie die Tür auf den Stift aufsetzen und den Rahmen festdrücken. Stellen Sie die Klinke senkrecht und bringen Sie oben an der Tür den zweiten Schnäpper an.**

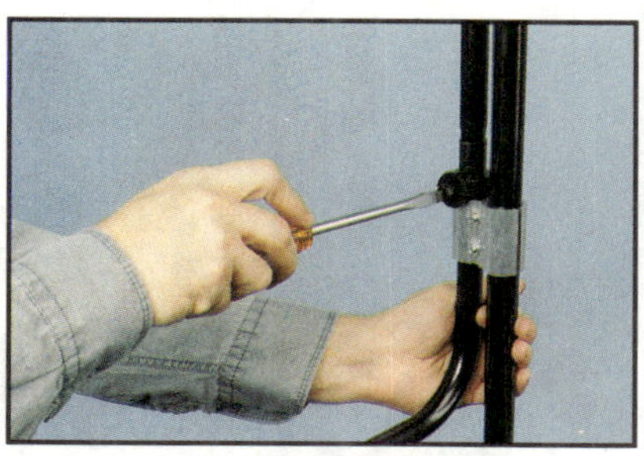

6 **Stopper über dem unteren Scharnier anbringen, um die Höhe des Türrahmens zu justieren. Die Tür muß Bodenfreiheit haben. Der Stopper verhindert, daß der untere Teil des Türrahmens aus der Halterung herausfällt.**

7 **Das seitliche Netz um den Rahmen abrollen und mit S-Haken an den Türpfosten befestigen. Das Netz wird mit Riemen an den Oberrohr festgebunden. Das freie Ende des Netzes führen Sie um die Türoberkante und befestigen es dann mit S-Haken.**

8 **Das seitliche Netz des Schutzgitters mit Heringen in ca. 30-cm-Abständen in der Erde festmachen. Das obere Netz wird jetzt über den Rahmen gespannt. Ziehen Sie es von der Mitte aus fest, und befestigen Sie das obere Netz mit S-Haken am seitlichen Netz.**

Gute Ernte

Wer im Schutzgitter Obst anbaut, kann einer reichen Ernte sicher sein. Hier sind nur einige der vielen Obstsorten, die Sie vielleicht züchten möchten:

1 Rote Johannisbeere 'Raby Castle' – mit Trauben von knallroten Früchten.
2 Himbeere 'Heritage' – Erntezeit Spätsommer/Frühherbst.
3 Stachelbeere 'Black Seedling' – mit dunkelroten Früchten.
4 Pflaume 'Victoria' – für eine reiche Ernte eiförmiger Früchte.
5 Himbeere 'Malling Jewel' – Feste Früchte bester Qualität reifen in der Saisonmitte. Zwei Pflanzen an jeden Stab hochbinden.
6 Stachelbeere 'Careless' – reift in der Saisonmitte, schmackhafte Früchte.
7 Schwarze Johannisbeere 'Tsema' – eine frühreifende Sorte.
8 Die Taybeere ist eine Hybride mit einem guten Ernteertrag im Hochsommer.

Licht im Garten

Leuchten im Garten weisen nicht nur am Abend den Weg, sondern dienen zur Betonung von Pflanzen. Die Installation von Niederspannungsleuchten ist einfach und gefahrlos.

Gartenbeleuchtung kann funktionell sein. Sie erhellt einen Weg, eine Zufahrt, einen Grillbereich. Oder sie wirkt einfach dekorativ, indem sie auf schöne Bäume, Pflanzen oder andere Besonderheiten hinweist. Nach Anbruch der Dunkelheit können Sie Ihren Garten effektvoll beleuchten.

Sicherer Strom

Gartenleuchten stehen unter Niederspannung: harmlosen 24 Volt. Bausätze enthalten alles, was Sie brauchen. Die Installation ist von Marke zu Marke im Detail unterschiedlich, aber im Prinzip gleich. Ein Trafo wandelt den Steckdosenstrom in einen ungefährlichen Schwachstrom um, der keinen Schaden anrichtet, wenn Sie den Stromkreis versehentlich schließen. Die Leuchten haben in der Regel unten spitze Dornen und lassen sich im Beet oder auf dem Rasen in die Erde stecken. Ein Kabel von der Trommel wird durch den Garten gezogen und bei den Leuchten festgeklemmt. Die Klemmen durchstechen das Kabel. Somit kann eine Lampe überall aufgestellt werden. Das Kabel muß man nicht vergraben, da die Farbe nicht auffällt. Aber es kann natürlich durch ein im Garten vergrabenes Rohr gezogen werden.

Stilfragen

Leuchten in unterschiedlichem Stil wurden für verschiedene Gartenbereiche konzipiert. Pfosten sollen in der Regel neben Stufen, Wegen und Zufahrten stehen. Runde und verdeckte Leuchten wirken im Freien am besten: auf der Terrasse, am Pool, im Grillbereich. Scheinwerfer (einige haben austauschbare, farbige Gläser) erhellen am besten Solitärpflanzen, Stauden, Bäume und Statuen.

Lichteffekte

- **Beleuchten Sie die Zufahrt oder den Weg zur Haustür, um Gäste zu begrüßen, oder eine Treppe, damit Sie nachts nicht stolpern.**
- **Betonen Sie eine besonders attraktive Staude, einen Baum oder etwas Besonderes im Garten. Richtig angebrachte Leuchten können einen warmen, behaglichen, ja sogar farbenfreudigen Glanz im Garten erzeugen.**
- **Beleuchten Sie den Grill-, Pool- oder Terrassenbereich, wenn an warmen Sommerabenden eine Party stattfindet. Niederspannungsleuchten kann man mit Fackeln und Kerzen verbinden (siehe Seite 196)**

Oben: Leuchten in mehreren Farben, die hinter Felsen oder Stauden versteckt sind, geben hier um den Teich ein warmes, belebendes Licht ab.
Rechts: Kugelleuchten strahlen auf Terrasse und Freiflächen im Garten in alle Richtungen Licht aus.

Einfach verbunden

Elektrische Verbindungen mit dem Niederspannungskabel erfolgen über die im Bausatz mitgelieferte Druckverbindung.

Das Verbindungselement am Ende des aus der Leuchte herausragenden Kabels enthält zwei Dorne. Wenn die Verbindung zugedrückt wird, stechen sie die Kunststoffhülle der beiden Drähte durch und stellen die Verbindung her. Da der Trafo die Spannung von 220 V auf sichere 24 V reduziert, würden Sie, selbst wenn Sie mit einem Spaten das Kabel durchtrennen, keinen tödlichen Schlag bekommen.

Oben: Nach unten gerichtete Scheinwerfer beleuchten den Weg zur Haustür nebst Mauerpflanzen.
Unten: Gartenleuchten rücken Statuen und Pflanzen ins rechte Licht.

Die Installation

Werkzeuge & Materialien

Für die Montage und Installation der Leuchten brauchen Sie kein Werkzeug. Der Bausatz enthält Leuchte, Hering, Schnappverschlüsse, Trafo und Niederspannungskabel.

1 Zuerst die Leitung durch Hering und Pfosten ziehen und anschließend die Lampenfassung in den Stützkragen montieren.

2 Den Stützkragen am Schirm befestigen und den Schirm auf den Pfosten stecken. Eventuelle weitere Leuchten genauso montieren.

3 Die montierten Leuchten an den von Ihnen ausgesuchten Standorten in den weichen Boden drücken. Dabei keine Gewalt anwenden! Harten Boden vorher ausgraben, um sicherzugehen, daß der Hering nicht blockiert wird.

4 Niederspannungskabel von der nächsten Steckdose im Haus oder Nebengebäude rund um den Garten neben den Leuchten verlegen.

5 Das Kabel über die beiden Dorne der Schnappverschlüsse legen und zudrücken. Die Isolierschicht wird durchstochen und die Verbindung mit den stromführenden Drähten hergestellt.

6 Den Verschluß noch einmal zudrücken, so daß die Verbindung fest umhüllt ist. Wenn beide Hälften zuschnappen, ist die Verbindung vollzogen.

7 Den Stecker am Kabelende in den Adapter stecken. Es wirkt natürlich viel ordentlicher, wenn der Adapter an einer Wand befestigt wird.

8 Den Adapter in die Steckdose stecken, und den Strom einschalten. Nachsehen, ob alle Lichter brennen. Bei Ausfällen zuerst die Glühbirnen und dann die Kabelverbindungen überprüfen.

Flackerndes Licht

Kerzen, Laternen und Fackeln ergänzen sinnvoll Ihre Niederspannungsgartenbeleuchtung. Die Sommerparty wird dadurch etwas ganz Besonderes.

1 Diese charmante Laterne aus Metall enthält eine Haushaltskerze. Sie wirkt auf dem Eßtisch als Blickfang und läßt sich auch in Bäumen oder an Wänden aufhängen.

2 Der kleine Blecheimer enthält eine Kerze mit Duftstoffen, die Insekten vertreiben, damit Ihre gute Laune nicht von Insektenstichen beeinträchtigt wird.

3 Gartenfackeln lassen sich leicht in die Erde stecken, um Terrasse oder Grillbereich mit einem romantisch-flackernden Licht zu erfüllen.

4 Ein mit einer Duftkerze gefüllter Tontopf sorgt für ein wohlriechendes Aroma.

Ein Folienteich

Teichfolie macht es möglich, daß Sie sich einen Teich ganz nach Ihren Vorstellungen bauen können. Und so wird es gemacht.

Ein Teich zählt zu den größten Attraktionen, die Sie sich im Garten schaffen können. Das Wasser ist schließlich eine Bereicherung des Gartens, die es Ihnen nicht nur ermöglicht, Wasser- und Sumpfpflanzen zu züchten. Es zieht Tiere, Vögel und Insekten an und kann ein Zuhause für Zierfische sein. Immer vorausgesetzt, der Teichboden ist wasserdicht. Und dafür gibt es Teichfolie.

Welches Material?

500er Polyäthylen ist die preisgünstigste Lösung. Es wird in Dunkel angeboten und doppelt ausgelegt. PE-Folie bekommt aber leicht Löcher und wird in der Sonne spröde. Sie hält maximal 5 Jahre.
PVC-Folie ist teurer, hat aber im Durchschnitt die doppelte Lebensdauer. Gewöhnliche Teichfolie besteht aus zwei miteinander verklebten PVC-Schichten. Bei der verstärkten Folie befindet sich ein Maschenstoff aus Nylon zwischen den PVC-Schichten. Die eine Seite ist in der Regel grün, die andere steinfarben. PVC hat die gleichen Schwachpunkte wie PE-Folie, aber die Löcher sind leicht geflickt.
Am teuersten ist Butyl-Gummi. Seine Lebensdauer beträgt dafür bis zu 50 Jahre. Diese Folie ist in Schwarz, Dunkelgrau und Steinfarben lieferbar. Sie ist hochresistent gegen Materialverschlechterung durch Sonneneinstrahlung.

Der Standort

Wählen Sie keinen schattigen Platz, denn Wasserpflanzen können sich im Schatten nicht voll entwickeln, und wählen Sie auch keinen Platz unter Laubbäumen, die jährlich im Herbst den Teich verstopfen und das Wasser verschmutzen. Der beste Standort ist eine sonnige, vor Wind einigermaßen geschützte Lage.

Form und Größe

• Teichfolie läßt Ihnen die Wahl, was die Form und Größe Ihres Teiches betrifft.

• Als Faustregel gilt: je größer, desto besser.
Winzige Teiche können mickrig wirken. Sie schaffen auch nicht so schnell den natürlichen Ausgleich zwischen Pflanzen- und Tierleben, der in größeren Teichen rasch erreicht wird.

• Wenn Sie Fische halten wollen, hängt die Teichgröße von deren Zahl ab. Auch hier eine Faustregel: je Quadratmeter Oberfläche 10 Fische von 5 bis 7,5 cm Länge. Bei größeren Fischen erkundigen Sie sich im Fachhandel.

• In einem formstreng angelegten Garten wirkt ein quadratischer, rechteckiger oder runder Teich in der Regel am besten. Im zwanglosen Garten wirken unregelmäßige Formen besser.

Wie man ihn anlegt

Um einen in den Boden eingelassenen Teich zu bauen, legt man die Teichfolie auf einer Schicht aus Sand, feuchtem Zeitungspapier oder einem sonstigen Unterlegstoff aus. Kleine Falten lassen sich meist wegdrücken, während größere glattgezogen oder flachgepreßt werden müssen.

Wenn der Teich gefüllt ist, wird die überschüssige Folie bis auf einen schmalen Rand abgeschnitten. Er wird mit Pflastersteinen, Rasen oder Ähnlichem befestigt.

Top-Teiche

Oben: Wenn der Rasen bis zum Rand reicht und der Rand von Uferpflanzen bewachsen ist, kann auch ein künstlicher Teich sehr natürlich wirken.

Links: Ein fest etablierter Teich mit Wasserpflanzen und Fischen ist eine Augenweide. Hier verdecken Steine die Teichfolie.

Oben: Teichfolie ist für einen erhabenen, hier mit Holzplanken überbrückten Terrassenteich ideal.

Werkzeug & Material

Teichfolie, Sand, Zeitungspapier oder Unterlegstoff, Gartenschlauch, Seil oder Schnüre und Steckhölzer, Bandmaß, Spaten, Spitzhacke, Wasserwaage, Holzrest mit gerader Kante, Backsteine, Messer, Materialien für den Teichrand, Sand und Zement.

Teichrand

Wie Sie den Teichrand gestalten, hängt davon ab, ob er formstreng oder zwanglos wirken soll.

1 Zwanglos wirkt es, wenn Sie rund um den Teich den Rasen wieder ausrollen. Er muß sorgfältig gemäht werden, wenn kein Rasenschnitt ins Wasser fallen soll. Eventuell die Heckenschere benutzen.

2 Wenn der Teichrand hart sein soll, verlegen Sie Pflastersteine in einem Mörtelbett. Quadratische oder rechteckige Steine für den formstrengen, Mosaikpflaster für den zwanglosen Teich.

3 Als Alternative zum Pflaster kann man Kieselsteine in Mörtel verlegen. Das Ungleichmäßige wirkt gerade natürlich. (Achten Sie stets auf Vorsichtsmaßnahmen für Kleinkinder.)

Teichfolie verlegen

1 Die Teichkonturen mit einem Seil oder einem Gartenschlauch abstecken. (Für eine geometrische Form sind Schnüre und Setzhölzer besser geeignet.) Die Form nach Bedarf korrigieren und mit Sand kennzeichnen. Seil, Schlauch, Schnüre und Setzhölzer wegnehmen.

2 Dann wird der Rasen ausgestochen. Sorgfältig aufrollen, wenn er um den Teichrand verlegt werden soll. Man könnte ihn auch an einer anderen Stelle im Garten verlegen bzw. kleinhakken und kompostieren.

3 Den Randbereich ausgraben. Mindesttiefe und -breite ca. 25 cm. Beim großen Teich darf er ruhig noch breiter sein. Rundherum den Boden gut festdrücken.

4 Die Mitte rund 60 cm tief ausgraben. Die Seiten nicht zu steil anlegen, da sie sonst wegrutschen können. Ein Gefälle von 33% ist ideal. Auch hier den Boden gut festdrücken und Wurzeln oder scharfe Steine entfernen.

5 Mit Holzlatte und Wasserwaage (und ggf. einem Setzholz in Teichmitte) prüfen, ob Rand und Randbereich rundherum waagerecht sind. Zum Ausgleich ggf. Erde abtragen oder hinzugeben.

6 Das Loch mit Isoliermaterial (Sand, Zeitungspapier oder einem vom Folienhersteller empfohlenen Unterlegstoff) auslegen. Sand oder Zeitungspapier anfeuchten und den Konturen anpassen. Unterlegstoff zuschneiden, damit er flach liegt.

7 Teichfolie auslegen, größere Falten zurechtziehen, den Rand mit Backsteinen befestigen und mit dem Gartenschlauch nach und nach Wasser in den Teich einlassen.

8 Während das Wasser einläuft, kleine Falten mit der Hand glattstreichen. Backsteine entfernen, damit sich die Folie nicht zu sehr ausdehnt. Aufgrund der Form werden einige Falten unweigerlich bleiben, aber die Umrandung hilft, sie zu verdecken.

9 Wenn der Teich voll ist, wird die Folie bis auf einen ca. 15 cm breiten Rand abgeschnitten, den die Umrandung festhalten wird. Pflastersteine sollten ca. 5 cm überhängen, um die Folie vor der Sonne zu schützen. Sie müssen im Mörtelbett liegen.

Am Rande

Wenn der Teich natürlich wirken soll, muß der Folienrand verdeckt werden. Am besten den Randbereich bepflanzen. Hier einige Pflanzen zum Ausprobieren.

1 Pfennigkraut *(Lysimachia nummularia)* breitet sich rasch aus.
2 Kreuzkraut *(Ligularia dentata)* mit herzförmigen Blättern und gänseblümchenartigen Blüten im Sommer wächst hoch und in Gruppen.
3 Wassernabel *(Hydrocotyle vulgaris)* ist eine gute Kriechpflanze für den Randbereich.
4 Die Schwertlilie *(Iris pseudacorus* 'Variegata') wächst im Wasser. Sie trägt gelbe Blüten und hat gelbgrün gestreifte Blätter.
5 Die Etagenprimel *(Primula pulverulenta)* ist als Teichrandpflanze ideal.
6 Der Knöterich *(Polygonum affine* 'Donald Lowndes') zeigt im Sommer kleine, rote Blüten.
7 Blutweiderich *(Lythrum salicaria)* trägt im Sommer dunkelrote Blüten.
8 Der Buntblättrige Kalmus *(Acorus calamus* 'Variegatus') hat Blätter mit cremefarbenen Markierungen und einem Orangenduft.

Ein erhabener Teich

Im erhabenen Teich mit Backsteinmauer bringt man Wasser und faszinierende Wasserpflanzen auf die Terrasse. So legt man ihn an.

Ohne Frage zählt der Teich zu den attraktivsten Ergänzungen, die man im Garten anlegen kann. Er dient hübschen Wasserpflanzen und Zierfischen als Zuhause und zieht alle erdenklichen Tiere und Insekten an. Wer auf der Terrasse einen erhabenen Teich (im Gegensatz zum ebenerdigen unten im Garten) anlegt, genießt den zusätzlichen Vorteil, daß man alles vom Haus aus bewundern kann.

Vorteile

Der Hauptvorteil eines erhabenen Teiches: Man kann leichter an ihm arbeiten, die Fische füttern oder die Pflanzen zurückschneiden, als wenn er zu ebener Erde läge. Weitere Vorteile: Grasschnitt fliegt beim Rasenmähen nicht in den Teich hinein, und da, wo es kleine Kinder gibt, werden sie so schnell nicht in den Teich hineinfallen.

Bei der Planung eines erhabenen Teiches kommt es entscheidend auf die Stabilität an. In Wirklichkeit legen Sie einen kleinen Staudamm an. Das Gewicht des Wassers wird einen kräftigen Druck auf die Mauern ausüben. Für einen Teich mit einer Tiefe von ca. 60 cm, der idealen Tiefe, wenn Sie Fische halten wollen, braucht man 22,5 cm dicke Mauern bzw. Mauern aus Back- und Verbundsteinen (siehe Seite 203). Da der Teich mit Folie ausgelegt wird, ist es sinnvoll, auf der Innenseite Leichtbetonsteine zu verwenden. Sie sind billiger als Back- oder Klinkersteine und werden später von der Folie verdeckt. Außerdem lassen sie sich schneller verlegen, da sie größer sind (ungefähr drei Backsteine entsprechen einem Leichtbetonstein). Auf der Außenseite sollten Sie aus dekorativen Gründen jedoch Back- oder Klinkersteine verwenden.

Folie & Abschluß

• Einen Teich dieser Art kann man zwar mit wasserdichtem Zement innen verputzen, doch der Arbeitsaufwand ist dafür sehr groß. Empfehlenswert ist elastische Teichfolie, die sich weitaus einfacher und bequemer handhaben läßt. Da der Teich auf Dauer angelegt wird, lohnt es sich, qualitativ hochwertige Folie zu kaufen.

• Auf die Teichmauern setzt man am besten Kappensteine, die die Folienkanten festhalten und vor der Sonne schützen, die sie beschädigen kann. Breite Kappensteine können auch als Sitzfläche genutzt werden. So können Sie und Ihre Gäste das Wasser mit seinen Pflanzen und Fischen von nahem genießen.

Die Teichkonstruktion

Der Teichboden wird mit einer 5 cm dicken Sandschicht als Unterlage für die Folie ausgelegt. Diese wird wie abgebildet an den Ecken gefaltet. Oben werden die Kanten durch Kappensteine festgehalten.

Die Konstruktion beruht auf doppelwandigen Mauern. Die Innenwand aus Leichtbetonsteinen wird durch die Außenhaut aus dekorativ verlegtem Klinker verdeckt.

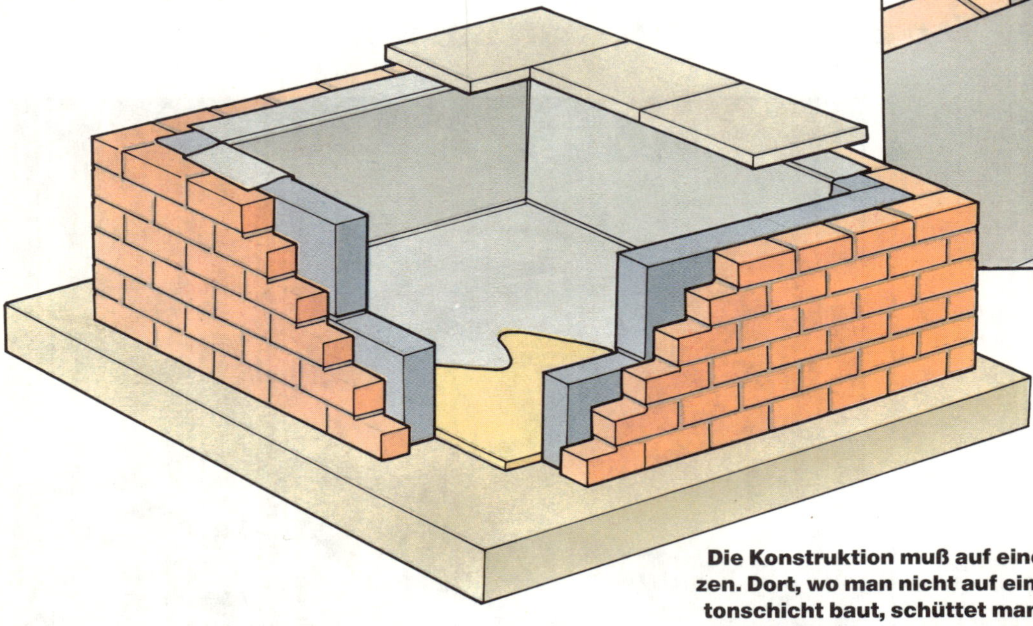

Die Konstruktion muß auf einem festen Fundament sitzen. Dort, wo man nicht auf eine bereits vorhandene Betonschicht baut, schüttet man eine 7,5 cm dicke Betonschicht auf eine Fläche, die an allen Seiten ca. 30 cm breiter als der Teich ist.

Die Teichfolie befestigen

Die Teichfolie wird innerhalb des Mauerwerks ausgelegt, an den Kanten sauber gefaltet und rundherum zugeschnitten, bevor die Kanten unter den Kappensteinen befestigt werden. Achten Sie beim Kauf der Folie darauf, daß Sie nur die beste Qualität kaufen, da sie beim fertigen Teich nicht ohne weiteres erneuert werden kann. Je haltbarer sie ist, desto besser. Butylgummi ist am besten geeignet. Das billigere PVC wird am Teichrand, wo es Sonne und Frost ausgesetzt ist, spröde. Den erforderlichen Bedarf stellt man fest, indem man Länge mal Breite plus jeweils doppelte Mauerhöhe berechnet. Zum Schluß kommt die doppelte Mauerdicke hinzu, damit oben genug Folie überlappt.

1 Die Teichfolie grob zuschneiden und innerhalb der Teichmauern locker auslegen. An jeder Ecke wird die Folie sauber gefaltet und so eingeschlagen, daß in den Ecken zum Schluß nur ordentliche, senkrechte Falten zu sehen sind.

2 Oben die Ecken anschneiden, damit die Folie auf der Mauerkrone flach liegt. Rundherum so zuschneiden, daß die Folie jeweils ca. 7,5 cm überlappt. Diese Kanten liegen nachher unter den Kappensteinen verdeckt und befestigt.

Den Teich bauen

Werkzeug & Material

Beton und Bruchstein, bei Bedarf Verschalung für das Fundament, Klinker, Leichtbetonsteine, Kappensteine, Zement, Sand, Teichfolie aus Butylgummi, Schnüre und Steckhölzer, Bandmaß, Hammer, Wasserwaage, Maurerkelle, Winkel, Drahtverbinder, Fugenkelle oder Stück Gartenschlauch, Schaufel, Schere.

1 Stellfläche ausgraben, um neues Fundament zu verlegen, es sei denn, eine vorhandene Betonschicht dient als Fundament. Beton schütten und mindestens 48 Stunden aushärten lassen. Schnüre und Hölzer setzen, um die Position der Mauern abzustecken.

2 An den Schnüren entlang die Innenwand aus Leichtbeton verlegen. Schichten auf geraden Abschluß, Ecken darauf prüfen, daß sie rechtwinklig sind.

3 Wenn die erste Schicht der Innenwand fertig ist, die ersten drei Klinkerschichten so verlegen, daß die dritte Schicht mit der Oberkante der Leichtbetonsteine bündig abschließt.

4 Die Lücke zwischen Innen- und Außenwand mit Mörtel füllen. Drahtverbinder über die beiden Mauern legen, um sie sicherer miteinander zu verbinden.

5 Die entsprechenden Schritte wiederholen, um die zweite Schicht der Innenwand und die 4. bis 6. Schicht der Außenwand zu verlegen. Prüfen, ob die Oberkante gerade liegt.

6 Außen am Klinker sauber ausfugen. Verwenden Sie eine Fugenkelle, wenn die Mauerfugen verwittert, und ein Stück Gartenschlauch, wenn sie gleichmäßig aussehen sollen.

7 Auf der Innenseite der Leichtbetonwand den überschüssigen Mörtel abschlagen. Sand hineinschaufeln und ein ca. 5 cm dickes Sandbett als Unterlage für die Teichfolie verlegen.

8 Nach dem Anbringen der Teichfolie Mauerkrone mit Kappensteine versehen. Sie müssen an den Seiten überhängen, um die Folie zu verdecken und Regenwasser ablaufen zu lassen.

Weichmacher

Ein ummauerter Teich wirkt etwas streng. Gutplazierte Sträucher dienen als Weichmacher und integrieren ihn in die Terrasse. Hier einige zum Ausprobieren:

1 *Abelia schumannii* – ein kleiner Strauch, der den ganzen Spätsommer lila Blüten trägt. Durchlässiger Boden und volle Sonne erforderlich.
2 Malve *(Lavatera)* 'Barnsley' – Die blaßrosa Blüten dieser attraktiven Pflanze zeichnen sich durch eine rote Mitte aus und blühen von Juni bis Oktober.
3 Johanniskraut *(Hypericum lancasteri)* – trägt goldgelbe Blüten und mittelgrünes Laub, kann in der vollen Sonne oder im Halbschatten stehen.
4 *Ceratostigma willmottianum* trägt im Hochsommer tiefblaue Blüten. Das Laub verfärbt sich im Herbst. Wächst in der vollen Sonne am besten.
5 *Escallonia* 'C. F. Ball' – ein pflegeleichter, immergrüner Strauch, der den ganzen Sommer lang karmesinrote Blüten trägt und für einen Standort in der Sonne wie im Halbschatten geeignet ist.

Ein schnell angelegter Teich

Ein Teich ist in jedem Garten eine Quelle der Entspannung und Freude, und vorgefertigte Formteile sind schnell verlegt.

Bauen Sie sich Ihren eigenen kleinen Teich als Blickfang im Garten, indem Sie ein kostengünstiges, vorgefertigtes Formteil verwenden. Dazu müssen Sie lediglich ein Loch in der passenden Form ausgraben und das Formteil einsetzen. Dann Wasser einlassen. Nach wenigen Tagen können Pflanzen und Fische hinzukommen.

Die Standortfrage

Entscheiden Sie sich zunächst einmal für die Form (siehe nächste Seite), die am besten zu Ihrem Garten paßt, und wählen Sie dann den richtigen Standort. Sonnig soll er sein, denn Wasserpflanzen brauchen zum Wachsen viel Sonne. Außerdem verhindert sie Algenbildung und die damit verbundene Wassertrübung.

Überhängende Bäume sollte man auch meiden, da Herbstlaub den Teich verunreinigt. Achten Sie darauf, daß Sie beim Graben weder Gebäudefundamente noch Siel- oder Stromleitungen beschädigen.

Ausgeglichen

Indem Sie sauerstoffbildende Pflanzen (siehe S. 208) und nicht nur schwimmende Pflanzen und Randbepflanzung sowie faszinierende Fische einsetzen, schaffen Sie ein natürliches Gleichgewicht. Dadurch bleibt das Wasser klar, während sich am Teichrand Pflanzen und Tiere ansiedeln.

Um ausgeglichene Bedingungen zu schaffen, ist es ebenfalls wichtig, die Proportionen des Teiches zu berücksichtigen.

Kurz & bündig

- **Die Mindestoberfläche eines Teiches, der Fische, Pflanzen und – natürlich – Wasser enthält, muß 3,5 qm betragen. Kleinere Teiche brauchen Filtergeräte.**
- **Je größer die Oberfläche, desto tiefer muß der Teich sein. Bei einer Wassertiefe von weniger als 40 cm wird das Wasser im Sommer zu heiß und friert im Winter zu (die Fische sterben dann). Ein ca. 9-qm-Teich muß rund 60 cm tief sein, am besten sogar noch tiefer.**
- **Uferpflanzen gedeihen auf einem 20 cm breiten, flachen Sims, der 20 cm tief liegt. Vorgefertigte Formteile sollten Mulden enthalten, in die die gängigen Pflanzkisten hineinpassen.**

Die Teichform abstecken

Wenn Sie die Standortfrage gelöst haben, positionieren Sie das Formteil und drehen es solange, bis Sie meinen, daß es richtig liegt.

1 Das Teil in die richtige Lage bringen, und es dann mit einem Stück Gartenschlauch auf dem Boden markieren.

2 Das Formteil beiseitelegen und um den Schlauch herum mit dem Spaten einen Keil aus dem Boden stechen.

Über den Teichrand

- Den Teichrand fertigstellen, indem Sie unregelmäßige Natursteine oder Pflastersteinbruch so in einem Mörtelbett verlegen, daß die Steine leicht überhängen und dadurch natürlicher wirken.
- Keinen Mörtel ins Wasser fallen lassen, da Sie es sonst wechseln müssen, bevor Fische und Pflanzen hinzugefügt werden.
- Einige Formteile schließen einen Randbereich mit ein, in den Steine gesetzt werden und Sumpfpflanzen wachsen können. Der Teich paßt sich so dem Boden an.

Schöne Formen

Oben: Eine lockere Form paßt zu den meisten Gärten. Diese enthält zwei breite, flache Randbereiche zum Bepflanzen.

Vorgefertigte Formteile werden aus dichtem, für Pflanzen und Fische ungefährlichem Polyäthylen hergestellt. Sie sind leicht zu installieren, robust, bruchfest und temperaturunempfindlich.
Beim Einkaufen machen Sie sich eine Vorstellung, wie der fertige Teich aussehen soll. Nehmen Sie eine Form, die gut zu Ihrem Garten paßt. Formteile sind in Grüntönen sowie in Grau oder Schwarz erhältlich. Schwarz unterstreicht die Spiegelung im Wasser.

Rechts: Hier ein nierenförmiges Teil mit drei Randbereichen.

Links: Dieser auffällige, birnenförmige Teich sieht aus, als ob er aus drei verschiedenen Wasserbereichen besteht.

Oben: Ein schlichtes, rechteckiges Formteil paßt besser zum förmlichen Garten, und dort am ehesten zum gepflasterten Innenhof oder Terrassengarten.

Das Formteil installieren

Werkzeug & Materialien

Formteil aus Polyäthylen, Spaten, Sand, Wasserwaage und Brett, Tiefenmarkierstäbe, Wasserschlauch, Polyäthylenfolie für überschüssige Erde, kräftige Handschuhe und Stiefel.

1 **Mutterboden abtragen und anderswo schichten. Ein Steckholz in der Länge der ersten Vertiefung zuschneiden und die Erde ungefähr so tief ausgraben. Mit einem Brett, von dem das eine Ende neben dem Loch auf dem Boden liegt, und einer Wasserwaage prüfen, ob die Tiefe stimmt.**

2 **Nachdem die Ausgrabung bis zur ersten Vertiefung vorgedrungen ist, stecken Sie die Form der zweiten Vertiefung mit einem Stück Gartenschlauch ab.**

3 **Mit dem Brett, der Wasserwaage und einem weiteren Steckholz in der Länge der mittigen Bodentiefe prüfen Sie diesmal nach, ob Sie wirklich tief genug gegraben haben.**

4 **Das Formteil sorgfältig im Loch plazieren (Handschuhe tragen, da die Kanten ziemlich scharf sein können). Steine, die das Teil beschädigen könnten, entfernen.**

5 **Das Formteil wieder herausheben und Unebenheiten beseitigen, so daß es überall ca. 5 cm breiter und tiefer als das Formteil ist. Wenn der Boden weich ist, mit einem Stiel sorgfältig festklopfen.**

6 **Wenn Sie mit der Form des Lochs zufrieden sind, eine 5 cm dicke Sandschicht auslegen, um das Formteil vor Steinen zu schützen und es auszubalancieren. Sand auch an die Seitenwände werfen. Er bleibt dort haften.**

7 **Das Formteil wieder ins Loch setzen und mit Brett und Wasserwaage noch einmal prüfen, ob es plan liegt. Justieren und evtl. Sand hinzugeben. Teil zurechtrücken, damit es im Sand festsitzt.**

8 **Schlauch anschließen und etwas Wasser in den Teich einlassen. Zur gleichen Zeit Sand im Randbereich nachfüllen. Sand- und Wasserstand auf gleicher Höhe halten, so daß das Gewicht des Wassers das Formteil festhält, während Sie Sand nachfüllen.**

Sauerstoffspendende Pflanzen

Sauerstoffspender werden in jedem Teich gebraucht, sollten aber 1 Monat vor den Fischen angesiedelt werden.

Unterwasserpflanzen, die dem Wasser Sauerstoff zuführen, sind unerläßlich, um im Teich das natürliche Gleichgewicht herzustellen. Sie liefern Nahrung und einen Laichplatz für die Fische. Sie halten das Wasser klar. Trübes Wasser wird in der Regel von Algen verursacht, die sich von den Nährstoffen im Wasser ernähren. Die Zahl der Algen wird reduziert und das Wasser klargehalten.

1 Hornblatt *(Ceratophyllum demersum)* – ein robuster, Laub abwerfender Sauerstoffspender, dem ein kühler Standort am liebsten ist. Die Stämme lassen sich abbrechen, so daß die Pflanze leicht unter Kontrolle zu halten ist.

2 Tausendblatt *(Myriophyllum aquaticum)* – mit hellgrünen, federförmigen Blättern, die oft aus dem Wasser herausragen. Diese Pflanze überlebt den Winter möglicherweise nicht, daher einen Ableger in einem kleinen Behälter weiterziehen und im Frühjahr wieder in den Teich einsetzen.

3 *Veronica beccabunga,* mit dem Ehrenpreis verwandt, wuchert auf Grund ihrer Größe nicht so wie die anderen Pflanzen. Das macht sie für kleinere Teiche geradezu ideal.

4 Wasserpest *(Laragosiphon major)*, im Fachhandel oft *Elodea crispa* genannt, ist wohl der am weitesten verbreitete Sauerstoffspender. Er bildet große Stränge dunklen Laubs.

Fließendes Wasser

Holen Sie sich einen plätschernden, sich schlängelnden Bach in den Garten. Hier sehen Sie, was man dabei alles beachten muß.

Kein Gartengeräusch ist bezaubernder als das Plätschern fließenden Wassers. Teichfontänen und „Wasserfälle", die in einen Teich münden, sind besonders attraktiv. Wer auf seinem Grundstück ein geringes Gefälle hat, kann mit ein wenig Mühe einen sanft plätschernden Bach anlegen.

Wie es funktioniert

Um es mit der Natur aufzunehmen, muß Ihr Bach eine Quelle und einen Abfluß besitzen. Die Lösung: Man legt ein kleines oberes Becken an, aus dem das Wasser in ein ähnliches, aber etwas tieferes Ablaufbecken hinunterfließt. Eine Pumpe im unteren Sammelbecken leitet das Wasser durch einen vergrabenen Schlauch in das obere Becken zurück, von dem aus das Wasser kontinuierlich wieder ins untere Becken fließt.

Die Planungsphase

Zuerst plant man den Verlauf der Strecke. Je länger sie ist, desto realistischer wirkt das Ganze. Ideal ist es, wenn der Bach durch den ganzen Garten fließt.

Dann ermittelt man das Gefälle: entweder nach Augenmaß oder mit einer „Wasserwaage", z. B. einem Stück Gartenschlauch, das mit Wasser gefüllt ist und an den Enden mit Klarsichtkunststoff verschlossen ist. Dadurch merkt man die kleinsten Änderungen im Gefälle, und das geringste Gefälle reicht aus, um das Wasser vom oberen ins untere Becken zu befördern.

Planen Sie den Verlauf des Bachs, indem Sie das Grundstück mit Seilen oder Gartenschläuchen auslegen. Im Idealfall schlängelt sich der Wasserlauf sanft durchs Grundstück. Die Breite darf variieren, um unterwegs kleine Becken einzubeziehen, falls sie zur Gartengestaltung passen.

Wasserdichtes Bett

• Wasserdicht bleiben Bach und Teich am besten durch die Verwendung hochwertiger Teichfolie, die man der Fläche entsprechend zuschneidet.

• Ideal ist ein zusammenhängendes Stück Teichfolie. Bei einem langen Bach wird das allerdings nicht gehen. Beim Ausgraben des Betts wird man flache Stufen vorsehen müssen, auf denen Teichfolienlängen überlappen und die nach außen hin wie winzige Wasserfälle wirken. An diesen Stellen läßt sich die Teichfolie durch Steine verdecken.

• Bevor die flexible Teichfolie verlegt wird, legt man das Bett mit Sand oder feuchtem Zeitungspapier aus. So verhindert man, daß scharfe Steine die Folie beschädigen und das Bett undicht wird. Dann wird die Folie verlegt und an den Rändern durch anschließende Grassoden oder Steine verdeckt. Sorgfältig plazierte, überhängende Pflanzen am Bachrand sowie eine auf dem Grund ausgelegte Kiesschicht tragen ebenfalls dazu bei, daß die Folie verdeckt wird. Perfekt verdeckte Folie läßt den Bach ganz natürlich wirken.

Werkzeug & Material

Teichfolie, Gartenschläuche oder Seile, Spaten, Holzstifte und Abstandhalter, Wasserwaage, Sand oder Zeitungspapier, Unterwasser-Niederspannungs-Umwälzpumpe, Trafo, Schlauch als Verbindung zwischen den Becken, feiner Kies, größere Steine.

Wie man vorgeht

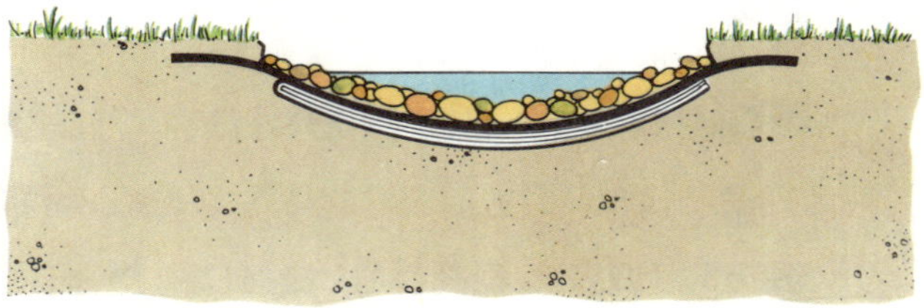

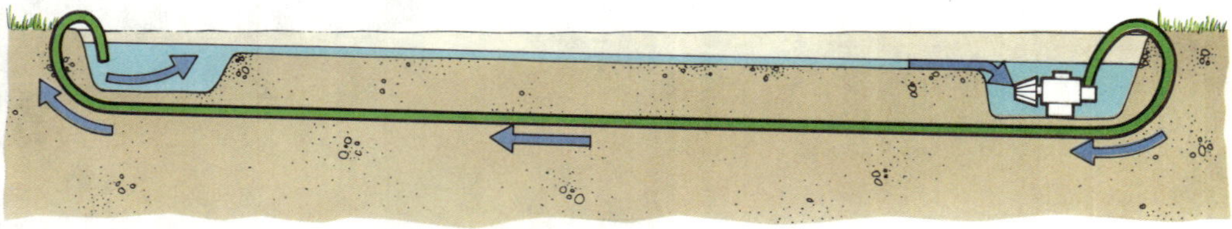

Der Bach ist einfach ein flacher Aushub, der vom Ober- zum Unterbecken führt. Der Graben wird mit Sand oder feuchtem Zeitungspapier ausgelegt, um zu verhindern, daß scharfe Steine die Teichfolie durchlöchern. Die Folie wird durch feinen Kies verdeckt. Im unteren Sammelbecken sorgt eine Unterwasser-Umwälzpumpe dafür, daß das Wasser durch einen vergrabenen Gartenschlauch ins obere Becken zurückgeführt wird.

Auf längerer Strecke überlappt die Teichfolie in Abständen dort, wo das Bett stufenförmig angelegt wird, um winzige Wasserfälle zu bilden.

Trockenes Kiesbett

Als interessante und witzige Alternative zum plätschernden Bach bietet sich ein trockenes Kiesbett an, das sich genauso wie ein Bach durch den Garten schlängelt. Eine Bepflanzung mit Gewächsen, die es trocken und durchlässig mögen, vervollständigt die Illusion.

Ein trockenes Bachbett ist pflegeleicht und bildet einen interessanten Blickfang im Garten.

1 Zuerst gräbt man groben Kies in den Boden, damit er durchlässig wird. Dann sucht man Pflanzen aus, die diese Bedingungen mögen. Auf dieser Kieskulisse sehen architektonische Pflanzen sehr gut aus.

2 Passende Pflanzen sind Königslilie, Neuseeländischer Flachs und Binsenlilie. Nach dem Pflanzen eine Deckschicht aus Kiesel- und größeren Steinen auftragen, damit das Bett natürlicher wirkt.

Den Bach anlegen

1 Zuerst Seile oder Gartenschläuche auslegen, um den Verlauf des Baches abzustekken. Rasen oder anderen Bewuchs entfernen und den Bach auf seiner ganzen vorgesehenen Länge ca. 25 cm tief ausgraben. Große Steine abtragen und Boden festrammen.

2 Um dafür zu sorgen, daß das Bett leicht abschüssig ist, treibt man in Bachmitte Holzstifte gleicher Länge ein und legt Abstandhalter dazu, bis die Wasserwaage waagerecht anzeigt.

3 An jedem Ende gräbt man ein kleines Becken aus. Das Oberbecken darf relativ flach sein (ca. 30 cm reichen aus), während das Unterbecken tiefer sein muß, damit die Unterwasser-Umwälzpumpe verdeckt wird.

4 Wenn der Bach mit den erforderlichen Höhenunterschieden ausgegraben worden ist, werden Bett und Becken zum Schutz der Folie mit Zeitungspapier oder Sand ausgelegt.

5 Die Teichfolie nach Möglichkeit endlos verlegen. Wo das nicht geht, im Bett eine „Treppenstufe“ als Wasserfall einbauen. An dieser Stelle Teichfolienkanten überlappen lassen.

6 Seitliche Folienkanten werden unter den angrenzenden Rasen an Bach- und Beckenrand geschoben. Dort, wo es erforderlich ist, Folie abschneiden.

7 Niedervolt-Unterwasser-Umwälzpumpe im Unterbecken plazieren und das Stromkabel nach Möglichkeit zugedeckt zum Trafo ins Haus, in die Garage oder in den Schuppen führen.

8 Hochdruckgartenschlauch an die Pumpe anschließen und durch einen flachen Graben neben dem Bach zum Oberbecken führen. Den Graben zuschütten, um den Schlauch zu verdecken.

9 Bachbett mit feinem Kies auslegen, so daß die Teichfolie bis zum Bachrand durch den Kies verdeckt wird. Unteres Sammelbecken mit Wasser füllen und die Umwälzpumpe in Gang setzen.

Wasserfreunde

Um den Bachrand weicher zu gestalten und natürlicher wirken zu lassen, besetzt man den Uferbereich mit Wasserpflanzen. Hier eine kleine Pflanzenauswahl:

1 Das Tausendblatt *(Myriophyllum aquaticum)* ist eine sich ausbreitende, laubabwerfende Mehrjährige. Ganz oder teilweise unter Wasser fühlt sich die Staude wohl.
2 Nelkenwurz *(Geum rivale)* ist mit dem an Erdbeerblätter erinnernden Laub eine ideale Wasserrandpflanze. Im Frühjahr trägt sie herabgeneigte lila Blüten.

3 Die Laugenblume *(Cotula coronopifolia)* ist eine kurzlebige, laubabwerfende Mehrjährige mit fleischigen Stengeln und gelben Blüten im Sommer.
4 Die Dreimasterblume *(Tradescantia x andersoniana)* mit ihren dicken Stengeln und schwertförmigen Blättern trägt vom Mai an kleine weiße Blüten.

5 Wollgras *(Eriophorum)* besteht aus grashalmähnlichen Blättern und weißen Blüten im Sommer.
6 Dickblatt *(Crassula recurva)* ist eine kräftige, sauerstoffspendende Pflanze mit winzigen weißen Blüten.
7 Kalmus *(Acorus calamus)* mit dem schlanken, hellgrünen, aufrechten Laub trägt im Juni und Juli grüne Kletten.

Ein Wasserfall

Mit einem Wasserfall fließt und rauscht es am Gartenteich. Vorgefertigte Formteile ermöglichen das Schauspiel.

Wenn Sie einen Gartenteich besitzen, können Sie sich mit einem Wasserfall eine zusätzliche Freude machen. Das Geräusch fließenden Wassers entspannt ungemein. Wenn Sie auch noch Fische halten, haben diese an der zusätzlichen Sauerstoffzufuhr ihre Freude. Gartenvögel schätzen außerdem die flachen Stellen, wo sie baden und trinken können.

Konfektionsware

Mit vorgefertigten Teilen läßt sich ein Wasserfall am leichtesten bauen. Oberhalb des Hauptteiches legt man einen „Oberteich" an, aus dem das hinaufgepumpte Wasser in den Unterteich abfließt. Wenn Sie neben dem Gartenteich einen Steingarten anlegen, kann das Wasser kaskadenartig hinunterlaufen. Mit sorgfältiger Bepflanzung und Natursteinen sowie einem Bett aus Kieselsteinen paßt das Ganze perfekt zum Steingarten.

Die Pumpe macht es möglich

Eine Pumpe brauchen Sie, um das Wasser vom Hauptteich zum Oberteich hinaufzupumpen. Aus Sicherheitsgründen verwendet man ein Schwachstrommodell, das entweder im Schuppen steht oder im Teich unter Wasser liegt. Bei einer Unterwasserpumpe gibt es oft die zusätzliche Möglichkeit einer Fontäne. Lassen Sie sich im Fachhandel beraten, damit Sie die für Ihre Anlage richtige Pumpe kaufen.

Selbermachen

Wenn Ihnen die vorgefertigten Teile nicht zusagen, können Sie aus flexibler Teichfolie Ihren Wasserfall selber bauen.

- **Standort und Verlauf des Wasserfalls festlegen. Ausgraben und mit Teichfolie auslegen.**
- **Folienrand mit großen Steinen umranden, damit die Folie festliegt und keine Erde ins Wasser hineingespült wird.**
- **Den Wasserfall mit überlappenden, steinernen „Stufen" versehen, damit das Wasser von einem Stein auf den nächsten hinunterfließt.**
- **Den Boden mit Kies und Kieselsteinen auslegen, damit er wie ein natürliches Flußbett wirkt.**

Kaskaden

Ein Wasserfall kann groß und eindrucksvoll, aber auch bescheiden wirken, je nach seiner Umgebung.

Oben: Sorgfältiges Plazieren großer Felsen und kleiner Steine und Kieselsteine erwecken den Eindruck eines natürlichen Wasserlaufs.

Oben: Groß muß ein Wasserfall nicht sein, um eindrucksvoll zu wirken. Hier läuft das Wasser sanft über eine Reihe von Steinstufen in den mit Kieselsteinen ausgelegten Teich.

Rechts: Dieser Wasserfall stürzt über kräftige Felsen in einen Teich voll üppiger Wasserlilien.

Stromanschluß

Die Schwachstrom-Teichpumpe wird über einen Transformator mit Strom versorgt. Dieser befindet sich im Haus oder in einem trockenen Nebengebäude mit Stromanschluß.

1 Das Stromkabel kann zu ebener Erde vom Teich zum Haus oder Nebengebäude verlegt werden. Vor Beschädigung besser geschützt ist es jedoch, wenn es durch ein PVC-Rohr läuft.

2 Einen schmalen Graben ausheben und das Kabel durch die Rohre ziehen, die mit Verbindungen und PVC-Kleber zusammengefügt werden. Rohr verlegen und Graben zuschütten.

Wie es funktioniert

Ein typischer Wasserfall besteht aus einem kleinen, vorgefertigten Oberteich, der auf einer Böschung oder in einem Steingarten über dem Hauptteich erhaben liegt. Wasser aus dem Oberteich fließt über eine oder mehr Kaskaden in den Hauptteich zurück und wird dann von einer Unterwasserpumpe über einen neben dem Wasserfall vergrabenen Schlauch wieder nach oben gepumpt. Den Wasserschlauch sollten Sie in einem Plastikrohr verlegen, da er hin und wieder gereinigt werden muß, weil er sich mit Algen und Schlamm zusetzt.

Bauanleitung für den Wasserfall

Werkzeug & Material

Das brauchen Sie:
Richtschnüre und Hölzer, Spaten, Schubkarre, Oberteich- und Kaskadenelemente bzw. Teichfolie, Wasserwaage, Sand, Pumpe, Trafo, Schwachstromkabel, Kabelrohr, Verbindungen und Kleber, Handsäge, Schraubenzieher, Drahtabzieher, Felsen, Steine, Gehwegplatten, Kieselsteine.

1 Teichelemente auf dem Boden ausbreiten, um die beste Lage festzustellen. Böschung oder Steingarten entsprechend anlegen, um den Oberteich und die Kaskadenelemente unterzubringen.

2 Das zuunterst liegende Kaskadenelement zuerst verlegen. Der Überlauf ragt wasserwärts über den Teichrand hinaus. Das Ufer nach Bedarf ausgraben und mit Sand auffüllen.

3 Jedes Element fest eingebetten. Der nach unten zeigende Rand muß das nächste Element überlappen.

4 Den Oberteich zuletzt verlegen und aus dem Gartenschlauch etwas Wasser einlaufen lassen, um zu prüfen, ob es von Element zu Element abfließt, ohne verschüttet zu werden. Notfalls umstellen.

5 Den Schlauch, der von der Pumpe führt, neben dem Wasserfall vergraben. Das eine Ende muß im Oberteich liegen, das andere lang genug sein, um im Hauptteich die Pumpe zu erreichen.

6 Den Rand des Oberteichs und der Kaskadenelemente mit Steinen zudecken. Das verbirgt die künstlich aussehenden Teile nicht nur, sondern stabilisiert sie. Die Zwischenräume werden mit Erde aufgefüllt.

7 Den Wasserlauf mit flachen Steinen und Kieselsteinen unterschiedlicher Größe auslegen, damit er natürlicher wirkt.

8 Das untere Schlauchende mit der Pumpe verbinden. Diese im Teich auf einer Steinplatte oder Backsteinen abstellen. Als letztes das Schwachstromkabel mit dem Transformator verbinden.

Deckung

Das künstliche Aussehen vorgefertigter Wasserfallelemente kaschiert man mit Steinen und mit Pflanzen, die sich ausbreiten und die Ränder zudecken. Hier einige Vorschläge:

1 Heidekraut *(Calluna vulgaris* 'Gold Haze') – goldgelbes Laub mit weißen Blüten an den Spitzen.
2 Wolfsmilch *(Euphorbia polychroma)* – eine kleine, buschige mehrjährige Staude, die im Frühjahr mit gelben Blüten übersät ist.
3 Heidekraut *(Calluna vulgaris* 'Flamingo') – dunkelgrünes Laub mit gelben und roten Spitzen.
4 Immergrün *(Vinca minor)* – eine sich zum Teppich ausbreitende Masse kleiner, dunkelgrüner Blätter und lila, blauer oder weißer Blüten.
5 Strauchveronika *(Hebe pinguifolia* 'Pagei') – ein kleiner, immergrüner Strauch und guter Bodendecker. Im Frühjahr blühen weiße Blüten an kurzen Blütenkolben.
6 Bergenie 'Silberlicht' – eine niedrige, immergrüne Staude, die Gruppen bildet. An kurzen, roten Blütenstielen stehen mehrere hellrosa Blüten.

1

2

3

4

6

5

Holzbrücke

Machen Sie mehr aus Gartenteich, Bach oder trockenem Bachbett mit dieser sachlichen, aber attraktiven Holzbrücke.

Wer eine Wasserfläche im Garten hat, kann sie durch eine Brücke noch wirkungsvoller aussehen lassen. Brücken kann man in vielen Stilrichtungen bauen. Das einfache, auf Seite 218-219 abgebildete Muster könnte einen schmalen Bach oder einen kleinen Teich überbrücken. Es läßt sich nach Belieben umgestalten, damit es zum Stil des Gartens paßt.

Den Unterbau planen

Wenn Sie sich für einen Brückenstandort entschieden haben, ist als nächstes der Unterbau festzulegen. Wenn die Brückenenden auf Beton oder Pflaster liegen sollen, muß man sie nur befestigen, damit sie sich nicht seitlich bewegen können. Das geschieht mit Winkeleisen, die mit den Innenseiten der Träger verschraubt und mit stabilen Bolzen in Beton verankert werden.

Wer jedoch einen natürlichen Bach oder Teich mit natürlichen Ufern überspannt, wird die Brückenträger anders befestigen müssen. Am einfachsten geht das, indem man Steckhülsen in die Ufer treibt und kurze Pfosten in die Hülsen steckt. Mit den Brückenträgern verbunden, stellen sie einen stabilen Unterbau dar.

Trägerdimensionen

Wenn die Entscheidung über Stützen und Verankerung gefallen ist, wird es Zeit, die Spannweite auszumessen und die Trägerdimensionen festzulegen. Da sie die gleiche Arbeit wie Dachbalken verrichten, kann man die Zimmermannsfaustregel anwenden.

Diese besagt: Spannweite in mm durch 24 plus 50, um die Trägerhöhe zu ermitteln.

Bei einer Spannweite von 3,60 m hieße das: 3600 durch 24 plus 50 gleich 200 mm.

Mit zwei 20 x 5-cm-Trägern kommt man also gut hin. Der Zwischenabstand sollte ca. 45 cm betragen.

Sicherheit geht vor

Zu einer Brücke gehören Handläufe, und wenn es Kinder oder ältere Menschen in der Familie gibt, sollten die Seiten ausgefüllt werden, damit keiner durchrutscht.

Als Geländer kommen Holzgitter, Paneele oder Rundhölzer in Frage.

Ungeachtet des Materials, sollte man auf Zwischenabstände von höchstens 10 cm achten, damit Kinder nicht den Kopf durchstecken können.

Einfach und gut

Diese einfache Brücke basiert auf parallel zueinander liegenden Holzträgern. Wenn die Trägerenden auf festem Mauerwerk liegen, können sie mit Eisenwinkeln, Bolzen und Dübeln verankert werden. An Grasufern sind die Träger mit kurzen Zaunpfosten verbunden, die ihrerseits in Steckhülsen fest und sicher ruhen.

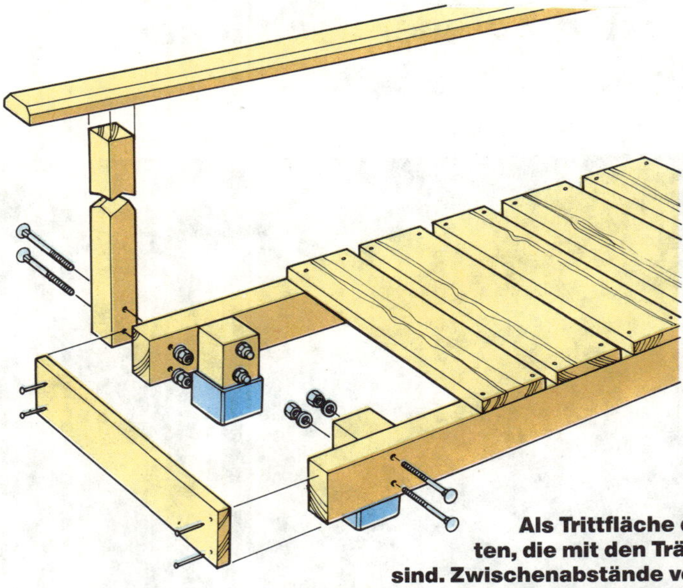

Als Trittfläche dienen Holzlatten, die mit den Trägern vernagelt sind. Zwischenabstände vorsehen, damit das Regenwasser ablaufen kann. Handlaufpfosten werden an den Trägern seitlich montiert und dienen stabilen Handläufen als Auflage.

Werkzeug & Material

Steckhülsen und 10 cm lange Pfostenreste als Stützen an Grasufern; Eisenwinkel und Bolzen für Beton oder Pflaster; 5-cm-Holzbalken passend zur Spannweite (sonstige Maße siehe Text); 15-cm-Bolzen, Muttern und Dichtungen; 15 x 2,5-cm gehobelte Holzlatten; 63-mm-Nägel; 5 x 5-cm-Pfosten; 5 x 3,8-cm gehobelter Handlauf; 10-cm-Schrauben; Holzgitter; Bandmaß; Säge; Vorschlaghammer; Stampfer für Steckhülsen; Wasserwaage; Zwingen; Bohrgerät; Schraubenschlüssel; Holzhammer; Schraubenzieher; Hobel oder Raspel; Holzschutzbeize; Malerpinsel.

Handläufe und Seitenteile

Selbst bei einer geringen Spannweite ist es bei einer Brücke unerläßlich, Komfort und Sicherheit zu berücksichtigen. Wenn Kleinkinder oder ältere Menschen zur Familie zählen, empfiehlt es sich, die Seiten auszufüllen, um Unfälle zu verhindern.

1 Wenn Handläufe und Pfosten fest miteinander verbunden sind, werden die oberen Handlaufkanten mit Hobel oder Raspel angeschrägt und mit Schleifpapier geglättet, um Holzsplitter zu entfernen und den Handlauf schön griffig zu machen.

2 Das Brückengeländer kann man ohne weiteres mit Holzgitter-Fertigteilen auskleiden. Man muß sie in aller Regel zuschneiden. Holzstäbe an den Außenkanten werden eventuell entfernt und nach dem Zuschnitt wieder eingefügt.

3 Die bereits angefertigten Gitterteile werden nun an den Pfosten an beiden Enden der Brücke befestigt. Ober- und Unterkanten der Gitter mit Handlauf- und Brückenträgerunterkanten zusätzlich fest vernageln.

Die Brücke bauen

1 Die Spannweite der Brücke abmessen und die erforderliche Trägergröße ermitteln. Die Träger mit einer Elektrosäge oder einem Fuchsschwanz zuschneiden.

2 Bei Grasufern wird der eine Träger über das Wasser gespannt, um mit kleinen Holzstiften die Position der vier Steckhülsen abzustecken. Achten Sie auf gleiche Abstände zwischen den Steckhülsen.

3 Mit Vorschlaghammer und Stampfer bzw. einem Pfostenrest die vier Steckhülsen einhämmern. In jede Hülse ein kurzes Pfostenstück stecken.

4 Einen Träger auf die Pfostenstücke legen und mit der Wasserwaage die waagerechte Lage der Pfosten zueinander überprüfen.

5 Mit Zwingen Träger und Pfosten zusammenhalten. Löcher bohren, Bolzen durchführen und die beiden Teile fest miteinander verschrauben.

6 Trittflächenlatten so zuschneiden, daß sie mit den Außenkanten der Träger bündig abschließen. Von oben vernageln. Mit einem Abstandholz Zwischenräume von ca. 12 mm lassen.

7 Handlaufpfosten auf Länge (ca. 1 m) zuschneiden und an einem Ende je zwei Löcher bohren. Mit Schrauben oder Bolzen Pfosten und Träger fest miteinander verbinden.

8 Auf einer Pfostenseite ein Loch schräg durchbohren und durch das Loch eine lange Schraube in die Unterseite des Handlaufs drehen. Auf der anderen Pfostenseite wiederholen.

9 Um die Trittfläche abzuschließen, zwei Holzlatten etwas schmaler zuschneiden und diese als Blenden an den Enden der Brückenträger anbringen.

Brückenpartner

Pflanzen, die eine Brücke lebhafter gestalten sollen, müssen zum Wasser passen. Ideal sind die farbenfrohen Blüten dieser mehrjährigen Lobelien.

Zur Gattung *Lobelia* gehören Ein- und Mehrjährige sowie immergrüne Sträucher und solche, die ihr Laub abwerfen. Durch ihr Aussehen passen einige mehrjährige Lobelien hervorragend in naturnahe Gärten oder Uferbereiche. Einige sind winterhart, andere etwas empfindlicher. In kälteren Gegenden gräbt man sie aus. Sie überwintern in einem durchlässigen Substrat unter Glas. Im Freien bevorzugen sie einen sonnigen Standort und einen durchlässigen Boden, der Feuchtigkeit speichert.

1 *Lobelia siphilitica*.
2 *L. fulgens* 'Queen Victoria'.
3 *L.* 'Cherry Ripe'.
4 *L.* 'Vedrariensis'.
5 *L.* 'Pink Flamingo'.

Ein Springbrunnen

Genießen Sie Geräusch und Anblick plätschernden Wassers eines Springbrunnens. Mit einem Bausatz ist das kein Problem.

Mit dem sanften, beruhigenden Geräusch plätschernden Wassers und den Regenbogenfarben des Sonnenlichts im künstlichen Sprühregen ist ein Springbrunnen eine reizvolle Ergänzung für den Gartenteich. Ob Sie nun einen bestehenden Teich nachrüsten oder einen separaten Springbrunnen neu bauen: Mit einem Bausatz geht das leicht von der Hand.

Wasserdicht

Der Bausatz basiert auf einer wasserdichten, elektrischen Unterwasserpumpe, von der nur die Springbrunnenspitze aus dem Wasser herausragt. Die Pumpe saugt Wasser aus dem Teich und sprüht sie an der Spitze wieder aus, woraufhin es in den Teich zurückfällt. Unterschiedliche Köpfe sind in der Regel erhältlich, auch die Sprühhöhe läßt sich meist regulieren.

Stromsparmodelle

Strom und Wasser können eine gefährliche Kombination bilden. Aus Sicherheitsgründen werden Pumpen als Schwachstrommodelle konzipiert. Den Strom beziehen sie aus der Steckdose, er läuft jedoch über einen Trafo. Dieser steht entweder im Haus oder in einem Nebengebäude am Teich. Auf jeden Fall sollten Sie ihn mit einem Kasten schützen.

Sicherheit geht vor

- **Netzstrom stets ausschalten, bevor Sie die Pumpe installieren oder daran arbeiten.**
- **Die Pumpe immer nur an den Trafo und nie an den Netzstrom anschließen.**
- **Vergewissern Sie sich, daß der Trafo mit dem Netzstrom kompatibel ist.**
- **Den Trafo trocken und gut belüftet unterstellen. Direktem Sonnenlicht nie aussetzen, da er sonst zu heiß werden könnte.**
- **Die Pumpe nie trocken laufen oder bei Frost draußen stehen lassen. Hin und wieder sollte man das gute Stück beim Fachmann warten lassen.**

Feinsprüher

Rechts: Springbrunnen können recht unterschiedlich aussehen. Hier sind Sprühdüsen rund um den Teich angebracht worden, um ihren Wasserstrahl in Richtung Teichmitte zu versprühen.

Links: Viele Statuen sind mit integriertem Springbrunnenkopf erhältlich.

Rechts: Diese reizvolle Anlage bildet eine Wasserkuppel am Hals einer Terrakotta-Urne.

Die Pumpe montieren

Je nach Hersteller kann der Zusammenbau im Detail anders sein. Im Prinzip ist er grundsätzlich folgendermaßen:

1 Sprühkopf (möglicherweise liegen mehrere bei) und Gestänge zusammenbauen.

2 Filter ins Gehäuse schieben und auf die Einlaßstütze der Pumpe aufstecken.

3 Passend zu den verschiedenen Anwendungen sind unterschiedliche Filter verfügbar.

Der Trafo

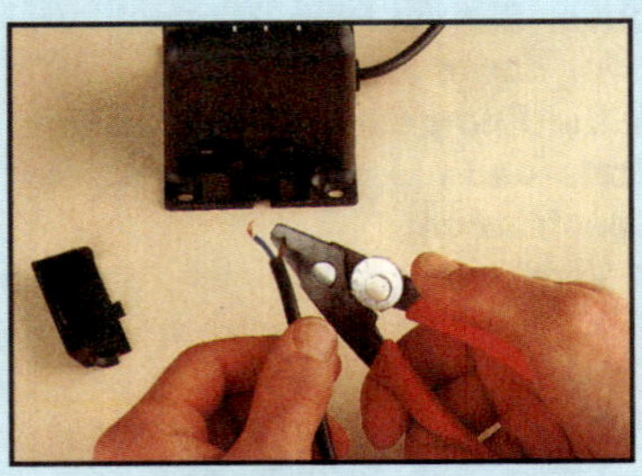

Trafo in Position bringen, Kabeldrähte abstrippen und mit den Schwachstromanschlüssen verbinden. Zum Testlauf Trafo an den Netzstrom anschließen. Achtung: Die Pumpe beim Probelauf in einen Eimer mit Wasser stellen.

Installation

Der Springbrunnen wird von einer Unterwasserpumpe angetrieben, die das Wasser dem Teich entnimmt. Schwachstromkabel führen von der Pumpe zu einem an das Stromnetz angeschlossenen Transformator.

Wasserdichte Kabel-Verbindung in der Steinkammer.

Die Pumpe installieren

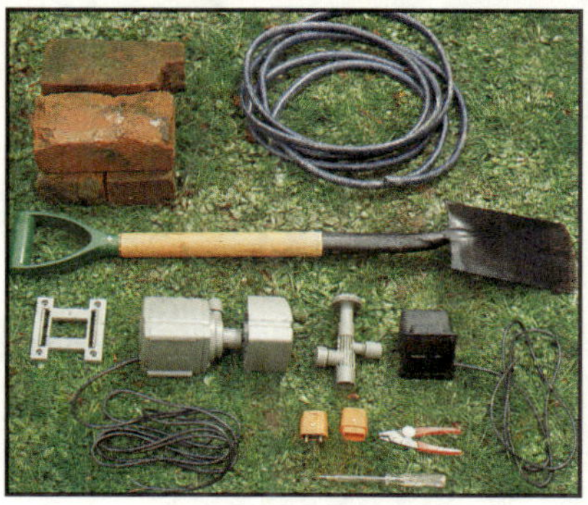

Werkzeug & Material

Backsteine, Kunststoffschlauch, Spaten, Pumpenbausatz, Trafo, Stecker und Steckdose (wasserdicht), Kabel, Phasenprüfer, Drahtschere, Gehwegplatte, Kantsteine.

3 **Aus Backsteinen baut man auf dem Teichboden eine stabile Plattform für die Pumpe. Bei der Höhe die Bauanleitung beachten (muß sein, damit der Springbrunnenkopf im Verhältnis zur Wasseroberfläche richtig liegt).**

6 **Den Kabelschlauch in die Furche legen und zur Steinkammer führen. Mit Erde zudecken. Von der Steinkammer bis zum Trafo den Vorgang wiederholen. Es empfiehlt sich, den Verlauf des Kabels zu markieren.**

1 **Nach der Entscheidung über den Standort des Trafos eine flache Furche zwischen Trafo und Teich graben und das Pumpenkabel unterirdisch verlegen.**

4 **Nach dem Zusammenbau der Pumpe (mit dem richtigen Einlaßfilter und dem richtigen Sprühkopf) zieht man das Kabel durch ein Stück Kunststoffschlauch, den man in der Furche vergräbt. Das Kabel kann man dann entfernen und ersetzen, ohne daß man im Garten graben muß.**

7 **Die beiden Kabelstücke wasserdicht miteinander verbinden, damit die Pumpe zwecks Wartung oder Reparatur vom Strom abgetrennt werden kann.**

2 **Um den Ausbau der Pumpe zwecks Wartung zu erleichtern, mit Backsteinen am Teich eine Kammer für die wasserdichte Steckverbindung bauen. Sie muß nicht mit Mörtel verfugt werden.**

5 **Die Pumpe auf dem Steinfundament im Teich anbringen. Den Kabelschlauch über den Teichfolienrand und in die Furche hineinführen. Am Teichrand mit Kantsteinen zudecken.**

8 **Die Steinkammer mit einer Gehwegplatte zudecken, die mit dem Boden abschließt. So kommen Sie jederzeit ohne Probleme an die Kabelverbindung heran.**

Zubehör

Für Teich und Springbrunnen sind Teile und Zubehör in großer Auswahl vorhanden. Hier sehen Sie einiges, das nützlich sein könnte.

1 Pflanzkörbe aus Kunststoff bepflanzt man mit Wasserpflanzen, die auf den Teichboden gestellt werden. So wachsen die Pflanzen nicht zu sehr. Die Körbe schützen sie außerdem vor den Fischen.
2 Mit Unterwasserleuchten machen Sie abends und bei Nacht mehr aus Teich und Springbrunnen.
3 Sprühköpfe sind in vielen Formen erhältlich. Die Wirkung reicht vom feinen Sprühregen über den hervorquellenden Strom bis zur Wasserkuppel.
4 Wasserlauf oder Wasserfall (ebenfalls im Bausatz) können hinzugefügt werden. Sie werden von der gleichen Pumpe betrieben.
5 Größere Kieselsteine sind am Fuß einer Urne sehr dekorativ, aus der ein Springbrunnen hervorquillt.
6 Springbrunnenstatuen sind in vielen klassischen und bizarren Mustern lieferbar.

Im kühlen Grunde

Selbst im kleinsten Garten freut man sich über den Anblick und das Geräusch eines selbstgemachten Springbrunnens.

Fließendes Wasser hat eine magische Wirkung, in vielen kleinen Gärten fehlt es jedoch wegen scheinbaren Platzmangels. Dieser kompakte Mühlstein-Springbrunnen sorgt für den Anblick und das Geräusch fließenden Wassers, nimmt jedoch im Garten oder auf der Terrasse nur wenig Platz ein. Der Einbau ist ebenfalls problemlos.

Platzersparnis

Trotz seines äußerst natürlichen Aussehens besteht dieser Mühlstein in Wirklichkeit aus Glasfasergewebe. Er ist somit haltbar und einfach zu bewegen. Er verdeckt ein Wasserreservoir mit Unterwasserpumpe und liegt in einem Bett aus Kieselsteinen. Sie verdecken eine runde Lage aus Teichfolie, die das Wasser auffängt und ins Reservoir zurückleitet. Der Durchmesser des Springbrunnens beträgt nur 1,80 m.

Selbermachen

Der auf S. 226-227 abgebildete Springbrunnen besteht aus einem Bausatz, aber man kann sich die Teile auch einzeln besorgen, um etwas Ähnliches selber zu bauen. Mit flexibler Teichfolie legt man z. B. ein eigenes Wasserreservoir aus — oder man nimmt dafür einen (vergrabenen) Plastikeimer. Das Wasser kann durch die Mitte eines echten Mühlsteins, eines großen, mit einem Loch versehenen Natursteins oder eines Tontopfes sprudeln. Es steht Ihnen ebenfalls frei, auf dieses zentrale Element ganz zu verzichten und das Wasser zwischen Kieselsteinen hervorrinnen zu lassen, die auf einem Drahtgitter liegen, das das Wasserreservoir verdeckt.

Flexibles Element

• Den Springbrunnen kann man zu ebener Erde oder erhaben bauen. Im diesem Falle muß die Umfassungsmauer das Wasserreservoir und den Erdhügel, der es umgibt, kaschieren und einschließen.

• Die Pumpe wälzt das Wasser zwar immer wieder um, aber Wasserverluste durch Verdunstung müssen von Zeit zu Zeit ausgeglichen werden.

• Für die Umwälzpumpe benötigt man einen Stromanschluß. Dafür vergräbt man am besten eine stoßfeste PVC-Leitung, durch die das Stromkabel geführt wird.

Am Haus kommt der Stecker in eine Steckdose (an Stromunterbrechungsschutz denken!), am Springbrunnen wird das Kabel unter die Teichfolie und ins Reservoir geführt, in dem genug Kabel lose hängen muß, um die Pumpe zur Wartung herausnehmen zu können. Näheres über die Installation eines Springbrunnens siehe S. 221-224: „Ein Springbrunnen".

Wie alles zusammenpaßt

Das Wasserreservoir befindet sich in einem Loch im Boden bzw. innerhalb einer Umfassungsmauer. Der benachbarte Bereich liegt abschüssig. Er wird mit Teichfolie ausgelegt, die mit einem runden Loch versehen wird, damit das Wasser ins Reservoir zurückfließen kann. Die Umwälzpumpe ist im Reservoir auf einem Kiesbett installiert. Das Standrohr zum Mühlstein läuft durch einen kreisförmigen Deckel, der den Mühlstein trägt. Die Teichfolie wird mit Kieselsteinen verdeckt.

Werkzeug & Material

Mühlstein-Springbrunnen-Bausatz (Reservoir, Teichfolie, Pumpe, Deckel, Mühlstein, Paßstück, Schlauchverbinder, Schlauch, Schlauchklemmen), Sand, Kies, Kieselsteine, Spaten; Wasserwaage, Schere oder scharfes Messer, Gartenschlauch oder Gießkanne, Sieb, Schraubenzieher, Wasserreiniger.

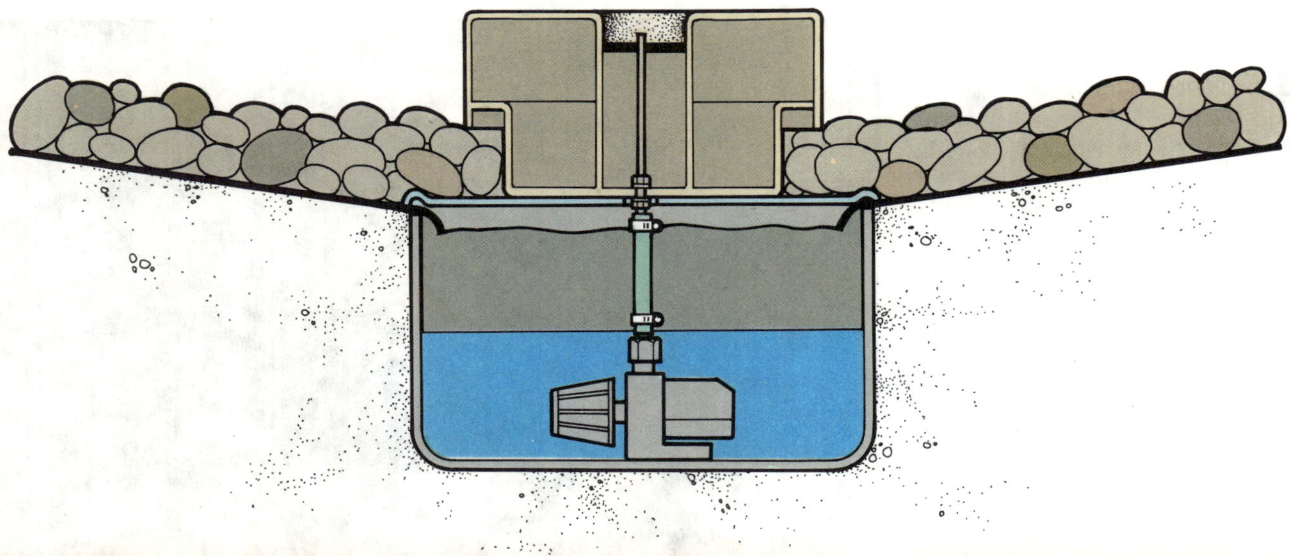

Mühlstein einsetzen

Nach dem Einbau des Reservoirs, der Pumpe und der Folie muß man die Pumpe nur noch mit dem Standrohr zum Mühlstein verbinden, den Mühlstein auf seinen Deckel legen und ihn mit einem Bett aus großen Kieselsteinen umgeben.

1 Zuleitungsschlauch und Standrohr verbinden und mit Schlauchklemmen befestigen. Mühlstein in Position bringen und darauf achten, daß bei diesem Vorgang der Schlauch nicht geknickt wird.

2 Eine Schicht gewaschener Kieselsteine um den Mühlstein legen, um den Deckel zu kaschieren, und die Teichfolie ebenfalls mit Steinen verdecken. Folie — falls erwünscht — kreisförmig zuschneiden.

3 Sitz des Standrohrs nach Bedarf justieren, um eine realistische Sprudelwirkung zu erzielen, wenn die Umwälzpumpe eingeschaltet wird, um das Wasser aus dem Reservoir umzuwälzen.

4 Damit das Wasser nicht durch Algen verfärbt wird, gibt man in regelmäßigen Abständen etwas Wasserreiniger ins Wasser (nach Herstellerempfehlung und Packungsbeilage verfahren).

Reservoir und Teichfolie installieren

1 Am vorgesehenen Standort ein rundes Loch mit senkrechten Seiten ca. 75 cm im Durchmesser und 50 cm tief ausgraben. Scharfe Steine vom Boden des Lochs entfernen.

2 Mit dem Spaten den Randbereich so bearbeiten, daß er abschüssig zum Loch hin verläuft. Das Loch muß nach wie vor mindestens 45 cm tief sein. Der Durchmesser sollte 1,80 m betragen.

3 Reservoir ins Loch einsetzen und mit Wasserwaage prüfen, ob es waagerecht liegt. Falls erforderlich, mit Sand ausgleichen. Seitenzwischenräume zuschütten, damit das Reservoir fest sitzt.

4 Teichfolie in der Mitte zusammenlegen. Noch einmal falten. In der Folienmitte mit der Schere oder einem scharfen Messer einen Viertelkreis mit einem Radius von ca. 30 cm ausschneiden.

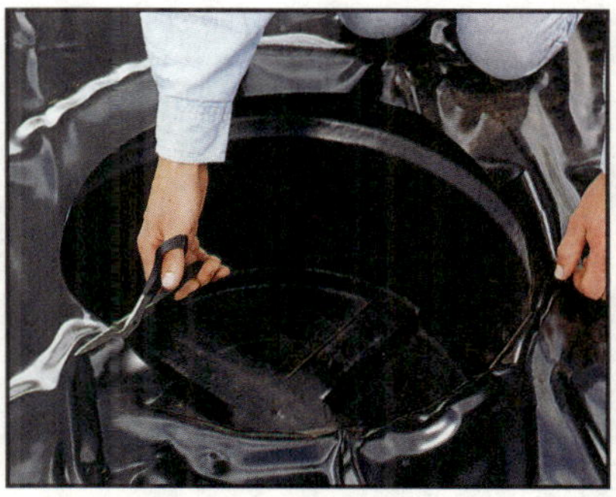

5 Folie über das Reservoir und das umliegende, abschüssige Gelände ausbreiten. Am ausgeschnittenen Kreis einschneiden, damit die Folie an den Wänden des Reservoirs festliegt.

6 Das Reservoir zu ungefähr einem Drittel mit Wasser aus einer Gießkanne oder einem Gartenschlauch füllen und anschließend eine kleine Menge Kies in einem Sieb gründlich durchspülen.

7 Den Boden des Reservoirs ca. 5 cm tief mit gewaschenem Kies auslegen. Dadurch wird verhindert, daß die Pumpe den Bodensatz, der sich nach und nach im Reservoir ansammelt, einsaugt.

8 Schlauchverbinder ins Paßstück eindrehen. Schlauch aufsetzen und mit Klemme befestigen. Paßstück mit Pumpe verbinden und Umwälzpumpe ins Reservoir hinunterlassen. Elektroleitungen entsprechend der Gebrauchsanleitung des Pumpenherstellers anschließen.

9 Zuleitungsschlauch durch das Loch im Mühlsteindeckel führen. Mit dem Paßstück unten am Standrohr vom Deckel zum Mühlstein verbinden und so die Pumpe anschließen.

Blumenfontänen

Stattliche Pracht- oder Fiederspieren stellen die ideale Ergänzung für kleine Springbrunnen dar. Selbst im Winter, braun und getrocknet, sehen sie gut aus.

Fiederspieren bevorzugen feuchte, fruchtbare Böden und Halbschatten. Sie sind winterhart und für Steingärten und Beete gleichermaßen geeignet. Hier einige Sorten zum Ausprobieren:

1 *Astilbe* 'William Buchanan' – offene Haarbüschel mit winzigen, cremefarbenen Blüten und tiefeingeschnittene Blätter mit einem Rotstich.

2 *A. chinensis pumila* – große, flaumige Blütenkolben mit dunkelrosa Blüten über dunkelgrünem Laub.

3 *A.* 'Bronze Elegans' – schlanke Stengel mit kurzen Blütenkolben und winzigen rosa Blüten.

4 *A.* 'Brautschleier' – mit dichten Ähren voll cremefarbener Blüten, die den Namen gaben.

5 *A. chinensis* 'Finale' – eine spätblühende Sorte mit rosa Blüten in Miniquasten, die erst im August blühen.

Wunschbrunnen

Ob als erhabenes Pflanzgefäß oder als Blickfang für sich — ein Wunschbrunnen stellt in jedem Garten eine attraktive Ergänzung dar.

Sollten Sie den Wunsch verspüren, sich im Garten etwas ganz anderes zu gönnen, bauen Sie einfach einen Brunnen! In jedem Garten stellt er einen Blickfang dar. Darüber hinaus läßt er sich als attraktiver erhabener Pflanzenbehälter verwenden.

Rundbauweise

Brunnen werden deshalb meist rund gebaut, weil die zylinderförmige Ausmauerung stabiler ist als jede andere Form. Um seinen Schacht hatte der herkömmliche Brunnen stets eine niedrige Mauer. Außerdem wurde so das Oberflächenwasser daran gehindert, das Brunnenwasser zu verschmutzen. Die Winde war Bestandteil eines schlichten Holzrahmens, der mit dem Mauerwerk verbunden wurde. Oft diente der Rahmen einem einfachen Schrägdach als Stütze. Wer mit Back- oder Mauersteinen arbeitet, wird schnell feststellen, daß es selbst mit halben Steinen schwer ist, eine runde Mauer mit einem Durchmesser von weniger als 90 cm zu bauen. Bei 90 cm Durchmesser liegen die Steine innen auf Stoß mit breiten Mörtelkeilen außen. Jede Reihe besteht aus ca. 22 halben Steinen. Von Reihe zu Reihe werden sie um jeweils eine Viertelsteinbreite versetzt.

Festes Fundament

Selbst wenn der Brunnen nur als Zierde dient, muß er auf einem festen Fundament stehen. Wenn Sie den Brunnen nicht auf vorhandenen Betonplatten mauern, legen Sie zunächst ein rundes Betonfundament an. Die Betonschicht sollte 8 bis 10 cm dick sein und einen Durchmesser haben, der ca. 30 cm breiter als der Brunnen selbst ausfällt. An senkrechte Stäbe vernagelte Hartfaserplattenstreifen als Verschalung verwenden und den Beton mindestens 72 Stunden aushärten lassen.

Vollkommen kreisförmig

Um ganz sicherzugehen, daß Sie eine vollkommen kreisrunde Mauer bauen, schneidet man aus Sperrholz eine Vorlage mit dem erwünschten Durchmesser zu.

- **Den Kreis zeichnet man mit einem Bleistift, der an einem Bindfaden befestigt ist, der wiederum an einen Nagel in der Brettmitte gebunden ist. An der Bleistiftlinie mit einer Stichsäge entlangschneiden.**
- **Die Vorlage auf das Betonfundament legen und unten mit Mörteltupfern befestigen. Beim Verlegen der Mauersteine jeden Stein auf Stoß am Brett anlegen.**
- **Bevor Sie den letzten halben Stein in der ersten Reihe verlegen, nehmen Sie die Vorlage heraus.**

Die Bauweise

Das Dach besteht aus einem einfachen Weichholzrahmen mit Sperrholzbrettern und Stützpfählen, die an der Innenseite der Mauer befestigt werden. Die Dachplatten werden mit gebeizten Dachschindeln verkleidet.

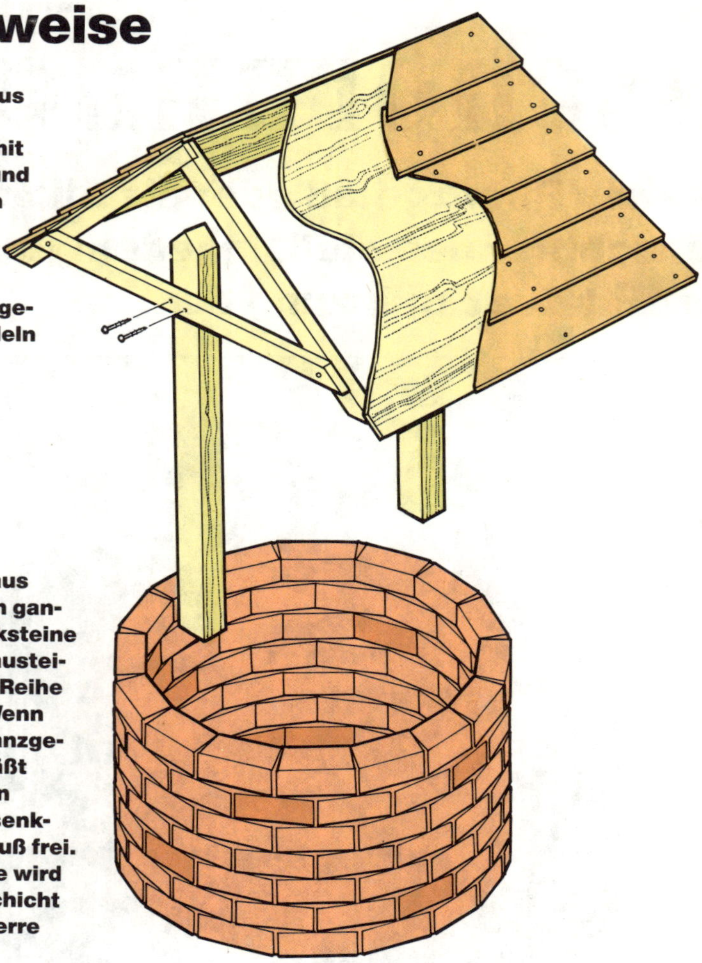

Die Mauer besteht aus mehreren Schichten ganzer oder halber Backsteine bzw. gespaltener Bausteine mit von Reihe zu Reihe versetzten Fugen. Wenn der Brunnen als Pflanzgefäß fungieren soll, läßt man in der untersten Schicht jede dritte senkrechte Fuge als Abfluß frei. Die Mauerinnenseite wird mit einer Bitumenschicht als Feuchtigkeitssperre versehen.

Werkzeug & Material

Sperrholz oder Hartfaserplatte, Bandmaß, Bindfaden, Nagel, Bleistift und Stichsäge für die Vorlage; Beton für das Fundament (falls erforderlich); Back- oder Bausteine; Hammer und Meißel, um die Steine zu spalten; Fugenmörtel, Maurerkelle, Fugenkelle; Feuchtigkeitssperre auf Bitumenbasis; 7,5 x 7,5-cm-Kantholz für die Pfähle; 5 x 3,8-cm-Kantholz für die Dachbalken; wetterfestes 12-mm-Sperrholz, Dachschindeln; Fuchsschwanz; Bohrgerät mit Holz- und Steinbohrern; Schloßschrauben; Schraubenschlüssel; Schraubenzieher; Hammer; 63-mm-Schrauben; 38-mm-Nägel (verzinkt); Holzschutzmittel; Malerpinsel.

Das Dach verkleiden

Da die Dachkonstruktion relativ leicht ist, sollte man sich mit Dachschindeln aus Holz zufriedengeben. Ziegel wären zu schwer. Wenn es wie ein richtiges Dach aussehen soll, kann man Ziegel aus Dachpappe verwenden, wie sie manchmal auf den Dächern von Gartenschuppen zu sehen sind.

1 Dünne Holzlatten zuschneiden und das erste Brett mit der Sperrholzplatte vernageln. Danach das zweite Brett dazulegen und ca. 2,5 cm überlappen lassen.

2 Weitere Bretter vernageln, bis Sie den Dachfirst erreichen. Die andere Dachschräge ebenfalls verkleiden. Verzinkte Nägel verwenden, um Rost zu verhindern.

3 Das gesamte Dach innen wie außen mit Holzschutzmittel behandeln. Satt auftragen und die Schnittkanten (Hirnholz!) besonders sorgfältig durchtränken.

Den Brunnen bauen

1 Mit Nagel, Bindfaden und Bleistift auf einer Sperrholzplatte einen Kreis zeichnen, Durchmesser entsprechend dem Innendurchmesser des Brunnens. Mit der Stichsäge Platte zuschneiden.

4 Weitere Steinreihen verlegen, bis die Mauer die vorgesehene Höhe erreicht. Hier waren sechs Reihen erforderlich. Dann mit der Fugenkelle die Außenfugen glattziehen und innen den überschüssigen Mörtel abtragen.

7 Aus 5 x 3,8-cm-Kantholz den Dachrahmen anfertigen. Einfache, rechtwinklige Verbindungen mit Schrauben befestigen. Eine waagerechte Stützleiste anbringen, so wird das Dreieck komplettiert.

2 Mörteltupfer auf das Fundament streichen, Vorlage auflegen und 1. Reihe halber Steine im Mörtelbett verlegen. Beim Mauern jeden Stein mit der Vorlage auf Stoß legen, damit die Form übereinstimmt.

5 Am oberen Ende der Stützpfähle 45°-Winkel anreißen, damit die Spitze der Dachschräge entspricht. Zuschneiden, Pfosten innerhalb der Brunnenmauer aufstellen und Verbindungsstellen markieren.

8 Entsprechend der Außenmaße der Dachkonstruktion Dachplatten aus 12-mm-Sperrholz anfertigen, auflegen und auf Stoß vernageln. Unten sowie links und rechts sollen die beiden Sperrholzplatten etwas überlappen.

3 Die 2. Reihe wie abgebildet versetzt verlegen, damit der Verbund fest und sicher wird. Großzügige Mörtelkeile an den Steinenden auftragen, bevor die Steine verlegt und festgeklopft werden.

6 Pfosten und Mauer durchbohren. Bei der Mauer muß das Loch durch Stein führen. Pfosten anlegen und Verbindungen (Schloßschrauben) durchziehen. Mit dem Schraubenschlüssel die Muttern festziehen.

9 Die fertige Dachkonstruktion auf die Stützpfähle legen. Dachplatten mit den beiden Stützpfählen vernageln und die waagerechten Leisten mit den Pfählen fest verschrauben.

Beetgenossen

Zur Bepflanzung des Wunschbrunnens und der angrenzenden Beete sind Beetpflanzen mit ihren Blütenfarben und ihrem auffälligen Laub geradezu ideal.

1 *Impatiens* 'Accent Salmon' – In der Sonne wie im Halbschatten sind die beliebten Fleißigen Lieschen eine perfekte Lösung.
2 *Tagetes* blüht den ganzen Sommer lang farbenfreudig.
3 Die buschige Eisbegonie *(Begonia semperflorens)* glänzt in der Sonne wie im Halbschatten mit einfachen oder gefüllten Blüten.
4 Stiefmütterchen mögen einen feuchten Boden im Halbschatten oder in der Sonne.
5 *Dianthus* 'Joy' ist eine Nelke mit einfachen oder gefüllten Duftblüten.
6 Verbenen ranken über den Mauerrand und verwandeln rustikale Brunnen in schöne Pflanzgefäße.
7 Pelargonien sind fleißige Beetpflanzen, die bis zu den ersten Frösten weiterblühen.

Löwenkopf-Brunnen

Auch bei Platzknappheit kann man das Geräusch fließenden Wassers genießen, das durch das Maul einer Löwenkopf-Brunnenfigur ins Becken plätschert.

Das Geräusch fließenden Wassers beruhigt, wie alle bestätigen werden, die einen Springbrunnen oder einen Wasserfall im Gartenteich haben. Leider ist so etwas nicht immer möglich oder auch nur wünschenswert. Mit diesem wasserspeienden Löwenkopf an der Wand kann dennoch jeder den Zauber fließenden Wassers in einem noch so kleinen Garten bzw. auf einer Terrasse genießen.
Bevor Abflußrohre an der Dachrinne die Regel waren, wurde das Regenwasser durch einen aus der Mauer herausragenden Wasserspeier entsorgt. Seit dem Mittelalter wurden diese Wasserspeier immer dekorativer. In der Regel waren es groteske Abbildungen von Menschen oder Tieren, die ein Handwerksgeselle anfertigte, um auf manchmal auch humorvolle Weise den Meister oder den Bauherrn zu verewigen.

Wasserspeier heute

Heute ist der Wasserspeier wie so vieles im Bauhandwerk in Vergessenheit geraten. Aufgrund des wachsenden Interesses an fließendem Wasser im Garten liefern Hersteller von Gartenornamenten jedoch Reproduktionen, die wie dieser Löwenkopf aussehen und an Gartenmauern montiert werden. Aus dem Löwenmaul fließt Wasser in ein Sammelbecken, von dem aus es über eine kleine Unterwasser-Umwälzpumpe und einen Schlauch zum Speirohr zurückbefördert wird. Die Wassermenge, die von dem auf den Seiten 234 und 235 abgebildeten System befördert wird, ist relativ gering, aber nichts spricht dagegen, das Wasser in ein größeres Becken fließen zu lassen, falls man dafür Platz hat.

Die Standortfrage

• Man kann den Löwenkopf in einer Nische an einer bestehenden Garten- oder Terrassenmauer anbringen, wenn der Schlauch sich leicht an die Rückseite der Brunnenfigur heranführen läßt. Oder man baut das Ganze – Mauer, Sammelbecken, Schlauch und Umwälzpumpe – neu.

• Moderne Wasserspeier werden entweder aus Feinbeton oder aus Kunststoffharz gegossen und sehen an einer Mauer aus Backstein, Naturstein oder Beton gleichermaßen gut aus. Die meisten sind so dimensioniert, daß sie der Breite eines Mauersteins und der Höhe von drei oder vier Steinen entsprechen. Dadurch sind sie leicht einzuarbeiten. Auf der Rückseite der Figur ist der Schlauchanschluß fertig eingebaut, so daß man diesen nur noch anschließen und den Löwenkopf anbringen und verfugen muß.

• Einige Wasserspeier werden komplett mit den passenden Wasserbecken angeboten, die ebenfalls an der Mauer befestigt werden. Bei anderen ist der Bau eines einfachen Beckens unter Verwendung von Teichfolie vorgesehen. Diese Aufgabe ist relativ leicht. Der Beckenrand wird durch Gehwegplatten oder Pflastersteine verdeckt. Sie haben die Wahl.

Brunnenbau

Der Löwenkopfwasserspeier wird bündig an der Mauer montiert. Das Wasser fließt in ein kleines Sammelbecken am Fuße der Mauer. Kappensteine werden als Abschluß verlegt, um das Mauerwerk vor dem Wetter zu schützen.

Im Becken liegt eine Unterwasser-Niedervolt-Umwälzpumpe, von deren Schlauchanschluß ein Schlauch an die Rückseite der Mauer geführt wird, wo er mit dem Wasseranschluß der Brunnenfigur verbunden wird. Angetrieben wird die Pumpe über einen Trafo, der entweder im Haus oder in einem Nebengebäude geschützt untergebracht werden muß.

Die Beckenseiten bestehen aus Leichtbetonsteinen. Das Becken wird mit flexibler Teichfolie ausgelegt. Gehwegplatten ragen über den Beckenrand hinaus und verdekken sowohl die Teichfolie als auch die Pumpe.

Der letzte Schliff

Wenn Mauer und Sammelbecken fertig sind, muß man nur noch die Kappensteine verlegen, die Pumpe installieren und die Teichfolienkanten verdecken.

Wenn das Becken innerhalb einer gepflasterten Fläche liegt, lassen sich die Gehwegplatten so verlegen, daß sie über den Beckenrand hinausragen und sowohl die Teichfolie als auch die Pumpe verdecken. Eventuell reicht auch eine sorgfältige Bepflanzung.

1 Mauer mit Kappensteinen abschließen. Überragende Kappensteine verhindern, daß das Regenwasser einfach an der Mauerwand herunterfließt und dort Kalkflecken hinterläßt.

2 Mauerfugen so ausfugen, daß sie zu den umliegenden Haus- und Gartenmauern passen. Hier wird ein Stück Wasserschlauch benutzt, um gleichmäßig saubere Hohlfugen zu formen.

3 Schlauch an beiden Enden (Rückseite Figur, Anschluß Pumpe) anschließen. Die Pumpe am Ende des Beckens einsetzen und den Schlauch wie abgebildet über den Beckenrand führen.

Werkzeug & Material

Löwenkopfwasserspeier, Unterwasser-Umwälzpumpe mit Niedervolt-Trafo und Kabelausrüstung, Teichfolie, Gartenschlauch, Schlauchklemmen, Spaten, grober Beton, Holzleiste zum Glattziehen, Leichtbetonsteine, Maurerkelle, Mörtel, Wasserwaage, Fäustel und Unterlage, Schere oder scharfes Messer, Bausteine, Kappensteine, Stützlatte, Gehwegplatten.

Mauer und Sammelbecken bauen

1 Als erstes die Fläche ausheben, um ein Betonfundament für das Sammelbecken und einen Betonstreifen als Fundament für die Mauer verlegen zu können.

2 Den Boden der ausgehobenen Fläche gründlich festrammen, dann den Beton verlegen. Mit einer Holzlatte (Abfallholz) den Beton feststampfen und die Oberfläche glattziehen.

3 Wenn sich der Beton verfestigt hat, werden Leichtbetonsteine als Wände des Sammelbeckens in einem Mörtelbett verlegt. Darauf achten, daß die Wände plan und rechtwinklig zueinander sind.

4 Die Mauersteine im üblichen Verbund verlegen, bis sie die Höhe der Betonsteine erreichen. Ein Stück Teichfolie in der für das Sammelbecken erforderlichen Größe zuschneiden.

5 Teichfolie kastenförmig zurechtfalten. An den Seiten muß genug Folie überlappen. Am Beckenrand den Gartenschlauch auslegen, der die Pumpe mit dem Schlauchanschluß auf der Rückseite der Brunnenfigur verbindet.

6 Knapp oberhalb der Teichfolie den Schlauch durch eine Mauerfuge führen und die nächste Schicht Mauersteine verlegen.

7 Die Mauer Schicht für Schicht bis zur Unterkante der Brunnenfigur verlegen. Steine sorgfältig ausrichten und verfugen. Beim Einbetten der Steine überschüssigen Mörtel abschlagen.

8 Schlauch mit dem Anschluß auf der Rückseite der Brunnenfigur verbinden. Um eine dauerhafte Verbindung zu erzielen, Schlauch und Anschlußstück mit einer Schlauchklemme verbinden.

9 Den Wasserspeier im Mörtelbett verlegen und mit einer Holzlatte abstützen, bis das dahinterliegende Mauerstück fertig und die Figur fest eingebettet ist.

Feine Farne

Das üppige Laub des Farnkrauts stellt für Wasserornamente im Garten die optimale Ergänzung dar. In feuchtem, aber durchlässigem Boden ziehen. Schatten ist von Vorteil.

**1 Streifenfarn *(Asplenium scolopendrium cristatum)* – Die tiefgrünen Wedel dieses immergrünen Farns gabeln sich an der Blattspitze.
2 Wurmfarn *(Dryopteris dilatata)* – Die sich durchwölbenden Wedel dieser laubabwerfenden Pflanze sind tief eingeschnitten und stehen an braunen Stengeln.
3 Schildfarn *(Polystichum aculeatum)* – ein immergrüner Farn mit breiten, schwertförmigen Wedeln. Die jungen Wedel sind gelblichgrün. Mit der Zeit verfärben sie sich dunkelgrün.
4 Der immergrüne Streifenfarn *(Asplenium scolopendrium)* verdankt seinen Namen der Form seiner breiten, wellenförmigen Wedel.
5 *Polystichum setiferum* – ein immergrüner Schildfarn mit tiefeingeschnittenen Wedeln, die beim Entfalten oft mit weißen Schuppen überzogen sind.**

Wasserablauf

Ein Garten, der nach schweren Regengüssen unter Wasser steht, wird bald zum Schlammbad. Und so kann man das Problem lösen.

Ein Garten, in dem Wasser nur schwer abfließt, wird nach heftigen Regengüssen nicht nur zum Schlammbad (siehe Foto rechts), sondern bietet Ihren Pflanzen nicht die Bedingungen, in denen sie wachsen und gedeihen. In vielen Fällen schafft Bodenverbesserung Abhilfe. In hartnäckigen Fällen muß ein Entwässerungssystem installiert werden.

Untergrundrohrnetz

Ein Entwässerungssystem besteht aus einem unterirdisch verlegten Rohrnetz, das Wasser zu einem nahegelegenen Wasserlauf oder zu einer Sickergrube führt. Das Wasser tritt durch Schlitze in den Rohren oder durch Lücken zwischen den Rohrstücken ins Rohrnetz ein.

Seitenlinien

Spezielle Ablaufrohre sind im Baustoffhandel erhältlich. Sie werden in Gräben verlegt. Seitenlinien führen zum mittig verlegten „Rückgrat“. Das Wasser fließt von dort zum Abfluß.

Zahlenwerk

- **Entwässerungsrohre aus Kunststoff oder Ton werden mit 7,5 oder 10 cm Durchmesser angeboten. Die dünnen Rohre für die Seitenlinien, die dicken für das „Rückgrat“ verwenden.**
- **Für die Rohre ca. 75 cm tiefe Gräben ausheben. Bei Lehmboden die Seitenlinien in Abständen von 4,5 m am Rückgrat entlang verlegen. Bei gutem Boden Abstände von 7,5 m, bei sandigem Boden Abstände von 9 m einhalten.**
- **Rohre mit einem Gefälle von ca. 2,5 % verlegen.**

Ein Entwässerungssystem

Das System besteht aus einem Netz von unterirdisch verlegten Rohren, die im Fischgrätenmuster das Wasser aufnehmen und in eine Sickergrube leiten. Wasser tritt durch Löcher in den Rohren oder Lücken zwischen ihnen ins Entwässerungssystem hinein.

Die mit Schutt gefüllte Sickergrube liegt ca. 1 m tiefer als das Ende des Abflußrohres. Sie wird mit Kies aufgefüllt und mit Plastikfolie zugedeckt, damit sie nicht versandet.

Die Sickergrube

Eine ordentliche, tiefe Sickergrube ist als Bestandteil eines wirksamen Entwässerungssystems unerläßlich.

1 Wenn das Rohrnetz für die Entwässerung verlegt worden ist, wird die Sickergrube ca. 1,2 m im Quadrat und 1 m tiefer als das Ende des Abflußrohrs ausgegraben. Die Grube wird nach und nach mit Schutt gefüllt, z.B. mit Steinen, Backstein- oder Dachziegelbruch und Tonscherben.

2 Den Schutt weiter hineinkippen, bis er das Ende des Abflußrohrs erreicht. Das Rohrende sollte ca. 30 cm in die Sickergrube hineinragen. Nur so können Sie sicher sein, daß das Wasser in die Grube hineinfließt und nicht in den umliegenden Boden abläuft.

3 Bei richtig verlegtem Abflußrohr eine Schicht Kies oder Kieselsteine auf den Schutt dazukippen und gleichmäßig verteilen. Die mit dem Spaten einigermaßen glattgestrichene Schicht muß tief genug sein, um das Rohrende völlig zuzudecken.

4 Den Kies bzw. die Kieselsteine mit dicker Plastikfolie oder Glasfaserkunststoff zudecken. Dadurch verhindert man, daß Erde in die Grube hinuntergespült wird, und diese dann versandet oder verschlammt. Erde und/oder Rasen wieder einsetzen und sorgfältig glätten.

Entwässerung installieren

Werkzeug & Material

Perforiertes Entwässerungsrohr, starke Plastikfolie, Richtschnüre und Hölzer, Spaten, Metallsäge, Kies und Steine.

1 Mit Richtschnüren das Fischgrätenmuster auf dem Boden abstecken. Rasenstücke sorgfältig ausstechen. Für die Rohre ca. 75 cm tiefe Gräben ausheben. Mutterboden und tieferliegende Erde getrennt beiseitelegen.

2 Den Grabenboden mit einer ca. 5 cm tiefen Kiesschicht auslegen. In diesem Bett liegen die Rohre fest und sicher. So kann Wasser in sie hineinsickern.

3 Ein Rohrende ist ausgeweitet, damit das andere Ende hineinpaßt. Die Rohre neben den Gräben auf den Boden legen und zusammenstecken. Mit einem Helfer legen Sie sie so in den Graben hinein, daß die Löcher bzw. Schlitze nach unten gerichtet sind.

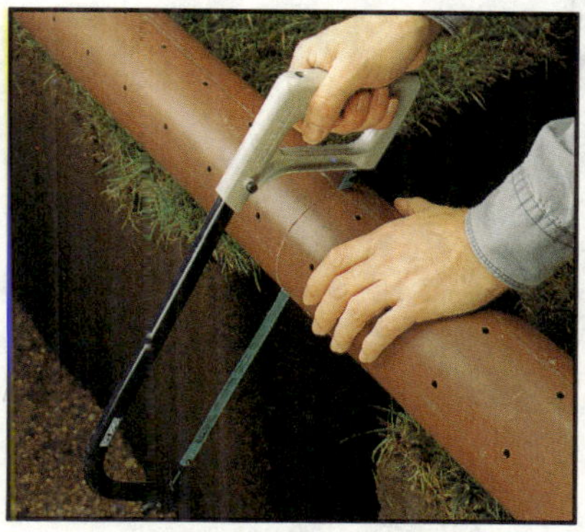

4 Bei Bedarf lassen sich die Rohre leicht mit einer Metallsäge zurechtschneiden. Ganz genau rechtwinklig muß der Zuschnitt gar nicht sein.

5 Wo die Seitenrohre mit dem Mittelrohr zusammentreffen, ist eine Paßfuge nicht notwendig. Das Seitenrohr wird so verlegt, daß das Ende das Hauptrohr beinahe berührt. Dieses wird durchgesägt und die Teile mit 1 cm Abstand wieder hingelegt, so daß Wasser hineinfließen kann.

6 Wenn Erde durch undichte Verbindungsstellen an den Rohren ins Rohrsystem hineingespült wird, werden die Rohre blockiert. Um das zu verhindern, deckt man die Fugen mit Plastikfolie ab.

7 Mehr Kies in die Gräben hineinschaufeln, bis die Rohre vollständig verdeckt sind und ca. 5 cm tief liegen. Mit tiefliegender Erde den Graben bis zur Unterkante des Mutterbodens wieder auffüllen. Den Boden festtreten und überschüssige Erde wegbringen.

8 Die Muttererde wieder einfüllen, glattharken, festtreten. Die Rasenstücke sorgfältig wieder verlegen. Erde abtragen oder hinzugeben, um sicherzustellen, daß der Rasen völlig plan liegt.

Guter Abfluß

Land, das unter Wasser steht, kommt ohne Entwässerungssystem nicht aus. Vielfach hilft aber eine Verbesserung der Bodenstruktur. Das Eingraben organischen und anorganischen Materials macht den Boden wasserdurchlässiger, indem Erdteilchen gruppenweise gebunden werden und Zwischenräume entstehen. Ein Eimer organisches bzw. zwei Eimer anorganisches Material pro qm dazugeben.

1 Gartenkompost – eine wertvolle organische Bodenkur.
2 Kies – das Wasser fließt gut ab, da es zwischen den Erdteilchen Zwischenräume gibt.
3 Torf – ein weiteres nützliches organisches Zusatzmittel.
4 Grober Sand – bewirkt eine krümelige Struktur.
5 Laubkompost – eine kurzfristig wirkende, organische Bodenkur.
6 Stallmist – gehört zu den wirksamsten organischen Mitteln.
7 Sägemehl – läßt sich auch als Mulchschicht verwenden.

Wasseranschluß

Daß ein Wasserhahn im Garten von großem Vorteil ist, versteht sich von selbst. Wenn Sie einen Bausatz verwenden, ist die Installation auch noch kinderleicht.

Für den leidenschaftlichen Gärtner ist ein Wasseranschluß im Garten unabdingbar. So kann man Gießkannen füllen und Gartenschläuche benutzen, ohne immer wieder ins Haus oder in die Wohnung zu laufen und Schmutz reinzuschleppen. Der Einbau eines Wasserhahns an der Hauswand ist zum Glück kein Meisterstück für Klempner (mit dem auf S. 243 abgebildeten Bausatz schon gar nicht, denn alle Rohre und Verbindungsstücke werden mitgeliefert).

Erlaubnispflichtig?

Bevor Sie beginnen, sollten Sie lieber bei den Wasserwerken bzw. Stadtwerken nachfragen. Es kann sein, daß ein Wasserhahn im Garten erlaubnispflichtig ist. Da muß vielleicht ein zusätzlicher Wasserzähler her, oder es werden höhere Wassergebühren erhoben.
In einigen Fällen bestehen die Wasserwerke darauf, daß im Freien verlegte Leitungen verkleidet werden, damit sie im Winter nicht zufrieren. Auch wenn nicht vorgeschrieben, ist das sinnvoll. Das System sollte einen Absperrhahn haben, damit man vor dem Winter das Wasser ganz ablassen und den Hahn voll aufdrehen kann.

Praktisch installiert

In den meisten Fällen wird das Hauptrohr im Hause angezapft. In der Regel wird das Wasser dem Steigerohr, das den Kaltwasserhahn in der Küche bedient, entnommen. Von dort aus wird ein Rohr durch ein in der Wand gebohrtes Loch zur Position des neuen Wasserhahns geführt. Als Standort empfiehlt sich eine gut zugängliche Stelle an der Hauswand. Der Hahn sollte so hoch liegen, daß die Gießkanne darunter abgestellt werden kann.

Wer keinen Bausatz kauft,

- **sollte darauf achten, daß er einen Hahn mit Wandplatte und Griff im 45°-Winkel kauft. Der Winkel ist wichtig, damit man sich nicht die Knöchel an der Wand zerkratzt.**
- **muß die Entfernung von der Hauptleitung zum Wasserhahn genau berechnen und ausreichend 15-mm-Kupferrohr und Verbindungsstücke besorgen. Rohrschellen werden u. U. auch erforderlich sein.**
- **darf nicht vergessen, einen Absperrhahn und einen Ablaufhahn zu kaufen, um im Winter die Leitung abzusperren und zu entleeren.**
- **wird schnell feststellen, daß Druckfittings aus Messing in der Handhabung einfacher sind als Fittings, die man löten muß. Die Dichtung aus Weichmetall wird zwischen Rohr und Verbindungsstück geklemmt und mit der Zange nachgezogen.**

Wie die Verbindungen aussehen

Unten: Beim Bausatz, dessen Einbau auf der nächsten Seite beschrieben wird, wird der Wasserhahn an der Außenmauer durch ein festes Rohr mit der Innenwand an einer Stelle verbunden, wo ein flexibler Hochdruckschlauch es mit der Kaltwasserleitung verbindet. Dort ist ein Absperrhahn angebracht, der sich bei der Installation ins Hauptrohr bohrt. Druckfittings werden entweder von Hand oder mit der Zange festgezogen.

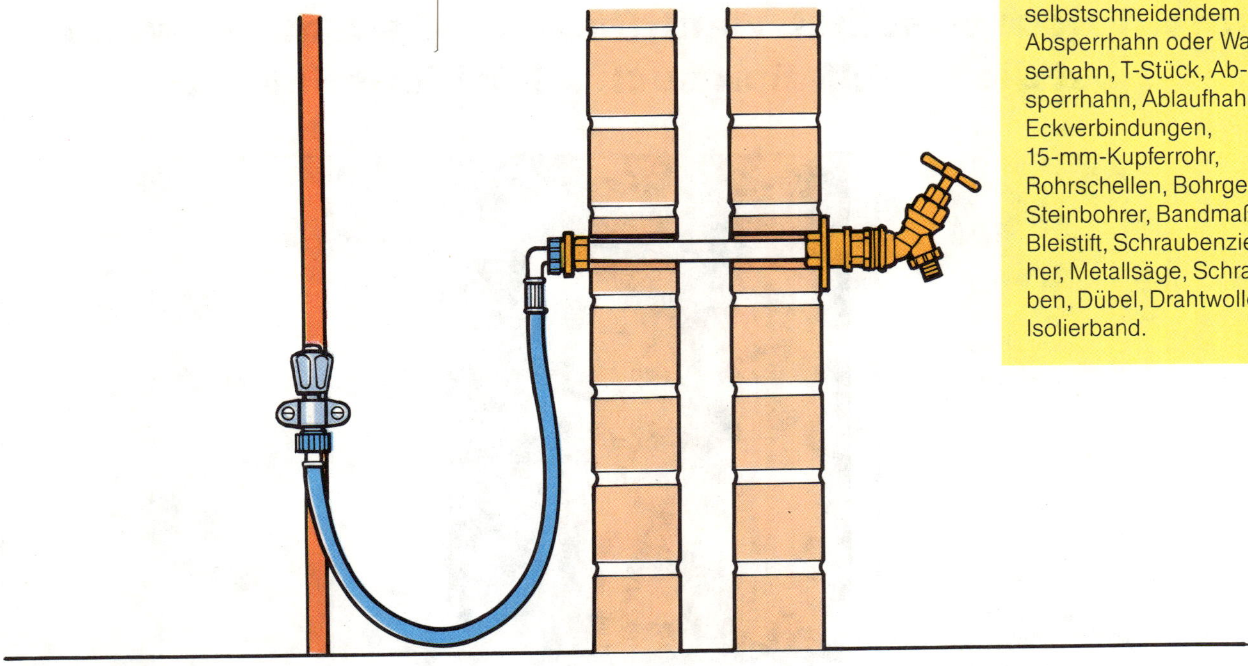

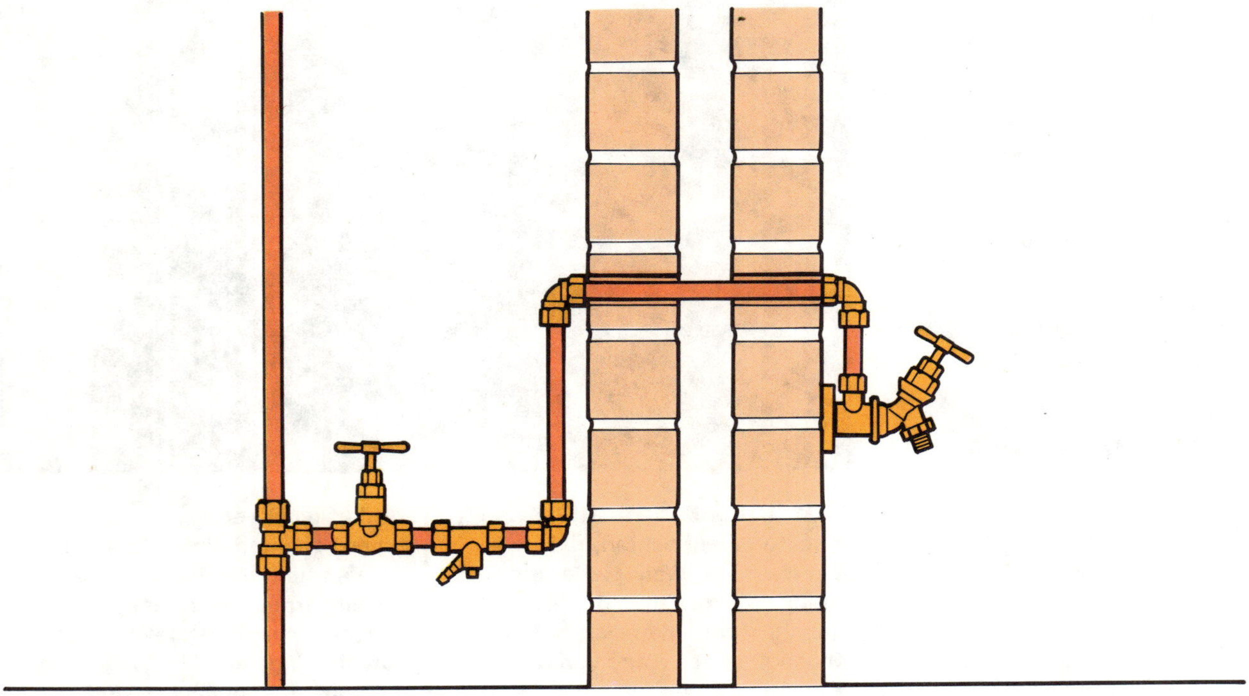

Oben: Beim Einsatz von herkömmlichen Fittings wird ein T-Stück (Druck- oder Lötverbindung) in die Wasserleitung eingebaut. Eine Zuleitung aus Kupfer führt über Absperr- und Ablaufhahn zum Wasserhahn an der Außenmauer. Eck- oder Kniestücke (ebenfalls Druck- oder Lötverbindungen) werden dort eingebaut, wo das Rohr die Richtung ändert.

Werkzeug & Material

Bausatz bestehend aus Hahn, festem Wandrohr, Fittings, flexiblem Hochdruckschlauch und selbstschneidendem Absperrhahn oder Wasserhahn, T-Stück, Absperrhahn, Ablaufhahn, Eckverbindungen, 15-mm-Kupferrohr, Rohrschellen, Bohrgerät, Steinbohrer, Bandmaß, Bleistift, Schraubenzieher, Metallsäge, Schrauben, Dübel, Drahtwolle, Isolierband.

Die Installation des Wasserhahns

1 Zunächst die Position des Wasserhahns an der Wand markieren, wobei zu bedenken ist, daß er nicht mehr als 1 m vom Hauptrohr entfernt sein sollte. Für das feste Rohrstück die Wand von innen durchbohren. Rohr durchs Loch schieben und am Ende die Metallhülse aufsetzen. Wandplatte anbringen und Druckmutter anziehen.

2 Rohr ins Loch zurückschieben und die Lage der Platte an der Wand markieren. Das Rohr herausziehen, Löcher bohren, Dübel einsetzen und mit Flachkopfschrauben die Platte befestigen.

3 Isolierband um das Gewinde des Wasserhahns drehen, damit die Verbindung wasserdicht wird. Hahn senkrecht in die Wandplattenbuchse eindrehen.

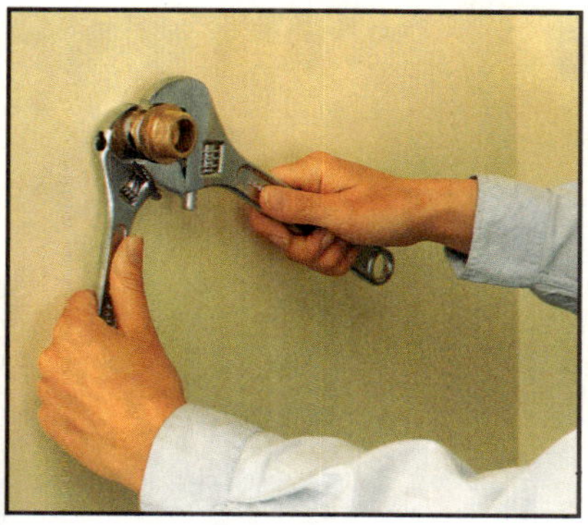

4 Eventuell überschüssiges Rohr, das aus der Wandinnenseite herausragt, abschneiden. Metallhülse aufsetzen, Verbindungsstück anbringen und Druckmutter festziehen (mit einer zweiten Zange das Verbindungsstück festhalten).

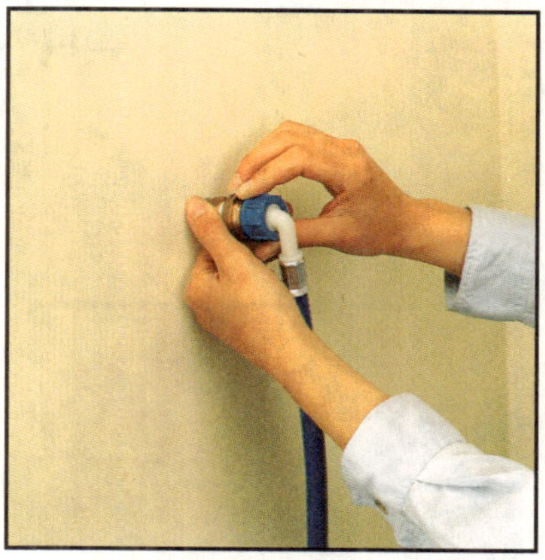

5 Kupplung des flexiblen Hochdruckschlauchs aufsetzen und zuschrauben. Darauf achten, daß die Gummidichtung richtig sitzt. Kupplung mit der Hand festschrauben.

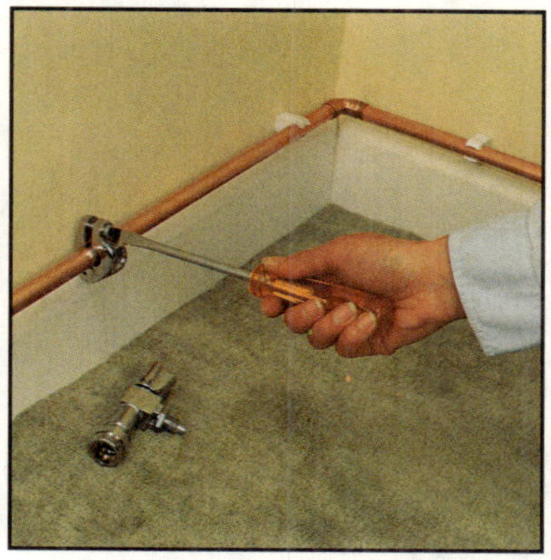

6 Der Bausatz enthält einen selbstschneidenden Absperrhahn, der beim Aufschrauben die Wasserleitung durchbohrt. Zunächst genau festhalten, wo die Verbindung zustandekommen soll. Schelle ums Rohr legen und fest zuschrauben.

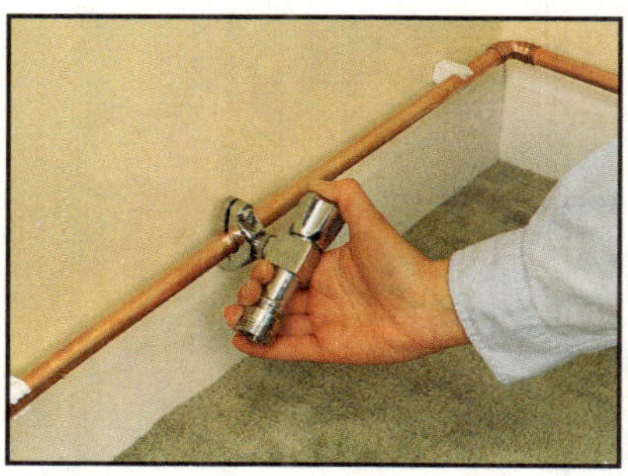

7 Absperrhahn muß „zu" sein. Hahn in die Schelle hineinschrauben. Bei diesen Arbeiten wird ins Wasserrohr ein Loch gebohrt. Sie müssen die Hauptwasserleitung nicht versperren, da das Teil so konstruiert ist, daß Leckagen verhindert werden.

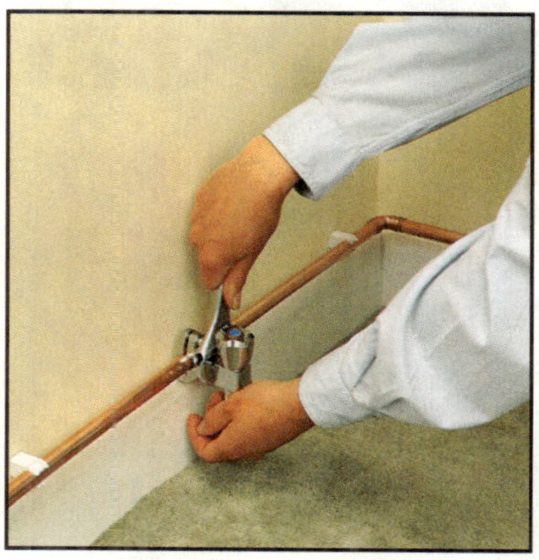

8 Den Absperrhahn im erforderlichen Winkel (er muß nicht senkrecht stehen) ansetzen und mit einer Zange die Mutter zur Schelle hin festschrauben, bis der Hahn fest und sicher sitzt.

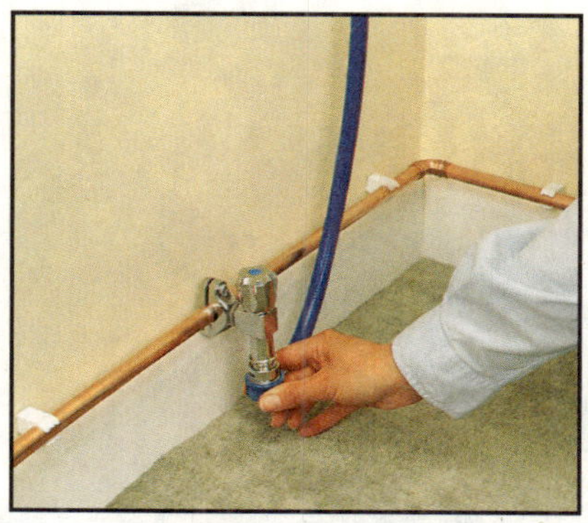

9 Zuletzt wird das noch lose Ende des Hochdruckschlauchs beim Absperrhahn angesetzt. Darauf achten, daß die Gummidichtung richtig sitzt.

Zusatzgeräte

Vom Wasserhahn aus können Sie mit einem Gartenschlauch arbeiten. Doch können Sie zur Bewässerung auch viele Zusatzgeräte anschließen.

1 Ein mehrfach einstellbarer Sprühkopf mit Abzug erzeugt unterschiedliche Sprühmuster für die unterschiedlichsten Zwecke.
2 Schwingdüsensprinkler versprühen in Abständen einen Wasserstrahl, der recht weit reicht und ebenfalls eingestellt werden kann.
3 Rasensprenger sind eigentlich auch Schwingdüsenzusätze, die automatisch von einer Seite zur anderen schwenken.
4 & 5 Die verschiedenen Drehsprinkler drehen sich um die eigene Achse und sprühen das Wasser weiträumig im Kreise aus.
6 Gartenschläuche müssen robust sein, wenn sie gute Dienste leisten sollen. Besonders haltbar sind Schläuche aus Gummi oder PVC mit Kreuzgewebe.

Nützlich und schön: Praktisches für Alltag und Freizeit

**Schuppen und Lauben,
Kisten und Kästen,
Pergolen und Bänke,
Plätze für Tiere, Dekoratives,
Spielgeräte für Kinder**

Gerätehäuschen

Gartenwerkzeug muß geordnet und geschützt abgestellt werden. Das kostengünstige, leicht zu bauende Gerätehäuschen ist die ideale Lösung.

In jedem Garten braucht man für die vielen Werkzeuge und Ausrüstungsgegenstände, die sich beim Gärtnern ansammeln, eine Abstellmöglichkeit. Ideal ist dieses leicht zu bauende Gartenhäuschen. Es läßt sich im Nu aufstellen und bietet den besonderen Vorteil, daß es ohne Sockel oder Fundament auskommt.

Ecken zuerst setzen!

Die meisten Gartengebäude stehen auf festen Fundamenten, sei es auf Beton oder auf Holzdielen, die auf Pfeilern liegen, um Bodenberührung auszuschließen. Dieses Häuschen kommt ohne sie aus, da es ein geniales Produkt verwendet, das für einen anderen Zweck entwickelt wurde: die Steckhülse für Zaunpfähle. Vier Metallhülsen mit ihren „Heringen" halten die Eckpfosten fest. Seiten und Rückwand werden mit Profilholz verkleidet. Vorne befindet sich eine Fertigtür. Ein leicht nach hinten geneigtes Dach kommt hinzu, und fertig ist das Häuschen. Für die Konstruktion mit den Steckhülsen muß die Stellfläche nicht unbedingt eben sein. Die Hülsen müssen nur untereinander planliegen, bevor die Eckpfosten eingesteckt werden.

Möglichkeiten:

- **Beim hier abgebildeten Häuschen sind die Wände mit Nut-und-Feder-Brettern verkleidet. Denkbar wäre auch eine überlappende Schindelholzverschalung.**
- **Wenn man auf die Kosten achten muß, kann man wetterfeste Spanplatte oder wetterfestes Sperrholz verwenden. Dieses beizt man, wie man auch „echtes" Holz einer Schutzbehandlung unterzieht. Dadurch verbessert man das Aussehen und trägt dazu bei, daß sich das Häuschen dem Garten optisch besser anpaßt.**
- **Die Maße hängen von der Größe der Fertigtür ab. Das trifft aber genaugenommen nur für die Breite und Höhe zu. Das Häuschen kann durchaus tiefer als das hier abgebildete, quadratische Muster sein. Wenn die Seiten länger als ca. 1,30 m werden, sind Zwischenpfosten empfehlenswert.**
- **Wenn das Häuschen steht, werden Gehwegplatten oder -steine im Sandbett verlegt, um eine feste Stellfläche für größere Geräte, Torfsäcke u. ä. zu schaffen. Innen den Boden zuallererst mit Dachpappe als Feuchtigkeitssperre auslegen.**
- **Die Innenwände mit Haken oder Werkzeugleisten ausstatten, um kleinere Geräte aufzunehmen.**
- **Zu guter Letzt wird die Tür mit einem Vorhängeschloß versehen, damit Einbrecher sich nicht bei Ihnen das Einbruchswerkzeug „ausleihen".**

Wie alles zusammenpaßt

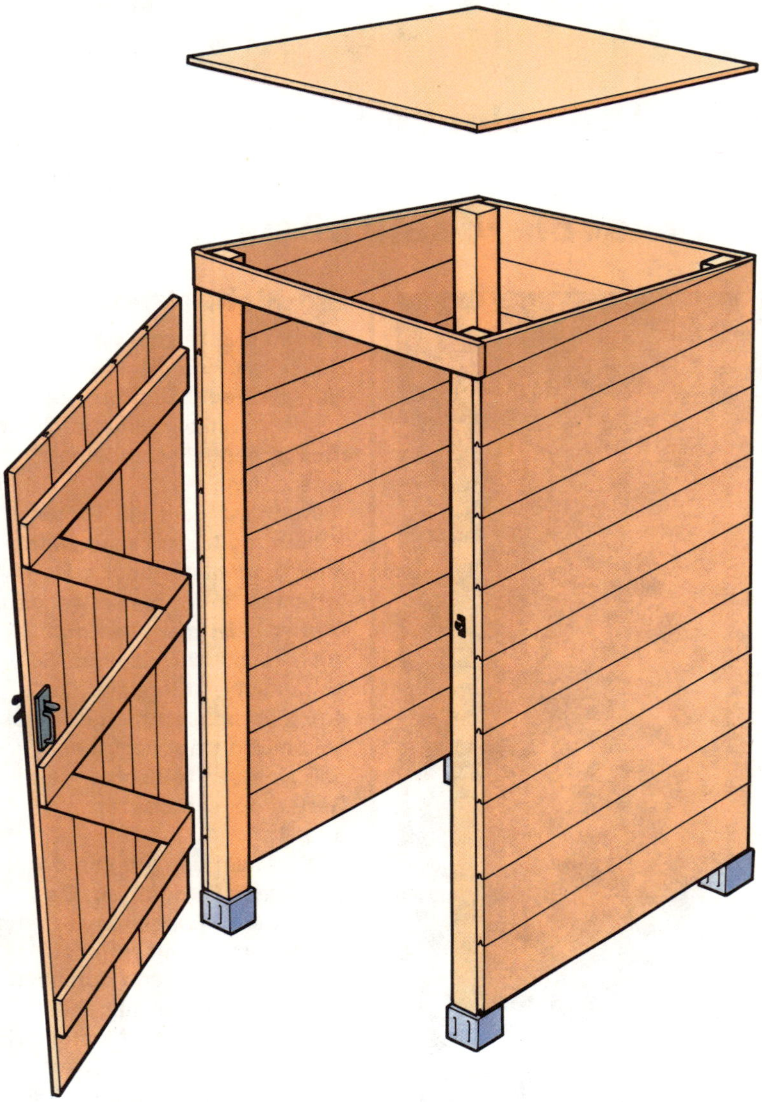

Werkzeug & Material

Fertigtür, 7,5 x 7,5-cm-Eckpfosten, Steckhülsen, Nut-und-Feder-Bretter, Holzleisten für Streben, 13-mm-Sperrholz für das Dach, Dachpappe, 2,5-cm-Holzleisten als Eckabschlüsse, 50-mm-Nägel, Scharniere, Schnäpper, Haken und Öse, Japanlackschrauben, Vorhängeschloß, Holzschutzmittel, Bandmaß, Messer, Vorschlaghammer, Anschlagwinkel, Wasserwaage, Bleistift, Fuchsschwanz, Hammer, Schraubenzieher.

Der Rahmen besteht aus vier Eckpfosten, die in Zaunpfostenhülsen stecken. Der Abstand zwischen den vorderen Pfosten entspricht der Türbreite zuzüglich jeweils ca. 6 mm Spielraum. Sie werden 7,5 cm größer als die hinteren Pfosten. Verschalung aufnageln. Die oberen Latten an beiden Seiten passend zur Dachschräge zuschneiden. Vorne werden die Eckpfosten oben mit einer Strebe verbunden, um die Lücke über der Tür zu schließen. Das Dach aus Sperrholz o. ä. zuschneiden. Es soll hinten ca. 5 cm überlappen und wird mit Dachpappe überzogen.

Steckhülsen setzen

Schnell, einfach und wirksam verankern Zaunpfostensteckhülsen die Eckpfosten des Gerätehäuschens.

1 Position der vier Steckhülsen auf dem Boden markieren und die Hülsen mit Vorschlaghammer, Holzklotz und Gegenhalter (wird mitgeliefert) in den Boden hämmern.

2 Eckpfosten in die Hülse stecken und mit der Wasserwaage prüfen, ob er senkrecht steht. Eventuelle Schieflage ausgleichen, indem Sie ihn fest in die erwünschte Richtung drücken.

3 Wenn Sie mit dem Stand und der jeweiligen Höhe der Pfosten zufrieden sind, werden sie mit den Hülsen fest verbunden, indem Sie durch die seitlichen Schlitze Nägel hämmern.

Gerätehäuschen bauen

1 Abstände der Diagonalen messen, um zu prüfen, ob die Eckpfosten oben rechtwinklig stehen (die Diagonalen müssen gleich lang sein). Nageln Sie sie mit Kantholzstreben fest, um sie vorläufig zu befestigen.

2 Verschalung zuschneiden und Bretter anbringen. Nägel werden durch die Federn getrieben und von der Nut des nächsten Brettes verdeckt. Die seitlichen Bretter so zuschneiden, daß sie die Enden der Rückwandbretter überlappen und das Hirnholz verdecken.

3 Seitenwände fertigstellen, indem Sie die Oberkante des obersten Brettes passend zur Dachschräge zuschneiden. Das oberste Brett sollte die Oberkante der Eckpfosten knapp überragen. Hier werden die Nägel unmittelbar durch das Brett getrieben. Die Dachpappe wird sie verdecken.

4 Zwischen den beiden Vorderpfosten eine Querstrebe anbringen. Sie gibt mehr Halt und füllt die Lücke über der Türöffnung aus, so daß das Dach gleich montiert werden kann.

5 Das Sperrholz so zuschneiden, daß es vorn und an den Seiten mit den Wänden bündig abschließt und hinten 5 cm überlappt. Die Platte vernageln. Mit Dachpappe überziehen, die an allen Seiten gleichmäßig überlappt, und vernageln.

6 Die Tür in T-Scharniere einhängen. Schnäpper in die Tür, Schließblech in den Rahmen schrauben. Haken und Öse hinzufügen, damit ein Vorhängeschloß angebracht werden kann.

7 An den Kanten als Abschluß schmale Eckleisten anbringen, um das Hirnholz der Verschalung zu schützen.

8 Das ganze Häuschen innen wie außen mit Holzschutzbeize behandeln. Zweimal satt auftragen, wobei die erste Schicht vor dem Auftrag der zweiten natürlich durchtrocknen muß.

9 Zum Schluß das Häuschen innen mit einem Fußboden versehen. Boden mit Dachpappe auslegen und Gehwegplatten verlegen.

Schön grün!

Reichlich bepflanzt wirkt ein schlichtes Gerätehäuschen viel freundlicher. Ideal — mit dem immergrünen Laub und den oft dichten Blütenständen — ist die Strauchveronika.

Die teilweise winterharten Sträucher müssen hell und sonnig in durchlässigem Boden stehen. Störendes Wachstum im Frühjahr zurückschneiden. Im Sommer zwecks Vermehrung halbausgereifte Stecklinge schneiden.
1 Strauchveronika *Hebe* 'Sapphire' zeichnet sich durch lange, schmale, lila Blütenstände aus.
2 *H.* 'Cranleighensis' trägt massenweise rosa Blüten über schmalen, dunkelgrünen Blättern.
3 *H.* 'Amy' (auch: 'Purple Queen') trägt dunkellila Blüten in dichten Trauben.
4 *H.* 'Nicola's Blush' trägt in kurzen Trauben rosa Knospen, die sich beim Öffnen weiß verfärben.
5 *H.* 'Bowles' Hybrid' bildet herabhängende Trauben mit blaßlila Blüten.
6 *H.* 'Kirkii' trägt weiße oder lilastichige Blüten.

Geräteschuppen

Ob als Abstellraum für Geräte oder als Gartenwerkstatt: Vom Schuppen im Garten hat man jahrelang etwas.

In jedem Garten braucht man einen Ort, wo notwendiges Werkzeug und Ausrüstung sicher, ordentlich und trocken aufbewahrt werden kann, denn Gartenwerkzeug ist zu sperrig, um im Haus oder in der Wohnung Platz zu finden. Eine Garage kommt dafür in Frage, falls Sie eine besitzen, aber selbst sie muß nicht ideal sein, es sei denn, sie hat hinten oder an der Seite eine Tür. Die Lösung: Bauen Sie sich im Garten einen Schuppen — als Aufbewahrungsort für alle anderen sperrigen Gegenstände, die irgendwie doch draußen landen: Wäscheleinen, Gartenmobiliar, Kinderspielzeug, Fahrräder usw.

Unverwüstlich

Montagefertige Geräteschuppen gibt es in vielen Formen und Größen. Das Modell, das zu Ihnen (und zur Größe Ihres Gartens) paßt, findet sich bestimmt. Selbst auf dem kleinen Grundstück gibt es eine Ecke für den Schuppen.

Denken Sie an...

• die Schuppengröße, die Sie benötigen. Einige Modelle sind kaum größer als ein Besenschrank.

• das Dach. Die übliche A-Form ist für einen freistehenden Schuppen ideal, aber wenn er dicht an einem Zaun oder einer Mauer steht, ist ein einseitiges Schrägdach doch vorzuziehen.

• den Standort. Suchen Sie sich einen unauffälligen Standort aus.

Links: Der Schuppen gehört selten zu den attraktivsten Blickpunkten im Garten. Hier wird er von Rosen und Koniferen verdeckt. Ein Spalier ums Dach dient Kletterpflanzen als Stütze.

Rechts: Schuppen fertigt man aus den unterschiedlichsten Werkstoffen an. Ein ausgedientes Eisenbahnhäuschen ist natürlich ideal — und innen schön hell.

Links: Der Schuppen paßt sich der Umgebung an, wenn man ihn mit Efeu bestückt.

Fundament verlegen

Der Schuppen muß ein festes Fundament haben.

1 Wenn der Schuppen nicht auf einem Betonfundament stehen soll, muß der Boden plan sein. Mit Wasserwaage und einem langen Brett prüfen.

2 Fußbodenträger müssen auf im Sandbett verlegtem Pflaster stehen. Auch hier muß die Ebenheit überprüft werden.

Links: In vielen Gärten steht noch ein für den Umbau geeignetes Nebengebäude aus Stein.

Rechts: Marke Eigenbau aus altem Bauholz und Fensterrahmen ist auch nicht zu verachten.

Modulbauweise

Viele neue Schuppen, die angeboten werden, gibt es in Modulbauweise, d. h. aus standardisierten Bauteilen, die man zu Gerätehäusern unterschiedlicher Form und Größe zusammenstellen kann. So bauen Sie genau den Schuppen, den Sie brauchen. Notfalls können Sie ihn später ausbauen und erweitern.
Bei dieser Bauweise kann man die einzelnen Teile in handlichen Größen herstellen, die sich einfacher zusammenbauen lassen. Flexibler wird es auch dadurch, daß Sie Tür und Fenster nach Wunsch verändern können.

Bauanleitung Geräteschuppen

Werkzeug & Material

Bausatz bestehend aus Fußboden, End- und Seitenteilen, Tür und Rahmen, Fenster, Dachendteilen, Dachpaneelen, Dachpappe und Kleinteilen; Hammer; Schraubenzieher; Messer.

1 Als erstes packt man die Teile aus und vergleicht sie mit der Stückliste. Dann legt man die verschiedenen Teile auf dem Boden so aus wie sie im Verhältnis zum Fundamente stehen werden.

2 Als ersten Montageschritt ein Endteil und ein Seitenteil auf dem Fußboden hinstellen und zusammenschrauben. Sichergehen, daß die Kanten genau auf Stoß liegen.

3 Die restlichen Seiten- und Endteile weitermontieren, bis die Wände fertig sind. Auf dem Fußboden genau in Position bringen und mit den Fußbodenträgern vernageln. Darauf achten, daß die Teile im rechten Winkel stehen.

4 Abschlußkanthölzer an den Seitenteilen oben befestigen. Die Enden der Dachschrägen liegen auf ihnen auf. Sie werden einfach vernagelt.

5 Wenn das Dach beidseitig nach unten läuft, werden dreieckige Dachendteile mitgeliefert. Diese Formstücke werden mit den Wandendteilen fest verschraubt.

6 Für einen Schuppen mit einem langen Dach wird möglicherweise eine lange Mittelstütze mitgeliefert. Diese einhängen und befestigen. Endhölzer an der Unterseite der Dachteile vernageln. Dachteile sorgfältig positionieren und mit den Dachendteilen und den Kanthölzern vernageln.

7 Dachpappe oben verlegen und mit Messer oder Schere zuschneiden. An den Kanten herunterschlagen und mit den Endhölzern vernageln. Bei einem langen Dach, für das mehr als eine Bahn benötigt wird, Bahnen großzügig überlappen lassen, um ausreichenden Regenschutz zu gewährleisten.

8 Als Abschluß (mit dem man gleichzeitig die Dachpappenkanten verdeckt) legt man die restlichen Zierbretter auf die Endhölzer und nagelt sie fest. Die unansehnliche Fuge, die durch das Zusammentreffen der Zierbretter entsteht, wird mit einem Holzornament verdeckt.

Töpfe & Co.

In den meisten Schuppen wird Werkzeug, Spielzeug usw. gelagert. Aber der Gartenfreund wird dort auch gern mit seinen Töpfen hantieren. Hier einige Geräte, die man dafür braucht:

1 Blumentöpfe kann man im Schuppen gestapelt aufbewahren.
2 Ein scharfes Messer braucht man, um Stecklinge zu schneiden. Halten Sie es sauber!
3 Flache Anzuchtschalen sind zum Aussäen feiner Samen erforderlich. Hilfreich ist ein auf Länge geschnittenes Holzbrett, mit dem man die Anzuchterde festdrückt.
4 Eine Arbeitsfläche aus Holzleisten ist empfehlenswert.
5 Mit einem Holzspachtel kann man überschüssige Erde abstreifen, nachdem man Töpfe gefüllt hat.
6 Briefumschläge sind nützlich, um Samen aufzubewahren.
7 Ein Sieb kann man gut gebrauchen, um Erde durchzusieben.
8 Für größere Samen kann man Anzuchtschalen mit einzelnen Fächern verwenden.
9 Anzuchttöpfe aus Faserstoffen kann man mit den Sämlingen zusammen einpflanzen. Sie lösen sich in der Erde auf.

Gartenwerkzeugkiste

Beim Pflanzen, Schneiden und Jäten hat man in dieser zweckmäßigen Werkzeugkiste alle benötigten Utensilien immer griffbereit zur Hand.

Ob beim Schneiden, beim Jäten oder bei anderen kleinen Arbeitsgängen im Garten: Es lohnt sich immer, eine Kiste oder einen Behälter griffbereit zu haben, worin man sein Werkzeug und Kleinkram mit sich herumtragen kann, ohne daß die Sachen eventuell im Gestrüpp verlorengehen. Wer Sämlinge oder Blumenzwiebeln aus dem Gewächshaus einsetzt, kann in dieser handlichen Kiste gleich etliche kleine Töpfe an die Pflanzstelle befördern.

Holzreste verwerten

Eine kleine Heimwerkeraufgabe dieser Art sorgt dafür, daß Holzreste, die in Werkstatt oder Schuppen herumliegen, verbraucht werden. Wer Holzreste aufbewahrt, wird vielleicht nur noch etwas Weichholz für den Griff kaufen müssen — oder man findet irgendwo ein passendes Stück Besenstiel.

Holzschutz

- **Wer neues Holz kaufen muß, ist gut beraten, für die Seiten und den Boden wetterfestes Sperrholz zu verwenden, da die Werkzeugkiste im Freien benutzt werden soll. Weichholzstreifen und -blöcke dienen der zusätzlichen Verstärkung.**
- **Als einen zusätzlichen Schutz vor Fäulnis empfiehlt es sich, reichlich Holzschutzbeize aufzutragen.**

Dimensionen

- **Die Maße der Kiste bestimmen Sie nach eigenem Gutdünken. Wer damit häufig Töpfe befördern will, wird Platz für zwei Reihen Töpfe in der gängigen Größe vorsehen. Wer eher Werkzeug in der Kiste mit sich führen will, entscheidet sich für eine Größe, die dem gängigen Werkzeugsortiment, einschließlich Gartenschere, bequem Platz bietet.**
- **Als Hinweis sei hier erwähnt, daß das abgebildete Modell 50 cm lang, 30 cm breit und 25 cm hoch ist.**

Einfache Verbindungen halten besser

- **Die Kiste ist, wie bereits erwähnt, eine einfache Sperrholzkonstruktion mit Stoßverbindungen und Weichholzstreifen zur Verstärkung. Diese werden verleimt und vernagelt (darauf achten, daß wasserfester Holzleim verwendet wird).**
- **In der Form erinnern die Seitenteile an die Giebel von Häusern. Der Holzstiel, der sie miteinander verbindet, bildet einen stabilen Griff, der jahrelang gute Dienste leistet.**

So wird's gemacht

Der Sperrholzboden der Werkzeugkiste wird auf der Unterseite mit verleimten und vernagelten Weichholzstäben verstärkt. Innen verstärken ähnliche Stäbe die vier Ecken. Der Boden und die Seiten werden auf diese Weise miteinander verbunden. Der Griff paßt in runde Löcher, die in die Seitenteile gebohrt werden. Mit runden Sperrholzscheiben werden die Löcher verstärkt. Die fertiggebaute Kiste erhält zum Schutz vor Feuchtigkeit eine oder zwei Schichten Holzschutzbeize.

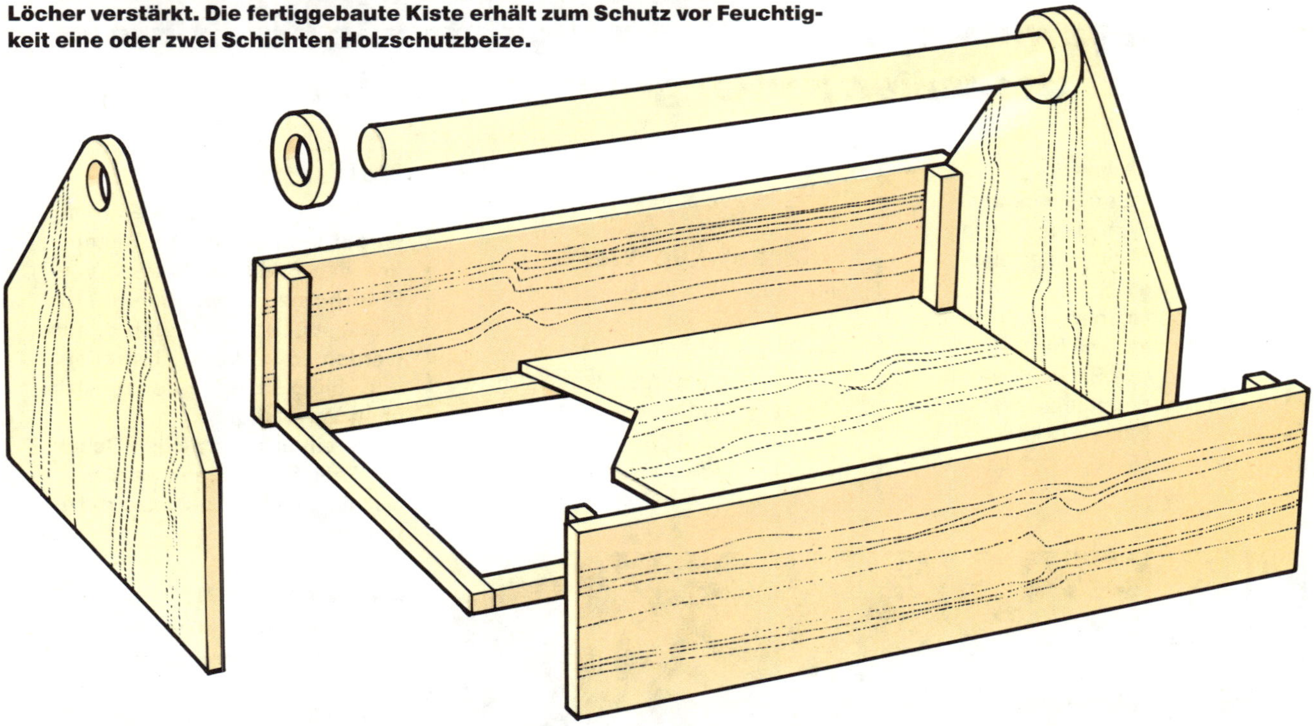

Anzeichnen & zuschneiden

Für die Kiste eventuell vorhandene Sperrholzreste verwenden oder neues Holz kaufen. Ein ca. 80 x 50 cm großes Stück wird benötigt.

1 Vor dem Zuschneiden die Teile auf der Sperrholzplatte markieren: Alle Seiten und die Bodenplatte. Mit dem Zirkel oder einem passenden runden Gegenstand die Rundungen an den giebelförmigen Seitenteilen vorzeichnen.

2 Beim Schneiden auf der Abfallseite der Bleistiftstriche bleiben. Wer eine Stichsäge benutzt, schneidet die Rundungen freihändig zu. Mit der Hand werden die Spitzen ausgesägt und die Rundungen mit der Raspel herausgearbeitet.

Werkzeug & Material

Wetterfestes Sperrholz (6 mm), Stabholz zur Verstärkung (12 x 12 mm), Rundholz als Griff (Durchmesser 25 mm), rostfreie Nägel, wasserfester Holzleim, Bandmaß, Bleistift, Anschlagwinkel, Zirkel, Laub- oder Stichsäge, flache Raspel, Schleifpapier, Bohrgerät und 25-mm-Holzbohrer, Schraubzwingen oder Schraubstock, Hammer, Ahle, Holzschutzbeize, Malerpinsel.

Werkzeugkiste zusammenbauen

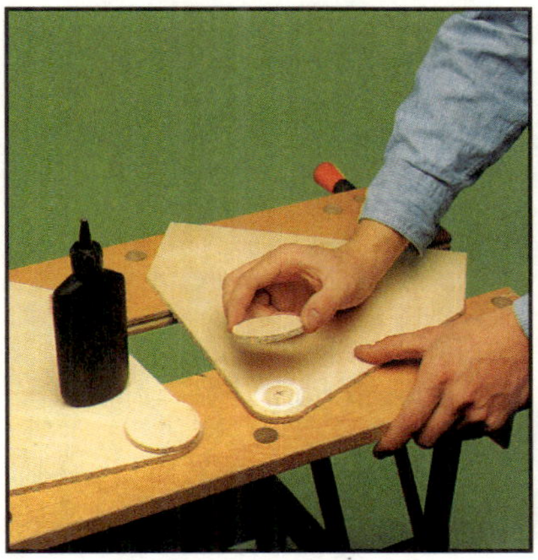

1 Wenn die giebelförmigen Seitenteile zugeschnitten sind, schneiden Sie mit der Laub- oder Stichsäge jeweils eine Scheibe Sperrholz in der gleichen Rundung zu und kleben sie dort fest.

2 Wenn der Leim ausgehärtet ist, werden die Seitenteil-Rundungen mit der Raspel glatt gefeilt und die Schnittkanten aller anderen Teile mit Schmirgelpapier glatt geschliffen.

3 Die beiden Seitenteile wie abgebildet mit Zwingen oder Schraubstock festhalten und mit dem Holzbohrer ein 25-mm-Loch durch beide Teile bohren. Darauf achten, daß das Holz beim Durchbruch nicht splittert.

4 12-mm-Holzstab passend zu den Kantenlängen der Bodenplatte zuschneiden. Wie abgebildet verleimen und vernageln. An den Ecken sind schlichte Stoßverbindungen vorzusehen.

5 An den Enden der langen Seitenteile kurze Stabholzstücke verleimen und vernageln. Entsprechend der Sperrholzdicke wird das Stabholz 6 mm nach innen versetzt angebracht.

6 Mit dem Zusammenbau anfangen, indem die langen Seitenteile mit der Bodenplatte verbunden werden. Stifte durch die Seitenteile ins Stabholz treiben.

7 Die giebelförmigen Seitenteile wie abgebildet mit den Eckstäben und Bodenplattenstäben verleimen und anschließend alle Verbindungen in Abständen von ca. 5 cm mit Stiften verstärken.

8 Das Rundholz auf Länge schneiden und in den dafür vorgesehenen Löchern verleimen. Den Leim richtig aushärten lassen, bevor der letzte Schritt in Angriff genommen wird.

9 Zum Schluß wird Holzschutzbeize ein- oder zweimal satt aufgetragen. Und beim Streichen nicht die Unterseite der Bodenplatte vergessen.

Ordentliches Werkzeug

Hier sehen sie nur einiges an Werkzeug und Ausrüstung, das in die Kiste gehört. Bei der Gartenarbeit sollte ein solches Sortiment immer dabeisein.

1 Kleine Töpfe zum Eintopfen selbstausgesäter Sämlinge, die man beim Unkrautjäten im Beet entdeckt.
2 Gartenhandschuhe zum Schutz gegen stachelige oder giftige Pflanzen.
3 Eine Gartenschere zum Schneiden und Formen.
4 Eine Sprühflasche zum Versprühen von Flüssigdünger oder Fungizid.
5 Bindfaden – kann man immer wieder gebrauchen.
6 Blumenzwiebeln, die man in der Kiste hinaustragen kann.
7 Setzholz zum Setzen von Zwiebeln, Samen und Sämlingen.
8 Handgabel zum Unkrautjäten.
9 Handkelle zum Pflanzeneinsetzen.
10 Etiketten und Bleistift zur Kennzeichnung von Pflanzen und Sämlingen.
11 Samen zur Aussaat unter Glas oder im Freien.
12 Kleine Topfpflanzen zum Einsetzen im Garten.

Überdachter Gang

Ein überdachter Gang an der Hauswand schafft Abstellplatz für Gartenwerkzeug, Kinderspielzeug und sogar Topfpflanzen, die vor winterlicher Nässe geschützt stehen müssen.

Bei vielen Einfamilienhäusern findet man einen schmalen Gang, der zwischen Hauswand und Gartenzaun verläuft. Er dient als notwendige Verbindung zwischen Vorgarten und rückwärtigem Garten und bleibt ansonsten ungenutzt.
Wer ihn überdacht, gewinnt einen wertvollen Abstellplatz für Fahrräder, Kinderwagen usw. und kann an einem Regentag sogar noch Wäsche zum Trocknen aufhängen.

Mit Bedacht

Angenommen, der Gartenzaun verläuft parallel zum Durchgang, läßt sich der Gang relativ leicht überdachen. Die Zaunpfosten werden verlängert und an die Hauswand kommen Träger und die Dachkonstruktion. Bevor sie damit anfangen, sollten Sie jedoch feststellen, wem der Zaun gehört. Falls er dem Nachbarn gehört, muß er damit einverstanden sein. Wenn er die Zustimmung verweigert, müssen Sie auf Ihrer Seite der Grundstücksgrenze neue Pfosten setzen.

Die Maße

- **Wenn Sie bestehende Zaunpfosten verwenden können, sind zunächst die Verlängerungsstücke zuzuschneiden und anzubringen. Hat der Zaun die übliche Größe von 1,80 m, so müssen die Verlängerungsstücke ca. 60 cm lang sein und die bestehenden Pfosten um ca. 30 cm überlappen. Die Gesamthöhe dürfte dann ausreichen.**
- **Wenn Sie eigene Pfosten aufstellen müssen, graben Sie neben dem Zaun am besten in Abständen von ca. 2 m Löcher aus und treiben Steckhülsen aus Metall in den Boden. In jede Hülse kommt ein Pfosten, der fest vernagelt oder verschraubt wird.**
- **Als nächstes befestigt man einen waagerechten Träger an der Hauswand. Dessen Unterkante soll mit den gegenüberliegenden Pfostenspitzen auf einer Höhe liegen, damit das Dach sich von der Hauswand leicht herabneigt. Die Dachbalken werden oben mit Zargen versehen, die sie mit dem waagerechten Träger an der Hauswand verbinden. Die äußeren Enden liegen auf einem weiteren Träger, der die Zaunpfosten in Traufenhöhe miteinander verbindet.**
- **Die Dachkonstruktion wird mit klarem, gewelltem Kunststoff gedeckt, der leicht und durchsichtig ist, so daß der Durchgang noch die ganze Sonne abbekommt. Der Kunststoff wird unter Verwendung von besonderen Abstandhaltern und Kappen mit den Dachbalken verschraubt. Dort, wo die Bahnen überlappen, werden sie mit klarem Reparaturband versiegelt. Das Band verhindert, daß die Kanten vom Wind angehoben werden. Auch der Anschluß von Überdachung und Hauswand wird mit Klebeband versiegelt.**

Wie alles zusammenpaßt

Die Hauptstützen des überdachten Ganges sind der Träger an der Hauswand und die Verlängerung der bestehenden Zaunpfosten bzw. neue Pfosten, die neben dem Zaun aufgestellt worden sind. Diese werden durch einen waagerechten Träger verbunden. Die beiden Träger sind in Abständen von ca. 1 m durch Dachbalken verbunden.

Werkzeug & Material

Zaunpfosten; 7,5 x 3,8 cm Kantholz für Wandträger, Dachbalken und Traufenträger; 2,5 x 2,5 cm Kantholz für Abschluß- und Zwischenleisten; Dachbahnen aus klarem Wellkunststoff; Abstandhalter, Kappen und Nirosta-Schrauben; klares Reparaturband; wasserdichtes Klebeband; Schloßschrauben und Muttern; Rahmenverbinder; L-förmige Metallwinkel; Holzschrauben; Fuchsschwanz und Handsäge; Bohrgerät und Bohrer; Schraubenschlüssel; Wasserwaage; Bleistift; Schraubenzieher; Schreinerwinkel.

Eine Abschlußleiste auf den Dachbalken dient als Befestigungsfläche für die unteren Enden der Wellkunststoffbahnen, während die Fuge zwischen Oberkante und Hauswand mit wasserdichtem Klebeband versiegelt wird. Bei einer Dachbreite von mehr als ca. 1 m wird zwischen Ober- und Unterkante eine zusätzliche Leiste angebracht.

Dachbahnen aus Kunststoff

Das preisgünstigste und zweckdienlichste Material zum Dachdecken ist klarer Wellkunststoff. Mit Nirosta-Schrauben werden die Bahnen an der Dachkonstruktion befestigt.

1 Die erste Bahn auf Stoß mit der Hauswand anlegen und die erforderliche Länge mit einem Filzstift markieren. Den Kunststoff mit einer feingezahnten Säge durchschneiden. Zum Sägen die Dachbahn mit einer Zwinge und zwei Holzlatten fixieren.

2 Die zugeschnittene Bahn anlegen und auf der Höhe des Wandträgers und der unteren Abschlußleiste den Scheitelpunkt der Welle jeweils durchbohren. Abstandhalter und Kappe ein- bzw. aufsetzen und mit Nirosta-Schrauben am Holzrahmen befestigen.

3 Die Dachbahnen um eine komplette Welle überlappen lassen und die überlappenden Kanten mit klarem Reparaturband versiegeln. Zum Schluß wird die Fuge zwischen der Oberkante der Dachbahnen und der Hauswand mit wasserdichtem Klebeband versiegelt.

Die Dachkonstruktion

1 Pfostenverlängerungen zuschneiden. Jeweils zwei ca. 15 cm voneinander entfernte Löcher bohren. Verlängerung an Pfosten halten und diesen durchbohren. Schloßschrauben durchstecken und Muttern (mit Dichtung) festziehen, so daß die Verlängerung „steht".

2 Mit Holzleiste und Wasserwaage die Höhe der Pfostenspitze an der Hauswand markieren. Auf dieser Linie liegt die Unterkante des dortigen Dachträgers.

3 Ein Helfer hält den Träger fest, während Sie das Holz mit dem Holzbohrer durchbohren. Mit dem Steinbohrer werden die Löcher in die Hauswand gebohrt.

4 Dübel und Schrauben durch die Löcher stecken und festschrauben, damit der Dachträger sicher an der Hauswand befestigt ist.

5 Dachbalkenträger an Pfostenverlängerungen so befestigen, daß die Oberkante mit der Tiefe der Dachbalken unter der Pfostenspitze übereinstimmt.

6 Dachbalken einzeln auf den Wandträger legen und mit Schreinerwinkel und Bleistift an der Seite der Balken die Schnittlinie markieren. Dachbalken entsprechend zuschneiden.

7 Zargen wie abgebildet am zugeschnittenen Ende der Dachbalken herausschneiden, damit dieser am Wandträger sicher aufliegt.

8 Balken in Position bringen und anderes Ende so markieren, daß es mit der Außenseite des Balkenträgers abschließt. Überhänge abschneiden und Dachbalken am Wandträger und Seiten der Pfostenverlängerungen festschrauben. Zwischenbalken mit L-förmigen Metallwinkeln am Balkenträger befestigen.

9 Zusätzliche Holzleiste auf dem Dachbalkenträger verschrauben. Mit dieser Leiste werden die Dachbahnen befestigt. Wenn das Dach breiter als 1 m (von der Wand gemessen) ist, kommt eine weitere, mittlere Holzleiste hinzu.

Duftnoten

Keine Kletterpflanze paßt besser zum überdachten Gang (oder zur Pergola) als ein schönes, duftendes Geißblatt.

1 *Lonicera sempervirens* 'Dropmore Scarlet' ist ein robustes Geißblatt mit orangeroten Blüten.
2 *L. implexa* ist eine frühblühende Sorte mit rosa und gelben Blüten.
3 *L.* 'Serotina' ist eine spätblühende, holländische Sorte mit stark duftenden rosa und gelben Blüten.
4 *L. x heckrottii* trägt im Juli seine gelben und purpurroten Blüten.
5 *L. japonica* 'Halliana' ist eine immergrüne Sorte, die vom Juni an weiße und goldgelbe Blüten trägt.
6 *L. x heckrottii* 'Gold Flame' ist eine robuste Zuchtsorte mit goldgelben Blüten, die den ganzen Sommer über blüht.

Sichtblende für Mülltonnen

Mülltonnen sind unerläßlich, aber unansehnlich. Wenn Sie wenig Stauraum haben, um sie zu verstecken, ist diese schnell aufgestellte Sichtblende eine attraktive Lösung.

Viele Eigenheime haben keinen günstigen Abstellplatz für die Mülltonnen. Wenn es nach hinten keinen Zugang gibt, müssen sie sogar vorne im Garten oder neben der Haustür stehen. Am Abfuhrtag müssen schwere Mülleimer mitunter durch das ganze Haus getragen werden. Eine Sichtblende bietet sich als Lösung an, und wenn Sie wie hier eine L-förmige Blende an der Hauswand oder Gartenmauer anbauen können, geht nur wenig Platz verloren.

Deutliche Vorteile

Verwenden Sie Hohlbetonformteile, die im Baustoffhandel erhältlich sind. Das bringt klare Vorteile im Vergleich zu einer massiven Backsteinmauer. Die Steine sind einfach zu verlegen, sie haben attraktive, geometrische Muster, die der Sichtblende ein luftiges Aussehen verleihen.

Formteile...

- **wirken weniger massiv als eine herkömmliche Mauer und sind darüber hinaus recht dekorativ.**
- **werden in weißem oder beigefarbenem Beton gegossen, man kann sie aber auch anstreichen.**
- **lassen die Luft zirkulieren und tragen somit dazu bei, daß keine unangenehmen Gerüche entstehen.**
- **sind bequem in der Handhabung. Da sie groß sind und übereinander verlegt werden, kann man eine ziemlich große Sichtblende recht schnell hochziehen.**

Sorgfältig versteckt

Rechts: Als Alternative bieten sich Bausteine mit einer Deckplatte aus Beton an. Das Ergebnis: ein Müllkasten mit ansprechendem, integriertem Pflanztrog.

Oben: Hohlbetonsteine bilden hier einen Teil der Gartenmauer. Dahinter sind die Mülltonnen versteckt: eine ideale Lösung dort, wo der Zugang zur rückwärtigen Seite des Hauses versperrt ist.

Links: Hohlbetonsteine kann man mit Natursteinimitat verbinden, um Ascheimer abzuschirmen oder eine unansehnliche Aussicht zu versperren, ohne daß das Licht dabei ausgesperrt wird.

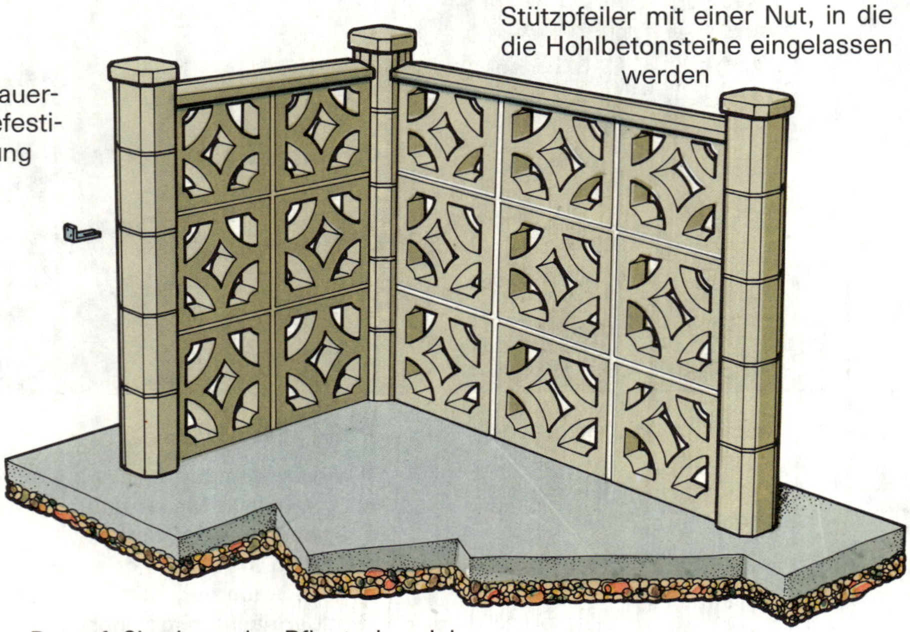

Wie die Mauer entsteht

Eine Schirmwand für zwei Mülltonnen sollte L-förmig sein, die Schmalseite zwei Blöcke, die Längsseite drei Blöcke breit. Hier sind die Stützpfeilerblöcke etwas kürzer als die Betonsteine, so daß man für eine drei Steine hohe Mauer fünf Blöcke braucht. Bei höheren Mauern die Pfeiler mit Metallstäben verstärken. Flüssige Mörtelmischung ins Loch hineingießen.

Feine Fugen

Feine Fugen bekommt man, wenn man ein Stück Wasserschlauch an der Fuge entlangzieht, wenn der Mörtel sich bereits verfestigt hat. Bei noch frischem Mörtel geht das nicht. Es wird nicht richtig glatt.

Bauanleitung für die Sichtblende

Werkzeug & Material

Hohlbetonsteine, Pfeilerblöcke und -kappen, Decksteine, Mauerbefestigungen, Fertigmörtel, Spaten, Maurerschnüre, Kelle, Wasserwaage, Hammer, Handschuhe.

3 Mit der Kelle Mörtel auf den ersten Block auftragen, einen zweiten darauflegen und die Mauerbefestigung anbringen. Diese wird in die Mauer gedübelt und der angewinkelte Arm zwischen zwei Steinblöcke gesteckt.

6 Den ersten Stein zurechtklopfen und einen zweiten verlegen. Zwei Blöcke in zweiter Reihe dazulegen. Mit der Wasserwaage den Stand überprüfen.

1 Abmessungen der Sichtblende ausrechnen und Lage mit Schnüren abstecken, die von Bausteinen festgehalten werden. Sicherstellen, daß die Schnüre im rechten Winkel zueinander stehen.

4 Den ersten Stützpfeiler in voller Höhe verlegen. Mit der Wasserwaage Stand und Richtung überprüfen. Beim vorletzten Pfeilerblock eine zweite Mauerbefestigung anbringen.

7 An der nächsten Ecke den zweiten Pfeiler aufbauen. Die Pfeilerblöcke müssen an beiden Seiten mit einer Nut versehen sein. Überschüssigen Mörtel mit der Kelle von den Fugen entfernen.

2 Fertigmörtel mit Wasser glatt anmischen. Eine 1,2 cm dicke Mörtelschicht dort auftragen, wo der erste Pfeilerblock stehen soll. Diesen in Position bringen, mit dem Hammerstiel zurechtklopfen und überschüssigen Mörtel entfernen.

5 Mörtelbett neben dem ersten Pfeiler an der Schnur entlang verlegen. Die eine Seite des ersten Hohlbetonsteins mit Mörtel keilförmig belegen und den Stein in das Mörtelbett setzen, die belegte Seite in die Nut schieben.

8 Die zweite Mauerseite und den dritten Pfeiler (wieder mit nur einer Nut) bauen. Kappensteine ins Mörtelbett setzen. Auf den Mauerseiten abgeschrägte Decksteine plazieren.

Mustergültig

Hohlbetonsteine sind in vielen Ziermustern erhältlich. Zu Mauern verlegt bilden sie ein Gesamtmuster.

1 Dieses geometrische, in der Mitte sternförmige Muster bildet in den Ecken Kreise, wenn die einzelnen Steine zusammengesetzt werden.

2 Ein weniger strenges Muster, das insgesamt zwangloser wirkt und eine „offenere" Mauer bildet.

3 Decksteine sind angeschrägt und etwas breiter als die Hohlblöcke, um das Regenwasser abzuleiten.

4 Vier- und Rechtecke teilen die Wand in geometrische Muster auf, die architektonischer wirken.

5 Blattförmige Muster bewirken, daß die Wand „weicher" erscheint.

6 Pfeilerblöcke haben eine Nut beim Endpfeiler, Nuten links und rechts für Zwischenpfeiler und Nuten an nebeneinanderliegenden Seiten beim Eckpfeiler (diesen müssen Sie eventuell bestellen).

7 Kappensteine decken die Pfeiler oben zu, schützen sie und bilden einen ordentlichen Abschluß.

Regentonne

Wer Pflanzen bei Trockenheit gesund und munter halten möchte, braucht viel Wasser. Mit einer Regentonne hat man weiches Regenwasser zur Hand, wenn man es benötigt. Hier sehen Sie, wie man sie anschließt.

Bei Trockenheit, oder wenn Sie viele Kübelpflanzen haben oder Pflanzen unter Glas züchten, ist Wasser im Garten unschätzbar. Ein Wasseranschluß an der Hauswand oder im Freien ist zwar schön, aber Trinkwasser ist nicht immer das Beste für Ihre Pflanzen, von der Höhe der Wasserrechnung ganz abgesehen. Bei Wassernot Trinkwasser im Garten zu verschwenden, ist auch nicht gerade empfehlenswert. Regenwasser tut den Pflanzen gut, im Garten wie im Haus, und kostet nichts. Man muß es nur sammeln und speichern, bis es gebraucht wird. Dafür bietet sich eine Regentonne an.

Die doppelte Menge

In den meisten Garten-Centern werden Regentonnen in verschiedenen Größen angeboten. Kaufen Sie stets die größte, die Sie sich leisten können. Sie werden sich wundern, wieviel Wasser selbst ein paar Pflanzenampeln verbrauchen, wenn es trokken ist. Noch günstiger ist es, sich eine zweite Tonne zuzulegen. Sie wird mit der ersten verbunden, wodurch sich die Speichermenge verdoppelt.

Die Tonne muß irgendwo stehen, wo sie mit dem Fallrohr verbunden wird, sei es vom Haus, vom Schuppen, vom Gewächshaus oder von der Garage aus. Am besten steht sie direkt an einem Abflußrohr, da Sie sonst ein neues als Zuleitung installieren müssen. Mit Kunststoffrohren geht das aber auch ganz einfach.

Eine Regentonne ist nicht unbedingt ein schöner Anblick. Wenn Sie keinen natürlich abgeschirmten Standort finden, können Sie sie vielleicht durch ein Spalier mit Kletterpflanzen verdecken oder sie an einen Zaun oder eine Mauer stellen.

Bemerkenswertes

- **Regentonnen gibt es in Holz und Kunststoff. Holz sieht besser aus, Kunststoff ist haltbarer.**
- **Zu den gängigen Größen zählen 100, 150 und 200 l.**
- **Am Standort muß ein schneller Anschluß an ein Fallrohr möglich sein. Die Tonne muß mit einer Gießkanne oder für einen Schlauchanschluß leicht zugänglich sein.**
- **Ein Deckel schützt den Inhalt vor Unrat, Algenbildung und Insektenbrut.**

Gut verbunden

Spezielle Verbindungen vereinfachen den Anschluß der Regentonne. Sie unterscheiden sich im Detail, aber alle lassen das Wasser durch das Rohr wieder abfließen, wenn die Tonne voll ist. Ein zusätzliches Überlaufrohr wird nicht benötigt.

Links: Alle Verbindungen passen in das bestehende Abflußrohr. Der Überlauf erfolgt entweder durch den Tonnendeckel oder, wie hier, durch die Zuleitung.

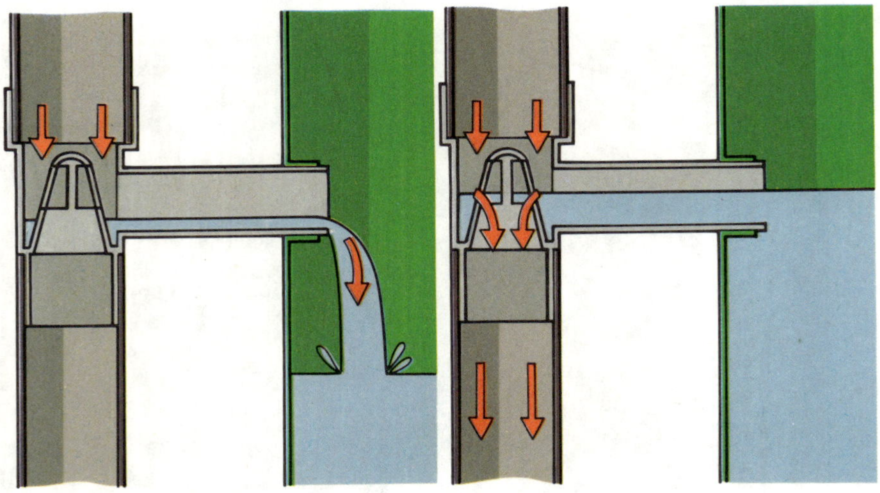

In diesem Fall läuft das Regenwasser durch die Zuleitung in die Tonne. Ein Paßstück im Abflußrohr (links) hindert das Wasser am Abfließen durch das Fallrohr. Bei einer vollen Tonne (rechts) steht das Wasser bis zum internen Überlauf und läuft wieder durch das Fallrohr ab.

Wie man ein Podest baut

Ein Podest, auf dem die Tonne steht, ist unerläßlich. Die Tonne steht dann soweit über dem Boden, daß man unter dem Wasserhahn die Gießkanne abstellen kann. Das Podest muß kräftig sein, da die volle Tonne recht schwer ist, und es muß stabil sein, da die Tonne sonst umkippen kann. Ein Podest kann man aus Holz bauen, es wird aber irgendwann morsch. Weitaus haltbarer ist ein Podest, das aus mehreren, trocken verlegten Backsteinreihen und einer Gehwegplatte besteht.

1 Auf festem, planem Boden Backsteine passend zur Gehwegplatte trocken verlegen.

2 Wenn die erforderliche Höhe erreicht ist, mit der Platte abschließen.

3 Die Tonne auf der Platte abstellen. Paßt die Gießkanne unter den Hahn?

Die Tonne montieren

Bevor Sie die Tonne aufstellen, müssen einige Kleinigkeiten erledigt werden, damit sie benutzt werden kann.

1 Die Tonne wird meist mit einem Wasserhahn geliefert. Er muß erst angeschlossen werden. Festschrauben. Auf festen Sitz und senkrechten Stand achten.

2 Kunststofftonnen haben oben an der Seite stets ein gestanztes Loch zum Ausstechen, in das das Überlaufrohr hineingesteckt wird. Ausstechen bzw. -sägen.

3 Im Deckel werden Sie für das Ablaufrohr in der Regel ein Loch schneiden müssen. Loch vorbohren und mit einer kleinen Säge die Arbeit zu Ende führen.

Die Regentonne anschließen

Werkzeug & Material

Regentonne nebst Deckel und Wasserhahn, Backsteinen, Gehwegplatte, Ablaufrohr, Winkelrohr (Knie), Wandhalterung, Überlaufrohr, Bohrgerät mit Holz- und Steinbohrern, Schraubenzieher, Säge, Kunststoffkleber, Nirosta-Schrauben, Kunststoffdübel, Klebeband, Bindfaden.

1 **Tonne auf das fertige Podest stellen. Das Loch für das Überlaufrohr muß richtig plaziert sein, und der Wasserhahn muß so weit hinausragen, daß man eine Gießkanne darunter abstellen kann.**

2 **Ein kurzes Stück Ablaufrohr mit dem einen Ende eines Knies verkleben. Ein zweites Stück etwas länger als die Entfernung zwischen dem anderen Ende des Knies und dem bestehenden Fallrohr (wenn man das Knie über das Loch im Tonnendeckel hält) zuschneiden. Mit dem anderen Ende des Knies verkleben.**

3 **Das angewinkelte Stück so halten, daß das kurze Stück senkrecht ins Loch im Tonnendeckel hineinragt. Das Fallrohr ca. 2,5 cm über der Stelle, wo das lange Stück es kreuzt, markieren.**

4 **Am Bleistiftstrich Klebestreifen um das Fallrohr binden, damit Sie besser abschätzen können, ob Sie das Rohr rechtwinklig durchsägen. Mit der Säge durchschneiden und das untere Teil wegwerfen.**

5 **Wenn das lose Ende des Fallrohrs nicht befestigt werden kann, das Rohr ganz abziehen und mit Nirosta-Schrauben und Kunststoffdübeln eine neue Halterung montieren. Fallrohr wieder einsetzen.**

6 **Das zweite Knie mit dem losen Ende des Fallrohrs verkleben (Knie in Richtung Loch im Tonnendeckel drehen). Das angewinkelte Stück in Position halten und für den Zuschnitt markieren. Wie das Fallrohr mit Klebeband abkleben und zuschneiden.**

7 **Das kurze Ende des Paßstücks in die Tonne stecken, das obere Ende am Fallrohr verkleben. Mit Bindfaden fixieren, bis der Kleber fest wird.**

8 **Überlaufrohr einschieben und am Loch in der Tonnenseite verkleben. Mit einem Knie und einem Längsstück versehen, damit das Überlaufwasser ins bisher benutzte Siel abläuft.**

Zubehör

Einiges Zubehör macht aus der Regentonne einen noch nützlicheren Gartenhelfer. Hier unsere Auswahl:

1 Fester, mit Kreuzgewebe verstärkter PVC-Schlauch – ein Gartenschlauch, der viel aushält.
2 Dachrinnengitter und Befestigung – damit Laub die Rinne nicht verstopft.
3 Verbindungsstück zum Wasserhahn: Das eine Ende wird am Hahn befestigt, das andere am Schlauch.
4 Flacher Schlauch zum Aufrollen nebst Schlauchwickler – spart Platz und ist recht nützlich.
5 Gießkanne – in Kunststoff oder Metall in vielen Größen erhältlich. Kunststoff ist unbegrenzt haltbar.
6 Gießkannenbrausen in einer Auswahl, die für jeden Zweck das Richtige enthält.
7 Abflußrohrkappen – passen oben in der Dachrinne ins Abflußrohr, damit das Rohr mit Laub oder anderem Unrat nicht verstopft wird.

Einen Kompostbehälter bauen

Ein Komposthaufen verwandelt Küchen- und Gartenabfälle schnell in ein wertvolles Produkt zur Verbesserung der Struktur und Fruchtbarkeit von Böden.

Dung von Tieren ist oft schwer zu bekommen, und fertige Düngemittel können teuer sein: Warum also nicht anderswo nach organischem Material zur Bodenverbesserung Ausschau halten? Eigenen Kompost herzustellen ist eine einfache Alternative, bei der Sie allerhand Garten- und Küchenabfälle in ein wertvolles Produkt zur Anreicherung der Böden verwandeln.

Das Endprodukt

Das Ergebnis ist braun und krümelig und erinnert in keiner Weise an das Ausgangsmaterial. Ist der Komposthaufen so warm, daß das Material gut verrottet (die chemische Reaktion zwischen den verschiedenen Bestandteilen erzeugt viel Hitze), werden auch Unkrautsamen vernichtet, die noch darin verborgen waren.

Ständiger Kreislauf

Viele Gartenbesitzer haben mehrere Kompostbehälter. So können Sie einen füllen, um das Material verrotten zu lassen, aus dem anderen entnehmen Sie fertigen Kompost: Auf diese Weise bleibt der Kreislauf der Kompostierung erhalten. Das Prinzip läßt sich aber nur in einem großen Garten verwirklichen.

Verwenden Sie Kompost, um...

- **die Bodenstruktur zu verbessern, so daß Feuchtigkeit besser gehalten wird,**
- **die Fruchtbarkeit des Bodens zu verbessern. Kompost enthält weniger Nährstoffe als viele Dünger,**
- **als Mulchschicht Feuchtigkeit um Pflanzen herum im Boden zu halten,**
- **als Mulchschicht Unkräuter von Bodenflächen fernzuhalten,**
- **gemischt mit Sand und lehmiger Erde Kopfdünger für den Rasen zu erhalten.**

Design ist alles

Links: Kompostbehälter lassen sich einfach oder aufwendig gestalten. Hier schützt ein Dach den Kompost vor Regenwasser. Aus Maschendraht können Sie die Konstruktion bauen, die durch vier in den Boden gerammte Eckpfähle gehalten wird.

Rechts: Kompostbehälter lassen sich hinter Zäunen und Gittern verbergen. Hier liegen Latten lose in diagonalen Ausklinkungen der Frontpfähle. Die Latten können nach Bedarf in die Aussparungen geschoben werden. Behandeln Sie das Holz unbedingt mit Holzschutzmittel, das Sie besonders intensiv an den Schnittstellen auftragen.

Die schnelle Lösung

Rasch ist ein Kompostbehälter aus fünf Holzpaletten gebaut, wie man sie vor allem in der Industrie und im Handel findet. Damit haben Sie bereits fertige Wände und den Boden des Behälters. Die zweischichtige Konstruktion der Paletten erlaubt am Boden freie Luftzirkulation und fördert so die Kompostierung.

1 Um den Behälter zu bauen, nageln Sie drei Paletten aufrecht zusammen und setzen eine vierte als Boden dagegen. Holzlatten dienen als Diagonalversteifungen.

2 Befestigen Sie die Vorderwand mit Scharnieren, so daß sie zu öffnen ist, wenn man den Kompost wenden will. Nehmen Sie rostfreie Scharniere, die lange halten.

Kompostierung in Gang bringen

Ein Tip: Verwenden Sie zum Kompostieren möglichst verschiedenartiges Material. Der Haufen sollte sich von innen erwärmen, um richtig zu verrotten. Aus diesem Grund immer möglichst viel Material auf einmal zugeben. Gemähtes Gras, zur Durchlüftung mit Stroh vermischt, kann zur Masse beitragen.

1 Den Boden unter dem Behälter mit der Forke lockern, so daß Regenwürmer in den Behälter gelangen können. Sie helfen bei der Kompostierung.

2 Es gibt viele Kompostierungsmittel, die die Kompostierung beschleunigen, so daß der Kompost früher fertig wird. Folgen Sie immer der Anleitung und den Hinweisen des Herstellers.

3 Bedecken Sie den Haufen mit einem Stück Teppich, um zu verhindern, daß er austrocknet oder durch heftigen Regen zu naß wird. Wenn der Haufen sich gesetzt hat, füllen Sie ihn auf.

So wird der Behälter gebaut

Werkzeug & Material

Bretter (15 x 0,25 cm): 9 à 90 cm;
6 à 87,5 cm; 10 à 85 cm;
6 Pfosten (5 x 5 x 120 cm);
100 Schrauben (4 mm);
Bohrmaschine; Tischlerwinkel;
Maßband; Holzreste als Abstandhalter;
Schraubzwingen; Schraubenzieher;
Bleistift.

1 Beginnen Sie mit der Rückwand: Zwei Pfosten auf den Boden legen, darüber bündig mit den Pfostenenden ein 85 cm langes Brett. Prüfen Sie, ob das Brett rechtwinklig zu einem Pfosten liegt. Dann festzwingen, Bohrposition markieren, Schraublöcher bohren und Schrauben eindrehen.

2 Für die Seitenwände jeweils ein 90 cm langes Brett auf beiden Seiten im rechten Winkel zum kürzeren Brett anschrauben. Zwei weitere Pfosten jetzt aufrecht als Vorderpfosten an die Enden der Seitenwände schrauben.

3 Nun stellen Sie den Rahmen auf und beginnen die restlichen Bretter für die Wände zu befestigen. Ein 90-cm-Brett über dem ersten Brett der Rückwand so befestigen, daß es an beiden Enden gleichmäßig über die Pfosten ragt.

4 Dann ein 87,5 cm langes Brett auf jeder Seite so ansetzen, daß es bündig mit dem Brett der Rückwand abschließt. Die Verbindung mit Schrauben fixieren. Die restlichen vier Reihen ebenso aufbauen, dabei abwechselnd lange und kurze Bretter an Rücken- und Seitenwand verwenden, so daß sie an den Enden überlappen.

5 Wenn Rückwand und Seitenwände fertig sind, geht es an die Vorderwand. Damit die Konstruktion stabil wird, schrauben Sie bündig zum Erdboden ein Brett von 85 cm Länge an den Innenseiten beider Vorderpfosten fest.

6 Die beiden Pfosten hinter diesem Querbrett so positionieren, daß eine Nut entsteht. Der Abstand zu den Vorderpfosten sollte ungefähr 4 cm betragen. Von außen durch die Seitenbretter mit Schrauben befestigen.

7 Legen Sie das Werkstück auf die Seite, und sägen Sie alle Pfosten bündig mit der Oberkante der Wandbretter ab. Sie können die Pfosten auch vor dem Zusammenbau absägen – vorausgesetzt, Sie haben die Höhe vorher genau berechnet.

8 Abschließend schieben Sie die restlichen Bretter in die Nut an der Vorderseite. Wenn Sie den Behälter füllen oder den Kompost wenden, können Sie die Bretter nach Bedarf herausnehmen.

Was in den Kompostbehälter gehört

Kompostieren können Sie...

1 Gänsedistel – die Wurzeln dieses einjährigen Unkrauts sprießen nicht wieder.
2 Mäusedorn – Wurzeln und Samen entfernen
3 Vogelmiere – ebenfalls ein geeignetes Unkraut.
4 Schwarzer Nachtschatten – aber nur ohne Beeren.
5 Schaumkraut – auch für den Komposthaufen geeignet.
6 Kriechender Hahnenfuß – nur das Laub, keinesfalls Wurzeln, denn sie könnten wieder sprießen.
7 Taubnessel – ein Unkraut.
8 Weidenröschen – nur ohne Samenkapseln.
9 Geschnittenes Gras – nur in kleinen Mengen.

Nicht kompostieren lassen sich ...

10 Löwenzahn – die Wurzeln könnten wieder sprießen.
11 Holzige Pflanzenteile – sie verfaulen nicht schnell genug.
12 Kratzdistel – Samen und Wurzeln werden beim Kompostieren nicht vollständig zersetzt.
13 Weidenröschen – die Samen könnten überleben.
14 Brennessel – die Wurzeln dieses mehrjährigen Unkrauts sind schwer zu zerstören.
15 Sauerklee – einige Pflanzenteile könnten nach dem Kompostieren wieder sprießen.
16 Schwarzer Nachtschatten – Pflanzen mit Beeren eignen sich nicht.

Tütenversteck

Was versteckt sich hinter dieser Bezeichnung? Eine bepflanzte Tüte Anzuchterde, die in einem Holzkasten plaziert wird und dadurch weniger lieblos wirkt.

Anzuchterde im Kunststoffsack hört sich nicht gerade gut an, aber die Möglichkeit, unterschiedliche Gemüsesorten „in der Tüte" anzubauen, war für viele Gartenfreunde mit Platzproblemen die Lösung. Sie brauchten fortan lediglich eine freie Stellfläche für die Tüte, die aufgerissen und bepflanzt wurde. Fertig war der Gemüsegarten.

Die Tüte verstecken

Elegant sieht der Kunststoffsack leider nicht aus. Wenn Sie ihn in einem schlichten Holzkasten unterbringen, haben Sie jedoch ein interessantes Möbelstück für die Terrasse oder den Garten, das sowohl die Tüte versteckt als auch den Pflanzen eine Stütze bietet. Den Bereich neben und unter der Tüte kann man so leicht sauber und trocken halten. Wenn der Sack zu ebener Erde liegt, wird er schnell zum feuchten Zufluchtsort für Schnecken, Kellerasseln und andere Schädlinge.

Das Holz schützen

Selbst wenn der Kasten im Gewächshaus oder Wintergarten stehen soll, empfiehlt es sich, druckimprägniertes Holz zu verwenden. Durch das Gießen der Tüte werden die Holzlatten (besonders die unteren) laufend naß. Beim Zusammenbau sind auch verzinkte Nägel empfehlenswert, da gewöhnliche bald rosten und das Holz verfärben.
Die Maße des Kastens hängen von der Größe der Tüte ab, die Sie verwenden. Kaufen Sie diese zuerst und bauen Sie den dazu passenden Kasten. An allen Seiten läßt man soviel Platz frei, daß man die Tüte leicht hineinlegen und herausnehmen kann. Die Höhe des Pflanzengitters sollte der Größe der vorgesehenen Pflanzen entsprechen.

Einfach & zweckmäßig

**• Der hier abgebildete Kasten besteht aus
2 Bodenträgern,
12 Bodenlatten,
8 langen Seitenlatten,
8 kurzen Seitenlatten,
4 Beinen
und einer Gitterwand.**

• Die Reihenfolge des Baus ist ganz einfach. Zunächst werden Bodenlatten und -träger vernagelt. Dann kommen die Beine hinzu, gefolgt von den Seitenlatten und zuletzt der Gitterwand. Diese wird zugeschnitten und mit den hinteren Kastenbeinen vernagelt.

• An allen Schnittflächen Holzschutzmittel satt auftragen. Zweimaliges Auftragen sichert dem Kasten selbst dann ein langes Leben, wenn die Tüte jedes Jahr erneuert wird.

Der Aufbau des Kastens

Der Kasten besteht durchweg aus Teilen, die auf Stoß vernagelt werden und ohne komplizierte Fugen auskommen. Bodenlatten werden in gleichen Abständen mit den beiden Bodenträgern vernagelt. Diese werden mit den kurzen vorderen und den langen hinteren Kastenbeinen vernagelt, die wiederum durch die Seitenlatten miteinander verbunden werden. Eine Gitterwand wird auf die nach oben herausragenden Verlängerungen der hinteren Kastenbeine aufgenagelt.

Gitterwand anbringen

Der einfachste Weg, Pflanzen, die aus der Tüte wachsen, eine Stütze zu bieten: eine vorgefertigte Gitterwand zuschneiden und mit den nach oben herausragenden Verlängerungen der hinteren Kastenbeine vernageln. Die Alternative: Verbinden Sie diese mit Drähten.

1 Gitterwand an die Verlängerungen halten und die Stellen markieren, an denen die waagerechten Spalierlatten über die Kastenbeine hinausragen.

2 Gitterwand auf eine Werkbank oder ähnlich stabile Unterlage legen und waagerechte Latten entlang der Bleistiftmarkierungen absägen.

3 Kasten auf den Rücken legen und zugeschnittene Enden der waagerechten Latten mit den Kastenbeinen vernageln. Nagelköpfe im Holz versenken.

4 Schnittflächen mit Holzschutzmittel satt bestreichen und anschließend den ganzen Kasten mit Holzschutzmittel behandeln bzw. lackieren.

Den Kasten bauen

Werkzeug & Material

Mit Holzschutzmittel behandeltes Weichholz in den Größen 7,5 x 2,5, 5 x 5 und 5 x 2,5 cm; 50-mm-Nägel (verzinkt); Holzschutzmittel; Holzbeize; Bandmaß; Bleistift; Fuchsschwanz; Schleifpapier; Tischlerhammer; Versenker; Malerpinsel.

1 Zuerst werden Länge und Breite der Tüte, die die Anzuchterde enthält, gemessen. Jeweils ca. 10 cm dazugeben. Diese Maße bestimmen die Kastengröße. Die beiden Bodenträger und die 12 Bodenlatten zuschneiden.

2 Die beiden Endlatten mit je zwei Nägeln auf den Bodenträgern rechtwinklig und auf Stoß befestigen.

3 Dazwischen die restlichen Latten in gleichmäßigen Abständen anbringen und vernageln. Der Boden des Behälters ist jetzt fertig.

4 Die Kastenbeine zuschneiden (vorne ca. 50 cm, hinten ungefähr doppelt so lang) und wie abgebildet mit den Bodenträgern vernageln. Die Unterkanten der beiden Bodenträger sollten ca. 10 cm Bodenfreiheit haben.

5 An einem Ende des Kastens Seitenlatten oben und unten auf die Kastenbeine nageln. Die obere Latte muß am vorderen Kastenbein bündig abschließen.

6 Dazwischen die restlichen Seitenlatten in gleichen Abständen mit dem Kastenbein vernageln. Am anderen Ende des Kastens diesen Vorgang wiederholen.

7 Auf Vorder- und Rückseite die langen Latten anbringen, die die bereits angebrachten Seitenlatten überlappen müssen.

8 Wenn alle Latten vernagelt worden sind, bearbeiten Sie alle Nägel mit Versenker und Hammer. Die Köpfe der Nägel sind unter die Holzoberfläche zu treiben.

Geschmack satt

Wer Gemüse in der Tüte anbaut, kann z. B. mit mehreren saftigen Mitgliedern der Gurkenfamilie in kleinen Mengen experimentieren.

Zur Gurkenfamilie zählen Zucchini (1), Flaschenkürbis (2), Honigtau-Melone (3), Wassermelone (4), Squash (5, 6 und 7) und die Gurke selbst (8). Bei allen besteht ein Großteil ihres Körpergewichts aus Wasser. Deshalb muß man sie in einem Substrat ziehen, das stets feucht gehalten wird. Wenn das Substrat in der Tüte bleibt, ist das nicht ganz einfach; man muß darauf achten, daß die Erde niemals austrocknet, da sie sich dann nur schwer wieder durchfeuchten läßt.
Alle diese Gemüsesorten benötigen einen hellen, sonnigen Standort. Der Kasten muß an einer Stelle stehen, wo er den ganzen Tag viel Sonne abbekommt: entweder draußen im Garten bzw. auf der Terrasse oder drinnen im Gewächshaus bzw. Wintergarten.

Pflanzkasten aus Holz

Blumenkästen aus Kunststoff sind preiswert und bequem, aber nicht besonders attraktiv. Dieser Holzkasten löst das Problem.

Gut geschützt

• Der Kasten selbst wird nicht mit Erde oder Substrat gefüllt. Er ist jedoch dem Einfluß des Wetters ausgesetzt. Das verwendete Holz darf nicht verrotten. Am besten ist vorbehandeltes, druckimprägniertes Holz, wenn man es ohne Probleme erhält. Sonst alle Teile nach dem Zuschneiden und vor der Montage mit Holzschutzmittel zweimal satt streichen. Auf frische Schnittflächen und empfindliches Hirnholz besonders achten. Klarlack benutzen, wenn der Kasten anschließend gestrichen wird, und Holzschutzbeize verwenden, wenn die Maserung sichtbar bleiben soll.

• Das beste Material für den Kastenboden ist 6-mm-Sperrholz in wetterfester Qualität mit Löchern, damit das Wasser ohne Schwierigkeit ablaufen kann.

• Nichtrostende Schrauben und Nägel verwenden. An Stellen, wo man sie nicht sieht, reichen verzinkte Nägel aus. Auf der Vorderseite sind Messingschrauben die attraktivste Lösung. Gewöhnliche Stahlschrauben rosten schnell. Rostflecke verfärben das Holz, das bald unansehnlich aussieht.

Wer die Abwechslung liebt und im Laufe des Jahres Pflanzkästen gern auswechselt, ist mit diesem attraktiven Holzkasten gut bedient, der Blumenkästen aus Kunststoff aufnimmt. Die jeweilige Pflanzenzusammenstellung wird in verschiedenen Kästen herangezogen, die ausgetauscht werden, wenn der Inhalt des einen verblüht ist und der nächste anfängt, sich von der besten Seite zu zeigen. Den sonst relativ unansehnlichen Kunststoffkasten sieht man gar nicht mehr.

Die Größenfrage

Den Holzkasten baut man passend zur Größe der Blumenkästen. Anstelle eines Blumenkastens kann man den Holzkasten auch für mehrere Töpfe verwenden. Der Vorteil ist, daß man die Pflanzen dann sogar einzeln (und nicht gleich alle) austauschen kann. Wofür Sie sich auch immer entscheiden: Sie müssen den Kasten nicht mehr jedes Mal entleeren und neu bepflanzen, wenn Sie sich einen Pflanzenwechsel wünschen.

Die Wahl des Musters

Der hier abgebildete Kasten besteht aus Lattenwänden und einem Boden aus Sperrholz. In der Wahl des Musters stehen Ihnen alle Möglichkeiten offen. Die Latten kann man beispielsweise senkrecht anbringen, oder man verwendet Profilholz mit Nut und Feder. In jedem Fall muß man darauf achten, daß der Boden stabil und die Wandbefestigung wirklich fest ist. Denken Sie daran, daß Pflanzgefäße einiges auf die Waage bringen, wenn sie frisch gegossen worden sind oder es gerade geregnet hat.

Wie alles zusammenpaßt

Die Oberkanten des Kastens werden mit einem auf Gehrung zugeschnittenen Rahmen versehen. Auf der Rückseite befinden sich für die Wandbefestigung zwei senkrechte Haltestäbe.

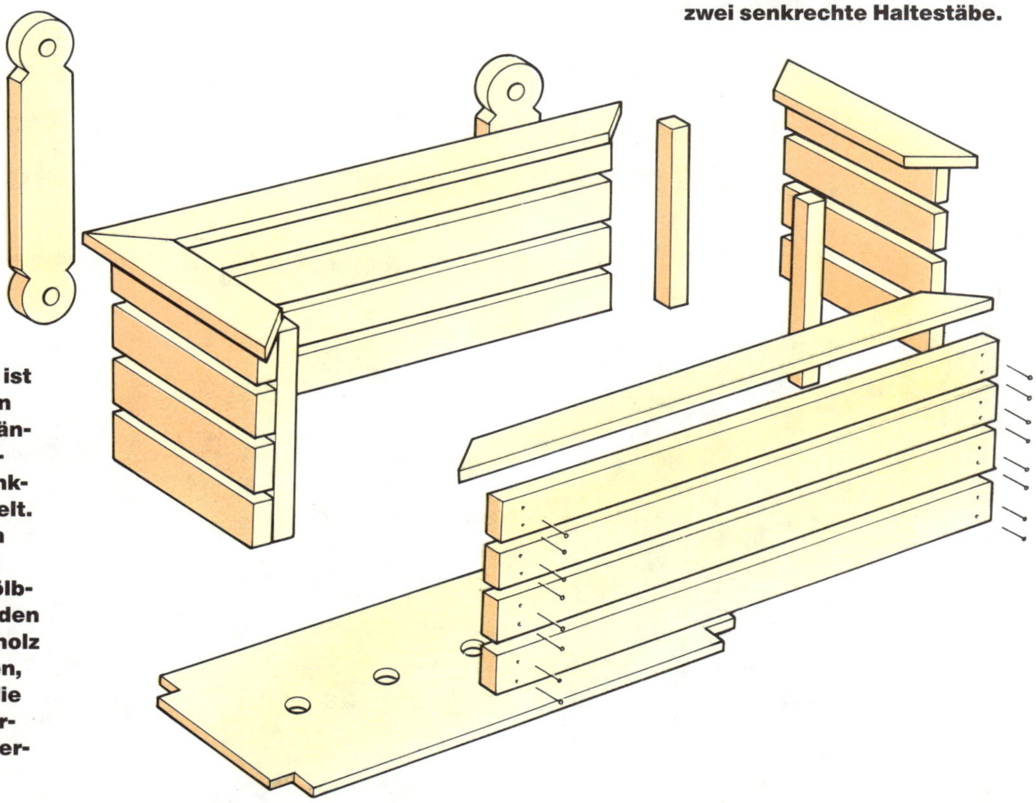

Der Blumenkastenbehälter ist ein rechteckiger Holzkasten mit waagerechten Lattenwänden. Die hinteren und seitlichen Latten werden mit senkrechten Eckhölzern vernagelt. Die vorderen Latten werden mit Messingschrauben und Unterlegscheiben mit gewölbtem Profil befestigt. Der Boden ist aus wetterfestem Sperrholz mit ausgeschnittenen Ecken, das auf Querträgern liegt, die auf der Innenseite der untersten Latten vernagelt und verleimt sind.

Den Kasten anbringen

Die Wandhalterung muß sicher sein und das Gewicht des Kastens tragen. Verwenden Sie kräftige Dübel und Schrauben, die mindestens 5 cm tief in die Wand hineinreichen.

1 Kasten an der Wand festhalten (oder von einem Helfer festhalten lassen) und mit der Wasserwaage prüfen, ob er gerade sitzt. Durch die Löcher in den Haltestäben die Position der vier Schrauben in der Wand markieren.

2 Löcher bohren und mit Dübeln versehen. Die beiden oberen Schrauben zuerst eindrehen. Wer Messingschrauben benutzt, dreht eine Stahlschraube zum Teil hinein und wieder heraus und dreht dann die Messingschraube fest.

Werkzeug & Material

Holzlatten (5 x 2,5 cm), Kantholz (2,5 x 2,5 cm) für die Ecken und Bodenträger, wetterfestes 6-mm-Sperrholz, verzinkte 38-mm-Nägel, 38-mm- und 75-mm-Messingschrauben, Unterlegscheiben (Profil) aus Messing, Holzleim, Bandmaß, Fuchsschwanz, Anschlagwinkel, Hammer, Bohrgerät und Holzbohrer, Schraubenzieher, Gehrungslade oder Kombi-Winkel, Stichsäge, Schleifpapier, Wasserwaage, Steinbohrer, Dübel, Holzschutzmittel und Farbe, Malerpinsel.

Den Pflanzkasten bauen

1 Zuerst die Maße der Blumenkästen bzw. Einzelgefäße festhalten, für die der Pflanzkasten gedacht ist. Für Breite und Tiefe jeweils 2 cm hinzugeben, damit der Kasten oder die Gefäße problemlos Platz haben.

2 Teile zuschneiden und die Seitenwände fertigstellen, indem Sie die Latten und die Eckstäbe wie abgebildet verleimen und vernageln. Abstandhalter beim Anbringen der Latten verwenden.

3 Latten für Vorder- und Rückwand zuschneiden. Hintere Latten mit den Seitenwänden verleimen und vernageln. In die vorderen Latten Löcher für die Messingschrauben vorbohren.

4 Die vier vorderen Latten verleimen und Schrauben mit dekorativen Unterlegscheiben eindrehen. Da Messingschrauben relativ weich sind, in die Eckstäbe entweder Löcher vorbohren oder Stahlschrauben eindrehen, um das Gewinde zu schneiden.

5 Die Bodenträger so zuschneiden, daß sie zwischen die Eckstäbe passen. Vernageln und verleimen. Die Unterkanten sollen mit den Unterkanten der untersten Wandlatten bündig liegen.

6 Den Sperrholzboden zuschneiden. Er muß in den Kasten locker hineinpassen, ohne irgendwo zu klemmen. Alsdann Ecken für die Eckstäbe ausschneiden und in Abständen Abflußlöcher in den Boden bohren.

7 An der Oberkante einen auf Gehrung geschnittenen Rahmen als Abschluß verleimen und vernageln. Hinten und an den Seiten bündig abschließen, vorn leicht überragen lassen.

8 Wandhaltestäbe zuschneiden (doppelte Kastenhöhe) und abgerundete Enden anreißen. Mit Stichsäge oder Fuchsschwanz zuschneiden und glattschleifen. Für die Befestigungsschrauben an beiden Enden Löcher bohren.

9 Die beiden Wandhaltestäbe durchbohren und mit der Rückwand des Pflanzkastens verleimen und verschrauben. Bei zu erwartender schwerer Belastung zur Verstärkung in alle vier Latten Schrauben eindrehen.

Winterfarben

Selbst im Winter können Sie Ihr Heim mit farbenfreudig bepflanzten Kästen umgeben. Dafür sorgen Zwergkoniferen, Efeu und Heidekraut.

1 Wacholder *(Juniperus communis)* 'Depressa aurea': Das goldbronzefarbene Laub bringt Farbe und Struktur in den Kasten, muß jedoch mit der Schere am Wuchern gehindert werden.
2 Glockenheide *(Erica x darleyensis)* 'Silberschmelze': Im Spätwinter ergänzen zahlreiche weiße Blüten das dunkelgrüne Laub.
3 Bei vielen Zwergkoniferen ändert sich die Laubfarbe im Laufe des Gartenjahrs.
4 Glockenheide *(Erica carnea)* 'Loughrigg' ist im Spätwinter mit rosa Blüten übersät, während sich das Laub bronzerot verfärbt.
5 Efeu *(Hedera)* liefert mit einer Vielzahl ausgezeichneter panaschierter Sorten ganzjährig Farbe.
6 Scheinzypresse *(Chamaecyparis lawsoniana)* 'Silver Threads' ist eine Konifere mit ungewöhnlicher Blattmarkierung.

Ein Blumenkasten

Mit einem Blumenkasten holen Sie sich die Farben und den Reiz des Gartens direkt ans Fenster heran.

Ein mit Blumen in den schillernsten Farben bepflanzter Blumenkasten ist eine Bereicherung für jedes Heim. Von innen wird der Ausblick schöner. Von außen ist der Anblick eines Hauses mit Blumenkästen an den Fensterbänken ohne Zweifel genauso erfreulich. Wer eine Etagenwohnung ohne Garten bewohnt, muß sich nicht ausgeschlossen fühlen. Eine geeignete Fensterbank wird sich schon finden. Auf die Fensterart muß man achten. Fenster, die nach außen aufgehen, sind meist problematisch. Im Erdgeschoß allerdings nicht, denn Parterrebewohner können den Kasten schnell abhängen, wenn das Fenster geöffnet werden soll.

Perfektes Projekt

Einen Blumenkasten zu bauen ist die ideale Beschäftigung für ein freies Wochenende, und er kostet fast nichts, denn Rest- und Abfallholz lassen sich bestens verwenden. Blumenkästen aus Holz passen hervorragend zu allen Pflanzen. Man kann die natürliche Farbe beibehalten oder das Holz beizen, damit es entweder zur Farbgebung der Hausfassade paßt oder sich von ihr abhebt.

Sicherheit geht vor

Der Blumenkasten muß plan und gerade stehen. Die meisten Fensterbänke sind etwas schräg, damit Wasser ablaufen kann. Wenn Sie also die Vorderfront des Kastens nicht etwas tiefer als die Seiten und die Rückfront konstruieren, müssen Sie anders sicherstellen, daß er richtig steht. Außer am Boden muß der Kasten so befestigt werden, daß er nicht herunterfallen und jemanden verletzen kann. Dafür gibt es verschiedene Methoden, die auf Seite 284 beschrieben werden.

Den Kasten füllt man ...

• ... mit Erde oder Substrat wie ein Mini-Blumenbeet. Wer so vorgeht, ist gut beraten, die Seiten mit Plastik-Folie auszulegen, damit sie trocken bleiben. Nach dem Bohren der Abflußlöcher sollten Sie am Kastenboden Fliegengitter oder ähnliches befestigen, damit beim Gießen weder Erde noch Substrat ausgespült werden können.

• ... mit Pflanzschalen aus Kunststoff, die man je nach Saison mit passenden Pflanzen in Einzeltöpfen füllen kann. Vergewissern Sie sich, daß die Schalen zum Kasten passen bzw. bauen Sie den Kasten passend zu den Pflanzschalen.

• ... mit viereckigen Töpfen, die zu den Innenmaßen des Kastens passen.

• ... mit einer Deckschicht aus Kies auf dem Substrat, um Unkraut abzuhalten und zu verhindern, daß trockene Erde aus dem Kasten weggeweht wird. Die Kiesschicht hilft außerdem Feuchtigkeit zu speichern.

Fester Sitz

So unterschiedlich befestigt man den Kasten auf der Fensterbank.

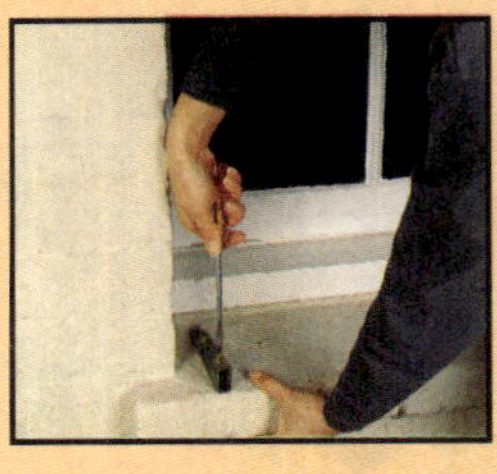

1 Auf schrägen Sohlbänken links und rechts einen Keil festschrauben. Den Blumenkasten darauf stellen. Durch den Boden drehen Sie Schrauben in die Keile.

2 Damit der Kasten nicht hinunterrutscht, Kant- oder Stabholz bzw. L-förmige Metallwinkel an der Vorderkante der Fensterbank verschrauben.

3 Andernfalls kleine Haken vorne im Kasten verschrauben und am Fensterrahmen verdübeln. Kasten mit Kette oder Draht an der Wand befestigen.

Volle Kiste

Links: Leuchtendrote Pelargonien in einem Terrakotta-Blumenkasten, der in einem Gestell aus weißgestrichenem Kantholz sitzt, heben sich angenehm von den grünen Fensterläden ab.

Unten: Kästen bepflanzt man passend zur Hauswand oder als Kontrast dazu. Hier handelt es sich um weiße Petunien, Efeu und Zwergkoniferen.

Links: Schnell verändert man die Blütenschau, wenn man in den Blumenkasten einfach Topfpflanzen stellt, wie hier Petunien, Pelargonien und Hängeefeu.

Ein einfaches Design

Dieser einfache Blumenkasten besteht aus fünf Längen wetterfestem 19-mm-Sperrholz, die unten und an den Ecken mit 15-mm-Weichholzstäben verstärkt werden. Der Boden wird mit Maschendraht aus Metall oder Nylon, z. B. ausgedientem Fliegendraht, ausgelegt, damit kein Substrat durch die Abflußlöcher herausgespült werden kann.

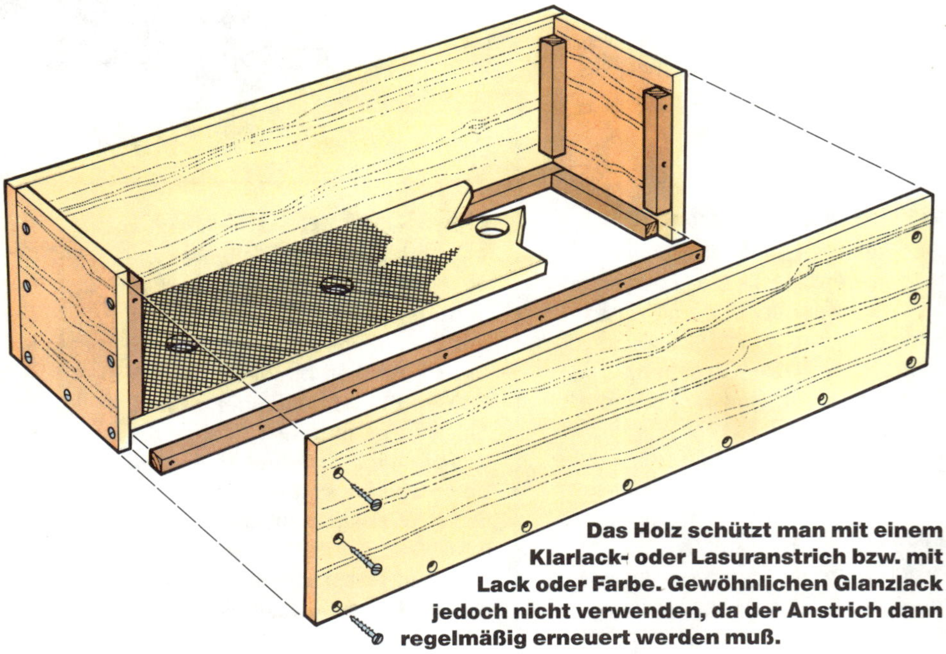

Das Holz schützt man mit einem Klarlack- oder Lasuranstrich bzw. mit Lack oder Farbe. Gewöhnlichen Glanzlack jedoch nicht verwenden, da der Anstrich dann regelmäßig erneuert werden muß.

Bauanleitung für den Blumenkasten

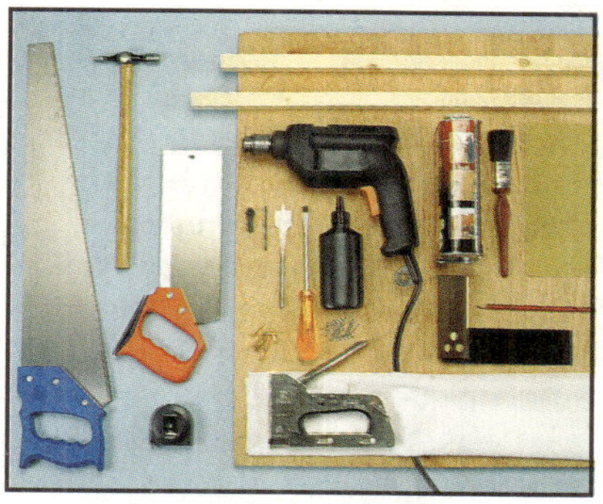

Werkzeug & Material

Wetterfestes 19-mm-Sperrholz, 15-mm-Stabholz (Weichholz, quadratisch), Bleistift, Bandmaß, Anschlagwinkel, Handsäge, Fuchsschwanz, Bohrgerät, Bohrer, Versenker, 25-mm-Holzbohrer, Schraubenzieher, 38-mm-Flachkopfmessingschrauben, 38-mm-Nägel, wasserfester Holzklebstoff, Fliegendraht aus Metall oder Nylon, Tacker, Beize, Malerpinsel.

3 Schnittkanten abschmirgeln. Auf der Unterseite des Kastenbodens kantenbündig Stabholz verkleben und vernageln.

6 Vorder- und Rückfront verkleben und verschrauben. Auch hier werden die Schrauben ins Stabholz in den Ecken sowie unter der Bodenplatte getrieben. Schraubenköpfe etwas versenken und evtl. mit Holzkitt verspachteln.

1 Als erstes mißt man Breite und Tiefe der Sohlbank, auf der der Kasten stehen soll. Links und rechts 1–2 cm freilassen, damit Sie den Kasten bequem anheben und herunterlassen können.

4 In die Endstücke sowie in die Vorder- und Rückfront des späteren Blumenkastens die Löcher bohren und versenken. Bei den Endstücken Löcher 7 mm von der Kante, vorn und hinten seitlich 25 mm und unten 7 mm von der Kante entfernt bohren.

7 In die Bodenplatte mehrere 25-mm-Löcher bohren, um Wasser abfließen zu lassen. Alle exponierten Holzflächen mit Klarlackschutzmittel bzw. – je nach vorgesehenem Deckmittel – mit Beize, Lack oder Farbe zweimal anstreichen.

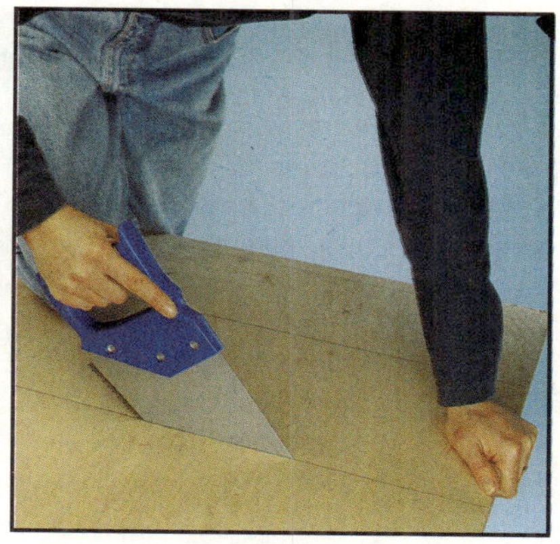

2 Sperrholz anreißen. Die Endstücke müssen links und rechts zwischen Vorder- und Rückfront sitzen. Der Boden muß innerhalb der Kastenwände liegen. Beim Anreißen die Brettstärke berücksichtigen. Mit Fuchsschwanz oder Stichsäge zuschneiden.

5 Auf den Innenseiten der Endstücke vorn und hinten Stabholz verkleben und verschrauben. Die Bodentiefe dabei berücksichtigen. Endstücke mit dem Boden verkleben und verschrauben. Die Schrauben werden ins Stabholz unter der Bodenplatte getrieben.

8 Fliegendraht passend zum Boden zuschneiden und festtackern. Wenn der Kasten mit Substrat gefüllt werden soll, innen Plastik-Folie befestigen, damit das Holz trocken bleibt.

Winterfarben

Viele Blumenkästen werden nur im Sommer mit bunten einjährigen Gewächsen bepflanzt, aber wer sorgfältig wählt, hat auch im Winter Buntes im Kasten.

1 Pfaffenhütchen *(Euonymus fortunei* 'Emerald 'n' Gold') ist ein Spindelstrauch mit herrlich panaschiertem Laub, das sich im Winter rosa bis bronzefarben verfärbt.
2 Stiefmütterchen zählen zu den nützlichsten aller Gartenblumen, denn sie bringen nicht nur im Sommer, sondern auch im Winter Farbe in den Garten.
3 Efeu *(Hedera)* ist im Blumenkasten nicht wegzudenken. Er bringt ganzjährig Farbe und rankt über den Kastenrand.
4 Lavendelheide *(Pieris taiwanensis)* – ein niedrigwüchsiger, winterharter Strauch mit weißen, glockenförmigen Blüten im späten Winter und im frühen Frühjahr.
5 Glockenheide *(Erica erigena* 'Irish Dusk') zählt zu den vielen Sorten Heide, die Farbe in den winterlichen Blumenkasten bringen.
6 Aukube *(Aucuba japonica* 'Variegata') – reizvolle, immergrüne Blätter mit gelben Punkten.
7 Bei der Skimmie *(Skimmia japonica)* wirken die aromatischen Blätter und die kleinen, weißen Blüten im Frühjahr.

Ein Holztrog

Ein Pflanztrog aus Holz bringt Farbe, Struktur und den Duft der Pflanzen direkt auf die Terrasse. So baut man ihn selber.

Pflanztröge aus Holz sind ideal, wenn es darum geht, einen großen, eintönigen Pflasterbereich, wie eine Terrasse, aufzulockern. Sie bieten allen möglichen Pflanzen ein Zuhause: von der farbenfreudigen Einjährigen bis zum ausgesuchten Edelstrauch. Außerdem können Sie Ihren eigenen Pflanzkasten bauen — passend zum Ambiente in Größe und Stil.

Praktische Fragen

Ein Pflanztrog sieht nicht nur dekorativ aus, er hat auch etliche praktische Vorteile. Da er höher als der Boden ist, fällt das Bepflanzen selbst Gartenfreunden mit Rückenproblemen leicht. Was auch immer Sie pflanzen, es bleibt in sich geschlossen. Zu kräftige Pflanzen können sich nicht ausbreiten, Unkraut ist einfach zu bändigen, und da der Trog beweglich ist, kann er so hingestellt werden, daß die Pflanzen immer Sonne abbekommen.
Eine Dauerbepflanzung mit Solitärpflanzen kommt ebenso in Betracht wie die Anzucht von Schnittblumen oder Jungpflanzen, die später in den Garten gepflanzt werden, oder die Anlage eines Kräutergartens. Der Pflanztrog kann sogar als „Kinder"-Garten dienen, in dem die Kinder unter elterlicher Aufsicht gärtnern lernen.

Langes Leben...

- **Feuchtigkeit ist der schlimmste Feind des Holzes. Sie führt schnell zum Faulen, wenn nichts unternommen wird, um das Holz zu schützen. Am besten fertigen Sie den Kasten aus druckimprägniertem Holz an oder aus Holz, welches mit Schutzmittel vorbehandelt wurde. Ausreichenden Schutz und ein dekoratives Aussehen bietet aber auch zwei- oder dreimaliges Beizen während der Bauphase (unter besonderer Berücksichtigung der Schnittkanten).**
- **Fäulnis verhindert man auch, wenn Boden und Innenseiten des Pflanztrogs mit stabiler Plastikfolie ausgelegt werden. Unten müssen allerdings Abflußlöcher ausgestochen werden, um Staunässe zu verhindern. Nach dem Gießen (oder einem kräftigen Regenguß) muß das Wasser abfließen können, da die Pflanzen sonst unter Wasser stehen.**
- **Eine Deckschicht aus feinem Kies verringert die Verdunstung und verhindert, daß an stürmischen Tagen der Inhalt des Kastens verweht wird.**

Bauanleitung

Der Pflanztrog ist im Grunde genommen nichts anderes als eine Zaunlattenkonstruktion. Die Seiten sind aus Profilholz, d. h. aus Nut-und-Feder-Brettern. Verdübelte Kanthölzer verbinden als Rahmenteile die Eckpfosten, denn verleimte Holzdübel sind einfach und stabil. Innen schützen 25 x 25-mm-Leisten, genagelt und verleimt, die empfindlichen Schnittkanten der Profilbretter vor eindringender Nässe. Der Boden ist eine wetterfeste Sperrholzplatte, in die Abflußlöcher gebohrt werden. Sie wird mit den unteren Kantholzrahmenteilen verleimt und verschraubt. Das Ganze wird mit Holzschutzmittel behandelt.

Eckpfosten schützen

Das freiliegende Hirnholz an den Enden der Eckpfosten ist für eindringende Feuchtigkeit und Fäulnis besonders anfällig. Zum Glück gibt es verschiedene Wege, es zusätzlich zu schützen.

- Wenn die Pfosten oben ca. 5 cm über die Querstreben hinausragen, kann man sie anschrägen oder abrunden, damit das Wasser abfließt.
- Eine kleine, abgekantete, oben aufgesetzte Kappe läßt das Wasser ebenfalls ablaufen. Oder man kauft die im Fachhandel erhältlichen, kugel- bzw. eichelförmigen Zierelemente.
- Kleine Alublechplatten, unter die Pfosten genagelt, verhindern, daß diese Wasser von dem Pflaster aufsaugen, auf dem der Pflanztrog steht.
- Runde Möbelgleiter aus Metall eignen sich hervorragend für diese Aufgabe. Wenn sie ins untere Hirnholz geschlagen werden, hat der Pfosten einen gewissen Abstand vom Fußboden.

Dübelpraxis

Rahmenteile zusammenfügen, das geht mit Holzdübeln sehr einfach. Nur: Die Dübellöcher müssen unbedingt genau zueinander passen.

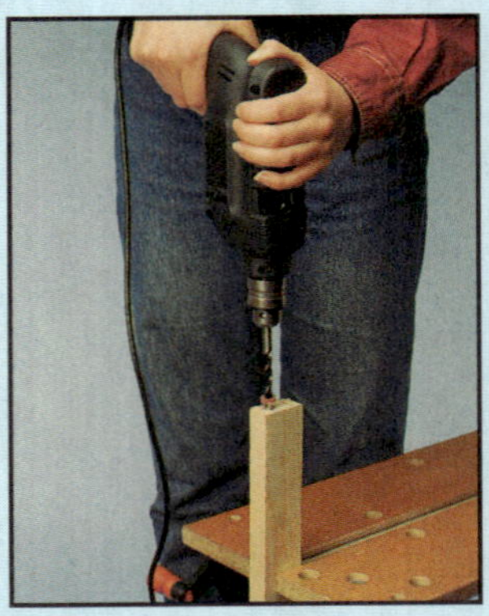

1 In gleichen Abständen an den Enden der Querhölzer die Stellen für zwei Hartholzdübel anreißen und ca. 25 mm tiefe Löcher bohren.

2 Auf die Pfosten lassen sich die Stellen für die Löcher mit metallenen Dübelstiften übertragen. In jedes Loch einen Stift stecken.

3 Querholz und Pfosten sorgfältig ausrichten und festdrücken, so daß die Stifte Löcher im Pfosten hinterlassen. Diese beim Bohren beachten.

4 Dübellöcher in die Pfosten bohren, das Dübelholz in 4,5 cm lange Stücke schneiden und die Dübel in den jeweiligen Löchern verleimen.

Den Pflanztrog bauen

Werkzeug & Material

Das brauchen Sie: 5-cm-Kantholz für die Eckpfosten, 5 x 2,5-cm-Leisten für die Querhölzer, 2,5-cm-Kantholz für die Innenleisten, 10 x 19-mm-Nut-und-Feder-Profilholz für die Seitenteile, wetterfestes 12-mm-Sperrholz für die Bodenplatte, 9-mm-Hartholzdübel und Steckstifte, 38-mm-Drahtnägel, versenkbare 25-mm-Holzschrauben, wasserfesten Holzkleber, Bandmaß, Bleistift, Anschlagwinkel, Säge, Schmirgelpapier, Bohrgerät und Bohrer, Hammer, Schraubenzieher, Ahle, Holzkitt, Pinsel, Holzschutzbeize.

3 **Den Rahmen komplettieren, indem die kurzen Querlatten mit den Eckpfosten verdübelt werden, um Vorder- und Rückseite zu verbinden. Auf rechte Winkel überprüfen und ebenfalls mit Zwingen festklammern.**

6 **Die Bretter verkleben und vernageln. Nägel versenken und die Nägelköpfe wieder mit Holzkitt verdecken.**

1 **Die Gesamtausmaße des Troges festlegen. Einfache Aufrisse von einer Seite und einem Ende für die Schnittliste anfertigen. Die Pfosten und Querhölzer auszeichnen und in Vierergruppen zuschneiden. Alle Schnittkanten mit Holzschutzmittel behandeln.**

4 **Das 2,5-cm-Kantholz in Längen schneiden, die die Pfosten auf den Innenseiten miteinander verbinden. Innen mit den Querlatten verleimen und vernageln. Die Nägel versenken, Köpfe mit Holzkitt verdecken.**

7 **Das Sperrholz für die Bodenplatte zuschneiden und mit Abflußlöchern versehen. Die Platte an die Unterseite des Pflanztrogs halten, die Lage der Eckpfosten markieren und Ecken heraussägen, damit der Boden hineinpaßt. Verleimen und mit den Unterseiten der Querlatten verschrauben.**

2 **Die Querlatten mit den Eckpfosten verleimen, um den Vorder- bzw. Hinterrahmen zu bilden. Auf rechtwinkligen Sitz überprüfen. Mit einer Zwinge festklammern, bis der Leim fest ist.**

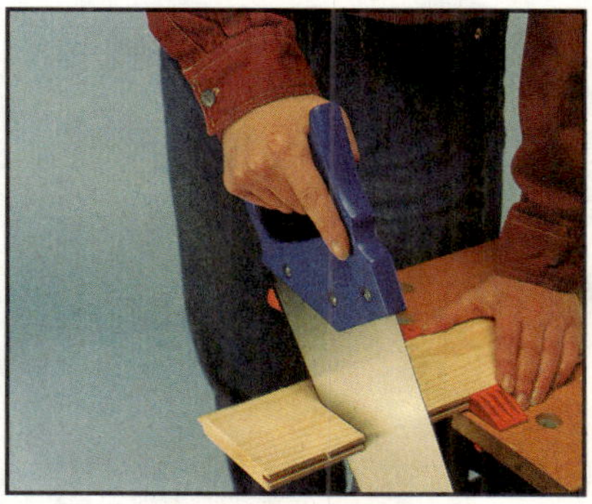

5 **Die Nut-und-Feder-Bretter zuschneiden, damit sie zwischen die Querlatten passen. Zusammenfügen, bis die Paneele breit genug sind, so daß sie genau dazwischenpassen. Ggf. vom Anfangs- und vom Schlußbrett in der Breite gleich viel absägen, damit die Tafeln genau passen.**

8 **Das Holz vor Feuchtigkeit schützen, indem Sie innen und außen zwei- oder dreimal Holzschutzmittel auftragen. Es hilft auch, wenn Sie den Pflanztrog innen mit schwerer Plastikfolie auslegen.**

Perfekte Bepflanzung

Kamelien sind die ideale Trogbepflanzung. Farbenfreudige Blüten und immergrünes Laub sorgen das ganze Jahr für ein spektakuläres Aussehen.

1 *Camellia japonica* 'Elegans' – trägt von Februar bis April anemonenförmige, tiefrosa Blüten.
2 *Camellia x williamsii* 'J. C. Williams' – Einfache, becherförmige, rosa Blüten blühen vom frühen Winter bis zum späten Frühjahr.
3 *Camellia x williamsii* 'Debbie' – ein kräftiger Strauch mit gefüllten, tiefrosa Blüten, die sogar mitten im Winter blühen.
4 *Camellia x williamsii* 'E. G. Waterhouse' – eine aufrechte, blühfreudige Zuchtsorte mit gefüllten, rosa Blüten von Februar bis Mai.
5 *Camellia x williamsii* 'St. Ewe' – einfache, trichterförmige, tiefrosa Blüten im späten Winter.
6 *Camellia japonica* 'Lady Clare' – große, halbgefüllte, tiefrosa Blüten von Februar bis April.
7 *Camellia x williamsii* 'Donation' – ein kompakter, aufrechter, blühfreudiger Strauch mit großen, halbgefüllten, rosa Blüten.

Laube aus Holz

Im Halbschatten einer mit Kletterpflanzen überzogenen Gartenlaube sitzt es sich sehr angenehm. Hier erfahren Sie, wie man sie baut.

Eine grüne Gartenlaube ist eines der schönsten Schmuckstücke für Ihren Garten: ein schattiger Schutzbereich aus zierlichen Holzgittern, an denen vielerlei Kletterpflanzen emporranken. Stellen Sie einen Gartensessel dazu, und Sie haben einen angenehm kühlen Ort, wo Sie sich nach getaner Gartenarbeit ausruhen dürfen.

Natürlicher Schatten

Seit dem Mittelalter ist die Laube als Gartengestaltungselement beliebt. Im natürlichen Schatten zu sitzen (im Gegensatz zum von Menschenhand geschaffenen Gartenhäuschen), ist besonders angenehm. Die rankenden Pflanzen gewähren nur selten einen vollständigen Schutz vor der Sonne. Das Sonnenlicht dringt durch und sorgt in der Laube für stets wechselnde Lichteffekte. Auch das Laub raschelt beruhigend in der Brise. Die Laube spielt bei der Gartengestaltung eine wichtige Rolle. Sie dient beispielsweise als Blickfang am Ende eines Weges, der vom Haus über den Rasen hinwegführt, oder wird in einer ruhigen Ecke versteckt, wo sie zu ihrer Umgebung paßt.

Auch als Windschutz

Traditionell bestehen Wände und Dach der Gartenlaube aus Holzgittern. Für zusätzlichen Schutz vor dem Wind sorgen feste Paneele als Bestandteile der Seitenteile und der Rückwand. Sie sollten ca. 1 m hoch sein, damit man im Windschatten sitzen kann. Die Kletterpflanzen benötigen nur ein paar Drähte als Stützen, um sie zum Gitterwerk hinaufzuführen. Wenn es erst einmal soweit ist, wird man die Paneele vor Laub kaum noch sehen.

Die Größe festlegen

- **Die Größe der Gartenlaube hängt hauptsächlich von der Form und Größe des Gartens ab.**
- **Sie fangen am besten mit dem Sessel oder der Sitzbank an und entwerfen die Laube, die zur Sitzgelegenheit paßt. Etwas breiter als diese muß sie schon sein, damit man sich mit den Ellenbogen nicht an den Pflanzen festhakt. Wenn sie nämlich Dornen haben wie z. B. Rosen, kann der Abstand wichtig sein.**
- **Die Tiefe kann eventuell nur 1 m betragen, aber je tiefer, um so schattiger. Die Entscheidung liegt also (fast) ganz bei Ihnen.**

Eine einfache Laube

Dieses einfache Modell besteht aus vier Eckpfosten, die in Steckhülsen aus Metall verankert sind. Seitenwände und Rückwand bestehen aus Zaunelementen und Holzgittern. Die Dachkonstruktion besteht ebenfalls aus Holzgittern, die auf Dachbalkenpaaren liegen, die an der Spitze durch Stoßfugen miteinander verbunden sind.

Die Grundkonstruktion

1 Wenn die Maße feststehen, hämmern Sie an jeder Ecke eine Steckhülse in den Boden. Abfallholz verwenden, um die Metallkanten zu schonen.

2 Die Eckpfosten in ihre Hülsen stecken und mit Schrauben oder Nägeln befestigen. Darauf achten, daß die Pfosten genau senkrecht stehen.

3 Zaunelemente an die Eckpfosten halten und benötigte Länge anzeichnen. Zuschneiden. An die Schnittfläche das abgetrennte Kantholz nageln.

4 Beim Gitterwerk genauso verfahren: An die Eckpfosten halten und nach Bedarf zuschneiden. Zaunelemente und Gitter an den Pfosten befestigen.

Werkzeug & Material

Vier 2 m lange Zaunpfosten (7,5 x 7,5 cm), vier passende Steckhülsen und Abfallholz zum Einhämmern, drei Zaunelemente (1,20 x 1,80 m), drei Holzgitter (1,20 x 1,80 m), zwei Holzgitter (90 cm x 1,80 m), ein Holzgitter (60 cm x 1,80 m), Weichholz-Dachbalken (10 x 5 cm), 3,8- und 10-cm-Flachkopfschrauben, verzinkte Nägel (2,5 und 5 cm), Holzschutzmittel, Bandmaß, Vorschlaghammer, Splitthammer, Bleistift, Fuchsschwanz, Winkelmaß und Zirkel, Bohrgerät und Holzbohrer, wasserfester Holzleim, Schraubenzieher, Malerpinsel.

Die Dacharbeiten

1 Mit Winkelmaß und Zirkel 60°-Schnittwinkel an den beiden Dachbalkenpaaren anzeichnen und die Stoßfugen so, wie Sie sie hier abgebildet sehen, entsprechend der Dachschräge zuschneiden.

2 In die vier Zapfen werden Löcher für die Schrauben gebohrt. Stoßfugen zusammenlegen, verleimen und mit je drei Schrauben verbinden, um die nötige Festigkeit zu erlangen.

3 Ein Dachbalkenpaar an die Eckpfosten halten. Der First muß genau in deren Mitte sein. An den Dachbalken die Position der Eckpfosten genau markieren.

4 An beiden Seiten die Dachkonstruktion leicht überhängen lassen. Die Balkenenden im 60°-Winkel parallel zu den Eckpfosten zuschneiden.

5 Benutzen Sie das erste Dachbalkenpaar, um auf dem zweiten entsprechende Schnittlinien anzuzeichnen. Anschließend ebenfalls zuschneiden.

6 Holzgitter passend zur Rückseite der vorderen Dachbalken dreieckig zuschneiden (aber so, daß die Dachgitter bündig darauf passen). Gitter an Dachbalken nageln. Bei Bedarf Gitterreste als Abstandhalter zwischen Gitter und Dachbalken einsetzen.

7 An den vorderen Dachbalken Löcher vorbohren und Dachbalken mit Eckpfosten so verschrauben, daß die Unterkante des Gitterdreiecks mit der Oberkante der Seitenwände abschließt.

8 Die hinteren Dachbalken an den rückwärtigen Eckpfosten befestigen. Das hintere Gitter passend zum Giebeldreieck und zur Oberkante des Zaunelements zuschneiden und befestigen.

9 Zuletzt die Dachkonstruktion aus Gitter zuschneiden, so daß sie zwischen die Dachbalken paßt, und befestigen.

Gute Nachbarn

In einer Laube kann man sich mit reizvollen Blüh- und Grünpflanzen umgeben. Hier einige zum Ausprobieren:

1 *Camellia x williamsii* 'Debbie' – ein immergrüner Strauch mit großen, halbgefüllten rosa Blüten, die von Mai bis November blühen, benötigt Schatten.
2 *Hedera helix helix* 'Erecta' – ein langsamwachsender Efeu mit aufrechten Trieben.
3 *Coronilla valentina* 'Variegata' – ein winterharter Strauch, der gelbe, erbsenförmige Blüten in großer Zahl trägt. Das Laub ist cremefarben panaschiert.
4 Schönmalve *(Abutilon)* 'Kentish Belle' – ein schnellwachsender, halbimmergrüner Strauch mit glockenförmigen, orangegelben Blüten im Sommer.
5 *Clematis armandii* – eine kräftige, immergrüne Waldrebe mit glänzenden, dreilappigen Blättern und wohlriechenden weißen Blüten im Frühjahr, benötigt einen sonnigen Standort.

Gartenlaube

An warmen, sonnigen Tagen bietet die üppig bewachsene Gartenlaube eine kühle, schattige Sitzgelegenheit und stellt eine besondere Attraktion dar.

Auf ländlichen Anwesen war die Gartenlaube früher ein Muß. Sie bot Schutz vor der Sonnenhitze und in der Regel auch eine schöne Aussicht. Die Bauten waren entweder ziemlich kompliziert (ein komplettes Belvedere oder Sommerhäuschen) oder ganz schlicht (ein schattenspendendes Rankgerüst mit Sitzgelegenheit). Die meisten Lauben sehen Stützgitter für Kletterpflanzen vor, die, wenn sie zur vollen Größe heranwachsen, einen Sitzplatz im Halbschatten bieten, der zugleich luftig ist. Das heißt, es handelt sich in der Regel um offene Bauten. Die einfachste Laube besteht aus wenig mehr als senkrechten Pfählen und Dachsparren. Rustikales Rundholz ist sehr beliebt. Dazu ein paar Drähte aufgespannt, und fertig ist die mit Laub und Blüten überzogene Zuflucht.

Einfach gebaut

Eine Gartenlaube läßt sich am einfachsten aus Holz bauen, das man problemlos im Boden verankert. Sie können aber auch einen Bausatz kaufen, der senkrechte Pfosten durch Gitter miteinander verbindet und daraus auch die Dachkonstruktion bildet. Wer größere Ansprüche an die Form stellt, kauft einen schmiedeeisernen Bausatz.
Die auf Seite 296 und 297 abgebildete Gartenlaube besteht aus sechs Eckpfosten und einem größeren Mittelpfosten. Miteinander sowie mit dem Mittelpfosten werden sie durch Seile verbunden. Das zeltförmige Dach wirkt sehr ansprechend.
Wenn die Laube besonders ins Auge stechen soll, malen Sie sie weiß an und verwenden Sie weiße Nylonseile. Weniger auffällig wirken dunkelgrüne oder mahagonifarbene Holzbeize und Seile in natürlichen Farben.

Gute Fundamente

**Wenn die Laube von Kletterpflanzen frei bleiben soll, können die Pfosten in Steckhülsen aus Metall eingesetzt bzw. bei einer Fläche aus Beton oder Pflaster mit Winkeln befestigt werden.
Wenn jedoch Kletterpflanzen emporranken sollen, empfiehlt es sich, die Pfosten in einem Betonfundament zu verankern. Laub bietet dem Wind eine große Angriffsfläche, und es wäre schade, nur deshalb schöne, liebevoll gepflegte Pflanzen im Sturm zu verlieren, weil das Fundament zu schwach war. Das gleiche Verfahren wie beim Aufstellen von Zaunpfosten (siehe „Dichter Lattenzaun" S. 49-52) kommt zur Anwendung. Mindestens ein Viertel der Gesamtlänge der Pfosten sollte einbetoniert werden.**

Einfache Gartenlaube

Die sechs Eckpfosten bilden ein gleichseitiges Sechseck, dessen Größe der Stellfläche entspricht. Der größte Pfosten steht in der Mitte. Seile verbinden die Pfostenenden miteinander. Ebenso verbunden ist jeder Eckpfosten mit einer Holzscheibe an der Spitze des Mittelpfostens.

Die Pfosten steckt man in Metallhülsen oder in Löcher, wo sie durch Winkeleisen mit dem Pflaster befestigt werden. Stabiler ist jedoch eine Verankerung in Beton.

Werkzeug & Material

Pfosten, Steckhülsen, 30- x 30-cm-Weich- oder Sperrholzplatte, Seil, Schnüre und Setzhölzer, Bandmaß, Klebestreifen, Schere, Bleistift, Winkelmesser, verzinkte Nägel, Fäustel, Wasserwaage, Fuchsschwanz, Stichsäge, Raspel, Schleifpapier und -block, Bohrgerät und Holzbohrer, Hammer, scharfes Messer, Lack oder Holzbeize, Malerpinsel.

Fläche abstecken

Das Abstecken der Stellfläche mit Schnüren und Setzhölzern erfordert nur einfache Geometriekenntnisse.

1 Den Standort des Mittelpfostens mit einem Setzholz markieren. Dann mit 1,20 m langen Schnüren die ersten beiden Eckpfosten so abstecken, daß sie einander entgegengesetzt auf einer Linie liegen.

2 Um den Mittelpfosten und die beiden sich gegenüberliegenden Eckpfosten wird je eine Schnur gebunden. An der Stelle, wo die Schnur genau 1,20 m vom Pfosten entfernt ist, mit Klebestreifen kennzeichnen.

3 Die Schnüre vom Mittelpfosten und einem der Eckpfosten an den Klebestreifen zusammenführen. Dadurch wird ein gleichseitiges Dreieck gebildet, das den Standort des nächsten Eckpfostens anzeigt.

4 Mit den Schnüren an der gegenüberliegenden Seite des Kreises den Vorgang wiederholen, um den vierten Eckpfosten zu plazieren. Danach den Standort des 5. und 6. Setzholzes ebenso bestimmen.

Gartenlaube aufstellen

1 Mit Zirkel bzw. Bleistift, Nagel und Bindfaden auf der Holzplatte einen Kreis mit einem Durchmesser von 20 cm ziehen. Mit Winkelmesser und Bleistift Radiallinien in 60°-Abständen von der Mitte aus markieren. Mit der Stichsäge den Kreis ausschneiden.

2 Holzscheibe auf der Werkbank festklemmen und die Kanten mit der Raspel abrunden. Mit Schleifpapier und -block die Kanten glätten.

3 In die Scheibe Löcher bohren, durch die die Seile passen. Auf den markierten Radiallinien je 3 cm vom Scheibenrand die Löcher bohren.

4 An dem einen Ende der sechs Eckpfosten einen Halbkreis zeichnen. Zirkel verwenden oder mit Bleistift, Nagel und Bindfaden improvisieren.

5 Mit dem Fuchsschwanz an den markierten Pfostenspitzen links und rechts ein Dreieck absägen. Die Spitzen dann mit der Raspel sowie mit Schleifpapier und -block abrunden.

6 In jeden Eckpfosten oben ein Loch für das Seil bohren, das ihn mit dem Mittelpfosten verbinden soll. Unmittelbar darunter und im rechten Winkel dazu ein zweites Loch bohren.

7 Wenn Sie Steckhülsen verwenden, an jedem Pfostenstandort eine Hülse in den Boden treiben. In jede Hülse einen Pfosten setzen und diesen mit seitlich eingetriebenen Nägeln befestigen. Dafür sorgen, daß alle Eckpfosten richtig sitzen.

8 Holzscheibe auf den Mittelpfosten setzen, darauf achten, daß die Löcher zu den Eckpfosten weisen, und die Scheibe auf dem Pfosten befestigen.

9 Seil durch die unteren Löcher in den Eckpfosten ziehen und gleichmäßig durchhängen lassen. An beiden Seiten der Pfosten Knoten machen, damit das Seil in Position bleibt. Sechs weitere Seillängen zwischen Eck- und Mittelpfosten ebenso festbinden.

Begrünung

Die Gartenlaube kann man mit vielen Kletterpflanzen begrünen. Ideal sind großblütige Waldreben *(Clematis)* mit ihren zierlich wirkenden Blüten.

1 *Clematis* 'Carnaby' – Blüten mit altrosa Streifen und roten Staubbeuteln, für einen schattigen Standort ideal.
2 *C.* 'Rouge Cardinal' – dunkelmagentarote Blüten von Juni bis September, fühlt sich in der Sonne am wohlsten, der Wurzelbereich muß aber im Schatten liegen.
3 *C.* 'Lilacina Floribunda' – eine Vielzahl von hellila Blüten im Juli und August, pralle Sonne am besten, Wurzeln müssen schattig liegen.
4 *C.* 'Voluceau' – rubinrote Blüten.
5 *C.* 'Hagley Hybrid' – dunkelrosa Blüten, die mit der Zeit verblassen, und dunkelrote Staubbeutel.
6 *C.* 'Pink Fantasy' – Blütenblätter mit dunkelrosa Mittelstreifen, bevorzugt Sonne oder Halbschatten.
7 *C.* 'Barbara Jackman' – weiche lila Blüten mit dunkleren Streifen von Mai bis Juni, die Wurzeln müssen schattig liegen.

Goldregenlaube

Über das passende Gerüst gezogen, überdacht Goldregen mit Trauben aus goldgelben Blüten einen Gartenweg.

Einer der schönsten Anblicke des späten Frühjahrs bietet der Goldregen, wenn lange Trauben goldgelber Blüten von seinen schlanken Ästen herunterhängen. Ein reifer Baum kann einen ganzen Garten aufhellen. Noch eindrucksvoller wirkt ein mit Goldregen überdachter Laubengang, durch den man entspannt im Halbschatten spazieren kann.

Goldregen wächst schnell und ohne Mühe in der richtigen Weise. Mit der passenden Stütze — einer Pergola oder einem Gerüst aus Metall — ist das Anlegen einer Goldregenlaube relativ einfach. Der Lohn der Mühe ist ein Gartenbau, der sich sehen lassen kann und an dem man sich jahrelang erfreuen wird. Selbst nach der Blüte sorgen die Bäume den ganzen Sommer lang für einen kühlen, schattigen Laubengang.

Die Standortfrage

Der Standort sollte besonders sorgfältig überlegt werden. Die größte Wirkung erzielt man, wenn der Gang zu einem besonderen Ziel führt. Er weist vielleicht den Weg vom Gartentor zur Haustür oder von einem Gartenbereich zum andern. Auf jeden Fall sollte er das Auge zu etwas Besonderem hinführen: einem Tor, einer Sitzbank, einer Statue oder einer schönen Aussicht. Der Rahmen kann aus Holz oder Metall sein, wobei man entweder alles selbstmacht oder aber einen Bausatz verwendet. In beiden Fällen werden die Pfähle so groß sein, daß der Rahmen nicht zu übersehen ist. Sollten Sie ein unauffälliges Gerüst vorziehen, das von Blüten und Laub beinahe verdeckt wird, dürfte ein Metallrahmen bessere Dienste leisten. Auch diesen gibt es als Bausatz. Achten Sie beim Kauf auf Korrosionsschutz.

Goldregen-Tips

• Alle Teile des Goldregens sind giftig. Sorgfalt ist geboten, besonders bei Kindern. Samenschoten sofort einsammeln und verbrennen!

• Bäume im Spätherbst oder im frühen Frühjahr pflanzen. Im Boden darf sich keine Staunässe bilden. Die Bäume müssen in der vollen Sonne stehen.

• Goldregen gedeiht am besten in feuchten, aber durchlässigen Böden.

• Größere Schnittarbeiten sollten Sie im Juli oder August vornehmen. Wenn es sich um einen blütenbildenden Schnitt handelt, schneidet man die Triebe im Frühwinter bis auf 2 - 3 Knospen zum alten Holz zurück.

Ein Bausatzrahmen

Der schlichte Metallrohr-Rahmen besteht aus jeweils zweiteiligen senkrechten Stützen, Rundbogenteilen und waagerechten Rohren. Die Rohre werden einfach ineinandergesteckt. Um sie vor Feuchtigkeit zu schützen, sind Fugen und offene Rohrenden versiegelt. Die waagerechten Rohre sind durch Plastikverbindungen und Schrauben mit den senkrechten Stützen und Rundbögen verbunden.

Kletterhilfe

Man kann zusätzliche Kletterhilfen aus Draht oder Drahtgitter anbringen:

1 Ein Netz aus verzinktem Draht, das mit dem Rahmen verbunden wird, ...

2 ... oder breitmaschigen, im Landhandel erhältlichen Maschendraht für Tierzäune.

Den Rahmen aufstellen

Ein Metallrahmen-Bausatz läßt sich schnell aufstellen und bildet ein wirksames, unauffälliges Stützgerüst für den Goldregen. Dank der modularen Bauweise läßt sich die Länge des Laubengangs entsprechend dem Bedarf in „Maßkonfektion" anfertigen.

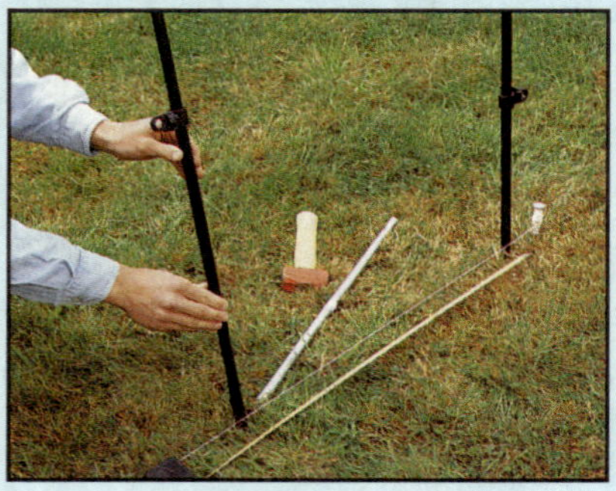

1 Schnüre setzen, um Linien der senkrechten Stützen abzustecken, und mit dem mitgelieferten Werkzeug Löcher ausstechen. Stützen aufstellen, in die Löcher stecken und mit der Wasserwaage prüfen, ob die Spitzen auf gleicher Höhe stehen.

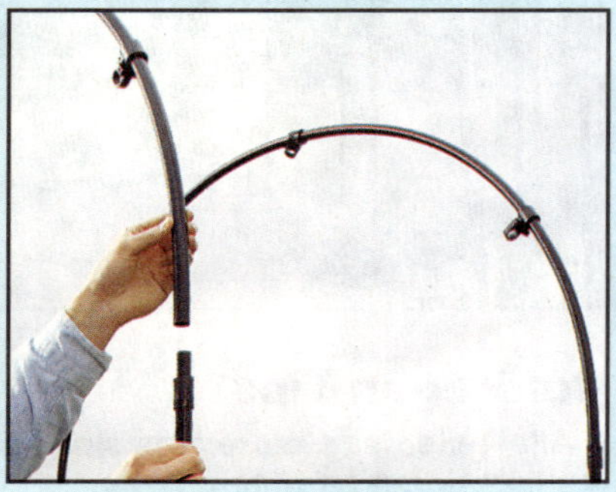

2 Rundbogenteile zusammenstecken und Plastikverbindungen für die waagerechten Rohre anbringen. Rundbogenteile in Position bringen und in die offenen, oberen Enden der senkrechten Stützen stecken, damit die Bögen komplett sind.

3 Um das Gerüst zu komplettieren, werden die waagerechten Rohre in gleichmäßigen Abständen mit den senkrechten Stützen und den Rundbogenteilen verbunden. Alle Verbindungen verschrauben und darauf achten, daß die Schrauben fest sitzen.

Goldregen pflanzen & bearbeiten

Werkzeug & Material

Für den Rahmen:
Vorgefertigter Rahmen- oder Pergola-Bausatz; Maurerschnüre und Setzhölzer; Bandmaß; Wasserwaage; schwerer Hammer; Schraubenzieher; verzinkter Draht oder Zaunnetz; Drahtverbinder; Seitenschneider oder Metallsäge.
Baumbearbeitung:
Zwei 1,80 m große Goldregen für je 1,80 bis 2,40 m Tunnellänge *(L. x watereri* 'Vossi' ist am besten); Baumverbinder; Pflanzenverbinder; Gartenschere.

1 Nach Aufstellen des Rahmens die Jungbäume in Abständen von 1,80 bis 2,40 m paarweise auf beiden Seiten einpflanzen. Sie sollen außerhalb des Rahmens und so dicht neben einer senkrechten Stütze stehen, wie es die Wurzelballen zulassen. Festtreten.

2 Baumstämme mit Verbindern an senkrechte Stützen ca. 90 cm über dem Boden befestigen. Die Verbindung darf nicht zu fest sein. Festigkeit regelmäßig prüfen, bis der heranwachsende Baum sich eingewöhnt hat.

3 Mit kleineren Baumverbindern den jeweiligen Leittrieb so befestigen, daß er der Kurve des Rundbogens folgt, und dann die Seitentriebe ausfächern und ebenfalls mit Baumverbindern am Rahmen befestigen.

4 Seitentriebe am Stamm unterhalb des ersten Verbinders abschneiden. Knospen mit dem Daumen abreiben. So wächst der Stamm sauber und gerade.

5 Nach der Blüte die jungen Bäume schneiden, damit sich ein Netzwerk aus kräftigen Ästen bilden kann. Lange Zweige festbinden, Seitentriebe herausschneiden. Beim eingewöhnten Baum das frische Wachstum nach der Blüte bis auf 2 bis 3 Knospen zum alten Holz zurückschneiden.

6 Wenn der Leittrieb oben am Dach angelangt ist, Spitze ausknipsen, damit Seitentriebe gebildet werden, die wieder ausgefächert werden können.

7 Einmal im Jahr flexible Triebe aus dem neuen Wachstum zusammenflechten und einbinden, um einen dichten Laub- und Blütentunnel zu bilden. Dadurch wachsen sie nicht in falsche Richtungen.

8 Wo der Rahmen dicht bewachsen ist, Triebe, die in die falsche Richtung wachsen, abschneiden. Zweige, die über Kreuz oder ungünstig liegen, abschneiden, bevor sie zu groß werden.

Nachblüte

Leider blüht Goldregen nur einmal: im späten Frühjahr. Um im Sommer für Blüten zu sorgen, unterpflanzt man ihn mit farbenfreudigen Blühpflanzen.

Diese Storchschnabel-Sorten sorgen den ganzen Sommer lang, wenn die Bäume selbst nicht mehr blühen, für Farbe in der Goldregenlaube. Es sind robuste Pflanzen, die im Halbschatten des Goldregenlaubs zurechtkommen.

1 *Geranium sanguineum* – tiefmagentarote, becherförmige Blüten und dunkelgrüne Blätter.

2 *Geranium clarkei* 'Kashmir Purple' – magentarote Blüten über einem Laubteppich.

3 *Geranium clarkei* 'Kashmir White' – weiße Blüten mit purpurroten Adern an schlanken Stielen.

4 *Geranium maculatum* – flache, lila Blüten mit dunkelgrünem Laub, das sich im Herbst rot verfärbt.

5 *Geranium phaeum* 'Album' – weiße Blüten mit nach hinten gebogenen Blättern an weichen Stengeln.

Rustikale Pergola I

Naturholzstangen lassen sich leicht zu einer attraktiven Pergola für den Garten zusammenfügen.

Wenn Sie Ihren Garten in verschiedene Bereiche einteilen, wirkt er viel größer als er in Wirklichkeit ist. Im jeweiligen Bereich lassen sich individuelle Schwerpunkte schaffen. Wenn die Pergola einen Weg überbrückt oder zwischen Spalieren steht, kann sie den Garten informell, aber wirksam teilen und einen Rahmen bilden, durch den man einen anderen Gartenbereich sieht.

Kletterhilfe

Eine rustikale Pergola aus Stangenholz, ob mit oder ohne Rinde, ist der ideale Rahmen und eine gute Ziehhilfe für viele hübsche Kletterpflanzen, besonders für duftende Sorten wie Geißblatt und Rose, die das Naturholz stilgerecht ergänzen.

Flexibles Design

Das Schöne an einer rustikalen Pergola ist, daß sie vom Design her genauso einfach oder kompliziert ist, wie Sie es sich wünschen. Die Seiten ähneln einer Leiter mit Pfosten und Sprossen. Nach Belieben können Sie waagerechte, senkrechte oder schräge Streben hinzufügen. Das macht die Konstruktion stabiler und gleichzeitig dekorativer. Der Querbalken kann gerade oder bogenförmig, schlicht oder verziert sein. Es empfiehlt sich, einen Bauplan anzufertigen, damit man sich nicht nur für ein ansprechendes Design entscheiden, sondern auch ausrechnen kann, wieviel Holz man braucht.

Einfache Tischlerarbeit

Die Pergola besteht aus einfachen Verbindungen und ist leicht und schnell zu bauen. Sie könnten spitze Pfosten in den Boden rammen, aber stabiler — und weniger anfällig für Verfaulen — wird es, wenn diese in der Erde einbetoniert werden.

Vielseitigkeit ist Trumpf

Links: Diese schlichte Konstruktion bildet einen Blickfang, der zwei Gartenteile voneinander trennt. Die Seitenteile sind mit Maschendraht bezogen, damit Kletterpflanzen einen besseren Halt finden bzw. leichter zu befestigen sind. Hier wird der Rundbogen von der blütenübersäten Kletterrose 'Paul's Himalayan Musk Rambler' förmlich zugedeckt.

Rechts: Selbst ohne Kletterpflanzen verleiht eine schlichte, leiterartige Pergola diesem Garten seinen rustikalen Charme. Besucher haben sofort das Gefühl, daß sie einen anderen Teil des Gartens betreten. Dadurch werden Interesse und Erwartung geweckt. Buntes, immergrünes Blattwerk bildet eine passende Kulisse.

Die Fugen schneiden

Hier bieten sich zwei Verbindungsvarianten an:

- **„Halbe" Fugen dort,** wo sich Pfosten überschneiden.
- **V-förmige Fugen dort,** wo ein Pfahlende T-förmig mit dem anderen Pfosten verbunden wird.

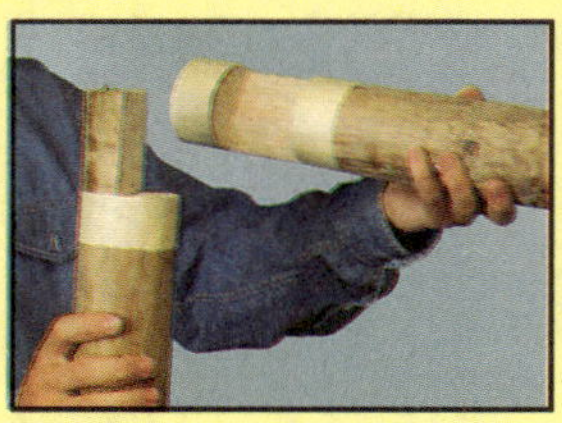

1 Für „halbe" Fugen mit Klebeband den Umfang der beiden Pfosten markieren. In der Mitte durchsägen und eine Hälfte herausstemmen. Die Teile zusammennageln.

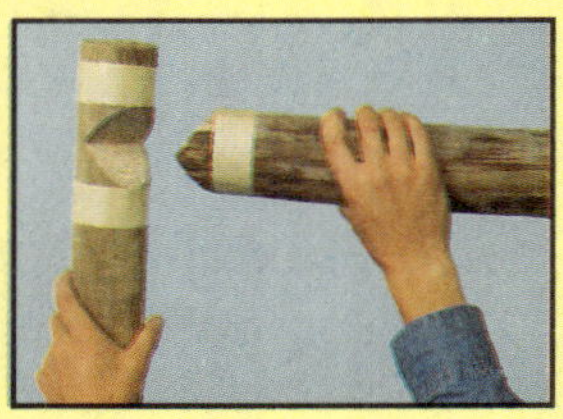

2 Eine V-förmige, 2,5 cm tiefe Kerbe aus der Seite des einen Pfostens heraussägen. Das Endstück der anderen Stange V-förmig zuschneiden und zusammennageln.

Das Holz schützen

Verwenden Sie ausschließlich Pfosten, die mit einem umweltfreundlichen Holzschutzmittel gegen Verfaulen behandelt worden sind. Oder kaufen Sie druckimprägniertes Holz.

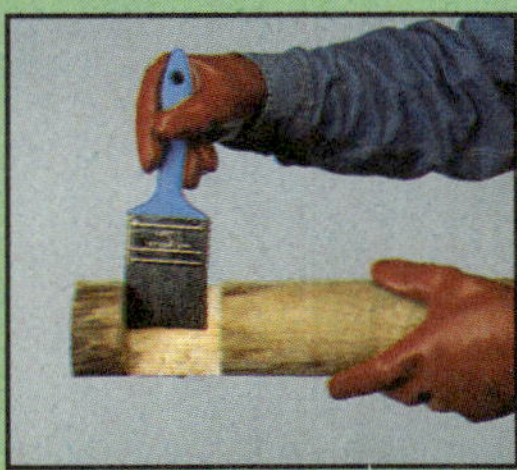

Schnittkanten bzw. -flächen unbedingt mit einem Holzschutzmittel behandeln, da sonst Feuchtigkeit einzieht und Fäulnis verursacht.

Unten die Pfosten besonders wirksam schützen, da sie längere Zeit der Bodenfeuchtigkeit ausgesetzt sind. Lassen Sie sie über Nacht in einem Eimer mit Konservierungsmittel stehen.

Als Alternative bietet sich die Behandlung mit einem Schneidbrenner an. Sie sollten das Holz aber nur versiegeln und nicht verbrennen!

Bauanleitung für die Pergola

Werkzeug & Material

Je nach Größe der Pergola braucht man ca. 8 Holzstangen, 2,40 m lang, mit einem Durchmesser von 8 cm sowie 8 dünnere Stangen; 100 verzinkte Nägel, 4 verzinkte Holzschrauben (80 mm lang); etwas Fertigbeton; Maurerkelle; Meißel; Holzhammer; Hammer; Schraubenzieher; Fuchsschwanz; Laubsäge; Hohlbohrer.

1 Zwei dickere Stangen als Seitenpfosten hinlegen, aus dem gleicher Holz Querstreben zuschneiden und dazulegen. Aus den dünneren Stangen Schräghölzer schneiden und lose anbringen. Die erste Querstrebe sollte mindestens 60 cm über dem Boden angebracht werden.

2 Fugen für die Pfosten, Querstreben und Schräghölzer schneiden und Schnittkanten bzw. -flächen mit Holzschutzmittel behandeln. Trocknen lassen und vernageln, je 1 Nagel von rechts und links, um die Stabilität zu erhöhen. Nägel im Winkel einschlagen; so halten sie besser.

3 Mit den Seitenpfosten die Stellen für die Löcher markieren und mit dem Hohlbohrer 4 Löcher je ca. 60 cm tief treiben. Bohrer anbringen und so drehen, daß sich das Gewinde in den Boden „hineinfrißt". Herausziehen und die Erde herausklopfen.

4 Als Fundament legt man den Boden der Löcher mit Mauerbruch aus und rammt mit einem Pfosten eine ca. 15 cm tiefe Lage fest. Die Seitenteile werden jetzt so in die Löcher heruntergelassen, wie sie anschließend einbetoniert werden sollen.

5 Die Pfosten werden senkrecht abgestützt, während der Beton fest wird, indem man Behelfsstützen anbringt. Die Nägel nicht ganz einschlagen, damit sie nachher wieder entfernt werden können.

6 Den Beton mit Wasser anmischen, und mit der Kelle die Löcher randvoll füllen. Feststampfen, um Luftlöcher zu entfernen. Restlichen Beton um die Pfosten anhäufen, damit das Regenwasser schnell abläuft.

7 Den Abstand zwischen den Seitenteilen genau abmessen, und das Querbalkengerüst passend anfertigen. Hölzer einzeln anzunageln wäre schwer, da die Konstruktion sich durchbiegt. Wenn der Beton fest und trocken ist, das „Dach" anbringen.

8 Zum Anbringen des „Daches" bohrt man Löcher vor und dreht die Schrauben ein. Sind die Fugen nicht genau passend, geben die Seitenteile ausreichend nach, um die Teile zusammenzuziehen.

Welche Kletterpflanzen?

Die Auswahl an geeigneten Kletterpflanzen, die sich um eine Pergola ranken, ist riesengroß, aber diese vier bilden auch im Spätsommer noch einen richtigen Blickfang:

1 Waldrebe 'Ville de Lyon' *(Clematis 'Ville de Lyon')* – eine spätblühende Sorte mit großen Blüten in einem auffallend exotischen Rot. Evtl. im Februar auf 2 Knospen ca. 30 cm über dem Boden zurückschneiden.

2 Actinidia kolomikta, mit der Kiwifruchtpflanze verwandt, rankt sich schnell in die Höhe. In der prallen Sonne bilden sich an dieser Pflanze auffällige rosa- und cremefarbene Markierungen.

3 Knöterich *(Polygonum)*, kräftig im Wuchs, zeichnet sich vom Spätsommer bis zum Herbst durch eine Fülle sahnig-weißer Blüten aus.

4 Rebe *(Vitis)* – so heißt eine Gattung hübscher Kletterpflanzen, zu der der echte Wein gehört. Viele Sorten haben geteiltes Blattwerk und volle Herbstfarben.

Rustikale Pergola II

Eine schlichte Pergola verbindet Form und Größe und dient Kletterpflanzen als Rankhilfe.

Im Innenhof und auf der Loggia spendet eine mit großblättrigen Kletterpflanzen bewachsene Pergola an warmen Sommertagen willkommenen Schatten. Die Luft nahe einer mit Rosen bewachsenen Pergola ist von einem betörenden Duft erfüllt.

Der Laubengang

Die Pergola dient ebenfalls als Laubengang, der zwei Gartenbereiche miteinander verbindet. An beiden Enden entstehen interessante Blickpunkte als ideale Standorte für eine kleine Statue oder einen mit Blumen gefüllten Kübel.

Das Grundgerüst

Die Pergola ist ein aus senkrechten Pfosten, Querstreben und „Dachbalken" bestehendes Gerüst. Sie ist meist aus Holz, aber man kann viele Werkstoffe verwenden, und da das Grundmuster so einfach ist, kommen auch andere Möglichkeiten, z. B. gemauerte Pfeiler, Stahlrohr und Querstreben aus Draht und Seil, in Betracht.

Die Bausatzlösung

Eine Pergola ist leicht von Grund auf aus allen möglichen Materialien gebaut. Noch einfacher geht's mit den vielen Bausätzen, die im Handel erhältlich sind. Sie enthalten fertige Pfähle und „Dachbalken", die zu- und ineinander passen.

Mit der Laube kann man...

- **einen „überdachten" Gang zwischen zwei Bereichen bauen.**
- **mit einem lebenden Dach aus großblättrigen Kletterpflanzen Schatten spenden.**
- **einer Auswahl an Kletterpflanzen Halt und Kletterhilfe geben.**
- **das Haus vor Wind und Regen schützen.**

Säulenschmuck

Oben: Diese Pergola besteht aus niedrigen Bögen, zwischen denen Drähte in Längsrichtung gespannt wurden.

Dachbalken befestigen

Querstreben und Dachbalken befestigt man entweder mit Winkeleisen oder – wie hier abgebildet – mit einer Kerbe im Kantholz.

Oben: Kletterrosen sind für eine schlichte Pergola der ideale Pflanzenschmuck. Hier gleichen Dachbalken und Querstreben aus Kantholz die Wucht der gemauerten Pfeiler aus.

Oben: Dieses ausgeklügelte Modell besteht aus zahlreichen Holzlatten, die der Pergola eine markante Struktur geben.

Modular vielseitig

Drähte durch die Querstreben ziehen. Sie geben dem grünen „Dach" Halt. An Gewindeösen befestigen, so daß man sie nachspannen kann.

Dieser schlichte Bausatz besteht aus vier senkrechten Holzpfeilern, zwei Dachbalken und vier Querstreben. Die Pfeiler tragen „Schuhe" mit spitzen Stahlkappen. Durch Modulbauweise leicht zu erweitern.

Kletterhilfen

Die meisten Kletterpflanzen kommen ganz ohne „Kletterhilfe" nicht aus.

1 Feiner Maschendraht wird ganz nach oben um die Pfeiler gespannt, damit Wickelranker wie die Waldrebe *(Clematis)* Halt und Rankhilfe finden.

2 Spalierholz wird zwischen den Pfeilern befestigt, um Kletterpflanzen eine Stütze und dem Ganzen Form zu geben.

Bauanleitung für die Pergola

Werkzeug & Material

Pergola-Bausatz: Kantholzpfeiler mit Kerbe oben, geformte Dachbalken, spitze Metallfassungen für die Pfeiler, Treibhilfe und U-förmige Trägerbügel; Wasserwaage, Vorschlaghammer, verzinkte Nägel, Hammer.

1 Die Metallfassungen werden unter Verwendung der Treibhilfe in den Boden geschlagen. Treibhilfe in die Fassungen legen, dessen Spitze in Position bringen und mit dem Vorschlaghammer so lange bearbeiten, bis die Unterkante der Pfeilerhülse mit dem Boden abschließt.

2 Die Pfeiler werden in die hohlen Fassungen gesteckt. Wichtig ist dabei, daß sie senkrecht und gerade stehen. Vergewissern Sie sich, daß die Schlitze oben in die richtige Richtung weisen.

3 Wenn alle Pfeiler stehen, mit der Wasserwaage und einem Dachbalken prüfen, ob alles in der Waage ist. Dazu legen Sie die Wasserwaage auf einen Holzbalken, der auf benachbarten Pfeilern aufliegt.

4 Sollte es sich herausstellen, daß ein Pfeiler kürzer als der Rest ist, diesen aus seiner Hülse herausnehmen und die Hülse mit entsprechend vielen Holzkeilen auffüllen. Pfeiler wieder einsetzen und mit der Wasserwaage nachmessen.

5 Wenn die Pfeiler richtig stehen, in ihren Fassungen festnageln. Dachbalken in die Schlitze einschieben. Trägerbügel für die Querstreben stehen aufnahmebereit.

6 Wenn die Pergola an einer Wand steht, wird der eine Dachbalken in der richtigen Höhe an der Wand angebracht. Dazu müssen Sie zunächst Löcher vorbohren, dann die Dübel in die Mauer treiben und zum Schluß den Balken sicher verschrauben.

7 Die Querstreben werden in die U-förmigen Trägerbügel eingepaßt. Diese werden auf die Dachbalken genagelt, bevor die Balken in Position gebracht werden. Dafür sollten Sie auf jeden Fall verzinkte Nägel verwenden, damit sich kein Rost bilden kann.

8 Wenn Dachbalken und Querbalken richtig sitzen, werden auch diese festgenagelt. Die Querstreben müssen links und rechts von den Dachbalken mindestens 30 cm überhängen, um optisch im Gleichgewicht zu sein. Querstreben werden bei passend zugeschnittenem Ende an der Wand eingehängt und vernagelt.

Pflanzenauswahl

Ohne ausgesuchte Kletterpflanzen, die sie bekleiden und die Kanten weicher machen, ist keine Pergola vollständig.

1 *Clematis recta* 'Purpurea' – eine weniger bekannte Waldrebe mit kleinen Blütentrauben.
2 Passionsblume *(Passiflora x caeruleo-racemosa)* – ein kräftiger Wickelranker mit attraktiven lila Blüten, braucht in einem strengen Winter Schutz.
3 Glyzine *(Wisteria sinensis)* – ein laubabwerfender Wickelranker mit anmutiger Form und lila Blüten, die in hübschen Ketten herabhängen.
4 *Hedera colchica* 'Sulphur Heart' – Efeu braucht keine zusätzliche Kletterhilfe, er findet sich selbst zurecht.
5 Bougainvillea – eine prachtvolle Kletterpflanze, die wegen ihrer bunten Blütenblätter gezüchtet wird. Auch sie braucht im Winter Schutz.
6 Großblütige Waldreben – Von den zahlreichen Hybriden sind viele für die Pergola geeignet.
7 Nachtschatten (*Solanum crispum* 'Glasnevin') – eine kräftig blühende, mit der Kartoffel verwandte Kletterpflanze, die hübsche lila Blüten treibt.

Der Gartengrill

Genießen Sie Ihr Grillvergnügen im Freien so richtig mit einem robusten, vielseitigen Gartengrill aus Stein.

Ein Gartengrill macht es möglich: Auch Sie können Ihre Küche in den Garten verlagern, um aus den warmen Sommertagen das Beste zu machen, indem Sie sich im Freien gegrillte Speisen gut schmecken lassen. Es muß auch kein Provisorium sein, denn dieser robuste Gartengrill ist auch ohne Maurerkenntnisse leicht zu bauen.

Effizientes Design

Sie müssen nur einige bauliche Grundregeln einhalten, um sicherzugehen, daß Ihr Grill sowohl wirksam als auch sicher ist. Zunächst muß der Grill aus feuerfesten Materialien wie Backstein, Beton oder Naturstein sowie auf festen Fundamenten wie einer Betonplatte oder Gehwegplatten gebaut werden. Er muß nach vorne (dorthin, wo der Koch steht) und nach oben offen sein. Die Grillhöhe sollte für Sie als Koch bequem sein. Eine zu niedrige Höhe zwingt Sie, sich zu bücken, und kann Ihre Gäste in Rauchschwaden einhüllen. Zehn Ziegelreihen hoch wird in der Regel ausreichend sein. Der Grillrost, auf dem Sie braten, und das Blech, auf dem die Holzkohle brennt, sollten abnehmbar sein, damit Sie sie reinigen können (und sie lagern, wenn sie nicht gebraucht werden, damit sie nicht rosten). Ein Windschutz wird um den Grillbereich benötigt. Dafür brauchen Sie hinten und an den Seiten die Mauer nur etwas höher zu ziehen.

Die bequeme Lösung

Bausätze, die den Grill, das Feuerblech, Winkeleisen und andere Bauteile enthalten, sind im Gartencenter und im Heimwerkermarkt erhältlich. Es sollten Stützen dabei sein, damit der Grillrost in unterschiedlichen Höhen angebracht werden kann. Sinnvoll ist es, um den Grillbereich einen Arbeitsbereich zu integrieren. Dort sind dann Teller, Geräte und dergleichen schnell zur Hand, wenn sie gebraucht werden. Ein Sockel mit eingebautem Holzbrett oder Betonplatte ist ideal.

Einmaleins des Grillens...

• Einen Standort nahe beim Haus auswählen, damit Sie nicht mit Werkzeug, Geschirr, Besteck und Essen hin- und herlaufen müssen. Der Rauch soll auch nicht gleich bei Ihren Nachbarn durch die offenen Fenster ziehen.

• Ein Standort unmittelbar unter überhängenden Bäumen, in der Nähe von Gebüsch, Holzzäunen oder Fenstern, aus denen Gardinen herausgucken könnten, ist zu meiden. Die Brandgefahr ist einfach zu groß.

• Wenn Ihr Gartengrill auf dem Rasen steht, dürfen Sie nicht vergessen, daß das Gras am Grill schnell abgetreten sein wird. Am besten umgeben Sie den Bereich mit Beton- oder Gehwegplatten.

Design-Ideen

Oben: Ein robuster Gartengrill mit integrierter Arbeitsfläche aus Betonblöcken im Naturstein-Look.

Oben: Aus Mauerbeton im Naturstein-Look entstand hier ein Gartengrill inklusive Pflanztrog.

Unten: Hier sieht man einen Gartengrill mit „Einbauschrank“ und einem günstig gelegenen Kräutergarten.

Kleine Maurerkunde

1 Eine 1 cm dicke Mörtelschicht verlegen und mit der Kelle durchfurchen, um die Haftung zu verbessern. Stein setzen und ins Mörtelbett klopfen.

2 Das Ende des zweiten Steines mit Mörtel bestreichen und den Stein wie vorher beschrieben verlegen. Dicht an den ersten heransetzen.

3 Bei drei oder mehr verlegten Steinen mit der Wasserwaage prüfen, ob auch alle Steine plan liegen. Überragende Steine zurechtklopfen.

4 Eine Meßlatte aus Weichholz mit Abstandstrichen markieren, und prüfen, ob die Steinschichten in gleichmäßigen Abständen „heranwachsen“.

Mauerecken

Die Ecken müssen plan und rechtwinklig liegen, da das Mauerwerk sonst schief aussieht.

1 Mit Maurerschnur und Steckhölzern die Außenkante des Grills markieren. Aus 3 Weichholzstücken (50, 40 und 30 cm) ein Winkellineal anfertigen, um festzustellen, ob der Eckwinkel auch wirklich 90 Grad beträgt.

Ecken werden gebildet, indem man abwechselnd einen Endstein im rechten Winkel anlegt.

Bausteine werden in Längsrichtung verlegt, ausgenommen die quergestellten bzw. halben Steine, die abwechselnd den Verbund herstellen.

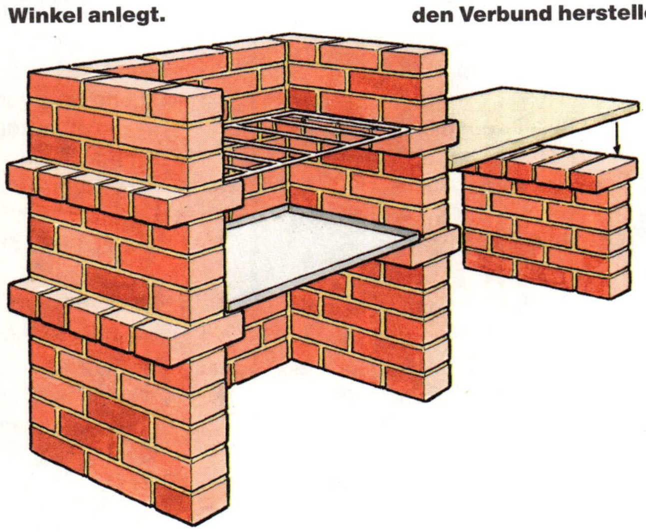

Robustes Bauwerk

Der Gartengrill besteht aus einem U-förmigen Arbeitsbereich mit Simsen, auf denen der Grillrost und das Feuerblech liegen. Diese werden durch quergestellte Steine gebildet. Auf dem Sockel, rechts, liegt als Arbeitsfläche eine Betonplatte.

Bauanleitung für den Gartengrill

Werkzeug & Material

100 Mauersteine, 1 Sack Fertigmörtel, Eimer, Schaufel, Hammer, Meißel, Maurerkelle, lange Wasserwaage, Grillrost- und Feuerblechbausatz.

1 Steine für die erste Schicht auf dem Fundament trocken verlegen, 1 cm breite Lücken für die Mörtelfugen lassen. In abwechselnden Reihen mit halben Steinen anfangen, um sie richtig versetzt zu verlegen. Fangen Sie mit dem ersten Stein der Seitenmauern an.

2 Etwas Mörtel mit Wasser im Eimer anmischen. Trocken verlegte Steine entfernen und an deren Stelle eine 1 cm dicke Mörtelschicht entlang der mit Maurerschnur und Steckhölzern markierten Linie der rückwärtigen Mauer verlegen.

3 Den ersten Stein ins Mörtelbett legen und mit dem Kellenstiel festklopfen. Erst den Stein am anderen Ende, dann den dazwischen setzen. Steine der seitlichen Mauern setzen und mit der Wasserwaage prüfen.

4 Um einen Stein zu teilen, zeichnet man mit dem Meißel die gewünschte Trennlinie an. Dann legt man den Stein auf eine harte Oberfläche in ein Sandbett. Den Meißel auf die Linie setzen und mit dem Hammer fest zuschlagen.

5 Steine nach dem auf der gegenüberliegenden Seite abgebildeten Verbund weitersetzen. Mit der Wasserwaage regelmäßig prüfen, daß die Steine sowohl waagerecht als auch senkrecht richtig liegen. Für den Sockel fünf Schichten verlegen.

6 Bei der sechsten Schicht setzen Sie vier Steine quer, die aus der Mauer gleichmäßig herausragen und für das Feuerblech einen Sims bilden. Nach zwei weiteren Schichten noch einen Sims für den Grillrost bauen.

7 Vier Steine im rechten Winkel zum Sockel setzen. Mörtel auf diese sowie auf die äußere Kante des Grills auftragen. Die Betonplatte auflegen und festklopfen.

8 Das Feuerblech liegt innen auf dem Sims im Grillbereich. Es läßt sich zum Saubermachen oder Weglegen jederzeit entfernen.

Grillen, aber richtig

Hier finden Sie eine Auswahl an Kräutern, Werkzeug und Brennstoffen:
1 Grillkohle oder -briketts.
2 Feueranzünder für den Gartengrill.
3 Rosmarin auf die brennende Kohle und das Lammfleisch streuen.
4 Koriander gibt Ihrem Grillgut einen Hauch des Orients.
5 Streuen Sie Hickoryholzchips auf die brennende Holzkohle.
6 Mit einem Fischrost bleibt der Fisch ganz und zerfällt nicht.
7 Mit langstieligem Werkzeug können Sie wenden und servieren.
8 Zum Marinieren von Fisch und Hühnerfleisch Estragon verwenden.
9 Auf Fischkebabs und Steaks kleingehackten Dill streuen.
10 Eine würzige Mischung aus Holz und Kräutern als Beigabe zur Grillkohle.
11 Pellkartoffeln in der Kohle backen und mit Minze bestreuen.
12 Zu gegrillten Maiskolben schmecken Petersilie und Butter.
13 Oregano verleiht Kebab den Geschmack der griechischen Küche.
14 Thymian verleiht dem Grillgut eine Prise Mittelmeer.
15 Grillspieße sind für Kebabs unerläßlich. Für größere Braten brauchen Sie einen Drehspieß.

Ein Picknicktisch

Im Sommer sorgt das Picknick im Garten für zusätzlichen Spaß. Dieser einfache Tisch ist genau das Richtige dafür.

Gartenmöbel — Stühle, Bänke, Tische usw. — gibt es in sehr vielen Stilrichtungen, doch wenn sie nicht generell für den Gebrauch im Freien konzipiert wurden, muß man Unterstellmöglichkeiten für sie haben. Die Lösung: Man baut sich ein Möbelstück, das aus Tisch und Sitzen zugleich besteht und die ganze Zeit draußen bleiben darf.

Alles in einem

Dieses stabile und attraktive Gartenmöbelstück entspricht einem beliebten, traditionellen Design. Es bietet einen stabilen Tisch und Bänke für vier Erwachsene oder mindestens sechs Kinder als festverbundene, robuste Einheit. Darüber hinaus kann der Tisch ganzjährig draußen bleiben. Wenn man draußen essen oder trinken will, sei es eine Kleinigkeit oder ein ganzes festliches Abendessen, muß man sich dann nicht mehr mit Tischen und Stühlen abschleppen.

Einfach gebaut

Der Tisch läßt sich kinderleicht zusammenbauen, da nur sehr einfache Fugenverbindungen benutzt werden. Der Rahmen besteht aus 75 x 50 mm-Kantholz, das mit Verbindungen aus Schloßschrauben zusammengehalten wird. Zwischen Beinen und Trägern sind verzahnte Dichtungen angebracht, die der Schraubenverbindung zusätzliche Stabilität geben. Die Holzleisten für Tisch und Bänke werden inklusive Zwischenräume verschraubt, damit das Regenwasser sofort ablaufen kann. Die versenkten Schraublöcher werden durch passende Holzdübel geschützt. Entscheidend bei dieser Konstruktion ist, daß die Beinenden in einem einheitlichen Winkel von 60°C oder 70°C zugeschnitten werden. Am besten, man nimmt einen Stellwinkel oder ein Schrägmaß zu Hilfe.

Langes Leben

• Wenn Sie sich nicht gerade Hartholz leisten können oder wollen, werden Sie den Tisch aus Weichholz anfertigen müssen, das sich im Freien ohne zusätzlichen Schutz nicht lange hält. Um Fäulnis und Insektenbefall zuvorzukommen, nur druckimprägniertes Holz verwenden und alle Schnittflächen und Bohrlöcher zusätzlich mit Holzschutzmittel behandeln.

• Den Tisch möglichst nicht allzulange auf einem nassen Untergrund stehen lassen. Wenn sich das nicht verhindern läßt, empfiehlt es sich, die Beine mit wasserdichtem Material, z. B. Zinkblech, zu „besohlen", damit das empfindliche Hirnholz sich nicht mit Wasser vollsaugt.

• Durch Anschrägen aller Kanten und Enden das Splitterrisiko möglichst reduzieren. Vor dem Schlußanstrich mit Holzschutzmittel alles gründlich abschleifen.

• Die Maße des abgebildeten Tisches: Tisch 1,20 m x 75 cm x 75 cm (L x B x H); Sitzbänke 1,20 m x 30 cm x 45 cm; Sitzträger 1,38 m lang; Beine 90 cm Abstand.

Werkzeug & Material

75 x 50 mm gehobeltes Weichholz für Beine und Träger; 100 x 38 mm gehobeltes Weichholz für Tisch- und Sitzbanklatten; 6 mm-Schloßschrauben, Muttern und verzahnte Dichtungen; 50 mm-Nirosta-Flachkopfschrauben; wasserdichter Holzkleber; tragbare Werkbank; Bandmaß; Bleistift; Schrägmaß; Fuchsschwanz; Zwingen; Bohrgerät und Bohrer; Schraubenschlüssel; Schraubenzieher; Stechbeitel; Schleifpapier; Schleifblock; Malerpinsel; Holzschutzmittel.

Wie alles zusammenpaßt

Jeder Endrahmen besteht aus zwei angewinkelten Beinen, die durch einen kurzen Oberträger, auf dem der Tisch liegt, und einen längeren Unterträger, auf dem die Bänke liegen, verbunden sind. Diese Teile werden durch Schloßschrauben und verzahnte Dichtungen miteinander verbunden. Ein zusätzlicher, in Tischmitte angebrachter Oberträger gibt den Tischlatten größere Stabilität.

Die Tisch- und Sitzbanklatten werden mit ihren Trägern verschraubt, wobei die versenkten Schraublöcher durch verklebte Holzdübel kaschiert werden. Das sieht nicht nur ordentlicher aus, sondern macht den Tisch gleichzeitig wetterfester.

Schraublöcher kaschieren

Selbst bei Verwendung von Nirosta-Schrauben setzt der Rost früher oder später ein. Das wirkt dann unansehnlich. Wer sich die Mühe macht, kann die Schraublöcher mit Holzdübeln kaschieren, die den Rost abhalten. Hier sehen Sie, wie man es macht:

1 Wer sich gerne Zeit und Arbeit sparen möchte, verwendet einen Kombibohrer, um Schraub- und Versenkloch in einem Arbeitsgang zu bohren. Die Versenklöcher sollten jeweils ca. 10 mm tief sein.

2 Mit dem entsprechenden Bohrer aus Abfallholz Dübel bohren, die zu den Versenklöchern passen. Die Dübel mit Schraubenzieher oder Stechbeitel herausbrechen. Ersatzweise fertige Holzdübel kaufen.

3 Wenn alle Latten fest verschraubt sind, wasserfesten Holzkleber in die Versenklöcher geben und Dübel hineindrücken. Wenn der Kleber hart ist, mit Stechbeitel und Schleifpapier glätten.

Den Picknicktisch bauen

1 Als erstes Beine und Träger in vorgesehener Länge auszeichnen. Mit einem Schrägmaß die Schnittwinkel anreißen. Vergewissern Sie sich, daß alle Winkel in die richtige Richtung zeigen.

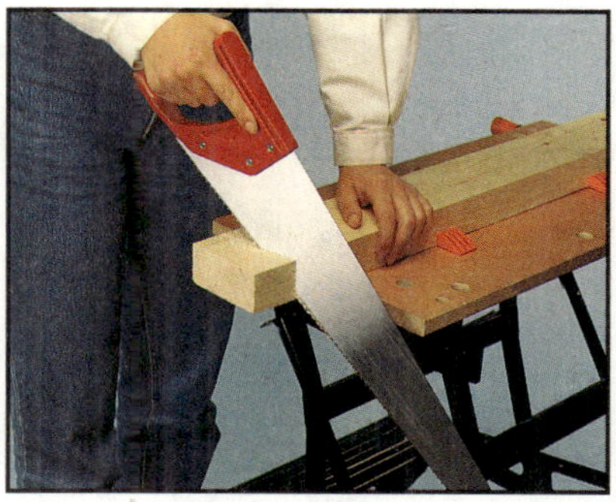

2 Mit dem Fuchsschwanz Bein- und Trägerenden zuschneiden. Darauf achten, daß Sie auf der Abfallseite der Linien sägen. Alle Schnittflächen glattschmirgeln.

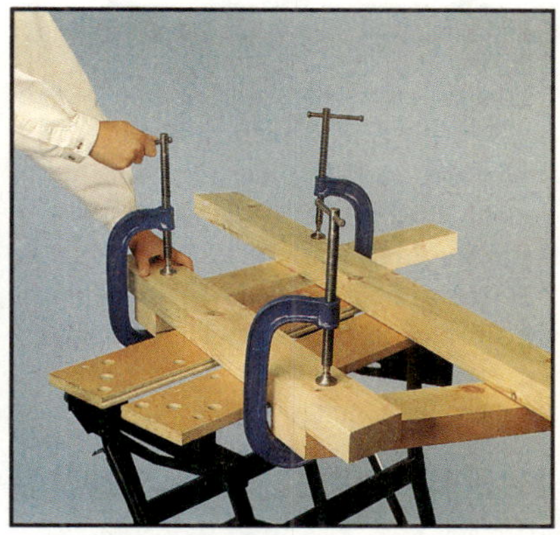

3 Rahmen einzeln montieren. Mit Zwingen Träger auf den angewinkelten Beinen festhalten. Mit dem Schrägmaß prüfen, ob alle Winkel gleich sind. Abfallholz zwischensetzen, damit die Zwingen keine Druckstellen hinterlassen.

4 Durch die Mitte jeder Stoßfuge ein Loch mit dem Durchmesser der Schloßschrauben bohren. Darauf achten, daß Sie die Werkbank nicht anbohren.

5 Zwingen abschrauben, Teile auseinandernehmen, Schloßschrauben einsetzen. Zwischen den Holzteilen eine verzahnte, vor der Mutter eine einfache Dichtung setzen. Zum Schluß werden die Muttern mit dem Schraubenschlüssel angezogen.

6 Latten für die Tischfläche zuschneiden. Mit Zwingen wird die 1. Latte an den Oberträgern auf Stoß mit der angewinkelten Schnittfläche befestigt.

7 Mit Zwingen wird eine 2. Latte auf der anderen Tischseite befestigt. Abfallholzstreifen benutzen, um die restlichen Latten in gleichen Abständen anzulegen.

8 Schraub- und Versenklöcher bohren und Latten mit Schrauben befestigen (s. S. 316). Dann werden die Sitzbanklatten auf die gleiche Weise angebracht und befestigt. Zum Schluß wird der Mittelträger unter der Tischfläche mit Zwingen befestigt und von oben verschraubt.

9 Alle Versenklöcher mit Holzdübeln versehen (s. S. 316) und das komplette Set abschleifen, um Holzsplitter und rauhe Kanten zu entfernen. Zuallerletzt Holzschutzmittel auftragen.

Erfrischend!

Überraschend viele Blüten kann man beim sommerlichen Gartenpicknick als Tischdekor verwenden. Hier eine kleine Auswahl:

1 Das Stiefmütterchen *(Viola tricolor)* – eine Ein- oder kurzlebige Mehrjährige mit winzigen weißen, gelben und lila Blüten, die vom Frühjahr bis zum Herbst blühen.
2 Borretsch *(Borago officinalis)* – eine sich ausbreitende, einjährige Kräuterpflanze, die vom Sommer bis zum Frühherbst lila, sternförmige Blüten trägt.
3 Die Gartenringelblume *(Calendula officinalis)* – mit einfachen oder gefüllten, gänseblümchenartigen Blüten in Gelb- und Orangetönen.
4 Minze *(Mentha)* trägt im Sommer winzige, lila Blütenkolben.
5 Die Zucchini bildet große, hellgelbe Blüten, bevor die eßbaren Früchte wachsen.
6 Der Fenchel trägt an seinen Dolden viele kleine, goldgelbe Blüten.

Ein Baumsitz

Der Platz unter einem schattenspendenden Baum gehört zu den vielen Freuden des Sommers. Am meisten Spaß haben Sie jedoch, wenn Sie sich die Sitzbank selber bauen.

Eine Sitzgelegenheit im Garten gibt Ihnen die Möglichkeit, den Garten in vollen Zügen zu genießen, wann immer das Wetter es zuläßt. Die Sitzbank am Baum ist ein schattiger Zufluchtsort unter einem Schutzdach dichtbelaubter, schützender Äste und Zweige. Eine fertige Sitzbank kann teuer sein. Für einen Bruchteil des Preises können Sie sich im Eigenbau Maßarbeit leisten.

Wenig Anstrengung

Wenn Sie den passenden Baum im Garten haben, läßt sich aus behandeltem Weichholz eine Sitzbank im Lattenroststil zusammenbauen. Das hier abgebildete, sechseckige Beispiel wird einfach zusammengeschraubt. Das Schwierigste ist das Zuschneiden der Latten im exakten 60-Grad-Winkel.

Vorausplanung

Durchmesser des Baumstammes als Grundlage für die Entscheidung über die Größe der Sitzbank ermitteln. Unser Modell hat einen lichten Innendurchmesser von 90 cm. Ohne zusätzliche Beine ist ab dieser Größe die Statik nicht mehr sicher. Bei einer weiteren Öffnung braucht man entweder mehr Beine oder eine achteckige Anordnung (mit einem 45-Grad-Winkel). Die Bank muß eben stehen. Hierzu muß man vielleicht etwas Erde entfernen, man darf dabei jedoch nicht die Wurzeln beschädigen.

Praktische Hinweise

- **Größe und Wachstumsgeschwindigkeit des Baums berücksichtigen. Um dem Baumstamm ausreichend Platz lassen.**
- **Die Sitzbank kann vier-, sechs- oder achteckig sein. Je höher die Zahl, desto mehr Platz lassen Sie dem Baum.**
- **Die Sitzfläche 45 bis 50 cm hoch und ca. 40 cm tief bauen. Die Mindestbreite jeder einzelnen Sitzfläche sollte innen 40 cm betragen.**
- **Wenn Sie Weichholz verwenden, imprägniertes Holz kaufen oder unbehandeltes selber mit Holzschutzmittel behandeln, um Feuchtigkeitsschäden vorzubeugen.**

Mustergültig

Links: Eine verwitterte achteckige Sitzbank am Fuße einer Trauerweide.

Unten: Ein schmiedeeisernes Gestell am Fuße eines Walnußbaumes.

Oben: Um den Baum kann man sogar einen Tisch bauen, wie man sieht.

Rechts: Rustikale Holzäste sehen natürlich und unverwüstlich aus.

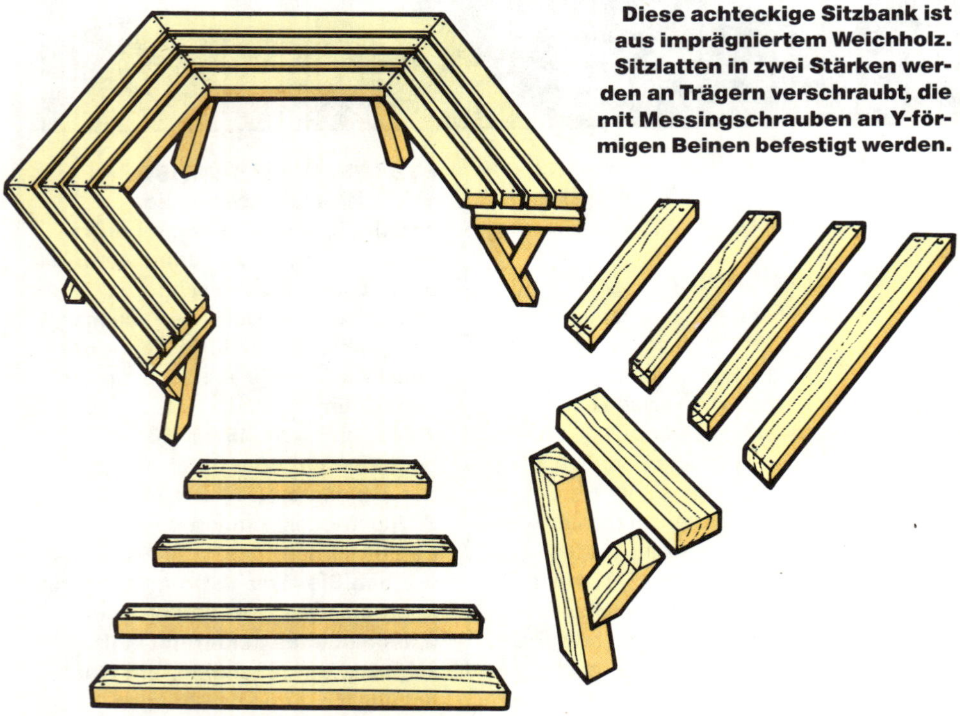

Diese achteckige Sitzbank ist aus imprägniertem Weichholz. Sitzlatten in zwei Stärken werden an Trägern verschraubt, die mit Messingschrauben an Y-förmigen Beinen befestigt werden.

Winkel

Bei einer sechseckigen Sitzbank ist bei den Latten und Beinen ein Schnittwinkel von genau 60 Grad einzuhalten.

1 Sechzig Grad markiert man am schnellsten mit einem verstellbaren Winkeleisen, das man mit einem Zirkel einstellt.

2 Alternativ dazu markieren Sie die erforderliche Stücklänge, und machen eine zweite Bleistiftmarkierung 3 cm davor.

3 Den zweiten Punkt quer über die Latte verlängern. An der ersten Linie den Punkt 6 cm von links markieren.

4 Den ersten mit dem dritten Punkt verbinden und die Linie verlängern. Das ergibt einen 60-Grad-Schnittwinkel.

Bauanleitung für die Sitzbank

Werkzeug & Material

Holz: 7,5 x 5 x 180 cm (sechsmal), 10 x 5 x 180 cm (achtmal), 7,5 x 7,5 x 180 cm (sechsmal); 60 7,5 cm lange Flachkopfmessingschrauben; 18 10 cm lange Schloßschrauben; Bandmaß; Bleistift; verstellbares Winkeleisen; Messer; Fuchsschwanz; Ahle; Elektrobohrer, Bohreinsätze, Versenker; Hammer; Schraubenzieher; verstellbarer Maulschlüssel.

3 An jedem Ende einer Innenlatte Schraublöcher bohren und versenken, so daß die Schraubköpfe genau unterhalb der Oberfläche sitzen.

6 Sitzteil auf den Kopf stellen und Bein sowie Strebe positionieren. Schrauben mit dem Hammer eintreiben, dann mit dem Maulschlüssel festschrauben. An den restlichen Segmenten die Beine genauso anbringen.

1 Aus 10-x-5-cm-Holz die Lattenträger 42,5 cm lang schneiden. An der Oberseite die Mittellinie markieren und ein Holzstück als Lehre für die Lattenenden dagegennageln.

4 Zwei Lattenträger nehmen und eine Innenlatte richtig daraufsetzen. Mit der Ahle Löcher in die Träger vorbohren und die Messingschrauben festdrehen. Die restlichen Latten zuschneiden, so daß sie genau zwischen die aufgenagelten Holzstükke passen: die beiden Mittellatten aus 7,5-x-5-cm-Holz, die Außenlatte aus 10-x-5-cm-Holz. An jedem Ende mit einer Schraube befestigen. Zwischenabstände von 2 cm einhalten. Mit den anderen beiden Trägerpaaren genauso verfahren. Die restlichen Latten zuschneiden.

7 Den Sitz zusammenstellen, indem Sie die Führungshölzer entfernen und die restlichen Latten verschrauben.

2 Aus 10-x-5-cm-Holz die Innenlatten zuschneiden. Die Innenkante sollte jeweils 45 cm lang sein. Markieren und in einem 60-Grad-Winkel schneiden **(s. S. 320)**

5 Aus 7,5-x-7,5-cm-Holz die Beine schneiden. Jedes Bein soll 50 cm lang sein, die Enden im 60-Grad-Winkel parallel zueinander schneiden. Die Streben sind 30 cm lang, deren Ende im 60-Grad-Winkel zusammenlaufend schneiden. In Beinen und Streben Löcher bohren.

8 Sicherstellen, daß die Bank geradesteht. Erde unter den Füßen entfernen oder Fliesenstücke unter die Beine schieben. Fliesen oder Ziegel als Unterleger sind als Feuchtigkeitssperre ohnehin eine gute Lösung.

Schattenspender

Viele Bäume spenden nicht nur Schatten, sondern fallen durch ihre Blüte oder ihre Früchte auf. Hier nur eine kleine Auswahl:

1 *Malus* 'Eleyi' – ein ansprechender Apfelbaum, der im späten Frühjahr blüht.
2 Eschenahorn *(Acer negundo)* – ein schnellwachsender Baum, der massenweise troddelförmige Blüten produziert.
3 *Malus zumi calocarpa* – ein weiteres Beispiel eines wunderschön blühenden Apfelbaumes.
4 *Sorbus cashmiriana* – eine leicht zu ziehende Eberesche mit hellrosa Blüten im Mai und weißen, kugelförmigen Früchten, die bis zum Spätherbst erhalten bleiben.
5 Eßkastanie *(Castanea sativa)* – ein schnellwachsender, großer Baum mit eßbaren Kastanien.
6 Lärche *(Larix decidua)* – eine schnellwachsende Laubkonifere mit winzigen Kienäpfeln.

Eine Gartenbank

Eine Sitzgelegenheit im Garten, besonders eine selbstgebaute Gartenbank, ermöglicht Ihnen, Ihren Garten intensiver zu genießen.

Eine Gartenbank zählt zu den traditionellen Gartenmöbeln. Sie ist nicht nur praktisch, sondern fungiert auch als Blickfang, ob in einer schattigen Ecke oder an einem sonnigen Standort.

Kaufen oder bauen?

Fertige Gartenbänke gibt es in Hülle und Fülle. Sie sind oft aus Hartholz wie Teak oder Eiche. Am günstigen Ende der Preisskala findet man Exemplare in Weichholz wie Kiefer. Wenn Ihnen die Muster (oder die Preise) jedoch nicht zusagen und Sie mit Holzarbeiten einigermaßen zurechtkommen, spricht nichts dagegen, eine Bank selber zu entwerfen und zu bauen. Die Grundform könnte nicht einfacher sein: vier Beine, fünf Träger, zwei Armlehnen, Latten für die Sitzfläche und die Rückenlehne. Die hier abgebildete Bank stellt nur eine unter vielen möglichen Varianten dar.

Der Entwurf

Bei Ihrem individuellen Entwurf sollten Sie darauf achten, daß möglichst wenig Hirnholz dem Wetter ausgesetzt wird. Hirnholz ist poröser als Holz, das in Längsrichtung gesägt worden ist. Beim abgebildeten Entwurf sind alle Trägerenden zugedeckt, während das Hirnholz der Rückenlehne von der oberen Querlatte verdeckt wird.

Die Materialwahl

• Für eine Gartenbank ist haltbares Hartholz ohne Frage das beste Material, besonders dann, wenn die Bank ganzjährig draußen stehen soll. Hartholz ist jedoch teuer und nicht ohne weiteres zu beschaffen. Zu guter Letzt werden Sie vielleicht doch Weichholz nehmen. Länger hält auf jeden Fall druckimprägniertes Holz. Während der Montage alle Schnittkanten zusätzlich mit Holzschutzmittel behandeln. Dabei besonders auch das poröse Hirnholz berücksichtigen.

• Wenn Sie Ihrer Bank etwas Gutes tun wollen, verzichten Sie auf gewöhnliche Lacke und Farben, in deren Schichten sich bald Risse bilden. Verwenden Sie lieber eine Holzschutzbeize oder, wenn die Maserung nicht zum Vorschein kommen soll, einen Lack, der das Holz atmen läßt und nicht abblättert.

Wie alles zusammenpaßt

Die Grundform der Bank besteht aus vier Beinen (7,5 x 7,5 cm) und sechs Trägern (drei lang, drei kurz, 7,5 x 3,8 cm). Die langen Träger mit den Beinen verdübeln. Den mittleren Sitzflächenträger mit den langen Trägern verdübeln. Die beiden Endträger mit den Beinen verschrauben. Die Armlehnen (7,5 x 3,8 cm) mit den hinteren Beinen verdübeln und mit den vorderen Beinen verschrauben (Schrauben versenken, Holzkappen drauf). Die Latten für die Rückenlehne (7,5 x 2,5 cm) mit dem oberen Träger und mit dem Kantholz (2,5 x 2,5 cm) vernageln und verkleben, das mit dem unteren Träger verschraubt und verleimt wird. Die Querlatten für die Sitzfläche mit dem Mittelträger und den Endträgern verbinden. Zum Schluß wird die obere Querlatte befestigt. Sie schützt das Hirnholz.

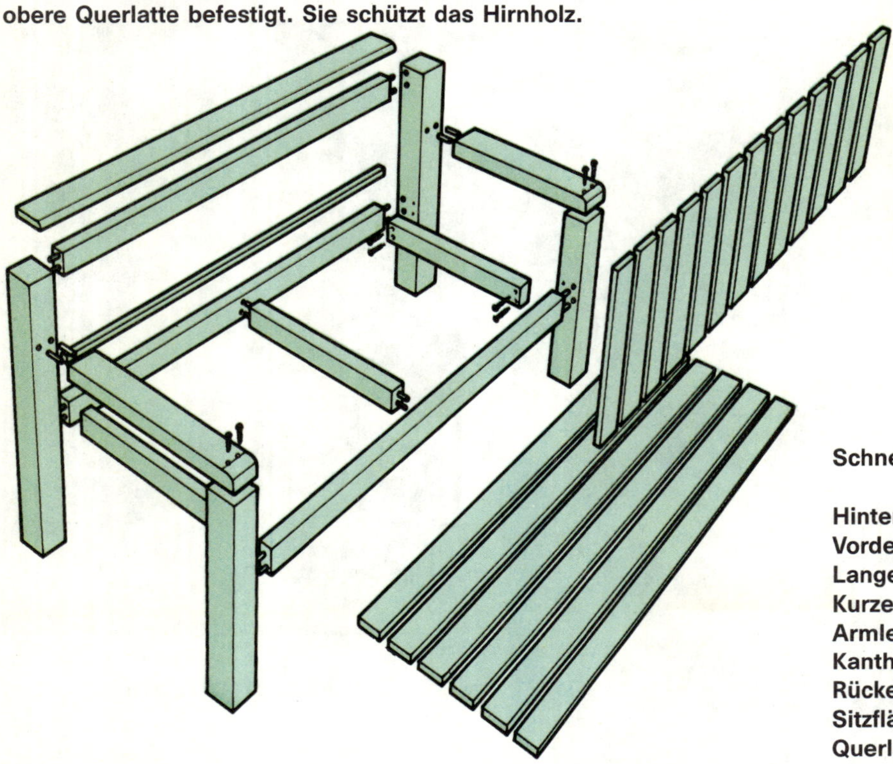

Werkzeug & Material

Druckimprägniertes Weichholz laut Schneideliste (siehe unten), Bandmaß, Bleistift, Anschlagwinkel, Säge, Schmirgelpapier, Markierlehre, Bohrmaschine, Bohrer, Versenker, Stifte, Hartholzdübel, wasserdichter Holzleim, Holzhammer, Schraubenzieher, Nirosta-Schrauben, Locheisen, Hammer, Nägel, Dorn, Holzkitt für draußen, Beize für Astlöcher, Holzschutzlack oder -farbe, Pinsel.

Schneideliste	Länge
Hinterbeine:	77 cm
Vorderbeine:	59,5 cm
Lange Träger:	105 cm
Kurze Träger:	45 cm
Armlehnen:	50 cm
Kantholz:	105 cm
Rückenlehne:	35,5 cm
Sitzfläche:	105 cm
Querlatte:	120 cm

Erste Schritte

Beim Bau der Sitzbank fängt man mit den vorderen und hinteren Rahmenteilen an, d. h. mit den Beinen und den langen Trägern.

1 Alle Bauteile auszeichnen und zuschneiden. Schnittkanten abschmirgeln. Alle Kanten mit feinkörnigem Schmirgelpapier leicht abrunden, damit keine Splitter entstehen.

2 An beiden Enden der langen Träger zwei Löcher mit einem Abstand von 2,5 cm bohren. Stifte einsetzen und die Dübellöcher an den Beinen markieren. Auch dort bohren.

3 Etwas wasserfesten Holzleim in die vorgebohrten Dübellöcher in den Beinen geben. Die vier Holzdübel einsetzen und mit dem Holzhammer sanft hineinschlagen.

4 Stifte aus den Dübellöchern in den Trägern herausziehen. Holzleim auftragen. Mit dem Holzhammer und einer Unterlage aus Abfallholz Teile ineinanderschlagen.

Gartenbank zusammenbauen

1 Dübel in den Enden des mittleren Sitzflächenträgers verleimen und entsprechende Dübellöcher in den Querträgern vorbohren. Vorbereitete vordere und hintere Rahmenteile verbinden, indem Sie den Sitzflächenträger befestigen und die beiden Endträger mit den Beinen verleimen und verschrauben.

2 In einem Ende der beiden Armlehnen Dübel verleimen und entsprechende Dübellöcher in den hinteren Beinen vorbohren. Lehne mit den hinteren Beinen verbinden.

3 In die Armlehnen je zwei Schraublöcher vorbohren, dann ca. 2 cm tief aufbohren, damit die Schrauben versenkt und durch Holzkappen verdeckt werden können.

4 Schrauben tief eintreiben, um die Armlehnen mit den Vorderbeinen zusammenzufügen. Schrauben festziehen, um die Teile fest miteinander zu verbinden.

5 Mit dem Locheisen aus einem Stück Holzverschnitt vier Kappen ausstanzen, die in die aufgebohrten Löcher passen. Holzleim auftragen und Kappen einschlagen, um die Schrauben zu verdecken.

6 Das Kantholz mit dem hinteren Querträger verleimen und verschrauben. Die Latten für die Rückenlehne verleimen und vernageln. Nagelköpfe mit dem Dorn eintreiben und mit Holzkitt verdecken.

7 Die Querlatten für die Sitzfläche mit dem Mittelträger und den Endträgern ebenso verbinden. Hintere Latte mit der Rückenlehne bündig setzen. Vordere Latte vorne leicht überstehen lassen.

8 Wenn Sie die Bank lackieren und nicht beizen wollen, sollten Sie zunächst die Astlöcher trotzdem mit Beize vorbehandeln.

9 Jetzt wird nach Wunsch gestrichen. Lack oder Farbe in alle Fugen gut einpinseln. Wenn der erste Anstrich trocken ist, wird der Schlußanstrich aufgetragen.

Von Düften umgeben

Schöner wird die Pause auf der Gartenbank, wenn Duftpflanzen in der Nähe stehen. Hier einige Vorschläge:

1 Ohne ein paar Duftrosen ist kein Garten komplett.
2 Buschig wird der Flieder *(Syringa microphylla* 'Superba') mit herrlich duftenden, traubenförmigen Blüten.
3 Blüten und Laub des Lavendels duften betörend. Hier sieht man den selteneren Schopflavendel *(Lavandula stoechas).*
4 Mit ihren schönen, blaßrosa Blüten und dem herrlichen Duft ist *Dianthus* 'Inchmery' eine der besten „altmodischen" Gartennelken.
5 Levkojen, hier die stark duftende *Matthiola* 'Brompton', waren in Bauerngärten stets beliebt.
6 Gartennelken säen sich selbst aus. Sämlinge duften oft so kräftig wie die Mutterpflanze.

Backsteinbank

Diese Holzbank auf Backsteinpfeilern wird sich als dauerhafte, bequeme und attraktive Sitzgelegenheit in Ihrem Garten bewähren.

Eine Sitzbank im Garten kann mehr als nur ein Ruheplatz sein, wo der müde Hobbygärtner sich ausruht und die Aussicht bewundert. Wenn sie gut geplant und sorgfältig gebaut wird, kann sie zum attraktiven, dauerhaften Element der Gartengestaltung werden.

Die Materialwahl

Wenn Sie vorhaben, eine Gartenbank als feste Einrichtung zu bauen, die ganzjährig draußen stehen bleibt, müssen Sie Werkstoffe verwenden, die extreme Wärme und Kälte aushalten. Die Sitzfläche muß natürlich auch bequem sein. Die beste Lösung ist eine Kombination aus gemauerten Backsteinpfeilern und einer Sitzfläche aus Holzlatten, von der das Regenwasser gut abläuft und die sich schnell wieder erwärmt.

Festes Fundament

Die einfache, hier abgebildete Bank liegt auf rechteckigen, gemauerten Pfeilern. Sie sind jeweils sechs Steine hoch, einen Stein breit und anderthalb Steine tief. Der ebenfalls einfache Verbund garantiert ausreichende Stärke und Stabilität, und da es keinen Verschnitt gibt, kann man gerade als Anfänger im Maurerhandwerk diese Aufgabe in Angriff nehmen. Übung macht bekanntlich den Meister. Aber achten Sie darauf, daß die Steine frostbeständig sind.

Die Pfeiler kann man auf einer bestehenden Terrasse oder Wegfläche mauern. Wenn sie auf dem Rasen oder auf Neuland stehen sollen, benötigt man Betonfundamente. Bei einem Abstand von ca. 60 cm zwischen den beiden Pfeilern tragen sie eine ca. 1,20 m lange Sitzbank.

Dauerhaft & vielseitig

- **Die Sitzbank als Lattenkonstruktion liegt auf den beiden Pfeilern, die aus Backsteinen gemauert wurden. Befestigt wird sie mit Schrauben, die durch die Träger gedreht werden.**
- **Druckimprägniertes Holz verwenden. Das Holz hält länger, wenn es vor dem Zusammenbau mit Holzschutzmittel satt behandelt wird. Danach kann man Beize, Farbe oder Klarlack auftragen. Die Farben sollten zur Umgebung passen.**
- **Wer möchte, kann einen passenden Tisch bauen. Die Pfeiler 10 Steine hoch und zweieinhalb Steine tief mauern. Lattenkonstruktion, die als Tischplatte dienen soll, in entsprechender Größe (10 Latten) anfertigen und befestigen.**

Wie die Teile zusammenpassen

Die Sitzbank besteht aus sechs 5 x 2,5-cm-Holzlatten, die mit 5 x 5-cm-Trägern verschraubt werden. Diese liegen bündig an den Innenflächen der beiden Stützpfeiler und werden mit verdübelten Schrauben befestigt.

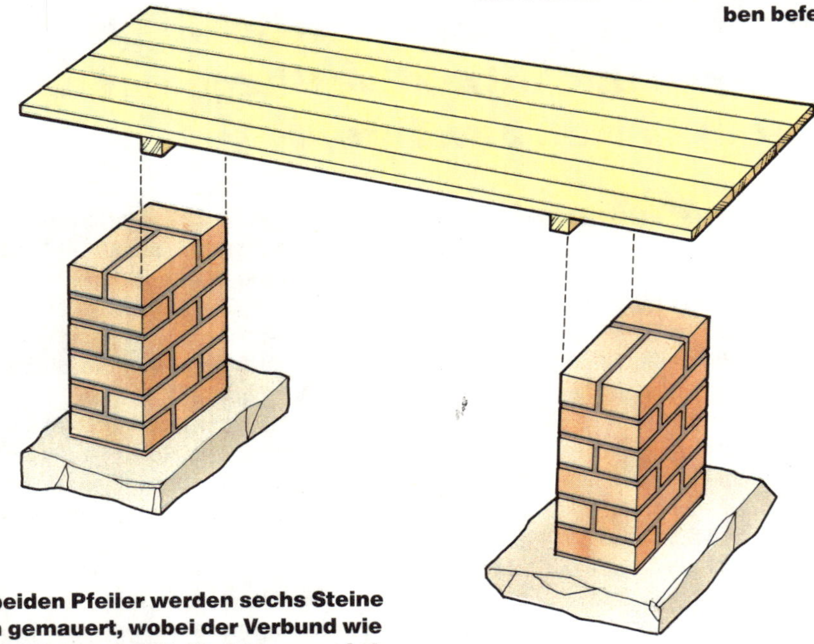

Die beiden Pfeiler werden sechs Steine hoch gemauert, wobei der Verbund wie abgebildet wechselt. Sie können auf einer bestehenden festen Fläche gemauert werden. Sonst benötigt man Betonfundamente.

Werkzeug & Material

36 frostbeständige Mauersteine, 1 kleine Tüte Mörtel, Bandmaß, Kreide, Maurerkelle, Meßlatte (z. B. aus Abfallholz), Wasserwaage, 1 Stück Gartenschlauch zum Ausfugen, 5 x 2,5-cm-Holzlatten und 5 x 5-cm-Träger für die Sitzfläche, Fuchsschwanz, Hobel, Schleifpapier, 4 Zwingen, Bohrgerät, Holzbohrer, Steinbohrer, Versenker, Schraubenzieher, Dübel, 38- und 75-mm-Flachkopfschrauben, Holzschutzmittel, Malerpinsel.

Fundamente

Wenn die Pfeiler auf dem Rasen oder sonstigem weichen Untergrund gemauert werden, benötigt man für jeden Pfeiler ein Betonfundament.

1 Die Pfeilerstellflächen (Abstand ca. 60 cm) kennzeichnen und jeweils ein ca. 50 x 40-cm-Loch 25 cm tief ausgraben. Die Seiten rechtwinklig und den Boden schön plan halten.

2 In den Boden der beiden Löcher je zwei Holzstäbe einhämmern, so daß sie bis knapp unterhalb der Oberkante aus dem Boden ragen. Mit ihrer Hilfe wird gewährleistet, daß die Oberflächen der Fundamente genau waagerecht sind.

3 Wasserwaage auf die Stabenden legen, um nachzusehen, ob sie wirklich waagerecht sind. Bei Bedarf etwas tiefer hämmern, bis die Stabenden genau auf einer Höhe liegen.

4 Relativ grobe, trockene Betonmischung hineinschaufeln und bis zu den Stabenden festklopfen. Mit der Kelle glattstreichen und vor dem Mauern mindestens 48 Stunden aushärten lassen.

Bank zusammenbauen

1 Mit Maßband und Kreide auf den Fundamenten die Stellfläche der Pfeiler festlegen. An einer Stelle Mörtel aufbringen und die ersten drei Steine verlegen.

4 Alsdann beide Pfeiler zu Ende mauern, wobei die Meßlatte wie in der Abb. 2 angesetzt wird. Darauf achten, daß die Pfeiler gleich hoch sind. Fugen mit dem Gartenschlauch glattziehen.

7 Die beiden Sitzbankträger passend zur Tiefe der Stützpfeiler zuschneiden. Auf den Trägerenden jeweils eine Latte mit Zwingen bündig festklemmen, wobei die Träger dicht an den Pfeilerinnenkanten liegen müssen.

2 Die nächsten beiden Steinschichten jeweils versetzt verlegen (s. Abb.). Mit einer Holzlatte, die in 7,5-cm-Abständen markiert ist, prüfen, ob die Schichten gleichmäßig und die Steine auf einer Höhe liegen.

5 Die sechs Sitzbanklatten anzeichnen und mit dem Fuchsschwanz zuschneiden. An den beiden Enden sollten sie ca. 10 cm über die Außenkanten der Pfeiler hinausragen.

8 Träger an zwei Stellen durchbohren und die Durchbrüche am Mauerwerk markieren. Sitzbank abmontieren. Pfeiler an den markierten Stellen anbohren und Dübel einsetzen. Sitzbank wieder auflegen und festschrauben.

3 Vom zweiten Pfeiler ebenfalls drei Schichten mauern und die Wasserwaage quer über beide Pfeiler legen, um sicherzugehen, daß sie gleich hoch sind.

6 Mit dem Hobel die beiden oberen Kanten der Sitzlatten im 45-Grad-Winkel anschrägen. Alle Latten schleifen, damit sie als Sitzfläche ungefährlich sind.

9 Zwingen abnehmen. Gleiche Abstände der Latten bestimmen und auf Höhe der jeweiligen Trägermitte zwei Löcher bohren. Latten mit den Trägern verschrauben. Die Schrauben versenken. Damit ist die Sitzfläche fertig.

Grüne Kulisse

Hinter der Sitzbank dienen Sträucher nicht nur als Sichtblende, sondern auch als Windschutz, damit das Sitzen auch an böigen Tagen Spaß macht.

1 *Elsholtzia stauntonii* – die nach Minze duftenden Blätter verfärben sich im Herbst rot. Im Spätsommer blühen rosa Blüten.
2 Skimmie *(Skimmia japonica)* – mit wohlriechenden Blättern und weißen Blüten im Frühjahr. Die weibliche Pflanze trägt rote Früchte, wenn auch männliche Pflanzen vorhanden sind. Hier abgebildet: *S. j.* 'Wisley Female'.
3 *Escallonia* 'Donard Seedling' – ein immergrüner Strauch, der bis zum Herbst weiße Blüten trägt.
4 Ginster (*Genista tinctoria* 'Royal Gold') – mit aufrechten, grünen Stämmen, die im Frühsommer hellgelbe Blüten tragen.
5 Sauerdorn (*Berberis x carminea* 'Pirate King') – mit dunkelgrünem Laub, gelben Blüten im Frühsommer und roten Beeren im Herbst.
6 *Escallonia* 'Iveyi' – mit grünem Laub und weißen Blüten.

Eine Sonnenuhr

Als interessanten Blickfang und perfektes Wochenendprojekt bauen wir eine steinerne Säule mit einer Sonnenuhr.

Ohne Frage ist eine Sonnenuhr als Gartenornament sehr reizvoll. Sie trägt sogar dazu bei, Kindern die Bewegung der Sonne und den Lauf der Zeit verständlich zu machen. Sonnenuhren zeigen seit Jahrhunderten die Uhrzeit an. Immer raffiniertere Exemplare waren bis ins 18. Jh. hinein überall in Gebrauch. Als mechanische Uhren immer genauer liefen und immer erschwinglicher wurden, sah man Sonnenuhren immer seltener. Sie dienten nur noch als Zierde. Fertige Sonnenuhren kann man in verschiedenen Konstruktionsarten und Stilrichtungen mit Zifferblatt und Zeiger kaufen, der in die richtige Richtung für den jeweiligen Breitengrad zeigt. Sie müssen nur für den passenden Untersatz sorgen. Am häufigsten ist eine schlichte Säule.

Der Standort

Eine Sonnenuhr, die die Uhrzeit anzeigte, mußte natürlich einen Standort haben, auf den den ganzen Tag die Sonne fiel, sofern diese schien. Bei einer dekorativen Sonnenuhr sind Sie in der Standortfrage nicht so eingeschränkt. Sie kann ruhig dort stehen, wo sie einen attraktiven Bestandteil Ihrer gärtnerischen Gesamtanlage darstellt: als Blickfang am Ende eines Gartenwegs oder in der Mitte des Rasens, auf einem kleinen Podest oder auf einem kreisförmigen Untergrund.

Das Material

Eine Säule für die Sonnenuhr kann man aus Backstein, Mauerstein oder Naturstein bauen. Wenn Sie sich die Formarbeit zutrauen, können Sie mit Stahlbeton experimentieren. Bestehendes Pflaster oder betonierte Flächen genügen als Fundament, wohingegen eine Säule im Rasen ohne festes Fundament nicht auskommt: möglichst eine ca. 75 mm dicke Platte nehmen, die etwas breiter als die Grundfläche der Säule ist und auf festgewalztem Untergrund steht.

Gestaltungsvorschläge

Überlegen Sie sich das Design Ihrer Sonnenuhr gut, denn sie muß attraktiv aussehen und zu Ihrem Garten passen.

- **Wenn Sie Back- oder Mauersteine verwenden wollen, geht nur eine viereckige Säule. Probieren Sie farbigen Mörtel als Kontrast zu den Steinen.**
- **Wer sogenannte Kragsteine verwendet, kann eine Säule bauen, die nach oben breiter wird.**
- **Benutzen Sie Pflastersteine als Fundament und einen Deck- oder Kappenstein als Abschluß. Dieser bildet für die Sonnenuhr eine ideale Unterlage.**
- **Wenn Sie Naturstein verwenden, versuchen Sie, die Steine so zu behauen, daß Sie eine kreisförmige Säule bauen können. Oben drauf kommt dann ein runder Pflasterstein.**

Reiche Auswahl

Auf Säulen aus Steinblöcken, Backstein, Beton oder Naturstein lassen sich außer Sonnenuhren zahlreiche Gartenornamente montieren.

Oben: Die Größe der Säule muß zum Ornament passen. Hier kommt die große, verwitterte Statue mit einem kleinen Untersatz aus.

Oben: Die Farben von Pelargonien, Kreuzkraut und Männertreu heben sich vom Farbton der alten Urne und dem steinernen Podest wirkungsvoll ab.

Oben: Einfach wirkt häufig am besten. Auf dieser schlichten, nach oben verjüngten Säule sitzt eine steinerne Taube. Wer sorgfältig arbeitet, kann so etwas aus Beton gießen.

Rechts: Diese Tränke dient den Vögeln zum Trinken und Baden. Es macht Spaß, den Vögeln dabei zuzusehen.

Wie man es macht

Die Säule baut man aus gewöhnlichen, 22,5-cm-Mauersteinen und zwei quadratischen Pflasterplatten (Kantenlänge 45 cm). Die ersten beiden Reihen werden auf einem passenden Fundament mit je 6 Steinen gemauert. Darauf kommt die erste Platte. Weitere, aus 4 Steinen bestehende Reihen kommen hinzu. Oben drauf kommt als Deckstein die zweite Platte. Mit quadratischen Steinen kann man das Verlegemuster variieren. Die Sonnenuhr selbst wird mit Messingschrauben im Gestein verdübelt.

Sonnenuhr befestigen

In den meisten Fällen kann man die Sonnenuhr mit Schrauben am Deckstein befestigen.

1 Die Sonnenuhr auf dem Deckstein plazieren. So lange drehen, bis der Schatten des Zeigers die richtige Uhrzeit anzeigt. Stellen für die Schraublöcher markieren.

2 Mit einem Steinbohrer die Schraublöcher bohren. In jedes Loch einen Dübel stecken und die Sonnenuhr wieder hinstellen. Mit Messingschrauben befestigen.

Bauanleitung für die Sonnenuhr

Werkzeug & Material

1 Sack Fertigbetonmischung für das Fundament (falls erforderlich), Mauersteine (225 x 112 x 75 mm), 2 quadratische Pflasterplatten (Kantenlänge 45 cm), Fertigmörtel, Spaten, Mischbrett, Maurerkelle, Wasserwaage, Fäustel, Holzlatte, Fugenkelle oder ein Stück Gartenschlauch, Bohrmaschine und Steinbohrer, passende Dübel, Schraubenzieher, Messingschrauben.

3 Überschüssigen Mörtel abschlagen und sicherstellen, daß die Fugen zwischen den Steinen mit Mörtel gefüllt sind. Dann mehr Mörtel auftragen, um die nächste Reihe zu setzen.

6 Um den Verbund (das Verlegemuster) zu variieren, baut man quadratische Steine mit ein. Sie beeinflussen Lage und Verlegeform der gewöhnlichen Steine.

1 Auf festem Untergrund oder ca. 7,5 cm dickem Fundament die ersten beiden Reihen aus sechs Steinen verlegen. Dann die erste Steinplatte aufsetzen, festklopfen und mit der Wasserwaage auf waagerechten Sitz prüfen.

4 Die vier Steine der zweiten Reihe so plazieren, daß das Muster gegenüber der ersten Reihe versetzt ist. Festklopfen und auf waagerechten Sitz prüfen.

7 Wenn die Säule die erwünschte Höhe erreicht hat, kommt die zweite Platte darauf. Mit Holzlatte und Fäustel festklopfen und mit der Wasserwaage auf waagerechte Lage prüfen.

2 Die nächsten Reihen wie abgebildet aus vier Steinen verlegen. Sicherstellen, daß die rauhe Seite der Steine nach außen zeigt, und daß das Geviert auf der Platte mittig liegt.

5 Weitere Steinreihen verlegen. Vorher jedoch die Steinkanten mit Mörtel bestreichen, um sicherzugehen, daß die Fugen gut gefüllt werden.

8 Zum Schluß werden die Mörtelfugen glattgezogen. Dafür nimmt man entweder ein Stück Gartenschlauch, um einen hohlen Abschluß zu erzielen, oder eine Fugenkelle, um die Fugen glatt und schräg abzuschließen.

Alternativen

Die hier beschriebene Säule kann etlichen anderen Gartenornamenten als Untersatz dienen. Hier nur einige Möglichkeiten:

1 Statuen von real existierenden oder Fabeltieren bilden einen interessanten Blickfang – besonders dann, wenn sie bereits verwittert sind. Diesen Vorgang kann man mit im Fachhandel erhältlichen Chemikalien beschleunigen.
2 Sonnenuhren gibt es in unterschiedlichen Formen: entweder als Ornament oder – nach der Sonne ausgerichtet – ihrem Zweck entsprechend.
3 Eine Dekorschale fungiert als Vogeltränke oder schließt die Pumpe für einen Springbrunnen mit ein.
4 Ornamente aus Stein oder Beton in Kugel- oder Ananasform bilden einen einfachen, aber wirkungsvollen Abschluß.
5 Bei Urnen mit einer Mischung aus kaskadenartigen und rankenden Pflanzen hebt sich die Bepflanzung dekorativ vom rauhen Gestein ab.

Rustikales Vogelhäuschen

Stundenlangen Spaß macht die Beobachtung der Vögel, die Ihren Garten besuchen. Gefiederte Freunde zieht man mit dieser leicht anzufertigenden, rustikalen Futterstelle in Mengen an.

Der Garten ist mehr als nur ein Ort, wo Pflanzen gezüchtet werden. Selbst mitten in der Stadt dient er allen möglichen Tieren als Zuflucht. Am auffälligsten sind die vielen Vögel, die rund ums Jahr tagtäglich den Garten aufsuchen. Ihrem An- und Abflug zuzuschauen, verleiht dem Gartengenuß eine zusätzliche Dimension, besonders während der Zeit des Nestbaus oder des Fütterns der Jungen. Wenn Sie sich die Zeit für die Beobachtung nehmen, werden Sie sich über die Vielfalt der gefiederten Besucher bestimmt wundern. Den meisten Spaß haben Sie, wenn Sie sie mit Nahrung und Nistmaterial gezielt anziehen. Ein strategisch gelegener, mit der verschiedensten Nahrung belegter Futterplatz wird viele Vogelsorten anziehen.

Wichtig ist vor allem, daß Sie die Futterfläche täglich gut reinigen, um auf diese Weise gefährlichen Tierseuchen vorzubeugen.

Bequeme Größe

Das oben abgebildete Futterhäuschen ist leicht anzufertigen. Die quadratische Grundfläche hat eine Kantenlänge von 45 cm. Das ist die größte bequeme Größe. Sie läßt sich aber nach Belieben ändern. Nicht mit Holzschutzmittel behandeln.

Wichtige Punkte

- **Stellen Sie das Futterhäuschen dort auf, wo Sie es vom Fenster aus beobachten können.**
- **Achten Sie darauf, daß ein Dach den Regen abhält und eine seitliche Kante verhindert, daß die Nahrung fortgeweht wird. Mit einem Abflußloch wird das Häuschen nie voll Wasser stehen.**
- **Haken eindrehen, damit Futterkugeln und dergleichen aufgehängt werden können.**
- **Der Pfosten, auf dem das Häuschen montiert wird, muß mindestens 1,5 m hoch sein, damit die Katzen nicht herankommen.**

Stilfragen

Links: Ein ungewöhnliches Häuschen mit Dachschindeln.

Unten: Holz ist der traditionelle Werkstoff für ein Futterhäuschen. Aber auch dieses Steinmodell wirkt eindrucksvoll.

Giebelwände

Die Giebelwände fertigt man aus Sperrholz. In Dreiecksform zuschneiden, so breit wie die Grundfläche und halb so hoch. Die Dachschräge wird dann genau 90 Grad sein.

Rechts: Manchmal dient ein gerader Ast oder Baumstamm als Pfosten für das Futterhäuschen. An einem Seitenzweig läßt sich sogar ein zweites Häuschen anbringen.

Fest verankert

Auf ebener Fläche kann der Pfosten auf einem Holzkreuz (links) oder in einer Metallhülse (rechts) stehen, die mit der Gehwegplatte verschraubt ist.

Das Häuschen befestigen

Häuschen und Pfosten müssen fest verbunden sein.

1 Oben im Pfosten genau in der Mitte ein Loch vorbohren. Das Häuschen wird dann mit einer Schloßschraube und einer großen Dichtung mit dem Pfosten fest verbunden.

2 Wenn das Häuschen groß ausfällt, sind zusätzliche Streben empfehlenswert. Stabil sind Halbstableisten, auf Gehrung zugeschnitten und mit Hauskante und Pfosten vernagelt.

Bauanleitung für das Futterhäuschen

Werkzeug & Material

Rustikaler Pfosten, 10 cm im Durchmesser; rustikale Halbstableisten, 7,5 cm im Durchmesser; 5 x 5 cm-Kantholz; 13 mm-Sperrholz, wetterfest; 40 mm-Nägel; 25 mm-Nägel; 40 mm-Messingschrauben; Schloßschraube und Dichtung; Hammer, Schraubenzieher, Schlüssel.

1 **Zwei Halbstableisten für die Giebelwandkanten auf Gehrung zuschneiden, damit sie oben passen und unten ordentlich aussehen. Unten ca. 2,5 cm überhängen lassen und schließlich annageln.**

2 **Zwei Sperrholzplatten für das Dach zuschneiden und mit den Giebelwänden vernageln (2,5 cm-Nägel verwenden). Halbstableisten fürs Dach zuschneiden und vernageln. Am Dachfirst gerade schneiden und unten überhängen sowie passend zu den Giebelwänden auf Gehrung schneiden.**

3 **Am Dachfirst ein Paßstück aus Kantholz als Abschluß befestigen. Es wird von unten vernagelt oder verschraubt und schließt mit dem Sperrholz ab.**

4 **Die Tischfläche aus Sperrholz zuschneiden und die Ecken mit Bleistiftlinien verbinden, um die Mitte zu ermitteln. Dort ein Loch für die Schloßschraube bohren. In einer Ecke ein größeres Loch als Wasserabfluß bohren, damit das Häuschen nie unter Wasser steht.**

5 **Rustikale Halbstableisten für die Hauskanten auf Gehrung zuschneiden, damit die Ecken sauber wirken. Mit dem Haus so vernageln, daß der Überhang oben und unten gleich ist.**

6 **Aus Halbstableisten vier ca. 25 cm lange Eckpfosten zuschneiden. Oben in Sperrholzdicke einen Zapfen abschneiden, damit die Pfosten hinter den Giebelwänden verschwinden.**

7 **Von unten die Eckpfosten mit der Fläche des Hauses vernageln. Das Halbrunde muß die Innenseite der Kantenstäbe berühren.**

8 **Das Dach aufsetzen und an den Giebelwänden die Schraublöcher markieren. Dach wieder aufsetzen und Messingschrauben eindrehen. Das fertige Futterhäuschen wird zuletzt mit dem Pfosten verbunden.**

Futterzeit

Um möglichst viele verschiedenartige Vögel anzuziehen, sollten Sie Mischkost anbieten. Die meisten Gartencenter bieten eine recht gute Auswahl an.

1 Vogelfutterbehälter und Erdnüsse – Viele Vögel mögen Erdnüsse, und ein robuster Maschendrahtbehälter wird lange halten.
2 Wildvogelfutter – eine Mischung, die zusammengestellt wird, um auf möglichst viele Vögel anziehend zu wirken.
3 Meisenkugel – eine Mischung aus Fett und Samen, die Meisen zum Fressen gerne haben.
4 Erdnußnetz – eine preisgünstige Alternative zum Drahtbehälter.
5 Saatglocke – eine Samenauswahl, die zu einer Glockenform zusammengepreßt wird.
6 Sicherer Vogelfutterbehälter.
7 Stroh – als Nistmaterial auszulegen.
8 Nistkasten – oben am Baum außerhalb der Reichweite von Katzen anbringen.
9 Watte – als Nistmaterial ebenfalls gut zu verwenden.

Nistkasten

Vögel bringen Bewegung in den Garten – und machen Schädlingen den Garaus. Ein Nistkasten lädt sie ein, sich häuslich niederzulassen.

Jeder Garten zieht ungeachtet der Bepflanzung Vögel an. Unsere gefiederten Freunde suchen sich Samenkörner, Würmer und Insekten in den unwahrscheinlichsten Ecken, wenn ihnen dort keine Katzen auflauern. Die positiven Effekte dieser Stippvisiten können Sie um ein Vielfaches steigern, wenn Sie die Vögel dazu ermuntern, etwas länger dazubleiben. Bauen Sie ihnen ein Vogelhäuschen.

Funktion geht vor

Vögel sind bekanntlich unberechenbar, wenn es um die Wahl des Nistplatzes geht. Ihnen fehlt unser Blick für das architektonisch Schöne ganz und gar. Man muß kein Schreinermeister sein, um einen völlig annehmbaren Nistkasten zu bauen, es sei denn, er soll unbedingt wie ein kleines Häuschen, eine Reetdachkate oder eben etwas Schönes aussehen. Für Kinder kann ein Nistkasten als Bastelobjekt ideal sein, immer vorausgesetzt, daß ein Erwachsener die „Bauaufsicht" führt.

Passende Standorte

Der genaue Standort ist egal, wenn scheue Vögel sich nur geschützt und abgeschieden fühlen. Zu nahe am Haus oder an Futterstellen im Garten darf der Nistkasten natürlich nicht stehen. Kombinierte Nistkästen und Futtertische mögen im Gartencenter reißenden Absatz finden, aber Vögel ziehen sie nicht an. Der Nistkasten muß sicher befestigt sein, damit er nicht herunterfallen kann. Und wenn Sie gefiederte Nachbarn bekommen, seien Sie nicht zu neugierig. Lassen Sie die Vogelfamilie ungestört, bis die Jungen flügge sind. Hinterher den Deckel abschrauben und das alte Nest entfernen. Es kann Schädlinge beherbergen und wird weitere Paare eher abschrecken. Den Kasten mit Wasser abschrubben und einige Tage offenlassen. Dann verschließen und die nächsten Besucher abwarten.

Das Wichtigste

Aus der Sicht des Vogels muß ein Nistkasten Schutz vor Wetter und vor Raubtieren bieten. Im Grunde muß er nur ein stabiler, einigermaßen wetterfester Kasten sein.

- **Ein schlichtes Schrägdach läßt das Regenwasser abfließen.**

Ein Loch in einer Wand an der Vorderseite dient den Eltern als Ein- und dem Nachwuchs als Ausflugloch. Die Größe des Lochs bestimmt, welche Vogelarten sich häuslich niederlassen. Nur die kleinsten Vögel, z. B. Blaumeisen oder Kohlmeisen, kommen durch ein Loch mit einem Durchmesser von ca. 3 cm. Etwas größere Löcher ziehen Spatzen, noch größere ziehen Stare an.

- **Eine Sitzstange sollte man lieber nicht einbauen. Sie könnte Raubtieren dienen, die dadurch leichter an die Jungvögel herankommen.**

Wie alles zusammenpaßt

Rechts: Der nach vorn offene Nistkasten ist für Rotkehlchen und Zaunkönige geeignet. Die Vorderseite so zuschneiden, daß nur die untere Hälfte zugedeckt wird, und das Loch weglassen.

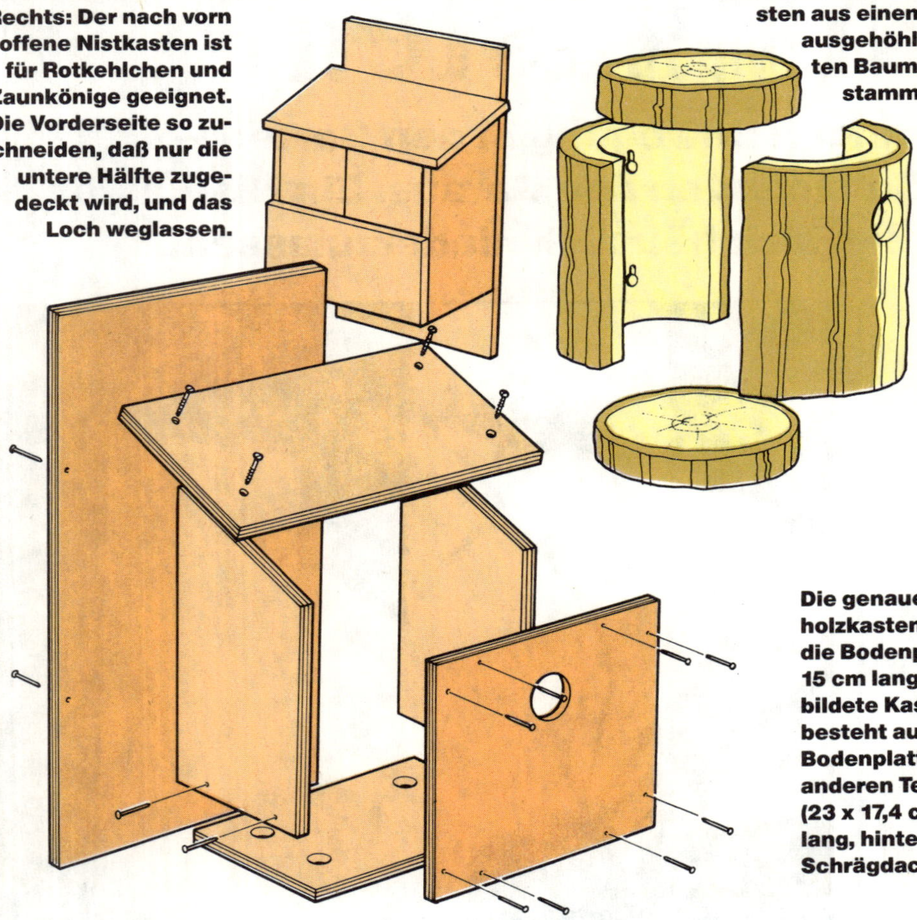

Unten: Interessant ist auch der Nistkasten aus einem ausgehöhlten Baumstamm.

Werkzeug & Material

Benötigt werden: 12-mm-dickes Sperrholz, Bleistift, Lineal, Stichsäge oder Fuchsschwanz, Holzbohrer, Bohrmaschine mit einem Lochsäge-Aufsatz (Durchmesser siehe Text), Drahtstifte, wasserfester Holzleim, rostfreie 25-mm-Schrauben, Schleifpapier, Hobel, Klarlack oder Holzbeize, Pinsel.

Die genauen Abmessungen des Sperrholzkastens sind nicht allzu wichtig, aber die Bodenplatte sollte mindestens 15 cm lang und breit sein. Der hier abgebildete Kasten aus 12-mm-Sperrholz besteht aus: Rückwand (50 x 17,4 cm), Bodenplatte (15 x 15 cm, wird von den anderen Teilen umschlossen), Vorderteil (23 x 17,4 cm), Seitenteile (unten 15 cm lang, hinten 32 cm, vorn 23 cm hoch), Schrägdach (20 x 20 cm).

Ausgehöhlter Baumstamm

Als Alternative bietet sich das Aushöhlen eines Baumstamms, um ein natürlicheres Aussehen zu erzielen. Der Kasten wird mit Schrauben oder Haken an den Baum gehängt, die durch Bohrlöcher hinten im Kasten geführt werden.

1 Ein gerades Stück Baumstamm ohne Astlöcher und Äste aussuchen. Den Baumstamm rechtwinklig absägen und dann der Länge nach durchsägen. Innen mehrfach ansägen und das Holz ausstemmen.

2 Wenn die beiden Hälften grob ausgehöhlt worden sind, werden zum Aufhängen hinten zwei Löcher gebohrt. Hälften verleimen und mit Nägeln wieder zusammenfügen. Vorn das Einflugloch bohren.

3 Dach vorsichtig anbringen und vernageln. Oben eventuell schräg schneiden, damit das Regenwasser besser abläuft. Zum Schluß wird unten als Boden das übriggebliebene Abgeschnittene befestigt.

Sperrholzkasten anfertigen

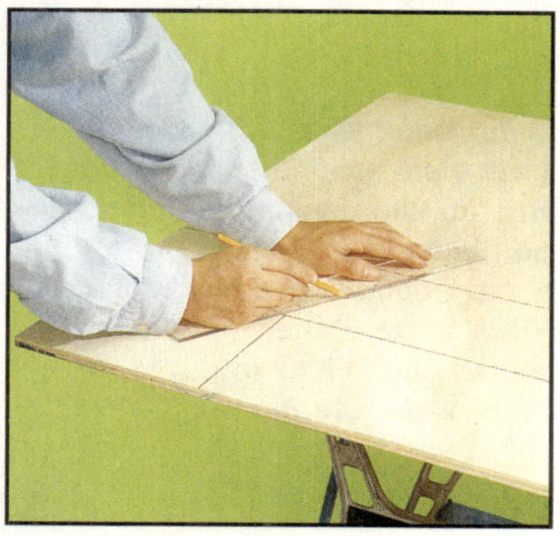

1 Zunächst alle Teile auf der Holzplatte anzeichnen. Die hier verwendeten Maße sind auf Seite 340 nachzulesen, Sie können aber auch andere nehmen.

2 Mit Stichsäge oder Fuchsschwanz ausschneiden. Feingezähntes Stichsägenblatt benutzen, damit die Kanten wenig splittern. Kanten abschleifen.

3 Mit dem Holzbohrer zwei Löcher für die Aufhängung in die Rückwand bohren. Löcher mittig und ca. 4 cm von der Ober- bzw. Unterkante des Bretts bohren.

4 Ins Vorderteil das Einflugloch bohren. In die Bodenplatte vier 5-mm-Drainagelöcher bohren, um Regenwasser abfließen zu lassen. Vorderteil und Bodenplatte miteinander vernageln.

5 Erst das eine, dann das andere Seitenteil mit den Kanten des Vorderteils und der Bodenplatte verleimen und vernageln. Alle Fugen mit Leim satt bestreichen. Das trägt dazu bei, den Kasten wasserdicht zu halten.

6 Montage beenden, indem die Rückwand mit den rückwärtigen Kanten der Seitenteile und des Bodens verleimt und vernagelt wird.

7 Mit dem Hobel die Oberkante des Vorderteils anschrägen, damit das Dach auf den schrägen Oberkanten der Seitenteile fugendicht aufliegt und das Regenwasser abfließen kann.

8 Bevor Sie das Dach anbringen, werden alle Außenflächen mit Klarlack oder Beize behandelt. Innen die Holzflächen nicht behandeln.

9 Links und rechts vorbohren und das Dach mit dem übrigen Kasten verschrauben. Dadurch läßt sich das Dach leicht entfernen, um den Nistkasten sauberzumachen, wenn er leer ist.

Reichlich Futter

Stattliche Stechpalmen liefern den gefiederten Freunden ein köstliches Mahl, während die Menschen sich am Anblick erfreuen können.

1 *Ilex crenata* 'Convexa' – eine Stechpalme mit kleinen, runden Blättern und glänzenden, schwarzen Beeren, die langsam wächst, aber bis zu 5 m groß wird.
2 *Ilex aquifolium* 'Golden van Tol' – eine panaschierte Sorte der 'J. C. van Tol'.

3 *Ilex x meserveae* 'Blue Angel' – eine attraktive Pflanze mit schwarzgrünen Blättern, die sich violett verfärben, wenn im Herbst die hellen Beeren heranreifen.
4 *Ilex aquifolium* 'Atlas' – ein aufrechter Strauch mit ovalen Blättern, der bis zu 5 m groß wird.

5 *Ilex aquifolium* 'J. C. van Tol' – trägt viele schöne scharlachrote Beeren und dunkle, fast stachellose Blätter.
6 *Ilex aquifolium* 'Silver Milkmaid' – hellgrüne Blätter mit einem cremefarbenen Fleck in der Mitte. Trägt viele rote Beeren.

Kaninchenstall

Kinder finden Kaninchen faszinierend. Aus Gründen der Sicherheit und Gesundheit schafft man den Mümmelmännern am besten ein ordentliches Zuhause.

Jeder, der jemals Haustiere hielt, weiß aus Erfahrung, wie wichtig es ist, sie richtig unterzubringen, und das gilt ganz besonders für Kleintiere wie Kaninchen. Der optimale Kaninchenstall schließt eine geräumige Fläche zur Tagesbenutzung und einen abgeschlossenen, vor Zugluft geschützten Schlafraum ein.

Platz für zwei

Kaninchen sind gesellige Tiere, die im Freien in Gruppen leben. Egal, wieviel Pflege und Zuwendung ein Hauskaninchen erfährt: Alleine fühlt es sich einsam. Am besten, man hat davon zwei bzw. ein Kaninchen und ein Meerschweinchen. Das heißt, daß der Stall für zwei Tiere ausreichend groß sein muß.
Das hier beschriebene Muster bietet zwei Tieren bequem Platz: einen ca. 1 m breiten Tagesaufenthaltsraum und ein rund halb so großes Schlafquartier. Der Rahmen ist aus gehobeltem Weichholz, Boden, Wände und Dach sind aus wetterfestem Sperrholz.

Die Bestandteile

- **In der herausnehmbaren Trennwand zwischen den beiden Teilen des Stalls befindet sich neben der Rückwand eine kleine Öffnung. Dadurch können die Kaninchen sich frei hin- und herbewegen. Im Schlafquartier wird die Zugluft auf ein Minimum reduziert.**
- **An der festen Tür zum Schlafraum sind seitlich Scharniere angebracht, während der Rahmen des Maschendrahtfensters zum Tagesaufenthaltsraum unten mit Scharnieren und oben mit Haken und Öse befestigt wird. Beide Türen können mit Vorhängeschlössern gesichert werden.**
- **Das Stalldach besteht aus mit Dachpappe bezogenem, wetterfestem Sperrholz. Es verläuft dank keilförmigen Abstandhaltern nach hinten leicht schräg und läßt das Regenwasser auch dadurch wirksam ablaufen, daß es nach allen Seiten überhängt.**
- **Außen wird der Stall mit giftfreiem Holzschutzmittel behandelt. Innen kann man das Holz entweder unbehandelt lassen oder zwei- bis dreimal Klarlack auftragen, damit es leichter sauberzuhalten ist (dieser muß natürlich ebenfalls giftfrei sein).**
- **Das hier abgebildete Muster ist mit Beinen versehen. Sie sind nicht erforderlich, wenn der Stall auf einer Bank oder sonstigen Stütze steht. Wo auch immer er steht, er sollte vor Wind und Zugluft geschützt und auch nicht den ganzen Tag in der Sonne stehen.**
- **Bedenken Sie, daß Kaninchen täglich auf dem Rasen Auslauf benötigen und grasen müssen. Relativ leicht läßt sich ein ca. 2 m langes, an beiden Enden geschlossenes Drahtgestell bauen. An einem Ende sollte es verdeckt sein, um Schatten zu spenden und Schutz zu gewähren.**

Zusammenbau

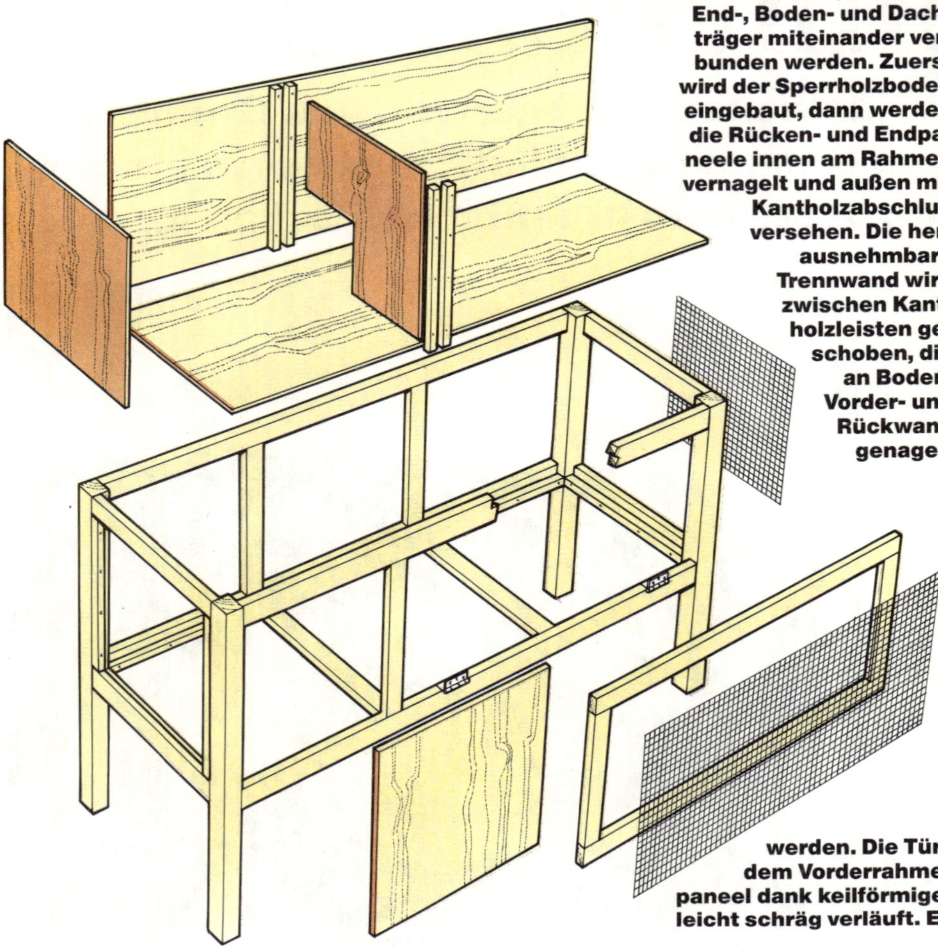

Der Kaninchenstall besteht aus Vorder- und Hinterrahmen, die durch End-, Boden- und Dachträger miteinander verbunden werden. Zuerst wird der Sperrholzboden eingebaut, dann werden die Rücken- und Endpaneele innen am Rahmen vernagelt und außen mit Kantholzabschluß versehen. Die herausnehmbare Trennwand wird zwischen Kantholzleisten geschoben, die an Boden, Vorder- und Rückwand genagelt werden. Die Türen sind durch Scharniere mit dem Vorderrahmen verbunden, während das Dachpaneel dank keilförmiger Abstandhalter nach hinten leicht schräg verläuft. Es wird mit Dachpappe gedeckt.

Werkzeug & Material

Bandmaß, Bleistift, Hand- oder Kreissäge, Bohrmaschine, Bohrer und Versenkbohrer, Dübelstifte, Holzhammer, Schraubenzieher, Dachdeckerhammer, Schmirgelpapier, scharfes Messer, Metallschiene, gehobeltes Weichholz (5 x 5 cm, 5 x 2,5 cm und 2,5 x 2,5 cm), Holzdübel, wetterfestes 6- und 12-mm-Sperrholz, 12-mm-Vierkantstabholz, 25-mm-Stifte, 18-und 25-mm-Flachkopfschrauben, wasserfester Holzleim, Gitterdraht, Heftklammern, Dachpappe, verzinkte Nägel, Scharniere, Haken und Ösen, giftfreies Holzschutzmittel, Pinsel.

Umgang mit Dachpappe

Leichte Dachpappe ist ideal, wenn es darum geht, das Dach des Kaninchenstalls wasserdicht zu machen. Mit der Pappe läßt sich leichter umgehen, wenn sie an einem warmen Tag angebracht wird oder die Rolle über Nacht zum Aufwärmen im Haus aufbewahrt wird.

1 Dachpappe 10 cm länger und breiter als das Dachpaneel des Kaninchenstalls abmessen und mit Messer und Schiene zuschneiden. Pappe auf das Dachpaneel mit an allen Seiten gleichmäßigem Überhang auflegen.

2 An den Längsseiten hinunterbiegen und mit der Abschlußleiste an der Vorderseite des Rahmens vernageln. Hinten die Pappe mit der Dachunterseite vernageln. Dachpappe an den Ecken sauber falten.

3 Zum Schluß wird die an den Ecken und seitlich überstehende Dachpappe an den Seiten des Kaninchenstalls vernagelt. Die Dachpappennägel werden in Abständen von ca. 8 cm eingeschlagen.

Kaninchenstall bauen

1 Zuerst die 5 x 5-cm- und 5 x 2,5-cm-Weichholzrahmenteile zuschneiden. Vorder- und Hinterrahmen mit verleimten Holzdübeln zusammenbauen und darauf achten, daß die Winkel stimmen. Die seitlichen Träger oben und unten verbinden die beiden Rahmenteile. Den Rahmen aufstellen.

2 In die unteren Träger vorn und hinten Löcher vorbohren. Die beiden Bodenträger werden vorn und hinten mit dem Rahmen verschraubt (Schrauben ordentlich festziehen und versenken).

3 2,5 x 2,5-cm-Stableisten als Stützen für das Bodenpaneel an den Bodenträgern seitlich, vorn und hinten verleimen und vernageln. Das Paneel wird aus 12-mm-Sperrholz zugeschnitten, wobei man an den Ecken kleine Aussparungen für die Beine aussägt. Mit Stiften befestigt man das Bodenpaneel an Trägern und Stableisten.

4 Aus 6-mm-Sperrholz Seitenteile und Rückwand zuschneiden und von innen mit den Trägern vernageln. Außen werden sauber auf Gehrung zugeschnittene Stableisten als Abschluß aufgenagelt.

5 Trennwand mit Öffnung zur einen Seite zuschneiden und plazieren. Stableisten links und rechts als Schiene anbringen. Trennwand einschieben. Tür zuschneiden und mit Scharnieren am Rahmen verschrauben. Haken- und Ösenverschluß anbringen.

6 Aus 5 x 2,5-cm-Holzleisten den Rahmen für das Drahtgitter bauen. Verzinkten Maschendraht mit Klammern außen befestigen.

7 Die Drahttür am Rahmen unten mit Scharnieren und oben mit einem Haken- und Ösenverschluß befestigen.

8 Aus 5 x 5-cm-Kantholz vier keilförmige Abstandhalter zuschneiden und sie so mit dem Rahmen verschrauben, daß sie hinten ca. 10 cm überhängen.

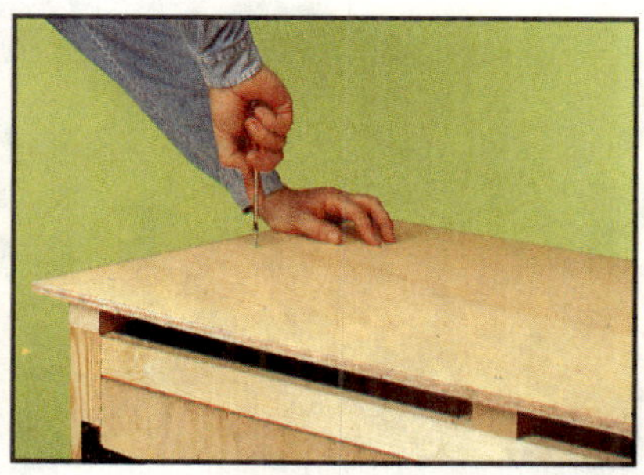

9 Das Dachteil aus 12-mm-Sperrholz mit den Abstandhaltern verschrauben. Vorne an der Dachunterseite eine Leiste aus 5 x 2,5-cm-Holz vernageln. Zum Schluß den Stall außen mit giftfreiem Holzschutzmittel streichen. Das Dach mit Dachpappe (siehe vorige Seite) versehen.

Kaninchenbedarf

Die meisten Zoohandlungen bieten Bedarfsartikel und Zubehör für das leibliche Wohl der Kaninchen an. Hier eine kleine Auswahl.

1 In Holzspänen baut sich das Kaninchen ein bequemes Bett.
2 Kunstfasern werden ebenfalls als „Bettzeug“ angeboten.
3 Kaninchenkaurollen gelten als besondere Delikatesse.
4 Vitamine sind für gesunde Kaninchen unbedingt erforderlich.
5 Eine Wasserflasche mit nichttropfendem Schnabel dient als Tränke.
6 Am Salzstein können Mümmelmänner ihren Salzbedarf decken.
7 Stets richtiges Kaninchentrockenfutter kaufen.
8 & 9 Verschiedene Leckerbissen zur Futterergänzung.
10 Heu ist als Streu auch nicht zu verachten.

Ein Minigolfplatz

Stundenlang haben Familie und Freunde im Sommer Spaß am Minigolfspiel auf Ihrem Rasen. Und so legt man den Golfplatz an.

Jeder spielt gern Gartenspiele. Etliche Rasenspiele stehen zur Wahl, darunter das französische Boulespiel und das englische Krocket. Minigolf ist eine weitere Möglichkeit. Für Minigolf braucht man keine kostspielige Ausrüstung. Man kann alles fertig kaufen oder aber mit etwas handwerklichem Geschick selbst anfertigen. Nur Golfball und -schläger müssen angeschafft werden.

Wie man spielt

Für die hier beschriebene Minigolf-Variante benötigt man am besten eine mindestens 6 m breite Rasenfläche, aber sie kann jedem Garten, ob groß oder klein, angepaßt werden. Das Loch befindet sich in der Mitte des Rasens. Rundherum legt man Abschlagplätze in Form eines Zifferblattes mit den Zahlen 1 bis 12 an. Sie sind ca. 3 m vom Loch entfernt. Die Spieler fangen bei der Ziffer 1 an und versuchen, von dort aus den Ball ins Loch zu schlagen. Diejenigen, denen es auf Anhieb gelingt, kommen gleich eine Ziffer weiter. Die anderen bleiben bei 1 stehen (sie müssen nicht, wie im richtigen Golfspiel, dort abschlagen, wo der Ball liegenblieb). Sieger ist derjenige, der als Erster von allen 12 Ziffern aus den Ball ins Loch schlägt. Sie können so viele Runden spielen, wie Sie wollen. Ein „richtiger" Golfspieler wird auf diese Weise auch das Einlochen üben wollen.

Variationen ...

• Wenn der Rasen nicht groß genug ist, um ein völlig kreisförmiges Zifferblatt anzulegen, spricht nichts dagegen, die Abschlagstellen etwas zu versetzen oder sie im Oval, Rechteck oder als Rautenform anzulegen.

• Auf einem größeren Rasen kann man sogar mit Zuwerfen spielen, aber es darf kein englischer Rasen sein und alle müssen versprechen, ausgeschlagene Rasenstücke wieder einzusetzen.

Die Anlage

Der Becher kommt ins Loch, das sich in der Rasenmitte befindet. Die 12 Ziffern werden in gleichen Abständen ca. 3 m vom Loch entfernt mit kleinen Stiften befestigt. Wenn Sie wollen, können Sie einen Blumentopf verwenden und aus Hausnummern, Holzfliesen und langen Nägeln Ihre eigenen Ziffern basteln.

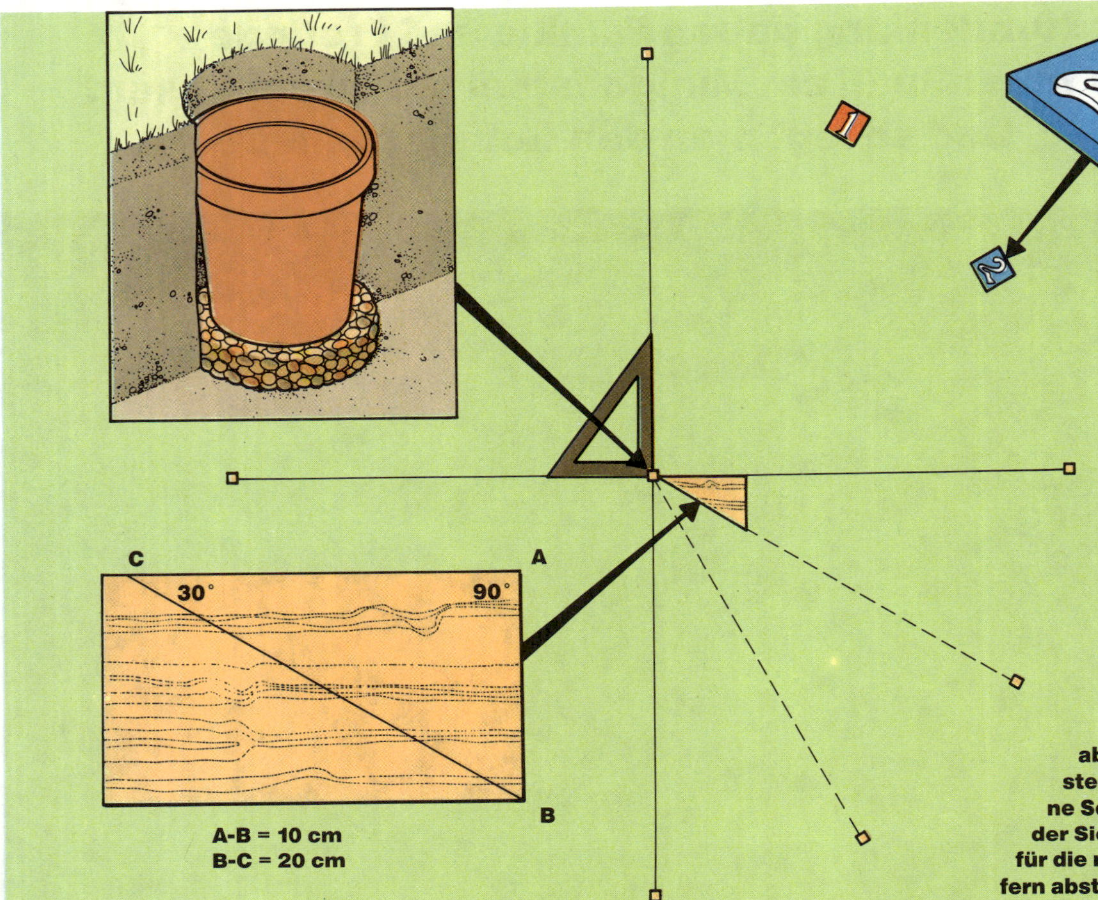

Das Zifferblatt mit Schnüren und Setzhölzern abstecken. Mit einem Dreieckslineal markieren Sie die Abschlagstellen 3, 6, 9 und 12. Mit einem Stück Sperrholz und dem links abgebildeten Muster fertigen Sie eine Schablone an, mit der Sie die 30°-Winkel für die restlichen Ziffern abstecken.

Selbst ist der Mann

Wenn Sie keinen Bausatz auftreiben können oder Ihr Spielmaterial lieber selber anfertigen wollen, helfen diese Hinweise beim Basteln des eigenen Bechers und der eigenen Ziffern.

1 Als Becher dient ein kleiner Blumentopf, dessen Oberkante knapp unterhalb der Oberfläche liegt. Ins Abflußloch im Boden des Topfes können Sie dann Ihre Fahnenstange stecken.

2 Als Abschlagstellen dienen quadratische Holzabschnitte, die gebeizt oder bunt gestrichen werden. Hausnummern aus Kunststoff werden in die Holzplatten geschraubt.

3 Damit die Platten an der Abschlagstelle liegenbleiben, wird in jede Platte ein Loch gebohrt, und ein 100-mm-Nagel dadurch in den Rasen getrieben.

Werkzeug & Material

Ein Minigolf-Bausatz (Becher, Fahnenstange, 12 Ziffern, Golfschläger, Golfball) oder: Blumentopf, Bambusstab mit einer Plastiktütenfahne, Hausnummern und Schrauben, quadratische Holzplatten mit einer Kantenlänge von 7,5 cm, 100-mm-Nägel, Schnüre und Setzhölzer, Dreieck, Kelle, leere Dose, Hammer, Holzblock, Schraubenzieher.

Minigolfbahn anlegen

1 Mit Schnüren und Setzhölzern oder großen Nägeln werden die Abschlagstellen rund um das Zifferblatt gekennzeichnet. Den ersten Pflock in Rasenmitte einschlagen und die Schnur dorthin ausrollen, wo die Ziffer 12 sein soll.

2 Einen weiteren Pflock setzen und die zweite Schnur als Verlängerung der ersten ausrollen. In gleicher Entfernung vom Mittelpunkt wie die 12 wird die Abschlagstelle für die Ziffer 6 gekennzeichnet.

3 Zwei weitere Pflöcke und Schnüre im rechten Winkel zu den ersten beiden setzen. Mit dem Dreieckslineal den Winkel prüfen. So ermitteln Sie die Abschlagstellen mit den Ziffern 3 und 9.

4 Das Zifferblatt vervollständigen, indem Sie mit zwei weiteren Pflöcken und Schnüren innerhalb des Zifferblattviertels die restlichen Ziffern plazieren.
Das geht entweder per Augenmaß oder mit der einfachen, dreieckigen Schablone, die auf Seite 348 abgebildet ist, um von der Mitte aus exakte 30° C-Winkel abzustecken.

5 An den Abschlagstellen die Ziffern mit ihren Pflöcken einfach in den Rasen stecken. Wenn Sie selbstgemachte Ziffern verwenden, mit einem langen Nagel befestigen. Jetzt können die Schnüre und Steckhölzer rund ums Zifferblatt eingesammelt werden.

6 Am Mittelpunkt wird eine leere Blechdose mit einem Durchmesser, der etwas größer als derjenige des Bechers ist, als Behelfsbohrer benutzt. Wenn der Boden hart ist, ihn vorher gut anfeuchten. Die Dose mit Hammer und Holzunterlage eintreiben.

7 Die Dose herausholen und mit einer Kelle das Loch in passender Tiefe ausgraben. Die sauberen Schnittkanten nicht beschädigen, da die genau kreisrunde Form des Lochs sonst beschädigt wird.

8 Becher aus einem Bausatz sind oft unten offen. Das Loch tiefer ausgraben und unten etwas Kies hineinstreuen. So kann das Wasser absickern, das sich sonst nach einem heftigen Regenguß staut.

9 Zum Schluß wird der Becher ins Loch gesteckt. Die Oberkante liegt knapp unter der Oberfläche, damit der Ball nicht abgefälscht wird oder der Rasenmäher Schwierigkeiten hat. Das I-Tüpfelchen: die Fahne. Jetzt darf gespielt werden!

Zähe Burschen

Golfbälle können Pflanzen arg zusetzen. Hier nennen wir Ihnen ein paar niedrigwüchsige Pflanzen für den Beetrand, die einiges aushalten.

1 Die Felsenmispel *(Cotoneaster horizontalis)* ist ein Laub abwerfender Strauch, der die Sonne liebt. Er trägt rosa Blüten.
2 Sauerdorn (*Berberis* 'Red Jewel') – mit gelben Blüten im Frühjahr.
3 Azalee (*Rhododendron* 'Hatsugiri)' – immergrün, mit rosa Blütendolden im Mai und Juni.
4 Die Heckenkirsche *(Lonicera pileata)* ist halbimmergrün mit dunkelroten Beeren im Herbst.
5 Das Immergrün *(Vinca major)* – mit ovalen Blättern und großen blauen Blüten.
6 Der Schneeball *(Viburnum davidii)* – immergrün mit cremefarbenen Blüten im Sommer.
7 Das Heidekraut (*Erica veitchii* 'Exeter') trägt im Frühjahr duftende, weiße, glockenförmige Blüten.
8 Der Spindelstrauch (*Euonymus fortunei* 'Emerald Galety') ist der perfekte Bodendecker.

Gartenschaukel

Auf dem Spielplatz sind Schaukeln nach wie vor beliebt. Warum nicht auch im eigenen Garten? Dort macht eine Schaukel ebenfalls Spaß.

Eine Schaukel im Garten kommt bei den Kindern ganz groß an. Dieses stabile Modell ist leicht zu bauen und läßt sich ohne weiteres beispielsweise mit in eine Pergola einbeziehen.

Beispielhaft stabil

Eine Schaukel muß unbedingt stabil gebaut sein. Die mechanischen Kräfte, denen sie ausgesetzt wird, sind erheblich. Das gilt für den Rahmen ebenso wie für Ketten oder Seile. Beim traditionellen, A-förmigen Rahmen tendiert jede Schaukelbewegung dazu, den Rahmen auf der entgegengesetzten Seite aus der Verankerung zu reißen. Bei diesem schlichten Rahmen sind die senkrechten Pfosten in Beton verankert und dadurch besser in der Lage, den mechanischen Kräften der Schaukelbewegung zu widerstehen.

Kräftiger Querbalken

Der Querbalken muß kräftig und am Pfosten sicher befestigt sein. Beim abgebildeten Rahmen sitzt er fest in den keilförmigen Aussparungen an den Pfostenspitzen. Hinzu kommt eine Querlatte, die das Hirnholz der Pfosten vor Fäulnis schützt und für zusätzliche Sicherheit sorgt.

Ketten angelegt

Der Sitz besteht aus einem schlichten Brett, das an verzinkten Ketten hängt, die komplett mit den dazugehörigen Beschlägen im gutsortierten Eisenwarenhandel erhältlich sind. Achten Sie darauf, daß die Kettenglieder geschweißt sind. Im Einsatz biegen sie sich dann nicht auf. Als Alternative kommen Nylonseile in Frage, aber verlassen Sie sich nicht auf irgendwelche Knoten. Entsprechende Ösen und Haken gibt es ebenfalls im Fachhandel.

Schutz vor Fäulnis

- **Fäulnis- und – in geringerem Maße – Insektenbefall sind die offenkundigen Feinde von Holzbauten, die im Freien stehen. Die Teile der Holzbalken, die sich im Boden befinden, sind besonders empfindlich. Darum ist es zwingend erforderlich, die Schaukel aus vorbehandeltem, druckimprägniertem Holz, wie es im Handel zumeist angeboten wird, zu bauen.**
- **Während des Zusammenbaus alle Schnittkanten und Löcher mit klarem Holzschutzmittel behandeln.**
- **Bei der fertigen Schaukel Holzschutzbeize bzw. mikroporösen Lack zweimal auftragen. Sie sollten die Schaukel auf jeden Fall einmal im Jahr, am besten im Frühjahr, auf Schäden überprüfen und nachlackieren. Bei Schaukeln kommt es stets in erster Linie auf die Sicherheit an.**

Die Schaukel in Teilen

Die senkrechten Pfosten ungefähr 1 m voneinander entfernt ca. 60 cm tief in Beton und Bruchstein verankern. Der Querbalken sitzt in Zapfenlöchern in den Pfostenspitzen und wird verleimt und verschraubt. Für Wetterschutz sorgt eine überlappende Querleiste, die die Ringbolzen verdeckt, an denen die Schaukelketten hängen. Der Sitz ist aus Massivholz mit vorgebohrten Löchern für die unteren Bolzen gefertigt. Schäkel verbinden die am Querbalken befestigten verzinkten Ketten mit dem Sitz.

Werkzeug & Material

Zwei 3 m lange Pfosten aus 22,5 x 5-cm Weichholz, ein 1,10 m langer Querbalken aus 10 x 5-cm Weichholz, eine 1,50 m lange Kappenleiste aus 22,5 x 5-cm Weichholz, ein 60 cm langer Sitz aus 15 x 5-cm Weichholz, Bandmaß, Spaten, Bruchstein, grober Beton, Abfallholz für Streben, Hammer und Nägel, Maurerkelle, Anschlagwinkel, Bleistift, Fuchsschwanz, Holzhammer und Meißel, Bohrgerät und Holzbohrer, Ringbolzen, Muttern, Dichtungen, 10-cm-Schrauben, Schraubenzieher, wasserfester Holzleim, Schraubenschlüssel, verzinkte Schäkel und Ketten mit geschweißten Gliedern, Metallsäge und Wasserwaage.

Die Pfosten befestigen

Stabilität und Sicherheit der Schaukel hängen von der sicheren Verankerung der Pfosten ab.

1 Für die Pfosten rechteckige Löcher (ca. 50 x 30 cm) 60 cm tief ausgraben. Den Schaukelrahmen zusammenbauen, die Pfosten in ihren Löchern aufstellen und unten zur Befestigung Bruchsteine einrammen.

2 Ersten Pfosten mit schrägen Streben aus Abfallholz senkrecht abstützen. Relativ trockenen, groben Beton auf den Bruchstein schütten und gut feststampfen. Beim zweiten Pfosten genauso verfahren.

3 Betonoberflächen schräg abglätten, damit das Regenwasser von den Pfosten abläuft. So leitet man Feuchtigkeit ab und verhindert Fäulnisbildung. Beton vor Gebrauch der Schaukel mehrere Tage lang aushärten lassen.

Die Schaukel bauen

1 Die beiden senkrechten Pfosten auf Länge schneiden. Mit dem Anschlagwinkel und dem Holz für den Querbalken die Position der Zapfenlöcher anzeichnen.

2 Mit dem Fuchsschwanz die Seiten der Zapfenlöcher innerhalb des Abfallbereiches ansägen. Mit Holzhammer und Meißel den Abfall herausschlagen.

3 In die Oberkante des Querbalkens zwei Löcher für die Ringbolzen bohren und für Dichtung und Mutter aufbohren, die den jeweiligen Bolzen festhalten. Abstand 55 cm.

4 Mit Abfallholz die Beine der beiden Pfosten so miteinander verbinden, daß sie parallel zu- und im vorgesehenen Abstand (ca. 1 m) voneinander liegen. So bringt man den Querbalken im rechten Winkel leichter an.

5 Durch die Löcher im Querbalken die beiden Ringbolzen stecken und oben am Gewinde Dichtung und Mutter anbringen.

6 Den Querbalken in die beiden Zapfenlöcher stecken und mit den Pfosten verleimen. Je zwei Schrauben quer durch den Balken treiben.

7 Den Sitz zuschneiden, Löcher für die beiden Ringbolzen bohren und diese anbringen. Mit Schäkeln die Schaukelkette und die beiden Ringe sicher verbinden.

8 Mit dem Schraubenschlüssel die Muttern der beiden oberen Ringbolzen festziehen und das überstehende Gewinde mit der Metallsäge abtrennen. Die Kappenleiste auf Länge schneiden, verleimen und verschrauben.

9 Wenn die Schaukel im Boden fest einbetoniert worden ist (siehe S. 352), wird der Sitz eingehängt. Auf waagerechten Sitz überprüfen und bei Bedarf die Ringbolzen nachstellen.

Lärmfrei

Mit einigen Scheinzypressen schirmt man den Kinderspielbereich ab. Dadurch wird der Lärm gedämpft und die Schaukel vor Wind und Wetter etwas geschützt.

1 *Chamaecyparis lawsoniana* 'Lane' – eine kräftige Konifere mit dichtem, goldgelbem Laub und von kegelförmigem Wuchs.
2 *C. l.* 'Columnaris Glauca' – eine langsamwachsende Sorte, die mit der Zeit eine große, schlanke Säule bildet.
3 *C. l.* 'Pembury Blue' – eine große, kräftige Konifere mit blauem Laub. Mit einer goldgelben Sorte zusammen erzielt man einen reizvollen Farbkontrast.
4 *C. l.* 'Broomhill Gold' – ein mittelgroßer Strauch von aufrechtem Wuchs. Zartgelb fallen die Zweigspitzen, besonders die jungen, aus.
5 *C. l.* 'Kilmacurragh' – eine große, sehr schlanke Pflanze mit nach oben gerichteten Zweigen. Eine aus mehreren Exemplaren zusammengesetzte Reihe bildet eine hohe, pflegeleichte Hecke.

Klettergerüst

Bauen Sie ein Klettergerüst, und gönnen Sie den Kindern Spiel und Spaß an Stellen im Garten, die Sie im Auge behalten können.

Wenn es eine Tätigkeit gibt, die Kinder besonders reizt, dann ist es das Klettern. Bäume, wenn vorhanden, sind nicht immer dazu geeignet, und andere verlockende Ziele für angehende Klettermaxen können gefährlich werden. Die ideale Lösung ist ein stabiles Klettergerüst, an dem die Kinder sich austoben und ihre Abenteuerlust ausleben können.

Eine Frage der Größe

Im Planungsstadium ist es von entscheidender Bedeutung, die Größe der Kinder zu berücksichtigen, die am Gerüst spielen werden. Das hier beschriebene Modell ist aus Elementen zusammengesetzt. Hauptsache ist dabei, daß die Kinder an der Hängeleiter ungehindert hin- und herschaukeln können. Als Faustregel gilt, daß Kleinkinder bis zu 1 m Größe mit 60 cm großen Einheiten am besten bedient sind, während ältere, bis zu 1,40 m große Kinder mit 90 cm großen Einheiten besser zurechtkommen.

Bitte recht haltbar

Da das Gerüst die ganze Zeit im Freien stehen soll, muß es vor Fäulnis und Insektenbefall geschützt werden. Sie kaufen am besten vorbehandeltes, druckimprägniertes Holz und tragen beim Aufbau und danach jährlich einen Schutzanstrich aus Beize oder Hochglanzlack (bester Qualität, für außen) auf.

Sicher ist sicher

• Im Gebrauch muß der Kletterrahmen unbedingt sicher (nicht nur kindersicher!) sein. Unfälle sind dennoch nicht immer zu vermeiden. Jedes Kind fällt einmal herunter und holt sich ein paar Beulen. Daher sollte das Gerüst lieber auf einer Rasenfläche stehen.

• Wichtigste Bestandteile eines sicheren Klettergerüsts sind eine stabile Bauweise und eine große Standfläche, damit es, was auch immer die Kinder anstellen, nicht umkippen kann. Unser Modell besteht aus drei rechteckigen Rahmen, die parallel übereinander mit Querträgern verbunden sind. Auf zwei Ebenen sind Bodenplatten angebracht, damit das Gerüst als Burg und als Piratenschiff dienen kann. Hängeleiter und verknotetes Kletterseil gehören ebenfalls dazu. Aufgrund der großen Standfläche ist das Gerüst insgesamt sehr stabil.

• Da es aus Holz ist, besteht immer ein Risiko, sich Splitter einzufangen. Alle Schnittkanten sorgfältig abschleifen und abrunden, besonders das Sperrholz der Bodenplatten. Statt Sperrholz kann man Bretter verwenden und dazwischen schmale Spalte lassen, damit das Regenwasser schnell abläuft.

• Beim Aufbau müssen alle Schrauben versenkt und alle Nägel mit einer Ahle unter die Holzoberfläche getrieben werden. Dadurch wird die Verletzungsgefahr erheblich reduziert.

Wie alles zusammenpaßt

Hauptbestandteile des Gerüstes sind drei rechteckige Rahmen aus gehobeltem Weichholz. Sie bestehen aus jeweils drei senkrechten und drei waagerechten Pfosten, die in gleichen Abständen miteinander verbunden werden. Sie überlappen einfach und werden verleimt und verschraubt, um größtmögliche Stabilität zu gewährleisten. Seitlich werden die drei Rahmenteile auf der ganzen Länge durch Querträger miteinander verbunden.

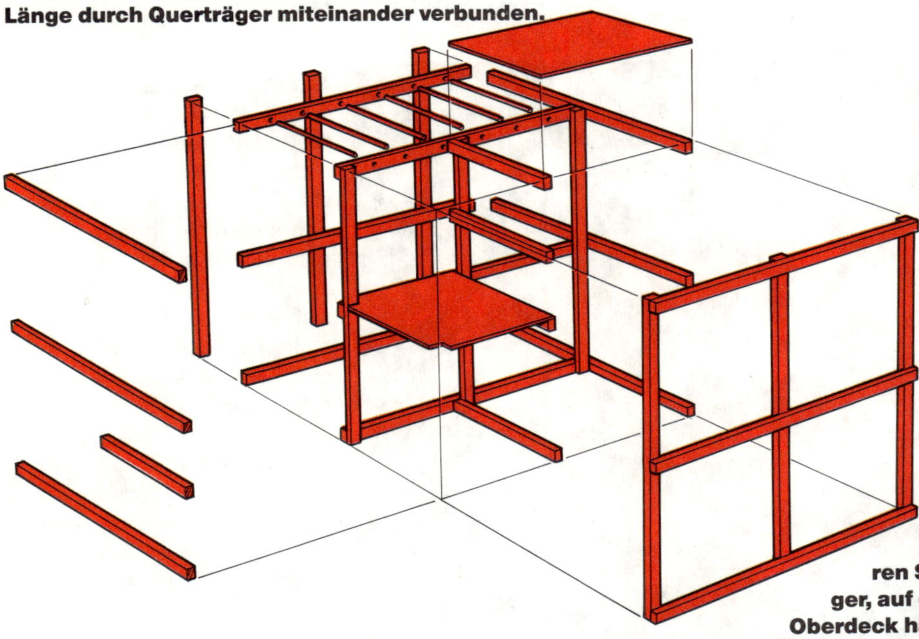

Die oberen Träger der einen Hälfte der Konstruktion werden mit Sprossen verbunden, die eine Hängeleiter bilden. Auf der anderen Seite befinden sich kurze Querträger, auf denen die Bodenplatte liegt. Vom Oberdeck hängt ein Kletterseil herunter. Zwei zusätzliche, kurze Sprossen erleichtern den Zugang von Deck zu Deck.

Werkzeug & Material

Pfosten und Träger aus 7,5 x 5-cm-Weichholz, 38-mm-Rundstab (ebenfalls Weichholz), 75-mm-Flachkopfschrauben, 50-mm-Nägel, wasserdichter Holzleim, Schleifpapier, Lack oder Beize, Bandmaß, Bleistift, Fuchsschwanz, Bohrgerät mit Holzbohrern und Versenker, Schraubenzieher, Hammer, Ahle, Raspel, Schleifblock, Malerpinsel und Nylonseil.

Decks einziehen

Sperrholz ist das beste Material für die Bodenplatten. Kanten gut abschleifen, um Splitter zu beseitigen.

1 Die Maße der Bodenplatten für Zwischen- und Oberdeck abmessen und die beiden Platten zuschneiden. In der unteren Platte Ecken für die vier Rahmenpfosten anzeichnen und mit dem Fuchsschwanz aussägen.

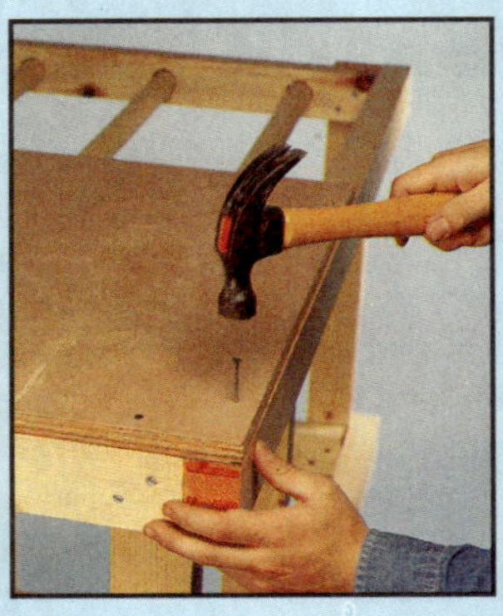

2 Mit wasserdichtem Holzleim und 50-mm-Nägeln die Bodenplatten am Kletterrahmen befestigen. Nagelköpfe mit der Ahle unter die Oberfläche treiben, damit Hände nicht verletzt und Kleider nicht zerrissen werden.

3 In der Mitte des Oberdecks ein Loch bohren, durch das das Kletterseil gerade paßt. Lochkanten sauber abschleifen. Um zu verhindern, daß die Seilenden ausfransen, werden sie mit einer Flamme versiegelt.

4 Das Seil durch das Loch ziehen und oben einen dicken, festen Knoten machen. Unten mit weiteren Knoten versehen, damit die Kinder leichter hochklettern können und das Seil sich nicht ohne weiteres entfernen läßt.

Klettergerüst zusammenbauen

1 Wenn Sie eine Rahmengröße gewählt haben, werden alle Pfosten und Träger angezeichnet. Dann alle Teile zuschneiden und kennzeichnen.

2 An den Querträgern die Position der Pfosten markieren und an den Stellen, wo Pfosten und Träger verfugt sind, diese durchbohren.

3 Die beiden oberen Träger mit einer Zwinge zusammenhalten und in Abständen von ca. 20 cm Löcher mit einem Durchmesser von 38 mm für die Leitersprossen bohren.

4 Um die Hauptrahmen zusammenzubauen, werden je drei Pfosten in gleichen Abständen hingelegt. Oben, unten und in der Mitte werden die Träger mit Holzleim und Schrauben befestigt.

5 Ein Helfer hält die Rahmen aufrecht. Oben, unten und in der Mitte werden sie mit seitlichen Querträgern verbunden. Diese werden ebenfalls mit Holzleim und Schrauben befestigt.

6 Die Leitersprossen auf Länge schneiden und in den vorgebohrten Löchern verleimen. Überschüssigen Leim mit einem Tuch abwischen, damit die Optik durch Tropfen nicht gestört wird.

7 Zur Sicherheit werden die Leitersprossen zusätzlich mit 50-mm-Nägeln befestigt, die von oben eingehämmert und mit einer Ahle versenkt werden.

8 Ober- und Unterdeck (siehe S. 356) zuschneiden und einpassen, nachdem die Träger, auf denen sie liegen, angebracht worden sind. Zusätzliche Querträger als Kletterhilfen anbringen.

9 Wenn das Klettergerüst fertig montiert ist, werden alle Ecken und Kanten abgerundet und abgeschliffen, zuerst mit einer Raspel, dann mit Schleifpapier und -block. Alle Holzteile gründlich abschleifen.

Seidenweich

In vielen Gärten ist das Klettergerüst nicht gerade eine Augenweide. Sträucher sorgen für perfekten Blick- und für einen gewissen Lärmschutz.

Hortensien können den Blick auf ein Klettergerüst verdecken. Zu empfehlen ist die buschige, winterharte *Hydrangea macrophylla*. Sie fühlt sich in feuchtem, durchlässigem Boden und in der prallen Sonne wie im Halbschatten wohl. Einige Sorten tragen in sauren Böden blaue oder violette Blüten und in neutralen oder alkalischen Böden rosa oder rote Blüten.

1 *H. m.* 'Hamburg' – dunkelrosa oder tiefblaue Blüten mit gezähnten Blütenblättern.

2 Weißblühende Hortensien werden vom Bodentyp nicht beeinflußt.

3 *H. m.* 'Geoffrey Chadbund' – backsteinrote Blüten in jedem Bodentyp.

4 *H. macrophylla* – mit rosa oder blauen Blüten.

5 *H. m.* 'Madame Emile Mouillère' – weiße, rosa oder blaue Blüten mit gezähnten Blütenblättern.

Sand- und Planschkiste

Kleine Kinder spielen gern mit Sand und in Planschbecken. Mit diesem leicht herzustellenden Kombigerät beschäftigen Sie sie stundenlang.

An warmen Sommertagen halten sich Kinder sehr gern im Garten auf. Dort können sie ihrem Einfallsreichtum und ihrer Energie freien Lauf lassen. Es ist sinnvoll, ihnen einen gesonderten Bereich einzurichten, wenn Sie verhindern wollen, daß sie kreuz und quer durch die Beete laufen. Kleine Kinder sollten sich ohnehin in Sichtweite des Hauses aufhalten, damit man sie im Auge hat. Eine Planschkiste eignet sich dafür ideal.

Einfache Bauweise

Als Sandkiste braucht man in der Tat nur eine schlichte Kiste, die den Sand enthält und verhindert, daß er überallhin verstreut wird. Holz ist der einfachste Werkstoff. Wer es dauerhafter haben möchte, kann die Kiste in den Boden versenken und sie wie einen Teich mit Folie auslegen.

Eine Planschkiste fertigt man nach dem gleichen Muster an. Da wird die Kiste tatsächlich mit Folie ausgelegt. Das Kombigerät ist besonders praktisch. Die hier abgebildete Sand- und Planschkiste ist so konzipiert, daß der Abstand zwischen Sand und Wasser die sonst unvermeidlichen Verschmutzungen verhindert.

Die Materialkosten sind erschwinglich, und wenn die Kinder dafür zu groß sind, kann man die Kisten zu Pflanztrögen umfunktionieren.

Tatsachen & Zahlen

- **Die Kiste kann man in jeder erdenklichen Größe anfertigen. Die hier abgebildete ist 1,50 bis 2 m mal 1 bis 1,20 m groß.**
- **Nur gehobeltes Weichholz verwenden und alle Ecken und Kanten abschleifen, damit es keine Splitter gibt.**
- **Das Holz mit einem giftfreien Konservierungsmittel behandeln.**
- **Mit sauberem, gewaschenem oder Sandkistensand auffüllen. Keinen Sand vom Bau nehmen. Er verfärbt die Kleidung.**
- **Das Planschbecken mit kräftiger Kunststoffolie oder Teichfolie auslegen.**

Holz ist gut

Holz ist ein preiswerter, vielseitiger Werkstoff, aus dem sich eine Sandkiste für die Kinder gut bauen läßt. Man kann daraus eine schlichte Kiste für den Sand oder etwas Anspruchsvolleres basteln, z.B. das hier beschriebene Kombigerät.

Oben: Eine einfache Holzkiste. Mehr braucht man nicht. Vorn und hinten zwei Bretter oben drauf, und schon hat man die Sitzbank dazu.

Links: Diese Kiste steht auf Mosaikpflaster und wird mit einem pfiffigen Lattenrost zugedeckt, damit Katzen ferngehalten werden.

Wie man's macht

Das einfache Rahmengerüst aus Holzbrettern ist in der Mitte geteilt: links die Sandkiste, rechts das mit Folie ausgelegte Planschbecken. Ein Lattenrost schützt den Sand vor Katzen. Ein weiterer Lattenrost in der Mitte dient als Sitzfläche und deckt einen Stauraum für Spielzeug zu.

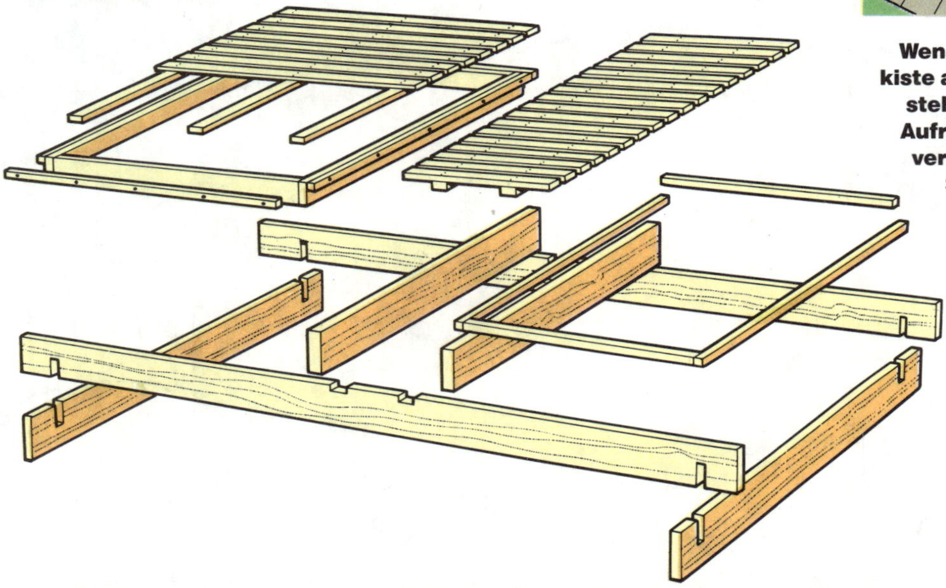

Wenn die Sandkiste auf Pflaster steht, wird das Aufräumen des verschütteten Sandes gar nicht erst zum Problem.

Die Fugen

Einfache Fugen halten das Rahmengerüst an den Ecken zusammen.

Sorgfältig zuschneiden, damit sie genau passen und stramm sitzen.

1 Damit die Fugen zueinanderpassen, bindet man die Bretter mit Klebeband auf Stoß zusammen. Die Nut wird dann mit Lehre, Winkel und Bleistift genau markiert.

2 Jetzt die Linien bis zur halben Brettbreite durchsägen. Abkleben und mit Hammer und Stechbeitel die Schlitze herausstemmen.

3 Fugen für die Lattenrostträger 15 bis 20 cm auseinander genauso herausschneiden. Sie müssen natürlich die gleiche Breite und Tiefe wie die Kanthölzer haben.

Bauanleitung für die Sand- & Planschkiste

Werkzeug & Material

9,5 cm x 1,8 cm Bretter für den Rahmen, 14,5 cm x 2,8 cm Bretter für die Querbretter, 4,4 x 2,4 cm Kantholz für Lattenrost und Träger, 4,4 x 1,9 cm Kantholz für Lattenrost und Träger (Sitzbank), 1,9 x 1,9 cm Kantholz für den Kantenabschluß, Teichfolie, Fuchsschwanz, Bohrmaschine mit Bohrer und Versenker, verzinkte Nägel, rostfreie Schrauben, Klebeband, Maßband, Anschlagwinkel, Tischlerlehre, Schraubenzieher, Hammer, Stechbeitel, Holzhammer.

1 Rahmen zu- und Fugen ausschneiden. Danach die Lage der Querbretter (ca. 40 cm auseinander) markieren. Löcher für die versenkten Schrauben, mit denen Querbretter und Rahmen verbunden werden, bohren.

2 Kiste zusammenbauen: Fugen ineinanderlegen, Sitz kontrollieren, notfalls nacharbeiten. Fugen wieder zusammenlegen und mit wasserfestem Holzleim verkleben. Bretter müssen rechtwinklig liegen, während der Leim trocknet.

3 Enden der Querbretter verleimen, festhalten und an beiden Enden mit zwei versenkten Schrauben befestigen.

4 Für einen Lattenrost als Abdeckung bauen Sie aus 4,4 x 2,4 cm Kantholz einen Rahmen, der in den Kistenrahmen genau hineinpaßt. Die Ecken verleimen und mit versenkten Schrauben befestigen.

5 Damit der Lattenrost nicht in die Kiste hineinfällt, fügt man 1,9 x 1,9 cm Kantholz außen herum als Auflagefläche hinzu. Ebenfalls verleimen und mit versenkten Schrauben befestigen.

6 Die Latten für den Lattenrost (4,4 x 1,9 cm) in 1,9-cm-Abständen anbringen (Stück Kantholz als Abstandhalter verwenden). Versenkt verschrauben und mit einem weiteren Träger von unten verstärken.

7 Die Sitzbank baut man, indem man weitere Latten mit zwei 4,4 x 2,4 cm Trägern verschraubt. Träger müssen in die Fugen im Rahmen passen, Latten müssen auf der halben Breite der Querbretter aufliegen.

8 Teichfolie großzügig bemessen, damit sie nicht zu sehr spannt, wenn sie voll Wasser steht. Mit verzinkten Nägeln an der Rahmenkante befestigen. Dann ein quadratisches Kantholz darauflegen und als sauberen Abschluß vernageln.

Ein neues Leben

Früher oder später werden die Kinder für eine Sandkiste oder ein Planschbecken zu groß. Dann wird es entweder ausrangiert oder zum Pflanztrog oder zum kleinen Teich umfunktioniert (besonders schön, wenn der Teich in den Boden versenkt wird). Ein mit Folie ausgelegter Teich ist für einen Sumpfgarten ideal. Dafür einige Pflanzvorschläge:

1 Sumpf-Drachenwurz *(Lysichiton camtschatcensis)* – eine kräftige Mehrjährige mit reinweißen Blütenscheiden.
2 Zier-Rhabarber *(Rheum alexandrae)* – groß und gruppenbildend, mit cremefarbenen Hochblättern.
3 Taglilie *(Hemerocallis* 'Black Prince') – mit großen, trompetenförmigen Blüten.
4 Sumpfdotterblume *(Caltha palustris* 'Flore Plena') – eine Vielzahl gefüllter, leuchtendgelber Blüten.
5 Tafelblatt *(Rodgersia podophylla)* – Laubfarbe wechselt von kupferrot über grün zu bronze.
6 *Primula pulverulenta* – die Etagenprimel, groß, gruppenbildend, mit rosaroten Blüten.
7 Lobelie *(Lobelia* 'Cherry Ripe') – mit scharlachroten Blütenkeulen im Hoch- bis Spätsommer.
8 Sibirische Schwertlilie *(Iris sibirica)* – groß, sich ausbreitend, blaue Blüten mit dunkleren Markierungen.
9 Funkie *(Hosta crispula)* – große Blätter mit krausem, weißem Rand.

Kinderhäuschen

Gönnen Sie den Kindern ein eigenes Häuschen, wo sie im Sommer stundenlang spielen können. Bauen Sie ihnen ein einfaches Spielhaus.

Kinder machen den Erwachsenen gern alles nach, und ein eigenes Häuschen ist bei ihnen stets beliebt. Im eigenen Spielhaus im Garten können sie sich stundenlang beschäftigen, und wenn Sie es schnell und einfach herstellen können, so daß es schnell auf- und abgebaut ist, werden auch Sie ihre Freude daran haben.

Welches Haus?

Es stimmt vielleicht, daß man ein brauchbares Spielhaus aus Abfallholz bauen kann, aber das Ergebnis wird weitaus attraktiver (und hält wesentlich länger), wenn es wie ein richtiges Haus aussieht. Wie weit sollten Sie gehen? Das hängt zum Teil von Ihren Fertigkeiten als Zimmermann ab. Es kommt ebenfalls darauf an, ob Sie etwas Dauerhaftes bauen oder das Häuschen wieder abbauen wollen. Und nicht zuletzt: Wieviel wollen Sie dafür ausgeben? Etwas Dauerhaftes baut man mit einem Holzrahmen und Profilholz.

Kindergerechte Türen und Fenster, Fußboden und wetterfestes Dach kommen hinzu. Als Alternative könnte man einen Gartenschuppen verkleinern. In beiden Fällen muß man etwas Geschick zeigen.

Fertigbaupaneele

Wem das zu aufwendig ist, für den gibt es in jedem Baumarkt Zaunelemente. Die Maße stimmen. Sie müssen sie nur (wie auf den Seiten 364 und 365 beschrieben) zum Rechteck zusammenfügen und ein Dach daraufsetzen.
Die Wände passen zur mit Schindelbrettern verschalten Kate, ohne daß sie zu schwer sind. Das Dach kann man aus Sperrholz bauen (in Allwetterqualität, wenn das Häuschen draußen stehenbleiben soll). Das I-Tüpfelchen bringt man mit dem Malerpinsel an, indem man das Dach anmalt, so daß es wie ein Ziegel- oder Schieferdach aussieht.

Schnell & einfach

Ein Spielhaus aus Zaunelementen ist in mehrfacher Hinsicht vorteilhaft:

- **Zum einen kann man es schnell und relativ preisgünstig bauen.**
- **Die Elemente verbindet man mit Muttern und Schrauben. Das Dach wird genauso befestigt. Wer Flügelmuttern benutzt, kann das Häuschen schnell wieder abbauen und im Winter platzsparend im Keller oder auf dem Dachboden aufbewahren. Bei Bedarf kann es relativ leicht umgestellt werden, damit z. B. der Rasen nicht nur an einer Stelle strapaziert wird.**
- **Zaunelemente sind imprägniert. Mit dem restlichen Holz hat man damit weniger Arbeit.**

Einfaches Spielhaus

Das Spielhaus besteht aus vier 1,80 m langen Zaunelementen, die an den Ecken miteinander verriegelt werden. Die beiden Giebelwände sind 1,80 m hoch mit zugeschnittenen Dachschrägen. Die Seitenwände sind 1,20 m hoch. Mit Kantholz verstärkt man Giebelwände, Ecken, Tür- und Fensterrahmen.

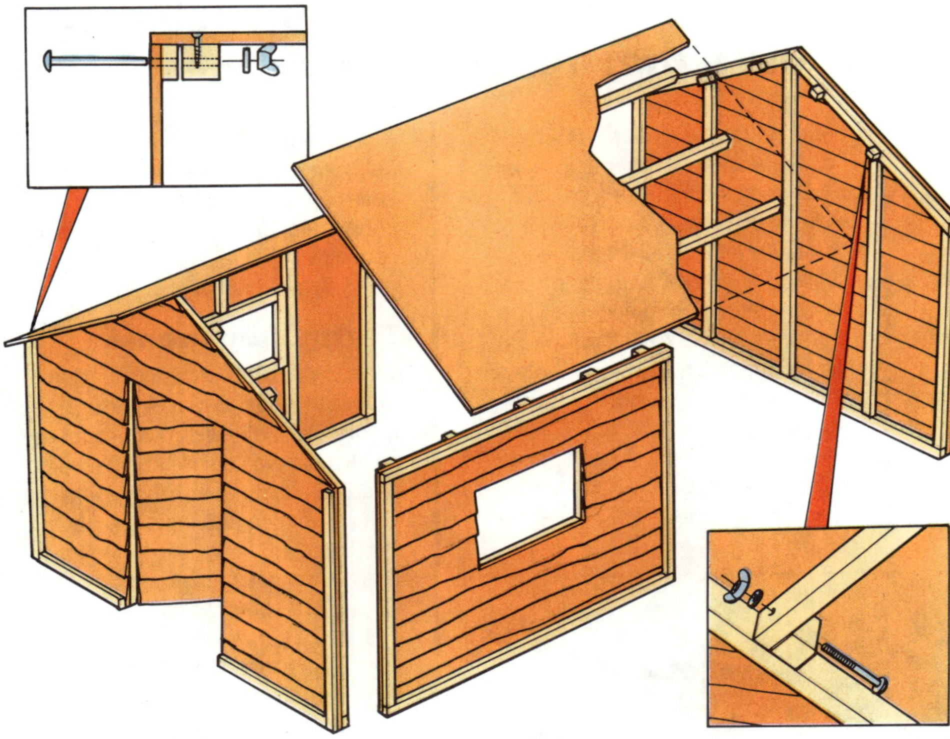

Die Dachpaneele (2,40 x 1,20 m) sind aus 6-mm-Sperrholz. Zur Verstärkung werden sie mit Holzblöcken verschraubt, die mit den Kantholzträgern an den Giebelwänden verbunden sind.

Werkzeug & Material

Bandmaß, Filzstift, Bohrgerät und Holzbohrer, Splitthammer, Fuchsschwanz, Stichsäge, Ahle, Schraubenzieher, Zwingen, wasserdichter Holzleim, je 2 Zaunelemente 1,80 x 1,80 m und 1,20 x 1,20 m, 2 x 6-mm-Sperrholzpaneele (2,40 x 1,20 m), 4,80 m Kantholz (7,5 x 5 cm), 21,60 m Kantholz (5 x 2,5 cm), 25-mm-Zaunnägel (verzinkt), 24 Schrauben (25 mm), 16 Schrauben (75 mm), 16 Schloßschrauben (100 mm) mit Dichtungsscheiben und Flügelmuttern, Türschließe, Scharniere und Schrauben, Farbe fürs Dach, Malerpinsel.

Dachpaneele anbringen

Um das Gewicht des Daches gering zu halten, sind die Dachpaneele sehr dünn. Damit sie nicht durchhängen, brauchen sie Stützen in Form von Kanthölzern. Die Kanthölzer sorgen auch gleichzeitig dafür, daß das Dach fest am Haus befestigt ist.

1 Dachpaneele auf die zusammengebauten Wände so auflegen, daß sie gleichmäßig überstehen. Auf den Unterseiten die Position der Kanthölzer markieren.

2 Diese auf lichte Innenweite von Giebel zu Giebel zuschneiden. Schraubenlöcher durch die Paneele bohren. Kanthölzer verleimen und festschrauben.

3 Paneele auflegen, Position der Stützblöcke oben und in der Mitte markieren und passende Löcher bohren. Kanthölzer und Blöcke fest miteinander verschrauben.

Das Spielhaus bauen

1 An Giebelwänden Schneidelinien anreißen: Mittelpunkt Oberkante mit seitlichen, 60 cm von den oberen Ecken entfernten Punkten verbinden. Innerhalb der Linien Löcher für Nägel bohren und an den Kanthölzern eine schräge Nut herausschneiden (s. Schritt 3).

2 Elemente umdrehen und Kanthölzer unter ihnen in Position bringen. Verzinkte Zaunnägel in die in Schritt 1 gebohrten Löcher hämmern. Darauf achten, daß keine Nagelspitzen an den Unterseiten der Kanthölzer zu sehen sind.

3 Giebelwandecken dachschrägenförmig absägen. Die Nut im Verstärkungskantholz paßt genau zum Kantholz auf der Rückseite des Zaunelements, das wiederum bündig zugeschnitten wird.

4 5 x 2,5 cm Kanthölzer paarweise mit 3 mm Zwischenabstand auf der Innenseite einer Giebelwand als Türrahmen anbringen. Im Zwischenraum mit der Stichsäge die Tür herausschneiden.

5 Scharniere anbringen, damit die Tür richtig hängt und oben einen kleinen Türschließer einsetzen, damit die Tür stets zuschnappt. Eine richtige Türschließe darf dann hinzukommen.

6 An den Seitenwänden innen Kanthölzer als Fensterrahmen anbringen. Wie in Schritt 1 eine Nut vorsehen. Mit der Säge Fensteröffnungen herausschneiden.

7 An den Seitenwänden innen Eckpfosten anbringen (Dicke der Giebelwände berücksichtigen). Mit Zwingen verbinden, Löcher vorbohren und Befestigungsschrauben eindrehen.

8 Mit Zwingen Giebel- und Seitenwände verbinden und durch Giebelwände und Eckpfosten Löcher bohren. Schrauben durchschieben, Dichtungen und Flügelmuttern anbringen und festziehen.

9 An jedem Giebelkantholz innen zwei 5 x 5 cm Holzblöcke verleimen und verschrauben, an denen die Dachpaneele befestigt werden (siehe Seite 364).

Blumenfreunde

Gänseblümchen gehören zu den ersten Blumen, die von Kindern erkannt werden. Sie passen daher besonders gut in die Spielhausumgebung.

1 Mädchenauge *(Coreopsis verticillata)* 'Zagreb' – Goldgelbe Blüten schmücken diesen kompakten Busch im Sommer.
2 Berufkraut *(Erigeron)* 'Dunkelste Aller' – massenweise lila Blüten mit dunkelgelber Mitte, die von Juni bis August blühen.
3 *Osteospermum ecklonii prostratum*: ein niedrigwüchsiger, winterharter Strauch mit Blütenblättern, die innen weiß und außen dunkellila sind.
4 *Osteospermum* 'Buttermilk' – Eine sich ausbreitende Laubmasse bildet für die blaßgelben Blüten, die vom Frühsommer bis in den Herbst hinein blühen, die Kulisse.
5 *Kalimeris incisa* – einfache lila Blüten mit gelber Mitte.
6 Färberkamille *(Anthemis tinctoria)* 'E. C. Buxton' – eine Staude, die hübsche, zitronengelbe Blüten trägt.